海西求是文库

2012年度国家社会科学基金青年项目（批准号：12CSH068）结项成果

海西求是文库

大陆台商社会适应与社会认同研究：

基于福建的田野调查

严志兰/著

ON TAIWANESE BUSINESSMEN'S
SOCIAL ADAPTATION and
SOCIAL IDENTITY:
Based on Fieldwork in Fujian

社会科学文献出版社
SOCIAL SCIENCES ACADEMIC PRESS (CHINA)

总　序

党校和行政学院是一个可以接地气、望星空的舞台。在这个舞台上的学人，坚守和弘扬理论联系实际的求是学风。他们既要敏锐地感知脚下这块土地发出的回响和社会跳动的脉搏，又要懂得用理论的望远镜高瞻远瞩、运筹帷幄。他们潜心钻研理论，但书斋里装的是丰富鲜活的社会现实；他们着眼于实际，但言说中彰显的是理论逻辑的魅力；他们既"力求让思想成为现实"，又"力求让现实趋向思想"。

求是，既是学风、文风，也包含着责任和使命。他们追求理论与现实的联系，不是用理论为现实作注，而是为了丰富观察现实的角度、加深理解现实的深度、提升把握现实的高度，最终让解释世界的理论转变为推动现实进步的物质力量，以理论的方式参与历史的创造。

中共福建省委党校、福建行政学院地处台湾海峡西岸。这里的学人的学术追求和理论探索除了延续着秉承多年的求是学风，还寄托着一份更深的海峡情怀。多年来，他们殚精竭虑所取得的学术业绩，既体现了马克思主义及其中国化成果实事求是、与时俱进的理论品格，又体现了海峡西岸这一地域特色和独特视角。为了鼓励中共福建省委党校、福建行政学院的广大学人继续传承和弘扬求是学风，扶持精品力作，经校委研究，决定编辑出版《海西求是文库》，以泽被科研先进，沾溉学术翘楚。

秉持"求是"精神，本文库坚持以学术为衡准，以创新为灵魂，要求入选著作能够发现新问题、运用新方法、使用新资料、提出新观点、进行新描述、形成新对策、构建新理论，并体现党校、行政学院学人坚持和发展中国特色社会主义的学术使命。

中国特色社会主义既无现成的书本作指导，也无现成的模式可遵循。

思想与实际结合，实践与理论互动，是继续开创中国特色社会主义新局面的必然选择。党校和行政学院是实践经验与理论规律的交换站、转换器。希望本文库的设立，能展示出中共福建省委党校和福建行政学院广大学人弘扬求是精神所取得的理论创新成果、决策咨询成果、课堂教学成果，以期成为党委政府的智库，又成为学术文化的武库。

马克思说："理论在一个国家实现的程度，总是取决于理论满足这个国家的需要的程度。"中共福建省委党校和福建行政学院的广大学人应树立"为天地立心、为生民立命、为往圣继绝学，为万世开太平"的人生境界和崇高使命，以学术为志业，以创新为己任，直面当代中国社会发展进步中所遇到的前所未有的现实问题、理论难题，直面福建实现科学发展跨越发展的种种现实课题，让现实因理论的指引而变得更美丽，让理论因观照现实而变得更美好，让生命因学术的魅力而变得更精彩。

中共福建省委党校 福建行政学院

《海西求是文库》编委会

序

　　严志兰是我的博士生。2008年初，她跟我讨论博士论文选题的问题，提了好几个题目，我都不甚满意。后来她说是否可以考虑做台湾方面的研究，我觉得不错，两岸关系无小事，两岸关系向更广阔领域拓展的现实也需要学术研究跟进。她又在中共福建省委党校工作，结合地域特色做这个研究倒是有一些便利，我表示支持她的选择，但同时又有很多担心。第一个担心是，用社会学的理论视角和方法做跨学科的台湾研究，她是否能拿捏得好分寸；第二个担心是，她虽在福建工作，但生长在湖北，不懂闽南语，跟台商交流会不会遇到沟通困难；第三个担心是，她能不能找到足够多的台商做调查，完成论文写作所需的资料搜集工作。严志兰理解我的担心，她告诉我她会首先系统阅读政治、经济、历史、文学方面的涉台研究文献，同时，返回福建做田野调查，搜集第一手研究资料，有想法再向我进一步报告。

　　2008年底，严志兰回到了福建，2009年一整年，严志兰与我联系很少，想必她正埋头苦干。在一封邮件中，她告诉我已经将论文题目聚焦为福建台商社会适应研究，方向对，问题越来越明确、集中，我感觉她这一年进展很大，有点期待她的研究成果了。2010年她没有回老家过年，留在福州写论文。我要求她写完一章给我看一章，她一边写，我一边看。直到2011年4月，她完成了毕业论文初稿写作，我感到很高兴，觉得她完成了一项非常有价值的研究工作。更让我高兴的是，顺利完成博士毕业论文答辩后，严志兰在博士论文研究的基础上成功申请到了2012年国家社会科学基金青年项目的资助，这表明她的前期成果和未来设想得到了更多专家的认可，她在台商研究领域的研究也可以更加深入、系统地展开。

  《大陆台商社会适应与社会认同研究：基于福建的田野调查》一书是严志兰国家社会科学基金项目的结项成果，也是她5年多来运用社会学理论与方法开展台商研究和两岸关系研究成果的集中体现。2008年以来，两岸关系进入大交流、大合作、大发展的新的历史时期。严志兰敏锐地观察到了两岸关系正在悄然发生的巨变，并将观察变化的视角聚焦到了社会领域。在本书中，她从台商研究角度切入来考察变化中的两岸关系，综合当代移民研究中的跨国主义理论、社会关系网络理论和社会认同理论，建构起一个综合的理论分析框架，对台商的流动经历、认同心理、适应策略进行了细致的描述和解析，同时结合宏观层面的政策实践，提出了针对台商社会适应与社会融合的社会政策思考。我认为，严志兰的描述性研究是翔实、生动、深入的，她的理论分析和政策建议也有一定参考价值。

  我很欣慰地看到严志兰在这个跨学科领域里做出的独立思考。她从台商在福建发展的角度切入，展现了闽台之间特有的"五缘"关系和"五缘"特色文化对两岸关系的影响，这一思路正体现了社会学的想象力。对于台商研究和两岸关系研究，大陆学界的研究也多从宏观层面、政治经济视角着墨。严志兰将自己的研究定位为微观层面、群体中个人行为和心理角度的研究，运用田野调查方法搜集实证研究资料，并努力将质性研究与定量研究相结合，这在同类题材的研究中是不多见的。

  我同样欣慰地看到严志兰这几年的成长。为学为人是分不开的。经过博士阶段的学术训练和国家社会科学基金项目的研究锻炼，严志兰的科研能力有了很大提高。经过艰苦的田野调查和论文写作磨炼，严志兰能以平和理性的态度待人处事。这些都将成为她未来人生道路上的巨大财富。

  是为序！

邓伟志于上海

2014年5月5日

目 录
Contents

第一章

绪　论

第一节　研究缘起

20 世纪的最后 25 年是"移民①的时代",世界各国国内、国际人口迁移活动日益活跃,到 21 世纪时,人口跨境迁移潮已席卷全球。据估计,目前全世界有 2 亿国际移民,7. 4 亿国内流动人口。② 全球移民潮涌之时,正值中国改革开放之际,国门打开,从大陆移居海外的新华侨华人达 600 万人之多,截至 2008 年底,海外华侨华人已达 4800 万人。③ 而在中国城乡间迁移的国内流动人口——农民工人数高达 2. 21 亿人。④ 中国人走向世界的同时,世界人口也源源不断流动到中国,在中国大陆生活的韩裔、非裔

---

① 据《2009 年人类发展报告》对"移民"的定义,移民是指改变居住地的人,既包括国际迁移,也包括国内从原籍地向另一地区的流动,其中引起居住国身份改变的属于国际迁移。本书中的"移民"概念沿用上述说法,与"迁移人群"含义相同,交替使用,在文中有关台商移民的表述中,不涉及居住国身份改变的内涵,仅有居住地改变之意。见联合国开发计划署《2009 年人类发展报告·跨越障碍:人员流动与发展》,中国财政经济出版社,2009,第 15 页。

② 联合国开发计划署:《2009 年人类发展报告·跨越障碍:人员流动与发展》,中国财政经济出版社,2009,第 1 页。

③ 中国新闻社《世界华商发展报告》课题组:《2008 年世界华商发展报告》,http://i3. chinaqw. com/2008ind/2008ind. html,2009 – 02 – 02。

④ 国家人口和计划生育委员会流动人口服务管理司编《中国流动人口发展报告 2011》,中国人口出版社,2011。

外国迁移人口就已达数十万甚至上百万之多。其中，伴随两岸经贸往来成长起来的大陆台商群体是中国迁移人口群体中一个极为特殊的群体，这一群体既不属于国际迁移人群，又不同于大陆地区的流动群体，随着两岸关系的曲折发展，其规模正日益发展壮大，在两岸社会、政治、经济、文化等领域的影响力也越来越大。据大陆学者估计，大陆的台商群体（包括台籍企业主或代理人、台籍管理人员及其家属）有 100 万人之多，其中聚集在福建的台商有 10 万多人。[1] 2008 年至今，两岸关系和平发展历经开创期，稳步走向巩固深化期。[2] 在此背景下，可以预期新一轮的台商投资大陆热以及随之而来的台商迁移大陆并在大陆定居生活的热潮将会到来，大陆台商群体规模有不断增长之势。

数以百万计的台商群体进入大陆社会生活，与当地社会的互动日渐深入，这本身就是中国社会变迁中的一个重要现象。改革开放 30 多年，中国经济社会快速发展，2012 年人均 GDP 已达 6095 美元，其中北京、天津、上海人均 GDP 超过 13000 美元，江苏、浙江、内蒙古人均 GDP 超过 10000 美元，广东、辽宁、福建、山东人均 GDP 超过 8000 美元。这一发展水平，已经形成了外来迁移人口移居大陆的客观经济基础。"凡是财富和经济增长的中心，也必然是移民散居者的集聚中心。"[3] 理论和实践都表明：越是有活力的城市，城市人口中迁移人口所占的比例越大，深圳、上海这样的城市就被称为移民城市、国际都市。事实上，分别以北京、上海、东莞等城市为中心的环渤海湾、长三角、珠三角地区既是大陆经济最发达的地区，也是包括台商在内的各类外来迁移人口最为集中的地区。从社会变迁角度来看，这也是近代历史以来中国第一次以主动的姿态吸引、接纳外来迁移人口，而强大的经济发展势头正是这些地区吸引外来人口聚集的根本原因。只有在全球化时代，才有大规模、远距离、高频率的跨国、跨界人口大迁移。流动带来社会的发展与活力，流动也是现代人发展的途径与手

---

① 李非：《中国大陆台商的现状、特点及作用》，载李非主编《台湾研究 25 年精粹·两岸篇》，九州出版社，2005，第 285 页。

② 2012 年 3 月 7 日全国政协主席贾庆林在参加十一届全国人大会议台湾代表团讨论时表示，当前两岸关系的发展正由开创进入巩固深化期，要持续巩固深化两岸关系和平发展，积极推动两岸关系取得更加扎实、更加丰硕的成果。

③ 王赓武：《"移民及其敌人"》，载《王赓武自选集》，上海教育出版社，2002，第 159 ~ 182 页。

段。"能否流动是自由的一个维度，而后者又是发展的一部分，它不但有其工具性价值，而且有其固有的内在价值。"① 但是，全球化在带来了经济发展的大机遇的同时，也带来了人类不同种族、不同文化的大碰撞；全球化促进人类社会走向一体化，越来越多的人自称是"地球村"村民，也造成不同文化、不同生活方式相遇时的矛盾冲突，许多人甚至为此焦虑万分。

规模庞大的流动人口也成为身处全球化浪潮下的中国当代社会不可忽视的重要社会现象与社会问题。随着中国经济社会的持续发展，将有越来越多的城市具备吸引外来人口的基本条件，也将有越来越多的外来人口生活在中国社会，越来越深入地与当地社会的日常生活发生互动。由此将带来的各种外来人口适应与融合问题、流动人口管理问题，是所有迁移人口及作为移入地的中国社会都要面临的问题。中国移民研究正引起国内学界的广泛关注，主要表现为定位于"华侨华人研究"的跨国移民研究，定位于"农民工"问题的国内移民研究，等等。学术界运用国际流行的移民理论对海外华人和国内农民工的研究方兴未艾，对伴随着中国经济发展和影响力提高而逐渐增长的外国迁移人口群体（如北京的韩裔移民群体，广州、深圳的非裔移民群体等）的研究甚少，对作为迁移人口群体的大陆台商社会适应、社会融入与社会管理的研究也是凤毛麟角。

对来大陆投资、工作的台商群体而言，并非所有怀抱希望走上不确定旅程的人都能在流动中寻找到更好的发展机会。离开习惯与熟悉的生活环境，离开家庭和朋友的支持，他们可能会面临各种可预见与不可预见的困难，诸如因当地人欺生而不受欢迎、失去生活来源甚至生病、身在异乡难以排解孤独寂寞，还包括出入境管理、医疗保健、子女教育等影响通畅流动的各种制度性障碍，等等。这些微观层面的问题，涉及台商在大陆的生活、工作情况如何，碰到什么具体问题，他们面对困难和障碍时的内心感受怎样，他们是如何应对的，当地社会如何看待这个群体，台商群体与当地社会是如何互动、如何互相影响与互相调适的，等等。

同是流动群体，对台商群体和农民工的研究具有不同的实践依据与现实意义。当前阶段的农民工流动是往返于两地而不是定居在某个城市，虽

---

① 联合国开发计划署：《2009 年人类发展报告·跨越障碍：人员流动与发展》，中国财政经济出版社，2009，第 14 页。

然有一部分农民工现在出现了定居城市的趋势，尤其是农民工的第二代会扩展这种趋势，但是农民工仍然是作为一个流动群体而存在的。而台商来大陆投资却是直接定居于大陆，所以对他们的研究就应该直接切入到他们在大陆生活的各个方面，比如他们的居留权问题、选举权与被选举权问题、子女的教育问题，等等。这些问题在农民工身上一般要拖延十几年之后才会出现，而在台商迁移人群身上却是马上要产生的理论问题和实际问题。所以，台商迁移人群问题的研究一开始就应该是一个全面的、立体的、系统的研究。此外，台商子女在大陆的发展也会有不同于农民工第二代在城市的发展之处，因为他们的起点不同，发展目标定位也不同。另外，台商群体对政治的认识、对两岸文化的理解、对权利的诉求，都将会有不同于一般移民群体的方面。台商及其子女在大陆投资、就业、求学、生活方面遇到的一系列问题，涉及经济、社会、政治、文化等各个层面，这些都需要学界和涉台政策制定者认真梳理、系统研究。

笔者选择以大陆台商为研究对象，探讨台商在大陆社会的适应与融合问题，其理论与实践意义正在于此。

第二节　研究思路、研究方法与研究内容

一　研究思路

"台商能否融入当地"议题是有关台商研究的诸多议题中学界关注较多的一个，大部分学者倾向于认为台商无法融入当地。"无论是国际镶嵌、网络、阶级，台商均无法真正融入当地，他们若非形成族群飞地，就是只在生意上与当地产生低度镶嵌。"[①] 但是，理论推导的逻辑与现实的逻辑并不一定重合。20 多年来，台商在大陆的经济活动已经不仅仅是一种经济行为，越来越多的台商从"流动"到"移居"，也就意味着台商的迁移流动从经济"空降"行为演变为社会"嵌入"行为，包括各种经济活动在内的

① 　林瑞华：《台商能否融入大陆》，http://tai - shang. nccu. tw/forumshow. php？id = 558，2008 - 05 - 09。

台商日常生活实践活动与当地社会的联系越来越密切。正如加里·格里夫（Gereffi）的"社会镶嵌"论所主张的："经济活动并非其他社会生活之外的独立领域，而是始终在政治、文化、网络的脉络中进行的社会活动。"[①] 回答"台商能否融入当地"问题的唯一途径是深入社会生活的现实进行研究。

在移民研究语境下的大陆台商社会适应在学术研究领域作为一个问题是存在的，但是回到具体的情境中，"社会适应"成了一个无须回答、无关紧要的问题。如果直接问受访对象：你适应大陆的生活吗？绝大多数受访者会说适应只是时间的问题，没有什么不适应的。他们觉得这个问题没什么好探讨的，因为一切都是自然而然的事情。问题出在哪里呢？在与50多位受访者进行深度访谈后，笔者认为这种学术问题与现实问题的错位，关键在于研究者对研究对象的陌生感和想象力的缺乏。不可否认，人们对作为一个群体的台商在大陆的生活方式、心路历程仍然是陌生的，人们对存在于这个群体中的实际问题缺乏感性的体会。只有真实地观察他们是怎样生活的，感受到他们内心所受的困扰甚至矛盾、冲突之后，才有可能在"社会适应"的大问题框架下找出大陆台商"社会适应"研究的现实观照和学术价值。

大陆台商社会适应研究的问题意识有两个来源。一是学术界从微观角度研究大陆台商，提出了什么问题，得出了什么结论，还有哪些问题没有解决。二是在大陆生活、工作的台商群体又提出了什么问题。他们作为笔者要认识和深入研究的对象，他们所提出的问题才是大陆台商研究最根本的部分。无论是从文献中找问题，还是从现实中发现问题，都必须与这个群体中的个体直接接触，将对问题的认识与论述见之于其个人的亲身经历之中，按照这个群体自身的逻辑去理解问题的内涵和社会意义。

在文献梳理和前期无结构式访谈的基础上，笔者对自己的研究定位、研究主题逐渐明晰。两岸由于多年的相互隔离，彼此之间产生很多政治想象，而政治想象在没有深入了解之前，形成了意识形态的话语。基于这样一种交流背景，深入到当地日常生活中的台商与当地社会的互动往往是片

---

① 陈朝政：《台商在两岸的流动与认同：经验研究与政策分析》，台湾东吴大学博士论文，2005，第37页。

面的、肤浅的，甚至只有工具性的相互交往，没有深层次的感情交流。在开始这项研究之前，如普通的大陆人一样，笔者对台商的了解仅仅来自新闻和有关电视节目有限采访中所形成的认知，并不比一般人对台商的了解更多。这种陌生感与新鲜感既是研究的障碍，也是研究的动力。从对个体的观察及与其交往、交流中感受、描述台商群体的个性、形象，从不断累积的经验资料与文献资料中提炼出对这个群体真实、独特的人生经历的理解与诠释，就成为笔者展开、推进研究的基本思路。

二　研究方法

问题决定了方法。着手研究之初，笔者仅有一个明确的研究对象——大陆台商群体，对于更具体的研究内容并没有一个确切的想法。受到日本城市社会学者广田康生对都市移民研究的启发，[①] 笔者将倾听研究对象个体经历作为发现研究问题的来源之一，并在不断明确、深入的实地调查中调整和建构研究的思路与分析、解释的框架。这种提出问题、分析问题的方法正是社会科学质性研究的思维方式和思考逻辑。[②]

（一）　资料收集方法

当问题初步明确之后，笔者根据实际情况不断调整资料收集策略，在尽可能多地取得第一手经验研究资料基础上综合多种资料收集方法，补充一手研究资料的不足。笔者主要运用的资料收集方法如下。

1. 以田野调查法收集质性研究资料

主要是从大陆台商群体中抽取一些个体进行深度访谈，并从其陈述的个人经历和适应过程中截取一些片段，获得对其所提出的各种问题的感性认知和理解。同时，在面对面的访谈过程中，笔者有可能进入其日常生活的某一个重要场所（如办公室、家庭、日常社会活动场所等），这对于笔

---

① 〔日〕广田康生：《移民和城市》，马铭译，商务印书馆，2005。

② 陈向明指出，质的研究方法是"以研究者本人作为研究工具，在自然情境下采用多种资料收集方法，对社会现象进行整体性探究，主要使用归纳法分析资料和形成理论，通过与研究对象的互动对其行为和意义建构获得解释性理解的一种活动"。见陈向明《质的研究方法与社会科学研究》，教育科学出版社，2000。

者从其生活环境所提供的线索来理解台商群体所提出的问题具有重要的参考价值。

由于笔者在福建工作、生活了多年，对福建的风土人情、地理交通有一定的了解，所掌握的社会关系也比较便于开展田野调查。笔者的田野调查地点主要集中在福州地区，采访对象基本遍布福州所辖的区、县及县级市。① 2008 年 10 月 10 日，笔者以福建省委党校派驻福州市台胞投资企业协会（以下简称台协会）实习生的身份进入位于福州市市中心商务区的福州市台协会会所做田野调查，② 遵照台协会工作人员的作息制度上下班，随同台协会工作人员外出参加有关活动。以协会会所为中心的田野调查持续了 3 个月，为进一步研究工作的开展做好了如下铺垫。

（1）获准翻阅福州市台胞投资企业协会所保存下来的文字档案材料，主要包括 1994～2009 年会刊、1999～2002 年协会工作相关文件档案。获准查看台协会公用电脑上存留的所有电子资料，主要包括 2006～2009 年台协会日常工作相关资料。

（2）大体熟悉了台协会日常工作的内容、运作方式，参与接待来访台商，观摩协会工作人员对日常及突发事件的处理过程。亲身参与了台协会 1 年工作周期中若干最重要的常规活动，包括台协会片区联谊活动、青口东南汽车城配套厂商台派干部联谊餐会、协会例行理监事会议、周年庆活动等。③ 在出席协会活动的过程中，笔者有目的地寻找到第一批受访人。

（3）与协会秘书长、副秘书长有了较为深入的交流，与协会主要工作人员建立起较好的私人关系，在实习结束后仍受邀继续参加台协会的相关活动。

从 2008 年 12 月正式启动对台商的深入访谈开始，一直到 2009 年 12 月，

---

① 笔者在福州的田野调查经验表明：在福州常住的台商由于工作需要经常往来于大陆省内外各地，以及定期往返于台湾与大陆之间。

② 以台协会为入口开展台商研究既有好处，也有局限性。好处是能比较集中地接触到研究对象。加入台协会的台商会员在全部福建台商中的比例并不大，但这部分会员正如受访者所言是"规规矩矩来做事业的"。台协会是台商在大陆比较信赖的正式组织，笔者以台协会工作人员身份介入，有利于取得受访者信任。局限性是，台协会只是台商活动的舞台之一，要全面观察台商生活还需要更深入地接触交流。此外，需要扩展受访渠道，将非台协会会员也纳入调查视野。

③ 参见附录"访谈对象编码表"和"田野调查中参加的主要活动项目表"。遵循社会调查研究伦理，本书采访资料编号中的大写英文字母为受访者姓名代号，阿拉伯数字为采访时间。

笔者采访了43位受访者［包括台商、政府涉台工作人员和台资企业大陆员工（以下简称"陆干"）］，其中深入访谈的台商有32位，受访台商基本情况见表1－1、表1－2。

笔者通过三个渠道获得深入访谈对象：第一，在福州市台协会实习期间主动结识台商，互留名片后电话约访；第二，采用滚雪球的方式，请受访对象介绍新的受访者；第三，请有认识台商的朋友牵线介绍。访谈对象主要是台商，还包括与台商接触的大陆人，如政府涉台工作人员、台资企业大陆员工等。采访地点多在受访者的公司、店面，少数在受访者家中或者咖啡厅、麦当劳等公共场所（参见下文部分照片资料）。取得受访者同意后，录音的资料事后全部转录为文字稿，没有录音的采访第二天以"田野调查笔记"的形式追记访谈内容。此外，主要的田野活动事后也都以"田野调查笔记"的形式记录当时的观察、见闻及笔者的内心感受。笔者参与的田野活动主要包括台协会内部的工作会议（如理事会）、周年庆、片区餐叙联谊会、每月最后一个周五的青口东南汽车城配套厂商台派干部联谊餐会，台湾慈济基金会福州联络处组织的岁末祝福、志工培训、助学、冬令发放、环保等活动，台商小圈子的私人聚会、家庭宗教活动，等等。

上述采访录音文字稿和田野调查笔记构成了第一手研究资料。

与受访台商 LYW 在福州永泰千江月台式休闲农场合影，摄于 2009 年 4 月 8 日

与受访厦门台商 CYH 在其公司办公室合影，摄于 2009 年 12 月 12 日

在台商 YMG 经营的幼儿园参加一次福州市台协会例行理事会议，
笔者摄于 2008 年 12 月 5 日

参加福建省社科联举办的"新形势下五缘文化与两岸关系论坛"
学术研讨会，摄于 2009 年 12 月 5 日

表 1 - 1 受访台商情况

姓名代号	性别	年龄（岁）	婚姻状况	在闽时间（年）	职业身份	常住地点	备　注
PXJ	男	50	已婚	11	台干	福州	与 HXH 为夫妻关系，已在福州购置房产
HXH	女	50	已婚	7	台太/个体户	福州	与本地人合开咖啡店
CQY	男	66	已婚	13	个体户	福州	其子在厦门开料理店；福州分店为儿子与漳州籍徒弟合作经营
ZLQ	女	53	已婚	9	台太/台商	福州	与丈夫共同经营，一部分事业交给儿子 YZQ
LYX	男	41	已婚	4	个体户	福州	其父祖籍福州，2006 年父亲病逝后来福州继承产业
XXL	女	34	单身	4	台商二代	福州	
CBJ	男	41	已婚	2	台干	福州	2001 年来上海工作，2007 年被公司派到福州发展业务

续表

姓名代号	性别	年龄（岁）	婚姻状况	在闽时间（年）	职业身份	常住地点	备　注
FYF	女	40	已婚	2.5	台太	福州	丈夫 2003 年到江苏工作，2007 年调动到福州
HHC	男	55	已婚	6	台商	福州	
HJQ	女	46	单身	15	台干	福州	与母亲、小女一起生活；已在福州购置房产
CXR	女	49	单身	16	台商	福州	经营家族事业；已在福州购置房产
CYT	男	38	已婚/两岸婚姻	12	台商二代	福州	其父为原福州市台协会会长，本人现为台协会副会长、台青会会长；已在福州购置房产
WHY	女	不详	已婚/两岸婚姻	16	个体户	福州	原台协会"牵手之家"家长；丈夫是福建漳州人；已在福州购置房产
ZJP	女	30	单身	5	台商二代	福州	福州市台协会副会长、台青会副会长
LYX	女	50	已婚	16	台太/台商	永泰	一女一子均在福州受教育。丈夫负责经营一家钢构厂；本人经营位于福州郊区的台式休闲农庄
LMG	女	40	已婚	3	台太/个体户	福州	丈夫为台干，本人正准备在福州创业
YZQ	男	29	单身	3	台商二代	福州	与 ZLQ 为母子关系；已在福州购置房产
ZMH	男	29	单身	1	台商二代	长乐	租住公司宿舍
GJY	女	34	单身	1	台干	福州	
QDL	男	66	已婚	20	台干	福清	子女、妻子均在台湾生活、工作；住公司宿舍
WCF	男	58	已婚	13	台商	福清	父亲祖籍福清，20 世纪 40 年代到台湾，子女、妻子均在台生活、工作；住公司
LJY	男	60	已婚	11	台商	福清	
KSY	男	34	单身	4	台干	福清	

续表

姓名代号	性别	年龄（岁）	婚姻状况	在闽时间（年）	职业身份	常住地点	备 注
ZXN	男	40	已婚/两岸婚姻	4	台干	福清	
CYL	男	44	已婚/两岸婚姻	3	个体户	厦门	现任厦门市思明区个体户协会台商分会会长；已在厦门购置房产
WHS	男	53	已婚/两岸婚姻	21	台商	厦门	已在厦门购置房产
CYH	男	58	已婚	17	台商	漳州	现任漳州市台协会副会长；已在厦门购置房产
WJZ	男	55	已婚/两岸婚姻	16	台商	福州	1990 年第一次到大陆，妻子为福州近郊闽侯人；已在福州购置房产
JZL	男	57	已婚/两岸婚姻	12	台商	福州	已在福州购置房产
LJY	女	26	单身	14	台商二代	上海	其父祖籍福州，1994 年到闽侯投资种茶，2007 年因病返台，每年采茶季节回福州；已在上海购置房产
ZNA	女	61	已婚	9	台商	福州	1998 年第一次到深圳，2001 年到福州投资，与丈夫共同经营一家教育培训机构
YMG	男	44	已婚	6	台商	福州	

注：在闽时间截至 2009 年 12 月。

在本书的写作过程中，笔者仍与受访对象不定时地进行联系。访谈对象最初是通过滚雪球方式获得，随着研究逐步深入，研究主题逐渐清晰，笔者采用立意抽样方式，尽量挑选符合研究需要的受访者。尽管很多典型的受访者由于种种原因无法接近，但随着研究的逐渐深入，接触台商的机会、次数的增加，笔者逐渐能寻找到合适的访谈机会。

表 1-2　受访台商基本情况统计

项 目	类 别	人数（人）	比例（%）
性别	男	19	59
	女	13	41

续表

项 目	类 别	人数（人）	比例（%）
年龄段*	18～45 岁	16	50
	46～60 岁	13	41
	61 岁以上	3	9
婚姻状况	已婚	23	72
	其中两岸婚姻	7	22
	单身**	9	28
来闽时间段	0～1 年	2	6
	2～5 年	10	31
	6～9 年	5	16
	10 年及以上	15	47
职业身份***	台商①（含台太兼职）	17	53
	其中台商二代	6	19
	台干	7	22
	个体户（含台太兼职）	5	16
	台太	5	16
	其中专职太太	1	3
地区	福州市区	22	69
	福州市区以外****	7	22
	厦门	2	6
	漳州	1	3

　　* 福州市台协会下设的台协会青年委员会（简称"台青会"）原则上以 45 岁为入会年龄上限，故以 45 岁为福建台商群体年龄段的一个分界线。

　　** "单身"包括未婚和离异两种情况。

　　*** 本书的访谈对象是来福建投资、工作的台湾籍人士及其配偶（主要是妻子）。其中投资者按金额大小大体区分为企业主和个体户两种。这里的台商是狭义的，指来福建投资的企业主；个体户指在福建小额投资从事餐饮等行业的台湾籍人士；台干指在福建各类企业从事各级管理工作的台派干部；台太指来福建投资、工作的台湾籍人士的配偶。

　　**** 福州人习惯将福州划分为五区（鼓楼区、仓山区、晋安区、台江区、马尾区）和八县（福清市、长乐市、永泰县、闽侯县、闽清县、连江县、罗源县、平潭县）。"市区"是老城区，指上述"五区"；"市区以外"是原来的郊区，指上述"八县"。随着城市发展变迁，本书出版时的福州市行政区由六区（鼓楼区、仓山区、晋安区、台江区、马尾区、琅岐区）、六县（永泰县、闽侯县、闽清县、连江县、罗源县、平潭县）、两市（福清市、长乐市）组成。

---

　　① 参见第二章"台商"概念界定部分内容。此处"台商"是狭义的概念。

2. 以问卷调查法收集定量研究资料

进入田野调查阶段之初，研究问题和研究主题都不明确，笔者并没有考虑使用调查问卷收集研究资料。随着深度访谈数量的增加，笔者发现诸如何时来大陆、祖籍地等基本信息在每次采访中都要问到，如果通过问卷填答，就能节省一些时间，因而意识到编制调查问卷也许更有助于资料的收集、整理。但在思路和框架并不明确的情况下，编制问卷也存在一定的风险，有可能在将来的研究中资料用不上。经过权衡利弊，笔者决定使用调查问卷作为收集研究资料的辅助手段。事实证明，在大部分情况下，问卷起到了解释采访目的、打消受访者疑虑、收集受访者基本信息、了解受访者态度等目的。2009 年春节以后几次深度访谈，受访者同时填写了我的试调查问卷，经过试调查更正了问卷中出现的一些问题后正式问卷定稿。2009 年 3 月 20 日，笔者随同台协会工作人员去闽侯青口参加东南汽车城例行的台派干部餐会，在曾经接受过笔者访谈的一位台商 PXJ 的帮助下，在餐会现场发放问卷，由参会台商当场填答，当场回收。（见表 1 - 3）①

表 1 - 3　问卷调查受访者基本情况统计表

项　目	类　别	人数（人）	比例（%）
性　别	男	107	85.6
	女	17	13.6
	缺失	1	0.8
年龄段	18～45 岁	56	44.8
	46－60 岁	55	44.0
	61 岁以上	8	6.4
	缺失	6	4.8
教育程度	初中或以下	2	1.6
	高中、职高	23	18.4

---

① 笔者在田野调查笔记中对问卷发放和回收的过程记录如下：参加这次餐会的一个重要任务是发放调查问卷。餐会的主持人 PXJ 大哥在开始进餐前向大家做了一个介绍，说我是上海大学的博士研究生，在写博士论文，希望大家帮助填写一下调查问卷。我请了一位同事和台协会的一位工作人员帮我发放问卷。这次到会的台商有 11 桌，我准备了 120 份问卷，分成 12 组，每组 10 份，以桌次为单位，趁着上菜前的空当将问卷发下去，每张桌上都放了几支圆珠笔。在餐会结束前发出去 100 份问卷，回收了 92 份。

续表

项　目	类　别	人数（人）	比例（%）
教育程度	专科	34	27.2
	本科	51	40.8
	研究生及以上	13	10.4
	缺失	2	1.6
省籍	本省客家	21	16.8
	本省闽南	85	68.0
	大陆各省	11	8.8
	福建其他地区	8	6.4
配偶籍贯	已婚	113	90.4
	台湾	93	74.4
	福州	1	0.8
	闽南地区	3	2.4
	福建其他地区	4	3.2
	大陆其他省市	12	9.6
	国外	0	0.0
	未婚	12	9.6
来闽时间段	0～1 年	19	15.2
	2～5 年	48	38.4
	6～9 年	25	20.0
	10 年以上	32	25.6
	缺失	1	0.8
从事行业	制造业	91	72.8
	销售业	6	4.8
	服务业	25	20.0
	缺失	3	2.4
行业面向市场	外销/国际市场为主	16	12.8
	内销/国内市场为主	79	63.2
	两者均有，而且比例差不多	26	20.8
	缺失	4	3.2
台湾常住地域*	台湾北部	80	64.0
	台湾中部	12	9.6
	台湾南部	25	20.0

续表

项　目	类　别	人数（人）	比例（%）
台湾常住地域*	台湾东部	0	0.0
	缺失	8	6.4
宗教信仰（可多选）	佛教	67	53.6
	道教	23	18.4
	基督教	9	7.2
	妈祖、关公、保生大帝等民间信仰	26	20.8
	祖先祭祀	15	12.0
	其他	8	6.4

　　*台湾北部地区指台北市、台北县、桃园县、新竹市、新竹县、苗栗县、宜兰县、基隆市；台湾中部地区指台中市、台中县、彰化县、云林县、南投县；台湾南部地区指嘉义市、嘉义县、台南市、台南县、高雄市、高雄县、屏东县、澎湖县；台湾东部地区指台东县、花莲县。

　　除了这次集中发放、填答问卷外，在每次深度访谈前后，笔者都会请受访者当场填答调查问卷。截至 2009 年 12 月 30 日，笔者共采集到 125 份调查问卷。

　　问卷受调查者的基本情况统计见表 1－3。在 125 位受调查者中，来福建最短的不足 1 年，最长的 21 年，[①] 平均来福建 6.60 年；年龄最小的 29 岁，最大的 76 岁，平均年龄 46.94 岁。

　　3. 文献研究

　　笔者用于分析、研究的文献资料主要有三类。第一类是在田野调查中收集到的一手文献资料，包括政府相关文件、调研材料、台协会会刊及相关资料、受访对象的日记等。第二类是大陆台商自己撰写的作品、大陆和台湾记者或其他研究者对台商的采访作品，这类作品以书籍、新闻报道、电视节目等形式呈现。[②] 甚至在网络上笔者偶然发现了一些台商网民的生

---

① 问卷调查大部分完成于 2009 年，因此以 2009 年为统计标准。
② 展现台商在大陆亲身生活体验的作品如陈彬《移民上海——我的台湾经验遇上上海派作风》，台北市商讯文化事业股份有限公司，2000；陈彬：《上海机会：一个台商研究中的上海》，上海人民出版社，2004。对台商的采访作品如叶劲光：《凝望海峡》，海潮摄影艺术出版社，2007；梁章林主编《我从台湾来》，海风出版社，2008；陈映芳《移民上海：52 人的口述实录》，学林出版社，2003。《凝望海峡》的作者为福建省三明市台联会会长，籍贯台湾省彰化市。《我从台湾来》则是福建省东南卫视《我从台湾来》栏目 2006～2007 年两年间对 48 位大陆台商所做采访的文字稿。《移民上海：52 人的口述实录》的作者从学术研究的角度记录了多位上海台商的故事。另有许多台商故事散见两岸学者用质性研究方法所做的研究中。

活故事和感受，这些都极大地丰富了笔者的资料来源。在大陆学界对台商的微观研究资料极其缺乏的情况下，笔者收集到的台湾学者的会议论文、学位论文和相关学术论文对本研究都具有重要的参考价值，[①] 这是本书的第三类文献来源。

（二）资料分析方法

首先，是对质性研究资料的分析。田野调查中获得的观察笔记、访谈记录以及见之于电视、报刊、网络的人物访谈、专题报道是本研究主要的质性研究资料。对实证资料进行研究之前必须要确认其信度和效度，即真实性。众所周知，在原始资料的收集都困难重重的情况下，原始资料内容的真实性面临的挑战就更大了。陈向明指出，在后现代的今天，质的研究者们已经意识到，研究永远不可能"客观""中立"，"研究"其实就是在"写文化"；在方法上，研究者不再像前人那样讲究研究的"客观性""真实性""确定性"，而是采取一种"视情况而定"的态度，在关系中对"效度""信度""推广度"等问题进行考量。[②] 因为质的研究最基本的工具是人，所以，任何的观察和分析都要经过人的世界观、价值观，以及其他观点的过滤。"质化研究的最后结果也是研究者将其他人的诠释通过自己的观念进一步过滤后的产物。"[③] 因此，研究过程中及在研究结果的呈现上研究者的"主观性"不可避免，是否能由于这种"主观性"而否定研究的信度和效度呢？Peshkin 认为，这种主观性"可以是有效力的，因为，它是研究者作出杰出贡献的基础，主观性来自于个人素质的独特的结构，它能进入到数据之中"。[④] 基于以上认识，笔者一方面如实记录受访者

---

① 除了学术作品，一些与台湾有关的文学作品也有助于笔者了解和理解台湾社会近 30 年的文化和社会变迁，台湾人在台湾的真实生活和心路历程，这些作品所描述的现象有助于笔者理解和诠释台商在大陆的行为和心理特点。例如，龙应台：《野火集》，文汇出版社，2008；廖信忠：《我们台湾这些年》，重庆出版社，2009；蒋勋等：《行走台湾：台湾文化人说自己的故事》，生活·读书·新知三联书店，2009。

② 陈向明：《在参与和对话中理解和解释》，转引自大卫·费特曼《民族志：步步深入》（总序），重庆大学出版社，2007，第 4 页。

③ 〔美〕莎兰·B. 麦瑞尔姆：《质化方法在教育研究中的应用：个案研究的扩展》，于泽元译，重庆大学出版社，2008，第 16 页。

④ Peshkin, A., 1988. "In Search of Subjectivity—One's Own," *Educational Researcher*, 17 (7)：17 – 22.

在面对采访时所表达的经验、感受和观点，然后根据自己的观察和理解对这些材料重新进行组织、梳理；另一方面试图致力于发现受访者向他人展现的自己以及他们因应外部世界时的内心世界，而不是这些经验、感受及访谈所涉及的具体事件的"真伪"。

质性研究资料的分析并不止于此，米尔斯的"社会学想象力"旨在将研究向前再推进一步，完成从"环境中的个人困扰"到"社会结构中的公众议题"的视角转换和思维方式反思；[①] 而在陈向明那里则是要"通过对个体的经验和心理结构的研究，寻找到建构起这些心理现象的社会交往和社会过程，将个人作为历史和社会的参与者，理解人类社会选择以及形成有关'人'的各种错综复杂的方式和关系"。[②] 因此，将个体的生命历程放在两岸关系的历史大背景中去分析，将个体经历镶嵌在宏观的社会结构中就成为资料分析更进一步的追求。

其次，是对定量研究质量的分析。本书运用 SPSS 统计软件对收集到的调查问卷进行分析处理，主要从经济、日常生活、社会、心理和文化四个层面具体描述福建台商群体的社会适应情况（参见附录三"福建台商社会适应调查问卷"）。

三 研究内容

在两岸关系变化的大背景下，本书借鉴当代移民研究中的跨国主义理论的若干视角，运用社会学关系网络理论和社会认同理论，围绕着动态层面的"流动经历"与静态层面的"适应策略"两个中心，探讨被历史洪流裹挟前行的台商在两岸生活的经历：他们为什么到大陆？他们在大陆的工作、生活状况如何？未来的他们何去何从？经济战略上"深耕大陆"有没有带来社会生活"根植大陆"？他们运用怎样的策略适应当地社会？他们对自己的地域身份与文化身份，以及对所生活于其中的两岸社会有着怎样的认知？在描述性研究的基础上，探析大陆台商社会适应与认同的特点、规律，

---

① 〔美〕C. 赖特·米尔斯：《社会学的想象力》，陈强、张永强译，生活·读书·新知三联书店，2005。
② 〔以〕艾米娅·利布里奇、里弗卡·图沃－玛沙奇、塔玛·奇尔波：《叙事研究：阅读、分析和诠释》（序），王红艳主译，重庆大学出版社，2008。

进而从社会政策层面提出相应政策建议，目的是致力于加深两岸间深层的沟通、交流，让日益增强的"可流动性"成为推动两岸经济社会共同发展、互利互补的动力之源，使祖国大陆成为两岸人民的"共同家园"。

第三节 田野调查地点简介

身上流淌着移民血液与有着移民文化基因的台商，足迹遍及世界的各个角落，犹如海蟑螂般在当地社会顽强地生存发展。改革开放以后，祖国大陆成为台商投资乃至移居的主要目的地之一。位于大陆东南沿海、台湾海峡西岸的福建省与台湾地区在长期交往过程中自然形成了地缘相近、血缘相亲、文缘相承、商缘相连、法缘相循的"五缘"关系，具有对台交往的独特优势。福建是台商主要的祖籍地，80%的台湾人祖籍福建，而福建省是台商最早来大陆投资的地区之一，至今也仍然是大陆台商主要聚集地之一。

本书的主要田野调查地点福州市，是中国大陆距离台湾省最近的省会中心城市、国家历史文化名城、最早对外开放的沿海港口城市之一。福州建城 2200 多年，自古以来就是我国对外贸易的重要口岸，早在 1700 年前，福州就同台湾有交通往来。现辖 6 个区、6 个县、2 个县级市，即鼓楼区、台江区、仓山区、马尾区、晋安区、琅岐区 5 个区，闽侯县、连江县、罗源县、闽清县、永泰县、平潭县① 6 个县，福清、长乐 2 个市。全市土地面积 12154 平方公里，其中市区面积 1786 平方公里。厦门市常住人口为 655 万人，户籍人口 727 万人，其中市区人口 192 万人。福州还是全国著名的侨乡和台胞祖籍地，拥有 300 万海外同胞，遍布 146 个国家和地区；旅台福州同胞约有 75 万人。② 福州同台湾的民间往来源远流长。在台湾几乎每个市县都有福州同乡会，当今台湾民间的节日岁序、房屋建筑、衣着服饰、饮食习惯、礼节交往、婚丧喜庆、音乐戏曲、宗教信仰等许多方面

---

① 2009 年 7 月中共福建省委八届六次全会上正式作出了设立平潭综合实验区的决定，2011 年 11 月国务院批准《平潭综合实验区总体发展规划》，平潭——福州的一个小渔村，曾经的海防前线，实现历史性转身，目前已成为海峡西岸经济区的先行区，探索建设两岸"共同家园"的热土。

② 2007 年福州市台协会会刊特刊，第 67 页。

都沿袭了福州的风俗习惯，甚至连福州的方言俚谚在台湾街头巷尾都屡有耳闻。

闽南地区三大城市厦门、漳州、泉州位于福建省东南部，也都是台胞的主要祖籍地，地方方言为闽南语。其中厦门市背靠漳州、泉州，面向金门，隔着台湾海峡和台湾本岛、澎湖列岛遥遥相望，由厦门岛、鼓浪屿和九龙江北岸的沿海部分组成，总面积 1575 平方公里。厦门市户籍人口 191 万人，常住人口 367 万人，是福建省第二大城市。目前辖有 6 个区，即思明区、翔安区、同安区、湖里区、集美区、海沧区。漳州市土地总面积 1.26 万平方公里。全市户籍人口 482 万人，常住人口 490 万人；旅居海外的华侨、港澳同胞有 70 万人，台湾人口中 1/3 的人祖籍漳州，漳州已成为侨胞、台胞寻根谒祖之地。泉州市土地总面积 11015 平方公里。全市常住人口 829 万人（不含金门县），分布在世界 129 个国家和地区的泉州籍华侨华人有 750 万人；旅居香港同胞 70 万人，旅居澳门同胞 6 万人，台湾汉族同胞中约 900 万人祖籍泉州，全市现有台属近 16 万人。2006 年 5 月 27 日正式开馆的中国闽台缘博物馆也落户泉州，该馆是一座展示祖国大陆福建省与宝岛台湾历史关系的国家级专题博物馆。

闽台之间历史渊源深厚，福建省内各地、市、县都有台商和台胞分布，位于福建沿海的省会福州市以及闽南地区的厦漳泉地区更是台商在福建较为集中的地区。虽然台商在福建的人数无法精确统计，但是表 1 - 4 所列的福建省内台商协会会员数量可以大致勾勒出在闽台商的分布结构。

表 1 - 4　福建省台协会会员数表

单位：人

协 会 名 称	会员数	副会长以上人数
福州市台协会	295	21
厦门市台协会	645	19
漳州市台协会	800	22
泉州市台协会	406	12
莆田市台协会	88	10
龙岩市台协会	59	5
三明市台协会	61	9

协 会 名 称	会员数	副会长以上人数
南平市台协会	63	6
福清市台协会	92	6

资料来源：根据福建省台办 2007 年统计资料。

闽台关系的发展及福建台商群体规模的增长为台商研究提供了肥沃的现实土壤，而福建省在台湾研究方面的优势也为台商研究提供了良好的学术环境。福建的涉台研究机构有：厦门大学台湾研究院、福建社会科学院现代台湾研究所、华侨大学台湾经济研究所、福建师范大学闽台区域研究中心及福建省委党校闽台关系研究中心。其中厦门大学台湾研究院的研究以理论性研究为主，福建的其他台湾研究机构更为重视对台湾经济及闽台经济关系的研究。

第四节　研究意义

一　现实意义

本书的研究对象是一个特殊群体——台商群体。这个群体在一个特殊的社会和历史背景下出现，集经济性、政治性和社会性于一体。两岸关系发展大格局的变化是大陆台商群体日益壮大的根本原因，大陆改革开放给世界也给台湾提供了一个新的舞台，台商群体在大陆的投资和经营持续发展有力地促进了台湾经济的转型，推动了大陆的经济发展，也增强了两岸经贸依存度。伴随经济交流的扩大与深化，社会文化层面的沟通也日益密切，台商成为两岸"连缀社群"的核心组成部分，最有可能与大陆人民发生深度接触和持续稳定的互动，并建立一定程度的相互了解、关切的情感联系。随着台商及其他与大陆利益相关群体人数越来越多，他们与大陆的依存关系也越来越密切，有学者甚至称其已经形成一个新的社会群体和利益团体。还有学者冠台商以"两岸族"之名。

台商投资大陆的 20 多年，也是两岸民众近距离交往、互动的 20 多年，台商成为两岸互相沟通、了解、理解的重要桥梁。一方面，台商是目前两岸能够较长时间亲身接触到对方社会的主要人群，在两岸都有生活的经验，他们的体验是两岸之间当下最鲜活的感受；另一方面，无论是在大陆还是在台湾，他们都有一定的社会关系，他们在两岸的形象也会影响两岸民众互相之间如何看待对方。台商在两岸间的经贸、社会、文化活动是两岸交流之河中的一条重要支流，借由台商达成两岸间的了解、理解是未来两岸关系走向谅解、和解、化解的可能性途径。

因此，无论从国家和平发展战略角度，还是从社会群体之间的沟通融合角度来看，台商都是一个具有特殊地位和作用的群体。

2007 年中共十七大提出了构建两岸关系的和平发展框架。2008 年 5 月以来，两岸关系"实现了历史性转折，取得了突破性进展"。2008 年 4 月胡锦涛总书记会见连战时提出了"建立互信、搁置争议、求同存异、共创双赢"的 16 字方针，两岸达成共识；同年 6 月胡锦涛会见江丙坤时，提出希望海协会、海基会在今后的会谈中做到"平等协商、善意沟通、积累共识、务实进取"。政治层面的沟通体现的是政治家的智慧，两岸和平发展更需要两岸民众的共同努力。2009 年 5 月 16 日首届海峡论坛的召开，标志着"两岸迈入了大交流、大合作、大发展的新时期"，至今海峡论坛已经成功举办了 5 届，两岸民间交流持续深化，两岸关系和平发展从开创期进入巩固深化期。

尽管台商群体在大陆社会已经生活了 20 多年，但对于大多数民众而言，台湾人依然是一个很陌生的人群，那个西装革履、富得流油的台商形象在普通老百姓心目中印象深刻。在大陆随处可见的台湾珍珠奶茶是两岸 20 多年经贸交流细水长流的结果；汶川地震和台湾"八八风灾"中，两岸同胞纷纷为对方慷慨解囊，捐赠物资和善款，更是长期以来两岸社会和民间交流开出的美丽花朵。

现实情况是，台商群体的规模已经在两岸 20 多年的交流交往中悄悄成长壮大，大陆学者李非等曾以水为喻，指出台商投资大陆的 20 多年是"百万台商冲破层层阻隔，汹涌登陆"的 20 多年，"奏出了破冰、泉涌、汇流和激浪四部壮美乐章"。① 两岸以经贸为主要内容和载体的交流已经有了一定的规模和深度，但是两岸交流不能仅限于经济利益层面，交流应该

---

① 李非、刘严毅：《台商登陆 20 年》，《政协天地》2008 年第 4 期，第 64～65 页。

是全面的、累积的，两岸最需要的还是社会文化的交流和感情的融合。本书以大陆台商的社会适应与社会融合为研究主题，试图描画当前以台商为主要载体的两岸融合的现状，进而为推动两岸在经济、文化、社会和人民思想感情方面的大融合提供有益探索。

二　学术意义

首先，从台商研究的内容、方法来看，大陆学界通过与台商直接接触，对台商微观行为进行的研究尚不多见。而在台湾，台商研究已经成为学术界的一个专门研究领域，研究议题涉及经济、政治、心理、社会、文化等各个方面。[①] 台湾学者耿曙提出了一个台商研究的系统框架，指出所谓的台商研究必须以台商作为主体，借以和两岸经贸研究作出区别。本书试图呼应台湾学界的研究动向，以作为"主体"的台商研究为立意，以期与台湾学界的台商研究有所对话。

其次，从移民研究的角度来看，本书期望通过对台商这个特殊迁移人群的研究，丰富对大陆当前城市迁移人群的研究。台商投资、移居大陆的热潮增进了两岸人民的社会、文化交流，以台商为中介的两岸社会、文化的互动使两岸血浓于水的关系基础更加坚实。而大陆作为接纳台商移居的目的地，更应该对这个从过客到落地生根的群体的流动与适应规律加以研究。在中国历史上，人口向外迁移流动较为常见。随着当代中国经济社会的发展，越来越多的国外、境外人口跨国、跨境（港澳台地区）到中国大陆工作、生活，与大陆当地社会产生密切互动，由此带来一系列社会效应，引起一些社会管理问题。本书借鉴学术界移民研究的若干实践考察，分析大陆台商群体的社会流动、社会适应与社会融合问题，对于中国社会走向国际化，积累国外、境外人口管理经验具有一定的学术与实践价值。

---

① 参见耿曙《中国大陆台商研究的回顾与前瞻：站在新移民研究的起点?》，载《"台商研究工作坊"学术研讨会论文集》，台湾中兴大学，2008。

第二章

主要概念解析与相关文献综述

　　台商是在两岸关系变化发展过程中出现的一个新兴现象，随着这个群体规模的不断扩大，围绕台商现象出现的一些现实问题日渐引起学术界的关注，有关台商的学术研究成果也渐渐累积。台湾学者陈添枝指出，台商研究是在近20年逐渐兴起的，并逐渐渗透到各门学科的研究主题中去。例如，经济学的台商研究主要着眼于对外投资与贸易；管理学着重于国际企业和跨国经营研究；社会学则以企业网络、社会网络研究为主；在经济地理领域，则是通过空间经济与产业聚落探讨投资行为和产业聚集现象，学科之间对台商的交叉研究也越来越多。[①] 本章将从跨界流动的视角，着重于微观层面的台商研究，以大陆台商的社会适应为中心主题，对相关台商研究文献进行系统梳理。

第一节　主要概念解析

一　台商

　　台商研究有别于两岸经贸关系研究，更有别于两岸关系研究。20世纪80年代中期以后，台湾岛内大量中小企业外迁东南亚及中国大陆，进而带

---

① 陈添枝：《台商投资行为的调查研究——经济学的方法论》，《当代中国研究通讯》2004年第3期。

动大型台企纷纷外移，由此引起台湾学界对"台商"问题的关注。萧新煌等认为台商这个名称专指"跨越了本身的民族国家疆域到全球各地进行投资活动的台湾商人"。[①] 台湾学者耿曙则强调"台商"以获利经营为目的，作为"投资行为"的行动者，[②] 每年在大陆当地居住 3 个月以上的才可称为"台商"。[③] 这个定义排除了只在大陆做短暂停留，与大陆当地社会未发生深刻联系的人员，如穿梭于两岸的"出差人员"或"考察人员"等。

根据以上观点，本书所指的"台商"有两层含义：第一，"台商"来自台湾，因投资或工作关系长期旅居大陆各省份；第二，"台商"在其以获利为目的的经营管理活动中，与大陆当地社会发生深刻互动。"台商"的第二层含义在不少学者的研究中得到凸显。例如，大陆学者王茹指出，工商界人士（即"台商"）是"两岸族"主要构成成分，当前"台干""台生""台眷"在"两岸族"中的比重也在加大。[④] 耿曙则指出，台商、台干是作为两岸民间互动"新型社群"——"连缀社群"的核心部分成员。

"台商"群体并非铁板一块，两岸学者的研究都发现"台商"是一个有着鲜明阶层分化特征的移民群体。大陆学者张翼、聂佩进按阶层标准将来大陆居住的台湾同胞划分为"台商""台干""台劳""台太""台生""台漂"等六种类型。其中"台商"和"台干"是目前在大陆居住的台湾人中的主体。"台商"按照代际标准还可区分为生于 20 世纪七八十年代的 e 世代青年"台商"及其上一辈以投资经商为主的台商两种。e 世代青年台商在职业构成上更为多元化，有的是自主创业，有的是靠父母资助到大陆当第二代老板。[⑤] 耿曙按投资大陆的时间不同将上述两类"台商"分别

① 萧新煌、王宏仁、龚宜君主编《台商在东南亚：网络、认同与全球化》，台北市"中央研究院"亚太研究计划，2002，第 12 页。
② 耿曙：《中国大陆台商研究的回顾与前瞻：站在新移民研究的起点？》，载《"台商研究工作坊"学术研讨会论文集》，台湾中兴大学，2008。
③ 根据公安部有关规定，台湾居民来往大陆签注一次有效最短时间为 3 个月，最长时间为 5 年。2013 年 6 月 16 日厦门第五届海峡论坛发布惠台新举措，授权新增 11 个省区市公安机关为在当地的台湾居民换发、补发 5 年有效台胞证等。至此，可以为在大陆台湾居民换发、补发 5 年有效台胞证的省区市已有 20 个。
④ 王茹：《台湾"两岸族"的现状、心态与社会融入情况》，《台湾研究集刊》2007 年第 3 期，第 19～43 页。
⑤ 张翼、聂佩进：《台商在大陆的发展情况——以上海和江苏为例》，载中国社会科学院青年人文社会科学研究中心编《国情调研·2003》，山东人民出版社，2005，第 511～560 页。

称为"资讯人世代"和"小头家世代"。① 李欣儒、耿曙以社会文化观认同和地域认同的差异为标准将"台商"群体区分为"全球人"和"两岸人"两类。②

本书更关注"台商"与大陆当地社会发生的深刻互动，笔者认为，"台商"应该既包括以投资者身份移居大陆的"老板级台商"，又包括在大陆台企或其他类型企业工作的"干部级台商"，还包括他们的眷属——"台太"，这三类人是在大陆的台湾籍人士中最有条件深入到大陆当地社会生活中的人群。笔者在田野调查中发现，很多"台太"来大陆前辞掉了在台湾的工作，适应了大陆生活后往往会出去兼职或自己创业，成为真正意义上的"台商"。此外，"老板级台商"按照在大陆投资规模的大小可以划分为大企业家、中小企业主和个体户三类。中小企业主是"老板级台商"的主体，2006 年以后台湾居民允许在大陆申请个体工商户登记，③ 大陆"台商"个体户数量也在缓慢增长，出于研究方便，本书将"个体户"从"台商"中单列出来。

因此，本书所指的"台商"在外延上有广义和狭义两种含义。狭义的"台商"仅指以投资者身份移居大陆的"台商"；广义的"台商"泛指所有来大陆投资、工作的台湾籍人士及其配偶，包括"台商企业主"、"台商个体户"、"台干"（台派干部）和"台太"（台商配偶）。

二　社会适应

移民的社会适应问题一直是移民研究和城市研究的经典命题与重要研究内容，该命题实质上探讨的是移民与主流社会的关系问题。围绕移民社会适应这一研究主题，不同学者根据研究的需要提出不同的概念描述其研

① 耿曙：《"资讯人"抑或"台湾人"？大上海地区高科技台商的国家认同》，载佛光人文社会学院政治学所主编《第二届政治学与资讯研讨会论文集》，宜兰佛光人文社会学政治学研究所，2002，第 1～21 页。
② 李欣儒、耿曙：《跨入全球新世界？上海台湾人社群中的阶级分野》，台北世新大学社会发展研究所，"跨界流离：全球化时代移民/工与社会文化变迁"学术研讨会，2004，第 18～19 页。
③ 参见福州市人民政府 2006 年 5 月 8 日颁布的《福州市人民政府关于印发台湾居民在福州申办个体工商户登记管理的若干意见（试行）的通知》（榕政综〔2006〕102 号）。

究内容，如社会适应、社会融合、社会融入、同化等。Kim 等认为所谓适应，即移民将自己所处的新旧环境加以比较，为不断维持和改善各项生活条件而不断改变态度和生活方式的过程。在这个意义上，所谓适应就是一个广义的概念，包括涵化（Acculturation）、同化（Assimilation）、隔离（Segregation）、多元行为（Pluralism）、黏合（Adhesion）等。① 社会适应从个体生命历程的视角研究个体行为，与社会化是从一个事物的两个方面做不同表述。② 王春光在其对巴黎的温州移民社会适应的研究中明确区分了社会融合与社会融入两个概念，他指出：融入是一个动态的调适过程，与融合这个概念有很大区别。融合是从最终状况来判断移民与当地社会的关系；融入不关注最终状况，没有一个明确的矢量，只关注过程本身。他把移民进入、定居到适应的这个过程称为融入，融入表现在温州移民的日常生活行为和事件上。③ 同化则是被学术界诟病较多的一个概念（参见下文学界对同化理论的批判），因为移民不可能变得完全跟当地主流社会一样，而且移民也不是完全被动地应对当地主流社会，更确切地说，移民被同化的可能只是其个人心理和行为方式的某一个方面。2006 年，联合国秘书长在《国际迁移与发展》报告中提出，"移徙的成功在于移徙者和东道国社会的相互适应。为了完成这一适应，人们越来越意识到，尽早促进移徙者在居留的目的地国融入当地社会，符合移徙者和东道国社会的最大利益。融入社会的基石是平等待遇和禁止任何形式的歧视。融入社会取决于多种因素，包括有能力使用当地语言进行交流、准入劳工市场和就业、熟悉风俗习惯、接受东道国的社会价值、有可能与直系亲属相伴或团聚和有可能入籍"。在联合国的另一份文件中，"社会融合"是指"人们在充分尊重每个人的尊严、共同利益、多元主义和多样性、非暴力和团结的情况下一起生活的能力以及参与社会、文化、经济和政治生活的能力"。④

---

① Kim, K. C., and Hurch, W. M., 1984. "Adhesive Sociocultural Adaptation of Korean Immigrants in the U. S. : An Alternative Strategy of Minority Adaptation," *I. M. R.*, 18：188.

② 李培林主编《农民工：中国进城农民工的经济社会分析》，社会科学文献出版社，2003。

③ 王春光：《巴黎的温州人：一个移民群体的跨社会建构行动》，江西人民出版社，2000，第 15 页。

④ 国家计委社会发展司、外交部国际司编《社会发展，共创未来：联合国社会发展世界首脑会议文件选编》，中国计划出版社，2001，第 168 页。

综上所述，社会适应与社会融入强调的是过程，社会融合与同化强调的是结果。社会适应着重强调移民个体行为方面，社会融合着重强调移民与当地社会关系方面。融入当地社会是移民社会适应的主要方式，但其适应的途径、状态、程度与结果是多样的，不融合不等于不适应，适应不一定要以完全同化为目标。全球化时代，人口迁移、流动速度越来越快，频率越来越高，范围越来越广，不仅以改变国籍及长期定居地为特征的传统意义上的"移民"需要面对在移居地的社会适应与社会融入问题，而且人数更为众多的以在两地或多地往返流动为特征的新"移民"也有不同的社会适应需求。因此，迁移者的社会适应与社会融入的形态存在多样性，这是由不同类型的迁移主体的社会适应内容的多样性与社会适应层面的多元化决定的。不同类型的迁移者在其社会适应、社会融入方面应该达到和能够达到的程度是不一样的。

本书借鉴传统移民研究的相关理论视角和研究成果，提出以下迁移人群的社会适应研究框架。

第一，迁移人群社会适应包括三个不同的层面：经济层面、文化层面与社会层面。迁移人群社会适应的经济层面是迁移人群在移居地立足的基础；社会层面体现了迁移人群社会适应的广度；文化层面体现了迁移人群社会适应的深度。

本书认为应将迁移人群的社会适应区分为经济、社会和文化三个层面。根据传统移民理论，移民社会适应的经济层面主要指移民在当地社会经济地位的获得及其对迁移以后工作和生活的重要性，这是经济学家们关注的主题。西方移民学界用"同化理论"和"多元文化理论"来理解和解释移民的社会适应问题。① 这两大理论流派都聚焦于移民社会适应的文化层面，因其在逻辑和实践上的缺陷而受到诸多批评。同化不能简单理解为适应，② 社会适应不能简单化为"文化融合"。③ "同化理论"理所当然地认为移民作为少数人群应该全盘接受移入地社会主流的文化价值和社会结

---

① 参见李明欢《20 世纪西方国际移民理论》，《厦门大学学报》（哲学社会科学版）2000 年第 4 期，第 12～18 页；任远、邬民乐：《城市流动人口的社会融合：文献述评》，《人口研究》2006 年第 5 期，第 87～94 页。

② 徐平：《文化的适应和变迁——四川羌村调查》，上海人民出版社，2006，第 222 页。

③ 张文宏、雷开春：《城市新移民社会融合的结构、现状与影响因素分析》，《社会学研究》2008 年第 5 期，第 117～141 页。

构规则；同时片面注重文化适应的结果，表面地将趋同理解为相同。"多元文化理论"更是将保持文化的多元性作为解决移民社会适应问题的最佳方案，而忽视了移民除了文化传统受到尊重外，还需要嵌入当地社会结构之中，才能在全社会范围内进行交往，获得社会地位。而且"文化适应"未必总是同"社会适应"相一致，① 即便"文化适应"是"社会性同化"的必要条件，也未必是其充分条件。有研究者发现，移民能够很快适应移居地的语言和习惯，但他们未必想"同化"于所定居的社会。② Kim 等人在他们的研究中同样对移民社会适应的文化与社会层面作出了明确区分，并据此提出了移民社会适应的类型，包括文化同化、社会同化和族群依附三种类型。③

第二，认同是迁移人群社会适应过程中会普遍碰到的一个心理问题。

空间上的迁移必然带来心理上的认同问题。Kahane 认为，所谓移民指的是一个过程，在此过程中，一种文化向另一种文化进行整体流动，并往往引发一些问题。该过程给个人或群体的认同带来了某种危机感，迫使其"重新调整"（Readjustment）自己的认同。④ 现代社会人口流动的速度和广度都超过传统社会，人口流动引发了代表不同地方文化的族群文化之间的碰撞、交流与互动，最后因族群接触而导致族群认同改变的情况并不少见。可见，迁移人群的适应过程就是在同他们及其移居地社会双方的"异质性认识"所进行的互动中逐步实现的；社会适应的过程同迁移人群对移居地社会异质性的认识和"认同"以及迁移人群对"自我认同"的重建是同步的。

当代社会迁移人群的"认同"也越来越趋向于一种流动而多元的状态，并随着空间结构、历史联系性、政策过程以及文化塑造的过程的变化而有不同的表现。⑤ Alvarez 在其研究中提出移民的"双重归属"

---

① Kim, K. C., and Hurch, W. M., 1984. "Adhesive Sociocultural Adaptation of Korean Immigrants in the U. S.: An Alternative Strategy of Minority Adaptation," *I. M. R.*, 18: 192 – 193.

② 〔日〕广田康生：《移民和城市》，马铭译，商务印书馆，2005，第 57～58 页。

③ Kim, K. C., and Hurch, W. M., 1984. "Adhesive Sociocultural Adaptation of Korean Immigrants in the U. S.: An Alternative Strategy of Minority Adaptation," *I. M. R.*, 18: 192 – 193.

④ Kahane, R., 1986. "Informal Agencies of Socialization and the Interaction of Immigrant Youth into Society: An Example from Israel," *I. M. R.*, 20.

⑤ 麻国庆：《走进他者的世界》，学苑出版社，2001，第 320 页。

（Dual Allegiance）意识是现代移民建立认同的核心特征。① 这种"双重归属"意识与其说意味着一种政治上对祖国的忠诚，倒不如说体现了一种他们对自己出生地的历史文化的忠诚态度。这种对祖国的忠诚在国内移民研究中常表现为故乡情结，② 迁移者一方面利用它来解决移居生活中的实际问题，另一方面则将其作为一种"精神支柱"或心理机制维系认同的连续性。Hall 用"离散"（Diasorpa）概念来解释现代移民的这种认同形态，他认为，身在异地，离散者的空间认同趋向双重或多元。原来的身份构成对旧时的认同，新环境造成第二重认同。而两者之间的矛盾、冲突则形成第三重（甚或多重）认同。Hall 进一步提出文化身份的双轴性，第一轴强调文化身份的单一性。文化是单一共享的文化，是一种集体的"真正的我"，是拥有同一历史与祖先的民族所共有的集体经验。它是一个人思考与存在的固点，是行动的根据。文化身份的另一轴，则强调身份的不稳定性、断裂与差异。它属于未来，也属于过去，一方面衔接历史，但亦随时在转变当中。外在迁移造成内在意识的移位与改变，空间的包围穿透内心，人也因此在既有身份与被建构的身份两轴之间摆荡。③

认同涉及血缘、地域、文化、政治、制度、经济等各个层面。上述所谓的"双重认同"或多元认同状态只存在于一个有限的时间段，认同的内容也仅指向某些层面。不少国际移民研究表明，移民在语言、衣、食、住、行的生活习惯等方面比较容易认同并适应当地社会，④ 能够接纳当地社会的语言、风俗习惯，同时保留自己的语言和生活习惯。葛剑雄认为，由于移民与迁出地的民众在血缘、地缘、文化、政治、经济等各方面的联系，移民一般会在各方面认同故乡，特别是认同故乡的文化。但随着时间的推移，各方面的认同也会发生变化。一般来说，血缘、文化、地缘方面的认同比较稳定持久，中断后易恢复；而政治、经济方面

① Alvarez, R. R., 1987. "A Profile of the Citizenship Process among Hispanics in the United States," *I. M. R.*, 21.

② 〔美〕卢汉超：《霓虹灯外：20 世纪初日常生活中的上海》，段炼、吴敏、子羽译，上海古籍出版社，2004。

③ Stuart, Hall, 1994. "Cultural Identity and Diaspora," *Colonial Discourse and Post - Colonial Theory：A Reader.* New York：Columbia University Press, p. 393.

④ 〔日〕广田康生：《移民和城市》，马铭译，商务印书馆，2005，第 57～58 页。

的认同则比较脆弱，受现实因素的影响很大，往往时过境迁就今昔异势。[①]

第三，建构社会关系网络是迁移人群社会适应过程中普遍使用的策略。

无论是对国际移民还是对国内迁移人群，许多研究者都发现了嵌入迁移人群网络的关系资源对迁移人群社会适应的促进作用。Portes认为迁移过程中的每一个环节（诸如决定是否迁移、向何处迁移，以及在迁居地定居下来如何适应当地生活等）都与迁移人群的社会网络或社会资本密不可分。[②] 许多研究华人华侨的学者也注意到关系文化是华人社会的突出特征，社会关系网络更是华人社会和华裔移民所擅长运用的生存与发展策略。"与其他的民族不同，大多数华人看重'关系'，凡事都讲道义交情，着眼于营造人际关系，并以血缘、地缘为线索，形成了广泛的人际关系，每个人都处于这种关系网络之中，每个人都在不断地扩大或维持这种网络。"[③] 这种关系文化特征形成了中国独特的侨乡文化，而侨乡文化形成与发展的动力就是海外华人移民与侨乡之间多重网络的渗透与扩张。这种关系网络的多重性体现在它是一种联系跨界、跨社会的社会成员之间的多线、多群体、多层面的复杂的关系网络，"侨乡民间网络与华侨华人网络节点链接很强，是因为它们之间的交流很多。从具体来看，单个人之间的节点链接强度大于个人与组织之间，无论在历史上，或是在当代都是如此"。正是华人社会这种特有的关系网络特质，使得华人移民特别是非精英移民能更好地利用乡土社会网络，更快地适应当地社会。许多学者在对国内农民工城市社会适应的研究中甚至发现，城市农民工是依赖社会关系"展开"自己的经济行为，而不是经济行为"嵌入"在社会关系中。[④] 同时，农民工原有的关系网络随着活动空间的扩张需要扩展和建立新的关系体系，也就

---

① 葛剑雄：《从移民史看台湾民众对祖国大陆的认同意识》，http：//www. china - review. com/sao. asp？ id = 2280，2001 - 12 - 31。

② Portes, Alejandro, 1998. "Social Capital: Its Origins and Application in Modern Sociology," *Annual Review of Sociology*, 24: 1 - 24.

③ 郑一省：《多重网络的渗透与扩张——海外华侨华人与闽粤侨乡互动关系研究》，世界知识出版社，2006，第29页。

④ 渠敬东：《生活世界当中的关系强度——农村外来人口的生活轨迹》，载柯兰君等《都市里的村民：中国大城市的流动人口》，中央编译出版社，2001。

是寻找城市社会中的关系网络，来获得新的信息、机会和资源，以及必要的社会支持。

迁移人群社会关系网络转化为社会资本，为迁移群体提供生存和发展的资源。社会资本（Social Capital）指的是在网络或广泛的社会结构中，个人通过他们的成员资格掌握稀有资源的能力以及个人在需要的时候动员和运用这种资源的能力。它来自个人关系的网页。① 学者们对海外华人社会的研究中发现，海外华人社会出现了主动追求社会关系网络连接制度化、社会资本价值最大化的新动向。② 社会网络的资本化运作，使得通过不同地域的相似文化连接起来的跨国而居的人们形成"跨国的社会空间"，③ 在移民不同阶段的社会适应方面发挥着重要功能。它不仅为初到异地的移民提供安全保障和心理依靠，还为全球化时代移民个人、群体和祖（籍）国之间的关系找到适合的空间表达形式，满足移民不同层面的归属需要。

三 跨界流动

20 世纪 90 年代以来西方学术界开始时兴用"跨国主义"（Transnationalism）这一术语来解释当代国际人口流动问题。

所谓跨国主义是指"当代移民跨越地理、文化、政治边界建立的，维系与联结原籍地与定居地之间的多重社会关系和互动模式"。为了将这类迁移者与一般移民区别开，可称之为跨国流动者（Transmigrants）。④ "跨国主义理论"是当前国际移民研究的主要视角，与移民研究"地域主义理

---

① Vectovec, Steven, 2001. Transnational social formations: Towards conceptual Cross – fertilization. University of Oxford. Paper presented at Workshop on *Transnational Migration: Comparative Perspective*. June 30 – July 1, Princeton University, WPTC – 01 – 16.

② 李明欢：《群体效应、社会资本和跨国网络》，《社会学研究》2002 年第 2 期，第 30～39 页。

③ 吴前进：《冷战后华人移民的跨国主义——以美国华人社会为例》，《华人华侨历史研究》2006 年第 1 期，第 20 页。

④ Linda G. Basch, Nina Glick Schillier and Christina Blanc – Szanton, 1994. *Nation Unbound: Transnational Projects, Post-colonial Predicaments, and De-territorialized Nation-States*. Langhorne, PA: Cordon and Breach, p. 9; Ports, A., Guarnizo, L. E. and Landlt, P., 1999. "The Study of Transnationalism: Pitfalls and Promise of an Emergent Research Field," *Ethnic and Racial Studies*, 22 (2): 217 – 237.

论"范式侧重于关注移民在移居地的生活、适应与发展变化不同,"跨国主义理论"更多地关注移民跨地域建立的社会网络与其对移民群体及活动区域的影响。[1] Vertovec 从社会形态学(包括"散居者"解释和网络理论)、文化再造模式(包括知觉类型)、经济形态(资本转移途径)和跨国政治等角度阐述了全球视野中的移民跨国特征。[2] 第一,"跨国主义理论"范式下的移民是"diaspora",更具"多方向流动,以及占有多处地域的能力"。[3] "diaspora"是一个古老的概念,《圣经》使用这一词指涉犹太民族散居世界各地的流浪命运。在 20 世纪中后期,特别是 20 世纪 90年代的移民研究中,"Diaspora"成为一个研究的热点,但人们更多地使用 diaspora 这个小写的词指称那些"四海为家"的人,他们四处漂泊,却绝非无家可归,在心灵和精神上他们拥有基本的价值观和身份意识,只是在地理位置上这一批人随时在不同地方出现而不特别固定在某一处。第二,"网络"(Network)是跨界流动群体社会构成的主要方式,是移民现象长盛不衰的机制之一。第三,双重或多重身份认同是"diaspora"(中文译作"散居者""离散者")文化再造的主要特征。第四,从资本转移形态角度看,当代移民的决定因素不是移民的贫穷,而主要是基于个人主义优势的考虑。第五,从跨国政治角度看,种族离散群体以多种方式从事"祖国政治"。一些国家的政党现在经常在海外建立办公室,以争取侨民的选票;而离散者自己也组织起游说祖国政府的活动,以能够在多个国家维持和获得健康、福利、财产权、投票权和公民身份等权益。[4]

"跨国主义理论"的价值在于否定了传统以来"落地生根"的移民概念,视"非地域性"为移民流动的常态,赋予移民与全球化时代发展相联系的新特征。跨国流动的移民因此被看作对传统民族国家概念的挑战和在

---

[1] 朴光星:《中国的跨国移民研究》,http://www.sociology.cass.net.cn/shxw/shwl/P020090515311582657822,2009 - 05 - 15。

[2] Vertovec, Steven, 1999. "Conceiving and Researching Transnationalism," *Ethnic and Racial Studies*, 22(2), http://www.transcomm.ox.ac.uk/working%20papers/conceiving. PDF.

[3] 〔加〕戴安娜·布莱顿:《后殖民主义的尾声:反思自主性、世界主义和流散》,《社会科学战线》2003 年第 5 期,第 184 页。

[4] 吴前进:《跨国主义:全球化时代移民问题研究的新视野》,《国际观察》2004 年第 3 期,第 55~58 页。

寻求新的可能的"行为—关系—制度"模式。①

受上述"跨国主义理论"对迁移群体观察视角的启发，两岸不少学者借以描述、理解和解释台商在两岸间往返流动所呈现的若干行为与心理特征。笔者认为，作为迁移群体的台商既不属于国际迁移人群，又不同于大陆地区的流动人群。首先，与国际迁移人群类似的是，台商在两岸间的往返也是在两个不同政治体制与社会制度间的穿梭。但是两岸间不是国与国的关系，因此台商又有与一般的跨国迁移人群不同的制度定位和政策待遇，而且由于两岸同文同种，游走于两岸间的台商群体不会经历巨大的文化差异所带来的文化震撼与心理冲击。其次，与大陆地区的流动人群（主要是农民工群体）不同的是，台商群体来自一个经济更为发达的地区，经济地位整体上高于当地社会普通民众。但是由于两岸特殊的历史渊源与政治关系，台商目前并不享有与当地百姓相同的政治与社会权利。此外，虽然台商群体不似国际迁移群体那样要经历巨大的社会文化环境的落差，但相比大陆地区流动人群，台商群体与当地社会在价值观念、行为方式等方面仍存在较大的差异。

为了将台商群体与上述跨国迁移人群和大陆地区流动人群区别开来，本书用"跨界流动"来描述、概括台商在两岸间的行为方式和迁移特征，用"跨界迁移群体"来指称定期往返两岸成为常态的大陆台商群体。"跨国主义理论"视角下的"跨界迁移群体"有如下特征。

第一，跨界流动是跨界迁移群体的主要特征。跨界流动有两层含义，首先指迁移者跨越了不同地区或国家，即跨界性；其次指迁移者以移居地为主要定居地，但在一定时期内，其行为方式呈现在两个或多个国家或地区之间多次往返流动的特征，即流动性。需要指出的是，跨界迁移群体跨越的不仅是有形的地理边界，更跨越了不同地域的社会制度、价值观念、行为方式等无形的人类社会文化边界。而流动性则使跨界迁移群体具备与传统迁移人群更多不同的特征。

---

① 参见 Portes，Alejandro，1997. *Globalization from Below：the Rise of Transnational Communities*. Princeton University. An earlier version of this essay was published in W. P. Smith and R. P. Korczenicz.，1996. *Latin America in the World Economy*. Westport，CN：Greenwood Press，pp. 151 – 168. Alejandro Portes，认为，在全球化驱动下的跨国移民有着与传统移民不同的适应模式。

第二，建构及维系跨界社会空间是理解跨界迁移群体行为的关键。广田康生发现，日裔拉美人跨界流动到日本后，形成了一个跨境社会空间（他称之为回路性社会），这个社会空间"是作为越境移民穿越现存国家的缝隙对自我的可能性进行实践的一个间隙性空间（Interstitial Space）而形成的。该社会与其说是一个业已形成的稳定的世界，不如说是在越境移民的日常实践和人们的各种阐述中正逐渐形成的一个日常性世界，一个逐渐建构中的世界，这一点是认识该社会的关键所在"。① 对于跨界移民群体来说，因为频繁流动而变换生活地点成了一种常态，形成了一个有意义的社会空间。这个空间的存在意味着跨界流动群体没有完全整合到自己的目的地社会，或者是自己的起源社会，而是依托于这一社会空间与两者都保持一定的距离。社会学者 Pries 将其称为跨界社会空间（Transnational Social Space），它指的是一种结合多重地域的参考框架，透过此参考框架同时结构化迁移者个人每日的生活实践、生涯计划、社会位置及认同，而且也超越传统以民族国家限定的疆界。②

如何建构这个跨界的社会空间？为什么要维系这个跨界的社会空间？这是我们在分析跨界流动群体行为时应该回答的问题，许多移民研究的学者对此进行了探索。Glodring 归纳了促成跨界流动的种种方便条件，比如当代交通便利大大降低了跨界移动的成本，缩短了通行时间；通信技术进步使得远距离联系的成本更加低廉；金融汇兑业务的推进使得移民汇款更加方便。③ 吴前进指出，跨边界的实践允许迁移者"避开"他们在居住国所处的次要地位，在心理上相对满足。④ 跨界流动对于迁移者的重要意义由此可见，因为迁移关系到自我的重新评估和价值实现，这些都是在迁移目的地经济条件的改善、发展机会的获得中实现的。

---

① 〔日〕广田康生：《移民和城市》，马铭译，商务印书馆，2005，第6页。
② Pries，Ludger，2001. *Internationale Migration*. Bielefeld：transcript，23、28.（为避免误解，笔者没有沿用 Transnational Social Space 的"跨国社会空间"翻译，而改译为"跨界社会空间"。）
③ Glodring，Luin.，1999."Power and Status in Transnational Social Spaces，" in *Migration and Transnational Social Spaces*. Edited by Ludger Pries，Aldershot，Hants. England；Brookfield. Vt.：Ashgat，162 – 186.
④ 吴前进：《跨国主义的移民研究——欧美学者的观点和贡献》，《华侨华人历史研究》2007年第4期，第64~72页。

对跨界社会空间建构方式的关注则意味着分析的焦点应该从位置（Place）转移到流动（Mobility），从迁移者的起源地及目的地转移到维系迁移者生活的移动上。① 跨界流动群体往往是通过跨越迁移者起源地和目的地的社会关系网络来获取必要的资讯资源、日常生活支持以及社会承认，并在这一日常关系的实践中增加自身的社会资本。总之，跨界社会空间的建构基于迁移者社会关系的网络化、制度化，这无疑颠覆了传统移民观念。

第三，跨界流动造成跨界迁移群体认同的复杂化。广田康生这样描述跨界迁移群体的心理及行为的变化过程："越境移民族群"及其"互动者"在一个不同于自己文化的社会中认识到了自己所具有的异质性，经历了认同上的动摇，努力在一个新的状况下获得一种新的认同。而且他们的这种行为超越了对所在社会的单纯适应过程，表现为各种形式的实践。② 莫利和罗宾斯将上述过程归纳为"人们在移居的经历中遇到差异：跨过边界；文化交融；认同淡化不清"。③

不少做移民和文化研究的学者乐观地看待跨界流动引起的认同复杂化问题。流动的加剧强化了多元文化的接触，进而除去了曾经很牢固的以幻想为基础的"我们与他们的形象"，"并改变了认同形成的性质，即适应更具流动性生活与更适从漂泊认同的人的范畴正在出现"。④ Said 从文化融合的角度解释了跨界流动的积极意义。他指出，大迁徙以及流落他乡的经历使得我们能以新方式认识诸文化之间的关系。跨越疆界使得人们的视野纷繁多样，并意识到文化具有渗透性和偶然性。跨越疆界使得我们"不把他者视为本体既定的，而是看做历史构成的"，从而能够"慢慢磨去我们常常认为诸文化尤其是我们自己的文化所带有的排外主义偏见"。⑤

不仅如此，跨界流动还在实践上和理论上对人类社会异质共存的问题

---

① Owig, Karen Fog and Ninna Nyberg Sorensen, 2002. *Work and Migration：Life and Livelihoods in a Globalizing World*. New York：Routledge.
② 〔日〕广田康生：《移民和城市》，马铭译，商务印书馆，2005，第 5 页。
③ 〔英〕戴维·莫利、凯文·罗宾斯：《认同的空间：全球媒介、电子世界景观与文化边界》，司艳译，南京大学出版社，2001，第 166 页。
④ 〔英〕迈克·费瑟斯通：《消解文化——全球化、后现代主义与认同》，杨渝东译，北京大学出版社，2009，第 214 页。
⑤ Said, E., 1989. "Representing the Colonized：Anthropology's Interlocutors'," *Critical Inquiry*, 15（2）：225.

提出了新的解答需求。斯蒂芬·卡斯特尔意识到，广泛存在的跨界流动现象使一个人在政治上和文化上只属于一个民族国家的原则将不再行得通。"越来越多的人认识到，全球化（交通、通信的改善，主导文化价值的扩散）导致了新的跨文化的归属与认同。这一趋势对要求忠贞不贰的民族国家模式提出了挑战，它需要双重或多重国籍这样一种新模式来解决现实生活中的人对一个以上的社会参与问题。"[①] 迁徙造成认同的复杂化，这是现代社会文化整合与植根（Rootedness）问题的缘起。费瑟斯通指出，当定居不再是一种常态的时候，新的理论需求也在增长，以把"那些经营各种迁徙模式并试图建构和实践他们不同的联系纽带和认同的人的行为方式包含其中"。[②]

需要指出的是，跨界流动能够促进以跨界迁移群体为主体的民间关系的发展，而民间关系与跨地区关系之间又可以形成良性互动的关系。

四　社会认同

Identity 是一个非常重要、不能不用但又意义模糊的概念。Identity 既没有一个统一的定义，也没有一个统一的译法，[③]诸多定义中有一个中心主题是彼此吻合的，即 Identity 是一个人或一个群体的自我认识，它是自我意识的产物：我或我们有什么特别的素质而使得我不同于你，或我们不同于他们。

亨廷顿认为，认同（Identity）既有个体的，也有群体的，绝大多数情况下，认同是建构起来的，个人身份的若干特性可以相对自由地随个人意愿而定，因此个人可以有多重身份。群体在较小程度上也是如此，认同的内容包括归属性的（如年龄、性别、祖先、血缘、血统、人种等）、文化性的（如民族、语言、宗教、文明等）、疆域性的（如街区、村庄、城镇、省份、国别等）、政治性的（如集团、党派、国家、意识形态等）、经济性

①　〔澳〕斯蒂芬·卡斯特尔：《全球化与移民：若干紧迫的矛盾》，载《社会转型：多文化多民族社会》，社会科学文献出版社，2000，第 294 页。
②　〔英〕迈克·费瑟斯通：《消解文化——全球化、后现代主义与认同》，杨渝东译，北京大学出版社，2009，第 214 页。
③　Identity 在不同的场合含义也不同，其中文翻译包括"身份""同一性""特性""认同"，等等。为了行文方便，本书暂用"认同"一词指称 Identity。

的（如职业、工作单位、工会等）、社会性的（如俱乐部、同事、休闲团体、社会地位等）。对个人和群体而言，认同的重要性是随情况而定的，有时人们强调自己与别人之间的共性、同一性，有时却强调自己与别人之间的差别，强调自己的特性。① 社会心理学中的社会认同理论也认为，人们依据一些维度划分社会范畴，而这些范畴在权力和地位关系上彼此相关。据以划分社会范畴的维度包括民族国家（如英国、法国）、种族（如阿拉伯人、犹太人）、职业（如医生、焊工）、性别（男、女）、宗教（如伊斯兰教、印度教）等，社会中的这些范畴相对存在，其中一些范畴比另一些范畴拥有更高的权力、声望和地位，一个范畴只有在它与另一范畴的对比中才有意义。② 格罗塞则在其对当代世界出现的身份认同危机的研究中，指出记忆（包括个人记忆和集体记忆）、教育以及媒体对身份认同建构的影响。③

基于以上论述，笔者认为，认同具有结构性特征，根据不同的标准，可以将认同划分为不同的类型。例如，根据认同主体的不同，可以将认同划分为个体认同与群体（社会）认同；根据认同客体的不同，可以将认同划分为归属性认同、地域性认同、经济性认同、社会性认同、政治性认同、文化性认同等；根据认同形成方式不同，可以将认同划分为本质性认同、建构性认同。

不同学科对社会认同研究的关注点也不同。社会心理学从心理层面分析认同，在 Tajfel 和 Turner 首次提出的社会认同理论中将认同区分为个体认同和社会认同两个不同的自我觉知层面。④ 社会学则从社会层面分析认同，其研究偏向探讨"社会现象的一致特性（比如身份、地位、利益和归属）、人们对此的共识及其对社会关系的影响"。⑤ 社会心理学侧重探讨认知的心理过程和心理机制，社会学侧重的是认知结果对社会关系的影响，

---

① 〔美〕塞缪尔·亨廷顿：《我们是谁？美国国家特性面临的挑战》，新华出版社，2005，第21～22、24～25 页。

② 〔澳〕迈克尔·A. 豪格、〔英〕多米尼克·阿布拉姆斯：《社会认同过程》，高明华译，中国人民大学出版社，2011，第18 页。

③ 〔法〕阿尔弗雷德·格罗塞：《身份认同的困境》，王鲲译，社会科学文献出版社，2010。

④ 张莹瑞、左斌：《社会认同理论及其发展》，《心理科学进展》2006 年第14 期，第475～480 页。

⑤ 王春光：《新生代农村人口流动的社会认同与城乡融合的关系》，《社会学研究》2001 年第3 期。

无论从哪个层面研究认同都涉及个体对属于自身或群体的某些特性的认知。还有些学者发现，认同具有多层次、多维度、多面向的性质，个体的社会认同在一些维度和面向上趋同，在另一些维度和面向上分化，[①] 两个相反的认同过程并存，认同危机更是引起人们对认同整合或统合问题的广泛关注。目前，国内学术界运用社会认同理论对现实问题进行的研究还刚刚起步。如上文所述，其中跨界迁移群体的认同更是具有与传统移民认同不同的特征。

台商群体作为当代中国社会中的一个重要社会群体，其社会认同应该被纳入研究视野之中。社会认同是跨界流动的台商在适应过程中必然要碰到的一个心理问题，社会认同研究侧重从心理层面分析与台商社会适应相关的现象与行为，为台商社会适应研究提供了另一种新视角。在本书中，认同既是影响社会适应的一个重要心理因素，也是衡量社会融合程度的一个重要指标，因此多数场合社会认同是作为适应的一个子概念来使用。在突出台商社会心理研究的背景下，社会认同在本书中会作为一个独立的概念出现。

第二节　大陆台商社会适应研究文献综述

到大陆投资、工作的台商群体在两岸社会的影响力随着时间的推移逐渐增强，两岸社会与学界对台商关注的焦点也随着时间的推移而有所不同。2000 年以前，两岸政界与学界多以"两岸经贸"的视角看待台商的"政府规范"与"跨域经营"问题；2000 年以后，随着台商投资逐步扩张，移居大陆渐成潮流，"如何融入当地"成为新的关注点。[②] 而对台商的学术研究主要集中在"投资"与"生活"两个层面，其中"生活"层面的台商研究源于民间自身的需要及学界的跟进。"最近，比较多的学者渐

---

① 陆益龙、邢朝国：《文化多元化与社会认同》，载郑杭生主编《中国人民大学中国社会发展报告：走向更有共识的社会：社会认同的挑战及其应对》，中国人民大学出版社，2009。

② 耿曙：《中国大陆台商研究的回顾与前瞻：站在新移民研究的起点？》，载《"台商研究工作坊"学术研讨会论文集》，台湾中兴大学，2008。

渐把问题转向社会面向的研究，可算是一个'新领域'。"[1]

两岸学界的台商研究具有跨学科性质，经济学、政治学、地理学、管理学、心理学、人类学、社会学、法学等不同学科领域都有涉猎，但由于各个学科关心的议题不同，采取的研究途径不同，从事台商研究的学者之间难以对话。下文以两岸学界对大陆台商社会适应与融合研究文献的梳理、分析为切入点，综合政治、经济、文化、社会、心理等多层面的分析，既包括对宏观层面的流动背景及影响的探讨，又包括对微观层面的流动心理与行为的剖析。

一　大陆台商研究方法

大致来说，台商实证研究方法在定量研究和定性研究两方面都有所运用。目前对台商的研究采取量化的方法积累资料，"但是从田野观察访谈资料中，抽绎出定性的分析，也是顶迫切的"。[2] 目前学术界对台商研究的方法主要有四种。

（一）田野调查方法

田野调查是来自文化人类学、考古学的基本研究方法，它要求研究者实地参与现场的调查研究工作，因此直接参与观察，形式多样、深度不一的访谈就成为田野调查的基本手段。田野调查是台商研究最有效的资料收集方法之一，为台商研究学者广泛运用。台湾学者林平在其关于上海台胞对当地认同的研究论文中，具体介绍了他所使用的田野调查方法：[3]

每日以田野日记记录笔者观察到的现象与心得，再进行相关分析。在田野调查期间，除了受访者提供的资讯外，笔者也积极参加下

---

[1] 吴介民：《台商社群的"关系敏感带"与"象征行动群聚"》，《当代中国研究通讯》2004年第 3 期，第 37～40 页。

[2] 吴介民：《台商社群的"关系敏感带"与"象征行动群聚"》，《当代中国研究通讯》2004年第 3 期，第 37～40 页。

[3] 林平：《水乳交融还是油水分离？从居住空间看台湾人对当地的认同》，载《"台商研究工作坊"学术研讨会论文集》，台湾中兴大学，2008。

列单位所主办的活动，以便能够尽可能扩大受访者的背景差异，并补充及确认受访者所提供的资讯……这些单位组织内的成员以及他们所办的活动，不但提供给作者一个非常好的机会，可以接触到不同背景的台胞，以自然方式了解当地台胞的生活，避免了对受访者咨询误读或误判的可能。离开田野之后，作者仍不断借由电话、E-mail、MSN 等方式与受访者保持联络，了解受访者的生活变化。研究对象的选取采取"最大差异化"抽样方式，目的是将各种不同类别的研究对象，尽可能全部包含在内，从而了解不同类别研究对象之间的共通性。

所进行的访谈都是采取半开放式访谈，虽然访谈之前有拟订的访谈大纲，但是访谈过程当中没有固定的问卷与用语，而是视受访者的反应来调整问题的顺序与方向。在语言使用上，与受访者的互动主要是以普通话进行。

田野调查方法在具体的台商研究中有着不同的地位，发挥不同作用，所获得的资料运用在不同的研究层次。邓建邦通过田野调查中的观察与访谈，对大陆"台商""台干"的流动、认同及其社会适应等问题进行了一系列研究。[①] 曾嬿芬、吴介民在对两岸台商身份政策、制度进行文献研究的基础上，对移居上海的台胞进行深度访谈，了解他们迁移的历史、居留形态、成员身份权益、日后的打算、下一代的身份问题。受访者通过滚雪球方式获得，考虑到潜在受访者迁移时间和居留形态，以达到多样性为选择受访者的标准。[②] 陈朝政用深度访谈的方法确认、修正或补充调查问卷的问题设计，同时对问卷中不适合直接询问的敏感问题用深度访谈的方法

---

① 邓建邦：《建构跨国社会空间作为流动生活的策略：台商在上海与广东》，"2007 台湾社会学会年会"，2007，第 24～25 页；邓建邦：《接近的距离：中国大陆台资厂的核心大陆员工与台商》，《台湾社会学》2002 年第 3 期，第 211～251 页；邓建邦：《我们是谁？跨社会流动下中国大陆台商的认同》，"跨界流离：公民身份、认同与反抗"国际学术研讨会，台湾世新大学，2005，第 9～10 页；邓建邦：《台湾劳工在中国——重新理解中国台干现象》，本文宣读于 2006 年台湾社会学年会暨国科会专题研究成果发表会"走出典范：五十年的台湾社会学"，台湾东海大学，2006；邓建邦：《中国配偶之台干家庭的迁徙行为与身份安排》，载《"台商研究工作坊"学术研讨会论文集》，台湾中兴大学，2008。

② 曾嬿芬、吴介民：《新公民群体的浮现：迁移中国之台湾人成员身份的跨国化》，载《"台商研究工作坊"学术研讨会论文集》，台湾中兴大学，2008。

略加弥补。① 胡苏云和舒瑶采用访谈的方法了解上海"台湾人"特别是"台太"的社会融入状况。② 耿曙、林瑞华连续 4 年在大陆 4 个地区的台商社群进行田野调查，评估大陆台商协会的组织效能。③

上述列举的研究中，田野调查法在不同的研究中有时候作为主要的研究方法，有时候作为辅助的研究方法。田野调查中获得的资料有的直接用于台商个体层面的研究，有的则运用于台商组织或群体的研究。此外，田野调查方法所获得的质性研究资料还可以通过编码转化为量化研究资料。④

（二）文献研究方法

文献研究方法是最传统、主流的研究方法，在台商研究中被广泛运用。作为研究素材的文献有不同的种类，在曾嬿芬、吴介民对台商的身份制度进行的研究中，其收集的文献的主要内容是：台湾与大陆对居住大陆之"台湾人"有关的身份规定，以及立法的理由与目的；台湾部分包括重要规定修订时的"立法院"会议记录，以了解当时行政与立法情况；大陆部分包括相关规定公布时的官方新闻发布会，并以中央的规定为分析基础。陈朝政研究大陆台商认同变迁的文献包括大陆台商亲自写的作品，以书籍、新闻方式呈现的记者或者其他研究者访问台商的记录，以及台湾当局对台商的政策及相关论述，等等。

（三）问卷调查方法

问卷调查方法是定量研究的主要资料收集方法，是对台商进行定量研究不可或缺的研究手段。定量研究方法在心理学、管理学等有关台商的研究中应用较多。用问卷调查方法进行台商研究最大的现实困难是调查对象的抽样与选择，学者们故而多采取滚雪球等非概率抽样的方法选择调查对

① 陈朝政：《台商在两岸的流动与认同：经验研究与政策分析》，台湾东吴大学博士论文，2005。
② 胡苏云：《上海台湾人的社会融入分析》，《社会科学》2006 年第 8 期，第 125～135 页；舒瑶：《"台太"的社会融入：基于上海的个案研究》，华东理工大学硕士论文，2010。
③ 耿曙、林瑞华：《制度环境与协会效能：大陆台商协会的个案研究》，《台湾政治学刊》2007 年第 1 期，第 93～171 页。
④ 邓建邦：《接近的距离：中国大陆台资厂的核心大陆员工与台商》，《台湾社会学》2002 年第 3 期，第 211～251 页。

象，并根据实地条件变通问卷填答方式来收集问卷资料。例如，陈朝政就采取方便抽样和滚雪球抽样的方式，在台商较为集中的东莞、深圳、上海、昆山、苏州、北京等地区发放问卷，共回收到312份问卷。主要采用当面填答法收集问卷，或是在深度访谈过程中当场请受访对象填写，或是请台商协会或台商友人协助将台商集合起来，当场分发、填答问卷。曾纪幸以2001年《天下杂志》公布的1000家赴大陆投资的台企为抽样框，以电话或信件联络的方式获得542份问卷样本。① 黄国隆等收集了73份问卷，对大陆"台干"的生活适应情况进行定量分析，从而演绎出"台干"社会适应的管理学意涵。② 台湾学者张家铭与大陆学界合作，运用问卷调查的方法回收有效问卷585份，对台商投资苏州的社会经济影响及其在地反应进行了定量研究。③

（四）个案研究方法

个案研究方法是定性研究方法的一种，它通过系统地研究个人、团体、组织或事件，以获得尽可能多的相关资料，是研究者了解或解释某个现象时经常运用的方法。部分学者运用个案研究方法进行台商研究。例如，曾纪幸以食品行业的顶新和统一企业及运输工具业中的"中华汽车"为个案研究对象，研究大陆台企的企业网络与关系网络。柏兰芝、潘毅、陈振伟、耿曙等对昆山地方政府与台商关系及昆山地方治理模式的形成与演变进行了个案研究。④ 曾玲以厦门洪氏企业个案，剖析了台商如何将宗亲关系转化为人文资源创造双赢的经济和社会效应。⑤

---

① 曾纪幸：《台商在大陆之企业网络与关系网络之研究》，《企业管理学报》2004年第62期，第79～116页。

② 黄国隆、黄敏萍、蔡启通、陈惠芳：《台商派驻大陆合资企业之管理人员的生活适应与该合资企业的人力资源管理》，《台大管理论丛》1997年第2期，第1～32页。

③ 张家铭：《台商投资中国的在地反应：以苏州地区（的公众评价）为例》，载《"台商研究工作坊"学术研讨会论文集》，台湾中兴大学，2008。

④ 柏兰芝、潘毅：《跨界治理：台湾参与昆山制度创新的个案研究》，载卢锋主编《中国经济转型与经济政策》（第三辑上册），北京大学出版社，2004，第59～91页；陈振伟、耿曙：《挥别发展型国家？昆山地方治理模式的转型》，本文初稿宣读于中国政治学会在台北举办的 "International Conference on Grassroots Democracy and Local Governance in China during the Reform Era"，2004。

⑤ 曾玲：《两岸人文资源与台商在大陆之运作——以厦门洪氏企业为研究个案》，《台湾研究集刊》2003年第3期，第89～96页。

二 大陆台商社会适应研究

进入 21 世纪以后，在两岸经济社会发展形势的推拉作用下，台湾岛内"上海热"持续升温，大陆成为台商及台湾主管级人员"出走"的主要目的地。台湾岛内经济不景气、政治混乱的推力，大陆经济发展迅速、社会政治稳定的拉力，寻找创业、工作机会，对大陆文化的认同等因素是台商移居大陆的主要原因。台商在大陆当地社会的适应与融入情况随其移居时间的增长不仅成为实践中出现的问题，也成为学术界关注的焦点。

（一）台商能否融入当地？

无论台商是否能够真正融入当地，似乎都可以从逻辑上加以解释。例如，谢鹏飞、叶显恩认为中华文化作为一条情感纽带，维系着两岸认同，台商可融入当地。① 但如果从工具性角度和阶级差异观角度分析，台商均无法真正融入大陆当地社会。因为"商人无国界"，全球化驱动下的台商投资大陆，与当地社会形成的大多只是工具性镶嵌关系，台商将台湾的协力生产移植到大陆后形成内闭性生产网络，从而有意无意排斥大陆网络。此外，以中产阶级为主的台商迁移到大陆后在阶层关系上普遍高于当地，导致阶层隔离，影响台商融入当地社会。

台商到底能否融入当地社会，尚需通过实证研究去验证。学者们对台商社会适应与融合实际观察的结果依然存在分歧。有人认为，两岸同文同种，难以割断的血缘、亲缘纽带推动台商到大陆寻根谒祖。"后寻根时代"的到来表明台商越来越融入大陆社会。② 张家铭的定量研究表明，相比日商、韩商，台商有更强的意愿适应大陆社会，其社会融入的程度也较深。③ 根据顾长永的研究，在东南亚从事个体经营的台商，其开办的小企业属于独资经营，不需要花时间去经营社会关系，亦不需要为劳资关系而烦恼，

---

① 谢鹏飞、叶显恩主编《大陆台商研究》，广东省出版集团、广东经济出版社，2007。
② 陈子国、潘清、晓惠：《对祖国建立新认同大陆台商进入"后寻根时代"》，《台声》2004年第10期，第50～51页。
③ 张家铭：《跨界投资中国及社会适应——台商、日商与韩商比较》，《东亚研究》2008年第1期。

更容易落地生根、融入当地社会。① 由此推论，无法统计数量的大陆台商个体户有着台商大中型企业无法拥有的优势，能较快适应大陆社会经济环境。

大部分学者认为台商无法真正融入当地社会。刘玉照将大上海地区的台商与农民工的社会融入情况进行对比研究，发现两者都与当地社会之间出现"反移民化"倾向，② 作者对台资企业内"台干"群体的社会融入情况的研究也有相似的结论。③ 还有研究者发现，珠三角地区的台商除了事业上不得不与当地人接触外，其余生活皆与当地脱节；长三角一带的台商融入状况亦不见得更深入，一般台商仍无法真正跟当地人打成一片。④ 台商在两岸间频繁的往返性流动现象更制造了大量的候鸟家庭。他们同时跟两地社会都保持一定的差异、距离，他们的生活形态是既非同化亦非边缘化。也就是说，台商无论是对台湾社会，还是对长期居留的大陆当地社会，都是既熟悉又陌生。台商虽然长期居留大陆，但社会融入较浅，呈现"根在台湾，打拼在大陆""两岸心情""台湾心、大陆情"的社会融合状况。

事实上，并非铁板一块的台商群体，其社会适应与融合的状况也存在多种形态。"资讯人世代"的台商，以从事高科技产业为主，他们相对于"小头家世代"就少见"过客"与"自我封闭"心态，努力融入大陆社会。与他们的上一辈相比，e世代的青年台商在职业构成上更为多元化，心态更为开放，行为方式更为国际化，与当地居民的融合度也更高。在昆山，台商落地生根的意图越来越明显，台湾移民对昆山的影响已经超出了台商的生产领域，进入了社会、文化和教育领域，"台商在珠江三角洲如浮萍，在长江三角洲则如大树生根"。大陆台商的社会适应与融入的层次也是参差不齐的，上海台湾人的社会融入程度远远低于其经济融入程度。⑤

---

① 顾长永：《台商在东南亚：台湾移民海外第三波》，高雄丽文文化事业股份有限公司，2001，第22页。

② 刘玉照：《"移民化"及其反动——在上海的农民工与台商"反移民化"倾向的比较分析》，《探索与争鸣》2005年第7期，第22～25页。

③ 刘玉照：《组织中的"断裂"与大陆"台湾人"群体的社会融合》，载《"台商研究工作坊"学术研讨会论文集》，台湾中兴大学，2008。

④ 林瑞华、耿曙：《经济利益与认同转变：台商与韩商个案》，《东亚研究》2008年第1期，第167～192页。

⑤ 胡苏云：《上海台湾人的社会融入分析》，《社会科学》2006年第8期，第125～135页。

作为"全球人"的台商，"乐于拥抱不同文化与异族伙伴"，同时超越了地域的认同，乐于尝试适应不同的地方，因为不固定的地域认同，"全球人"无法预言未来他们将身在何处，但"融入当地"是他们的共同追求。而作为"两岸人"的台商在生活、文化上倾向于"相濡以沫"，不愿意融入当地社会，担心这将伤害自己原来的地域认同。①

台商的社会适应与融合有一个过程，有学者将其划分为三个阶段。早期台商与大陆方面有接触的主要是政府部门的人和本地企业的员工，第一阶段的沟通也由此开始，侧重点是与海关方面的相互理解和对本企业员工的培训；第二阶段是在当地政府的支持下再造台湾社区，使生活趋于安定，日常休闲渐趋健康；第三阶段是与当地人通婚，参与各种社会活动，实现与当地生活方式的"对接"，融入一方水土。② 台湾学者深入研究了台商群体在新环境中与周围人群关系的演变及其社会适应状况。邓建邦发现"台干"的身份地位正在发生变化，台商与"台干"间的关系可能由伙伴的关系重新回到主雇之间的关系；"台干"与"陆干"间的竞争越来越激烈，由此引起在两岸间跨界流动的"台干"在工作、生活和流动等方面的不确定性增加，而且越是高度流动的"台干"反而越是凸显流动过程的强制性，即为了个人生涯机会的最佳化而不得不流动。③ 王业桂、罗国英发现台干与大陆员工之间深度稳固的情感性的互信很难发生，两者之间工具性信任关系的建立则经历三个阶段：聘任初期、组织信任与组织价值涵化时期、信任关系稳固时期。只有决定在大陆地区开拓生涯者，比较会尝试与大陆员工建立更深层次的合作关系，而随着大陆经济发展加速，更有不少台商、"台干"将家庭迁入大陆，开始考虑融入当地社会，这些人也比较愿意与大陆员工建立深层关系。④

综述之，不同类型、行业、地域的台商在不同层面、不同阶段的适

---

① 李欣儒、耿曙：《跨入全球新世界？上海台湾人社群中的阶级分野》，台北世新大学社会发展研究所，"跨界流离：全球化时代移民/工与社会文化变迁"学术研讨会，2004，第18～19页。

② 谢鹏飞、叶显恩主编《大陆台商研究》，广东省出版集团、广东经济出版社，2007。

③ 邓建邦：《台湾劳工在中国——重新理解中国台干现象》，本文宣读于2006年台湾社会学年会暨国科会专题研究成果发表会"走出典范：五十年的台湾社会学"，台中东海大学，2006。

④ 王业桂、罗国英：《影响台籍主管与大陆籍部属建立人际互信的因素》，《本土心理学研究》2005年第23期，第147～199页。

应、融入程度是不同的。

（二）台商社会适应的层面

迁移不只是居住地点的改变，更重要的是必须面对新的社会情境与规范，因此，迁移者必须调整其价值观念与行为模式，以适应新的社会文化系统。跨界移民在迁移到新居地后，随即会面临诸如语言障碍、就业、人际关系、生活方式与社会文化等方面的适应问题。这些文化包含了语言、服装、住宅或烹饪等，即衣食住行、娱乐、各种技术和生活方式以及待人接物、婚丧、祭祀、宗教信仰等，① 这些都是在日常生活当中进行的，所以社会文化的适应也可以说是生活的适应。下文将深入台商社会适应的不同层面，对其适应与融合研究情况进行梳理。

经济层面的适应始终是台商在大陆社会适应的最主要内容。蔡宏明的实证研究结果表明：台商对大陆市场的适应性高于对东南亚、北美或欧洲等外商的适应性。其中，"接近的文化距离与'人际关系'操作尤其是对大陆投资环境之适应性高于外商"。台商在大陆适应障碍问题概分为四大类，即因大陆投资环境转变而衍生的问题、市场经营问题、与大陆政府之互动问题，以及与 WTO 规范有关的问题。② 朱松岭、陈星认为，大陆台商群体经济层面的适应正从非根植状态向根植状态转变，其"群居"型的投资系统逐步走向当地化，台商与当地社会的互动、联系及文化认同有了很大发展。③

社会生活层面的适应关系到台商在当地生活的方方面面，对其迁移心态与移居倾向有着重要影响。台商在社会生活方面需要适应的内容包括衣食住行、就医、子女就学、闲暇时间安排等方面。陈朝政的研究发现，大陆台商在生活状况、社会关系、生活安排以及生涯规划四个方面表现出生活当地化的行为趋势，尤其是在有意愿"在大陆长期发展"以及"在大陆购置房产"两方面表现出强烈的当地化倾向。④ 根据台湾《远见》杂志和

---

① 龙冠海：《云五社会科学大辞典》（第一册），台湾商务印书馆，1971。
② 蔡宏明：《台商在大陆之适应障碍与解决之道》，第四届"两岸远景论坛"两岸交流的回顾与展望会议论文，2004。
③ 朱松岭、陈星：《"大陆台商"的非根植性状态与根植性趋势——基于新经济社会学视角的趋势》，《北京联合大学学报》（人文社会科学版）2008年第3期。
④ 陈朝政：《台商在两岸的流动与认同：经验研究与政策分析》，台湾东吴大学博士论文，2005。

《商业周刊》在 2001～2002 年的两次调查，移居大陆的台湾人越来越多地倾向于在大陆常住，他们为融入大陆的经济生活而采取了主动态度；在社会生活方面，台湾人还远没有实现与当地人的群体同化，两者形成各自的生活圈，外人很难进去。① "台太"适应大陆生活的方式多种多样，有的在熟悉大陆环境后自行创业，有的热衷于台协会中的台商眷属组织的旅游、插花、书法、烹饪、瑜伽等休闲娱乐学习活动，建立一个自己人的交往圈子。上海地区台商在大陆的休闲形态普遍比较单调贫乏。②

社会文化与心理层面的适应是台商社会适应最核心的部分。60 多年来，由于社会体制不同，两岸人民虽同属中华民族，但在思维模式、处事态度与行为方式等方面大相径庭。在人力资源管理方法和员工工作态度方面的冲突成为台商在大陆碰到的最主要的文化与价值观冲突。因价值观差异而有偏高的流动率等，已为台商司空见惯。许多台商的失败事例，正是适应不良所致。因此，不论是被迫出走还是主动出击的台商，也已经开始根据当地环境作出适度调适。③ 王业桂、罗国英发现如下文化因素造成"台干"对大陆社会产生心理上的偏见与生活上的自愿隔离行为：曾经大陆地区人治重于法治，台商不能信任大陆政府与大陆人民；"台干"与一般人之间贫富差距过大，两岸人民在生活素质与习惯上的差距，使彼此在生活上难以交流；"文化大革命"造成大陆人普遍缺乏人际信任感而造成"台干"管理上的困难及生活上与大陆员工保持距离。在实证研究的基础上，不少学者就此提出若干社会适应策略，以推动台商在大陆当地社会的经济、社会融入。黄国隆提出通过扩大"台干"获得生活与社会支持的途径提高"台干"的社会适应水平。王业桂、罗国英则从日常生活方式与管理方式两个方面提出具体的行为策略以促进台干融入当地社会。

最后应该指出的是，两岸通婚在台商适应大陆社会生活、融入当地社会过程中扮演着重要角色。1989 年首例涉台婚姻在厦门市登记，自此以后两岸通婚以每年 1 万～2 万对的速度增长，有学者将两岸的通婚关系称为

① 张翼、聂佩进：《台商在大陆的发展情况——以上海和江苏为例》，载中国社会科学院青年人文社会科学研究中心编《国情调研·2003》，山东人民出版社，2005。
② 徐美香：《上海地区台商休闲体验之研究》，《武汉职业技术学院学报》2006 年第 3 期，第 86～90 页。
③ 刘仁杰、封小云：《亚洲巨龙：台、日、港投资大陆风云录》，台湾远流出版公司，1996，第 27～31 页。

两岸经贸投资关系及两岸探亲、旅游关系之外的第三大关系。[①] 台商登陆大陆 20 多年来，两岸联姻人数呈逐年上升趋势，根据台湾"内政部"所公布的 2009 年结婚登记统计数据，大陆（含港澳）配偶占外籍配偶的绝大多数，共 13294 人，较前年增加 4.3%，占外籍配偶的比例高达 60.66%；截至 2009 年 11 月，大陆配偶为 272992 人。另据福建省台办统计，截至 2011 年底，福建省涉台婚姻累计达 103085 对。有学者统计，福建省涉台婚姻新人对数约占大陆涉台婚姻登记总数的 1/3，闽台通婚中又有一半来自福州。[②] 2012 年 6 月，厦门第四届海峡论坛首次举办海峡两岸婚姻家庭论坛，同时首个省级两岸婚姻家庭服务中心——福建省海峡两岸婚姻家庭服务中心正式揭牌成立，由此可见两岸婚姻关系在两岸关系中的地位和作用日渐突出。鉴于台湾同胞比大陆同胞更容易进出当地社会，可以推断近年来两岸婚姻中相当一部分是来大陆经营、工作的台商、"台干"，两岸家庭给了大陆台商群体一个沟通交流的平台、一个温馨的港湾，不仅让台商深深地扎根于大陆社会，更成为两岸和平与稳定的黏合剂。因两岸婚姻而培育出的新的社会基因（两岸婚姻中诞生的新一代），也将成为促进两岸交流、了解，维护两岸和平的重要资源。

三　大陆台商社会适应研究的理论视角[③]

社会适应是移民研究的传统主题，作为一个特殊的迁移群体，大陆台商的社会适应研究散见于各种具体的研究问题中。从现有针对大陆台商心理与行为的研究文献中，本书提炼出台商群体社会适应问题研究的三个视角。

（一）跨界流动视角下的台商社会适应研究

台商是典型的跨界流动者，[④] 经常涉及地域、城乡、社会和文化等

---

① 叶世明：《两岸通婚与两岸关系》，《闽台关系研究》2009 年第 2 期，第 50~52 页。
② 陈蘋、叶世明：《两岸通婚研究》，海风出版社，2008，第 65 页。
③ 本节主要内容以《大陆台商研究的三个理论视角》为题收录于王碧秀主编的《五缘文化与两岸关系》，同济大学出版社，2010。
④ 参见上文"跨界流动"概念解析相关内容。

边界的（来回）跨越，以及生活局部或全部的改变，从工作、学习、居住环境的更替，到习俗、语言、心态和身份认同的转化。据此有学者归纳出大陆台商作为跨界迁移者的三大特征：第一，台商往往具有"多重的跨域联结"，相较于传统移民或全球精英，台商更倾向于游走于两岸，却又不同程度地根植两岸，持续保有"多重的跨域联结"。第二，台商往往倾向于多重的身份认同。流动带来身份认同矛盾，不少台商排斥特定的地域认同，在心态上比较倾向于全球主义。第三，台商在生涯规划上，更多的是考量是否具有"全球文化的氛围"。这些台商逐渐跻身"跨国资本家或专业人阶层"，不断追求类似"全球城市"的生活环境。①

在跨界流动视角下，对大陆台商在两岸间的跨界流动提出了以下社会适应方面的理论与实践问题：从主观上看，其流动动机更具时代性，并引起认同的复杂化;② 在客观实践上，跨界流动引起了个人及家庭的自我身份安排、社会针对跨界迁移群体的身份管理等方面的问题。已有研究对上述问题的研究发现如下。

首先，台商的跨界流动具有明显的策略化倾向。邓建邦发现大上海与广东地区的台商群体在两岸间有三种迁徙模式，"台商通过建构跨社会空间来面对流动生活，对资源、权力及社会位置的确立、寻找新的机会、提升多样生活的可能性及重新评估自我是其流动的主要动机，是否要长期居留在移居地反而是次要的。跨界移民不仅是求生存的策略，也是追求更佳生活的策略"。③

其次，台商的跨界流动挑战身份制度。在跨界流动实践中，台商形成了公民身份单一化、社经成员身份双重化的行动策略。对游走于两岸间的台商群体进行身份管理是问题的一方面，台商群体对自身身份安排所作出的选择是问题的另一方面。就后者而言，在两岸间跨界迁移的台商不具有双重"国籍"，却具有双重的社经成员身份。④ 这种身份安排的合理性在哪

① 耿曙：《中国大陆台商研究的回顾与前瞻：站在新移民研究的起点?》，载《"台商研究工作坊"学术研讨会论文集》，台湾中兴大学，2008。
② 认同是台商研究的另一视角，针对跨界流动引发的台商认同问题下文有进一步的讨论。
③ 邓建邦：《建构跨国社会空间作为流动生活的策略：台商在上海与广东》，发表于"2007台湾社会学会年会"，2007，第24～25页。
④ 曾嬿芬、吴介民：《新公民群体的浮现：迁移中国之台湾人成员身份的跨国化》，载《"台商研究工作坊"学术研讨会论文集》，台湾中兴大学，2008。

里呢？Brubaker 认为大部分的移民倾向于不在乎公民身份中的政治面向与意涵，经济参与才是他们最为关心的权利，比如是否可以在不受限制的情况下参与劳动力市场。① Brubaker 还认为跨国流动者最希望拥有的是某种形式的双重成员身份。② 曾嬿芬、吴介民提出相对于政治层面的公民身份，台商更为关注的是社会和经济层面的权利身份。大部分台湾迁移者目前并无长期居留大陆的打算，是因为他们在大陆的经济和社会权利能够得到保障，而保留台湾公民身份亦符合其最佳利益。

上述双重身份安排模式不仅见于个体，还表现在大陆人与台派干部通婚的家庭单位中。以家庭为单位的双重身份安排方式具体指：台派干部在婚后的公民身份并没有改变，且当台派干部的工作仍在中国大陆时，他们的配偶没有多少意愿前往台湾长期居住并取得台湾的公民身份。③

台商个人和家庭的这种身份安排是台商在两岸现有管理制度下作出的理性选择，他们处在一个相对优势的地位，同时在两岸享有制度所创造出来的双重利益，当然未来也可能会面临因双重身份的暧昧不明所导致的困境。

最后，台商的跨界流动衍生出台商组织的跨界性问题。台企是台商在大陆最主要的工作、生活场域。有研究者认为台企作为一种跨界组织，已经形成了双重的跨界企业治理模式。④ 台协会也是一个重要的跨界组织，在台商与台商，以及台商与政府之间发挥着跨界联系的作用。柏兰芝和潘毅对昆山台协会的个案研究发现，在台协会的牵头联系下，昆山与大陆其他省市广泛交流，甚至和台湾各界都有着惊人的密切交流。"这些跨界活动不仅关系着许多与投资直接或间接的信息交流，更重要的是，从台商协会的主动性上，我们看到台商从跨界资本的载体到成

---

① Brubaker, William Rogers., 1989. "Membership Without Citizenship: The Economic and Social Rights of Noncitizens," *Immigration and the Politics of Citizenship in Europe and North America*, edited by Rogers Brubaker. University Press of America.

② Brubaker, William Rogers., 1992. *Citienship and Nationhood in France and Germany*. Cambridge: Harvard University Press.

③ 邓建邦：《中国配偶之台干家庭的迁徙行为与身份安排》，载《"台商研究工作坊"学术研讨会论文集》，台湾中兴大学，2008。

④ 林家煌：《平坦的世界，平等的身份？：谁决定台商企业内部的台、陆干关系？》，载《"台商研究工作坊"学术研讨会论文集》，台湾中兴大学，2008。

为流动的行动者。"台协会的跨界性还体现在台协会工作人员的组成上，如台办人员进入协会的委员会，台协会的工作人员是与台办共同雇佣的。台协会和台办"水乳交融"也许正是台协会得以在昆山活跃的基础。[①]

跨界流动是一种行为方式，也是一种行动策略；跨界流动带来的不仅有个人层面的身份归属、身份认同问题，还有家庭单元的身份安排问题，以及因跨界而产生的其他制度和组织层面的问题。跨界流动既带来适应的问题，也提供了适应的途径。

（二）认同视角下的台商社会适应研究

台商认同及其转变已经引起台湾台商研究学界的关注，研究者们在梳理相关认同理论的基础上，着重描述台商群体的认同特征、分析影响台商认同的因素、解释台商认同变迁的原因。这些研究丰富了我们对台商认同的认知和理解，值得注意的有如下几点。

第一，台商认同内涵的独特性。尽管没有一项研究明确提出台商认同的具体内涵，但通过研究者们对所研究的台商认同特征的描述可以分析出各自所理解的台商认同的含义。陈朝政在他的研究中从"自我的定位"和"家的归属感"两个方面观察台商的认同偏向。[②] 前者通过询问"如果您被误认为大陆本地人，您的感觉是？"这一问题来了解台商对自己的身份定位，后者则通过询问"您觉得大陆与台湾，哪边比较像您的家？"来观察台商对自己群体身份的定位。笔者认为，前者比较偏向于考察客观层面的台商地域、政治认同，后者偏向于考察台商在日常生活中建立起来的主观归属与认同。李志勇从"家的观念转变""政治参与情况""社会生活领域""经济生产领域"四个层面来判断台商的认同偏向。[③] 李志勇认为台商认同是一个变化的动态过程，他借用了陈朝政提出的"认同光谱"的概念描述台商认同情况。在他看来，"认同光谱"的两端

① 柏兰芝、潘毅：《跨界治理：台资参与昆山制度创新的个案研究》，载卢锋主编《中国经济转型与经济政策》（第三辑上册），北京大学出版社，2004。

② 陈朝政：《台商在两岸的流动与认同：经验研究与政策分析》，台湾东吴大学博士论文，2005。

③ 李志勇：《台商"异/己"，"异域/故乡"之认同区辨——以上海从事文化产业的台商为例》，中山大学硕士论文，2008。

分别是"认同台湾"与"认同大陆",台商认同在左右两端游移,越靠近左端,越认同台湾;反之,则越认同大陆。事实上,不仅台商之间的认同结构不一样,就是台商个体在每个层面的认同倾向也不相同。耿曙认为,两岸经贸关系的发展在两岸产生了巨大的政治影响,"台商本人的政治态度,实居于关键的地位",因此他着重探讨了台商的"国家认同"。①

第二,对台商认同倾向的总体判断。尽管台商认同多元分化现象比较明显,研究者们还是试图对台商认同偏向进行总体上的判断。陈朝政通过问卷调查和深入访谈后的实证研究结果表明,接近半数受调查的台商形成"两岸双重认同",在对大陆归属感增强的同时,仍保有对台湾的"故乡"意识。他发现,在台商认同变迁可能的6种"变化典型"与15种认同"变迁路径"中,实证研究发现最多的一种是从流动前的"偏向台湾认同"变成流动后的"两岸双重认同"或"偏向大陆认同"。而李志勇对大上海地区从事文化产业台商认同的实证研究显示,台商还处于"登门不入室"的阶段,对大陆认同程度有限。林平通过对大陆台商居住实践的客观事实与主观意愿的分析,也得出台商对当地社会的认同非常有限,"看似与当地社会水乳交融,实则油水分离"的结论。② 李志勇和耿曙都发现,企业形态对台商认同有影响,从事高科技产业的台商往往表现出的"台湾认同"日趋淡薄,甚至有转而认同当地身份的倾向;而早期来大陆的台商以中小企业为主,对两岸"差异"体会深刻,"台湾认同"更加坚定。

第三,对影响台商认同因素的探讨。陈朝政提出了一个完整的概念框架分析大陆台商的认同感变迁,他认为"心理意识""现实环境""接触交往""联系关切"这四大因素影响大陆台商的个人认同。耿曙则认为,台商所从事的产业内容、针对市场、企业规模乃至分布区域对台商认同产生明显影响。

第四,对复杂的台商认同现象的解释。耿曙用"原生认同""教化融

① 耿曙:《"两岸族"? 大上海地区台商的国家认同》,全球化之下的人权保障与人才共享研讨会,台湾法爱公德会、台北大学公共行政暨政策学系,2006。
② 林平:《水乳交融还是油水分离? 从居住空间看台湾人对当地的认同》,载《"台商研究工作坊"学术研讨会论文集》,台湾中兴大学,2008。

合""阶级关系""全球文化""跨国资本主义"5 种假说来解释不同类型台商在国家认同上表现出来的明显差异。李志勇用戈夫曼符号互动理论和社会资本理论解释台商如何利用"台湾人／中国人"双重身份的优势，游移于两个族群之间，在不同的场合根据需要展示不同的身份。李志勇将其称为台商认同的"能动性"，认同变成一种行动策略，通过对身份的工具性操作获取利益。可见，李志勇所研究的台商工具性认同重于情感性认同。而在邓建邦那里，台商不仅对大陆社会在心理感情上是疏离的，而且对台湾社会同样如此，这种对两地社会的双向疏离是跨界流动移民的典型迁徙经验。同时，邓建邦还乐观地指出，由于台商对两地社会的双向联结的存在，还可能发展出对两地社会的双重认同。因此，台商认同的特征是复杂的、双元取向的。①

（三）社会关系网络视角下的台商社会适应研究

社会关系网络与人际关系、社会资本等概念有着天然的内在联系，在社会系统的运行中发挥着重要作用，近年来被许多学者用来解释社会经济现象。移民网络更是移民研究各种方法中最具时代特点的，可以看作一种"资本"，它对移民的重要性怎么估计都不过分。② 这一视角无疑极大地丰富和深化了对台商社会适应问题的研究。台商社会适应研究中有关社会关系网络研究的文献主要集中在以下三个方面。

第一，台商关系网络的类型。高长、许源派将台商在大陆建立起来的关系网络划分为两个部分，即台企与当地政府的关系网络、台企之间的关系网络。③ 曾纪幸则认为台商在大陆的关系网络类型有两种，一种是正式的企业网络，一种是非正式的关系网络。④ 周素卿、陈东升，张

① 邓建邦：《建构跨国社会空间作为流动生活的策略：台商在上海与广东》，发表于"2007 台湾社会学会年会"，2007，第 24～25 页。

② 〔西班牙〕华金·阿郎戈：《移民研究的评析》，《国际社会科学杂志》（中文版）2001 年第 3 期，第 35～46 页。

③ 高长、许源派：《制度环境衍生的交易成本与大陆台商因应策略之探讨》，发表于"展望两岸经贸关系"学术研讨会，致理技术学院、中华欧亚基金会合办，2004，第 158～186 页。

④ 曾纪幸：《台商在大陆之企业网络与关系网络之研究》，《企业管理学报》2004 年第 62 期，第 79～116 页。

家铭、吴翰有，郑陆霖，以及林家煌、耿曙的研究发现，中小企业台商无论是在东南亚还是在中国大陆都采取一种内闭的弹性生产聚集方式，它在某种程度上复制了台湾的生产组织网络，或是在当地重建了以台商为主的协力生产网络。① 台企与当地政府的关系是台商在大陆社会关系网络建构、经营的重要内容之一。学者对早期投资大陆的台商研究发现，台商偏爱与大陆地方乡、市级政府等中低层官员洽商合作计划，极力避免与中国高层有太多业务接触，最终形成了台商与中国大陆地方政府的联盟关系。② 通过关系运作，台商与地方政府之间建立共谋互利关系，当然两者之间的利益冲突也不可避免，同时，中国高风险的投资环境也让台商之间的关系更加紧密。这些正是台商在与外资企业的竞争中能在同样都具有跨国投资的劳动力成本优势条件下胜出的原因。③ 陈振伟、耿曙分析了昆山台商与地方政府关系的模式及其历经阶段的变化，他们认为昆山地方政府与台商的关系最初是扩大参与、研商妥协型的"合作伙伴关系"，1996～2000 年的过渡期后逐步朝政府主动引导、决策贯彻的"发展型国家"方向发展。④

在非正式关系网络研究方面，台企产业内不断发展出同事联谊会之类的正式社团，可以补足正式契约关系所不能做到的人际关系网络的延伸和深化，提供协力办厂可以合作的对象，形成人际彼此紧密且信任的关系，进而培养出社会资本的场域。因此即便在大陆的台商，其交易与社会网络

---

① 参见周素卿、陈东升《后进者的全球化：移地的地域生产网络建构与台商在东南亚的投资经验》，载萧新煌主编《台商在东南亚：网络、认同与全球化》，台北市"中央研究院"亚太研究计划，2002，第 33～94 页；张家铭、吴翰有：《全球化与台资企业生产协力网络之重构：以苏州台商为例》，载东吴大学社会学系主编《全球化、苏南经济发展与台商投资研讨会论文集》，台北东吴大学社会学系，2001；郑陆霖：《一个半边陲的浮现与隐藏：国际鞋类市场网络重组下的生产外移》，《台湾社会研究季刊》1999 年第 35 期，第 1～46 页；林家煌、耿曙：《登门不入室：大陆台商信任结构、协力网络与产业聚集》，宜兰佛光人文社会学院政治学系"第五届政治学与资讯科技研讨会"，2005，第 14～15 页。

② 邢幼田：《台商与中国大陆地方官僚联盟：一个新的跨国投资模式》，《台商社会研究季刊》1996 年第 23 期，第 159～182 页。

③ 郑志鹏：《中国台商竞争力的来源：一个社会学式的分析》，载《"台商研究工作坊"学术研讨会论文集》，台湾中兴大学，2008。

④ 陈振伟、耿曙：《挥别发展型国家？昆山地方治理模式的转型》，本文初稿宣读于中国政治学会在台北举办的"International Conference on Grassroots Democracy and Local Governance in China during the Reform Era"，2004。

也会嵌入正式或非正式的各种台商组织，如台协会、台商联谊团体等。此外，宗族和宗亲组织也是台商借以嵌入当地文化与社会网络的重要载体。在曾玲对厦门洪氏企业的个案研究中发现，"透过传统宗族和宗亲关系的血缘与文化纽带，两地的洪氏重建了历史记忆，这为台商进入大陆市场建立了一条重要的文化桥梁"。①

第二，台商关系网络的建构策略。曾纪幸的个案研究结果发现，不同产业类型的台企建立关系网络的方向与程度不同，如果产业的技术自主性很低时，台商倾向于建构较紧密的企业关系网络；反之，则企业关系网络不紧密。不同地区台商侧重建立的网络类型也不同，华东与华北地区的台商最重视与当地政府机构的关系，华南与华东地区的台商较重视与当地台商联谊会成员的关系。

第三，台商关系网络的运作机制。"社会镶嵌"和"关系网络资本化"是台商运用原有网络或建立新的关系网络以适应当地社会的两大机制。龚宜君运用"社会镶嵌"的观点解释台商跨界资本移动的动态过程，在她看来，行动是镶嵌在具体的、持续的社会关系体系中的，而且是在路径依存中持续建构的，"社会镶嵌"不仅强调社会关系的重要性，同时还强调社会与文化影响的持续性，可以说是一种"贯时性"（包括过去、当下与未来）的研究路径。② 郑陆霖同样认为镶嵌是一种关系运作策略，台商在生产领域所建立的那种内闭式的协力生产网络实质上主要是通过人情关系而建立起来的生产协调整合机制，减少了投资地社会环境对台企生产活动的干扰，由此他称为"镶嵌以便去镶嵌"。陈朝政和张家铭将"社会镶嵌"的意义从生产领域扩展到社会生活领域。陈朝政指出，因为台商不只是企业，也是个人，因此关系的"社会镶嵌"不仅有经济层面的，也有生活层面的。张家铭则认为，台企与当地社会是一种相互镶嵌的关系，这种"社会镶嵌"的机制涉及台商与当地社会的相互认知、成为邻居或结婚的接纳态度，以及台商在当地社会日常生活中的影响力和受关注度等。因此"社会镶嵌"不仅发生在企业的经营管理层面，同时也具体表现在消费方式与

---

① 曾玲：《两岸人文资源与台商在大陆之运作——以厦门洪氏企业为研究个案》，《台湾研究集刊》2003 年第 3 期，第 89～96 页。

② 龚宜君：《出路：台商在东南亚的社会型构》，台北市"中央研究院"人文社会科学研究中心、亚太区域研究专题中心，2005，第 16～19 页。

休闲方式的形成方面。同时，"社会镶嵌"不仅具有"嵌入"的原本意义，还具有社会融合与本土化的意义。[1]

完成"社会镶嵌"之后，关系网络运作的另一机制就是社会关系资本化。柏兰芝和潘毅在他们的个案研究中这样描述台商关系网络的社会资本化过程：首先从网络来看，台商网络尤其是台商协会有组织地联系了企业和企业，以及企业和政府，强化了彼此信息、观念和意见的交流。这使得人脉关系本身逐渐沉淀，成为社会资本的一部分。其次，信用和口碑的信息传播，以及频繁的面对面互动，都夯实了建立信任的基础。而只有互信才能建立共识，形成社会资本的第三个组成部分：规范。[2]

事实上，通过培育社会资本，台商得以进入地方行政决策、制度创新以及社会生活层面，甚至建立起跨界治理体系，台企的公司治理转型以及地方政府与台企关系的变化也在意料之中了。一方面，靠"走后门等灰色渠道发财的老路"在中国经济转型的后期需要付出的代价越来越大，关系网络在台商公司经营中的作用程度发生变化。另一方面，关系网络的资本化仍然是台商应对各种不确定性因素的主要方式之一。陈志柔指出改革初期和当前后改革时期，台商因应制度环境的行为模式有所不同，导致其不同行为模式的机制也有所不同。总的来说，社会关系仍然是台商在中国处理各种非经济难题的主要方式，只是近20年来社会关系的运作方式有所改变。"越来越规范"是近两年来台商们的习惯用语。许多事情必须按照法规办，对企业而言，"规范化"的台面成本，如遵守海关、税务、劳动等各种法规所必须增加的开支，未必比台面下的少，甚至更高，但考虑到违法被罚的风险，的确厂商的行为模式会考量法规的要求。法规常变动，法规的解释与执行因地因人因时而异，所以仍旧必须仰赖社会关系克服种种不确定性。[3]

---

[1] 张家铭：《台商投资中国的在地反应：以苏州地区（的公众评价）为例》，载《"台商研究工作坊"学术研讨会论文集》，台湾中兴大学，2008。

[2] 柏兰芝、潘毅：《跨界治理：台资参与昆山制度创新的个案研究》，载卢锋主编《中国经济转型与经济政策》（第三辑上册），北京大学出版社，2004，第59~91页。

[3] 陈志柔：《中国地方治理与台商社会资本》，载《"台商研究工作坊"学术研讨会论文集》，台湾中兴大学，2008。

小　结

以往以"两岸经贸"为核心和目的取向的台商研究，多偏向于宏观层面的研究，在研究方法上也多以文献研究为主。"社会"或"生活"面向的台商研究，则多着眼于微观层面，在研究方法上更强调与台商个体面对面的接触，从研究对象的实际生活中收集第一手研究资料。后一种取向的台商研究在具体的资料收集方法、途径及资料分析方法上较为多元。

从社会层面，通过与台商面对面接触研究台商是近年台商研究的新路径。随着台商在大陆数量的日益增多、居住时间的延长、定居倾向的增强、对当地社会生活的逐渐融入，这一方面的研究更显必要。笔者收集到的相关文献多为台湾学者的研究，大陆学界从社会层面对台商在大陆的社会生活各个方面所进行的微观研究刚刚起步，这固然与两岸学界的治学传统有关，但台湾学者与大陆学者同样研究台商，必然会有不同的互动感受与研究发现。

本章在对相关文献特别是对台湾学者的相关研究进行全面梳理的基础上，勾勒出了学界从社会层面进行台商研究的脉络，并将不同内容的研究整合到"社会适应"主题中，最后提炼出适合进行台商社会适应研究的三个理论视角：跨界流动视角、认同视角和社会关系网络视角。跨界流动视角源于国际移民研究中新型的跨国主义理论范式，侧重研究台商的行为方式及其特点；认同视角运用社会心理学中的社会认同理论，探析台商心理层面社会适应的特征；社会关系网络视角结合社会学研究中的网络理论和社会资本理论，着重分析台商社会适应行为的策略及方式问题。笔者的目的是指出观察现实生活中出现的具体现象和问题的不同视角，不同视角所关注的现象与问题必然有重合之处。这一点在上文的文献梳理与解析中已经体现出来。

综合第一章与第二章论述，本书分析框架与研究思路如图 2 - 1 所示。

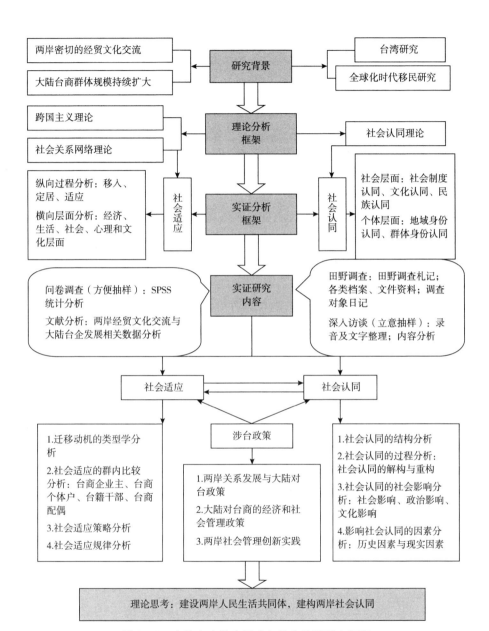

图 2 - 1　大陆台商社会适应与社会认同研究框架

第三章

大陆台商群体出现的动因

1979 年全国人民代表大会发表《告台湾同胞书》，明确提出"寄希望于 1700 万台湾人民"的对台交流合作方针。自此以后的 30 多年中，这一政策得到始终如一的贯彻，主要表现在两岸稳步扩大的经贸交流、人员往来、社会文化交流与合作，一个与大陆有着广泛利益联系的社会群体——台商群体由此初步形成并呈稳定增长之势。对大陆政府而言，发展两岸贸易关系，吸引台湾资本到大陆投资，打破了人为制造的海峡两岸分裂隔绝局面，既有利于大陆市场经济发展，又为台湾问题的解决提供了一个新的思路和视角。对台湾而言，大陆稳定的政策环境、互补的两岸经济及产业结构、庞大的市场容量、巨大的市场潜力满足了台资寻找出路的需求，为台商在大陆寻找到了"事业的第二春"，找到了新的人生起点和发展空间。更何况台湾与大陆的福建省隔海相望，85% 以上的台湾同胞祖籍为福建，台商投资大陆还有割舍不掉的地缘、血缘、文缘关系作为推动两岸关系发展的原动力。伴随两岸间资本流动的是两岸人员、信息、技术与文化的流动，台商则是这些流动因素的主要载体。

第一节　台商投资大陆及其动因

从经济学的观点看，一方面，台商大陆投资在性质上属于一个国家内部区域之间的投资范畴，是中国主体同其尚待统一的特殊地区——单独关税区之间的投资范畴；另一方面，两岸在政治上暂时还处于分离状态，台商大陆投资在运行方式上又带有一定的特殊性，基本上按照国际资本的运行模式和国际经济管理方式进行。[①] 因此，台商投资大陆与两岸关系的发展、变化密不可分，它不仅涉及两岸的经济关系，还引起两岸间政治、社会与文化等多方面的复杂问题。走向稳定与和平的两岸关系、发展势头良好的大陆经济、与时俱进的大陆台商政策、逐渐灵活松动的台湾大陆政策是台商在大陆投资稳定增长、大陆台商规模不断扩大的根本动力。

一　走向稳定与和平的两岸关系是台商投资大陆的根本性基础

1949 年以后海峡两岸关系走过了风风雨雨 60 多年的发展历程。特别是 1978 年 12 月中国共产党十一届三中全会作出了把全党工作重心转移到社会主义现代化建设上来的重大决策，中美两国也于 1978 年 12 月 16 日发表《中华人民共和国与美利坚合众国关于建立外交关系的联合公报》，宣布自 1979 年 1 月 1 日起相互承认并建立正式外交关系，从而结束了两国间 30 年的不正常关系。在这一新形势下，过去长期隔绝和对峙的两岸关系逐步解冻。在两岸关系解冻初期，大陆有关部门出台了一系列具体措施，积极推动两岸经贸、科技、文化等各项交流。例如 1981 年 9 月交通部、民航总局、外贸部、邮电部、中国人民银行、文化部等分别就两岸通邮、通航、通商等事务宣布相关规定，两岸经贸、文化等方面的民间交流由此起步。

1988 年以后两岸关系开始深化，两岸相继组建相关机构、出台相关法规，两岸关系朝规范化方向稳步发展。1988 年 7 月 3 日国务院公布了《关于鼓励台湾同胞投资的规定》，当年 9 月国务院台湾事务办公室成立，一些其他的涉台机构也相继成立。1987 年台湾开放民众赴大陆探亲，两岸交流所衍生出的需要处理的事项越来越多。因此，1990 年 11 月 21 日台湾成立海峡交流基金会（以下简称"海基会"），与此相应，1991 年 12 月 16 日中国大陆成立"海峡两岸关系协会"（以下简称"海协会"）。这一时期的台湾当局继续放宽两岸交流的限制条件，逐步改善与大陆的关系。1993 年

---

① 李非：《海峡两岸经济合作问题研究》，九州出版社，2000，第 1 页。

4月，经过长时间磋商，终于促成两岸在新加坡举行的"汪辜会谈"，签署了4项协议。汪辜会谈是两岸走向和解的历史性突破，对台商投资大陆产生了积极的推动作用。①

1995年6月李登辉访美使两岸政治关系跌至低谷，1999年台湾当局提出"两国论"，两岸政治关系再陷危机。虽然陷入僵局的两岸政治关系阻挡不了台商投资大陆的热情，但对两岸关系的健康发展还是造成一定的阻碍。中国共产党同以李登辉为首的"台独"势力进行了针锋相对的斗争，在中共努力之下，1997年4月局部往来取得实质性进展，福州、厦门、台湾高雄3个港口间的两岸"试点直航"正式启动。1998年10月辜振甫参访上海，汪辜再度会面并达成"四点共识"，这是海峡两岸高层50年来第一次面对面就祖国统一的大是大非问题进行沟通，对推动两岸关系的发展有着积极意义。

2000年3月，在台湾地区领导人选举中，陈水扁胜出。台湾当局极力回避"一个中国"原则，积极推行"渐进式台独"，抬出"一边一国"论调，一再否认"九二共识"，以致海基会和海协会的往来停摆。与此同时，乔治·沃克·布什就任美国总统，深化了对台湾问题的介入程度，在政治和军事领域加强"美台关系"，严重干扰了两岸关系的和平发展。面对这一复杂局面，2005年3月，胡锦涛主席针对新形势下发展两岸关系提出了"四点意见"；②为了促进两岸经济的发展及给台商在祖国大陆投资创造一个好的投资环境，大陆方面又制定了《反分裂国家法》。

中国共产党灵活务实的态度把握住了两岸关系发展的主导权，在两岸政治关系高度紧张的同时，两岸民间交往特别是经贸关系有了新的进展。两岸民间交流规模越来越大，从1988年到2000年的13年间，到祖国大陆的台胞累计达2036万人次，其中，2000年台胞到大陆首次突破300万人次，达到310.86万人次，2005年更是突破400万人次。2002年2月佛指舍利赴台，2002年5月湄洲妈祖金身首次直航金门，这些都是两岸交流的

---

① 李启龙：《中国共产党与1978年以来的台湾海峡两岸关系》，中共中央党校博士论文，2003，第66页。

② 俗称"胡四点"，主要内容是：第一，坚持一个中国原则决不动摇；第二，争取和平统一的努力决不放弃；第三，贯彻寄希望于台湾人民的方针绝不改变；第四，反对"台独"分裂活动决不妥协。参见《人民日报》2005年3月5日第1版。

盛事，在台湾产生深远影响。2003 年 1 月 26 日，首趟春节"包机"实现从台北直航上海，为两岸真正直航打开了窗口。

2008 年以后，特别是以全面直接"三通"为起点，两岸关系出现了许多积极的变化，主要表现在：国共两党领导人的历史性会晤及合作机制的建立，为两岸各方面的交流合作创造了有利的政治环境；海协会和海基会协商机制的恢复，为两岸交流合作创造了技术性的平台；两岸经贸、文化和人员等各方面的交往不断扩大和深入；两岸双向直接通航、开放观光、陆资入台等陆续得到落实，两岸经济交流出现重大积极变化。两岸学界、政界普遍高度评价这一可喜变化，称两岸关系进入与以往旧时代截然不同的、以和平发展为主题的新时代，这个时代是以对话、谈判为基础，交流、往来为内涵，经贸、文化为平台，两岸关系进入全面融合与互相开放的历史新时期，这"是两岸民众重建信任与合作的历史机遇"。①

二　发展势头良好的大陆经济是台商投资大陆的重要历史性契机

改革开放以来，大陆一直致力于发展社会主义市场经济，积极推进小康社会建设，保持着较高的经济增长率，这对台商而言可谓商机无限。大陆凭借劳动力、土地等生产要素低成本优势，不断深化的改革开放政策，以及伴随持续的经济高速增长所日益显现的市场潜力，特别是加入 WTO后外资准入门槛降低、经济市场化水平日益与国际接轨等利好因素，逐渐成长为东亚乃至全球的制造中心。正如有研究者所总结的，中国大陆拥有广大的内需市场，以及加入 WTO 所带来的贸易自由化，这一切使得大陆市场成为世界各国竞相投资布局的新经济市场。对寻找投资出路的台商资本而言，大陆拥有腹地广阔、劳动力成本低、语言沟通容易等有利因素，更是台商主要考量的投资地点。② 进入 21 世纪以来，大陆到处呈现一派蒸蒸日上、加速发展的景象。2001 年 7 月北京申办奥运成功，2001 年 12 月

---

① 章念驰：《对和平发展勿抱肤浅认识》，http：//www. chinareviewnews. com/doc/1011/1/8/6/101118696. html? coluid = 33&kindid = 541&docid = 101118696&mdate = 1125100824，2009 – 11 – 24。

② 王韦翔：《台商赴中国大陆投资策略与绩效关系之研究》，台湾中原大学企业管理学系硕士论文，2007。

中国大陆正式加入 WTO，2002 年上海申办世博会成功，这几件大事促使大陆加快基础设施建设，并进一步调整经贸政策和开放市场。2002 年 11 月，中共十六大提出全面建设小康社会的宏伟蓝图，力争到 2020 年国内生产总值比 2000 年翻两番。中国大陆的无限商机对台商具有巨大的"磁吸作用"。2000 年 9 月，原国民党著名人士江丙坤参访大陆后发表感想称有"三个震撼"："一是大陆公共建设突飞猛进；二是台商投资个个赚钱；三是'戒急用忍'政策毫不管用。"①

两岸经济发展水平的差异曾经是两岸交流合作的重大障碍，随着大陆经济的快速发展，两岸人民交流合作的经济基础逐步夯实。大陆经济高速发展对台湾产生"磁吸作用"的结果是：两岸经济关系从过去 30 年的相互隔绝走向相互交流与合作，直到现在形成了一种既竞争又互补的关系，使得两岸经济快速成长并最终占据台湾对外经济的主导地位。1987 年台湾当局开放民众赴大陆探亲以后，两岸贸易与投资关系随后发生质的飞跃，两岸经济相互依赖态势逐渐成形；进入 21 世纪以来，两岸经济互赖态势持续深化。②

三　与时俱进的大陆台商政策是台商投资大陆的制度性保障

在处理、解决台湾问题的实践过程中，中国大陆形成了专门针对台商的一系列政策，这些政策经历了酝酿、提出、初步确立及完善这样四个发展阶段，并与两岸经贸关系的发展互相推动、互相促进，有学者甚至认为"台商投资大陆的过程是祖国大陆对其政策优惠的过程"。③

中国共产党十一届三中全会以后确立了以经济建设为中心的改革开放之路，党的台商政策由此开始酝酿。1979 年全国人大常委会发表《告台湾同胞书》，确立了"和平统一"祖国的方针，之后党的决策层先后提出了吸引台商到祖国大陆发展的思想、观点。

1988 年 7 月 3 日，国务院发布了《关于鼓励台湾同胞投资的规定》，

---

① 姜殿铭、许世铨：《台湾 2000》，九州出版社，2001，第 25 页。
② 李鹏：《海峡两岸经济互赖之效应研究》，九州出版社，2010，第 65 页。
③ 闫安：《中国共产党的台商政策研究（1979～2005）》，中共中央党校博士论文，2006，第 179 页。

标志着党的台商政策正式提出。台商投资大陆的热潮由此掀起并一直持续到 1991 年，当时 80% 的协议金额集中在福建、广东两省的沿海城市，台商在福建的投资 80% 以上集中在以厦门为中心的闽南地区。台商在大陆投资的单项规模一般在 100 万美元以下，多采用"两头在外"的经营形态，即原材料、机器和零组件大多从海外采购，制成品则大部分销至国际市场，投资产业以劳动密集型的加工制造业为主，技术层次相对较低。

1994 年全国人大常委会通过了《中华人民共和国台湾同胞投资保护法》，标志着党的台商政策初步确立，台商投资大陆行为受到国家法律保护。1992 年邓小平"南方谈话"以后，台商投资大陆出现"井喷"，台资在投资大陆的境外资本中排名跃居第二，仅次于香港资本。同时台商投资大陆趋向大型化，无论是投资年限还是投资金额等方面都有较大增长。长江沿岸尤其是长三角地区成为台商投资新热点，投资结构从劳动密集型产业转向机械电子、资讯、化工等资本与技术密集型产业。

1997 年 4 月国务院《关于加强对台湾经济工作若干问题的通知》下发，1999 年 12 月 5 日国务院又颁布了《中华人民共和国台湾同胞投资保护法实施细则》，国务院相关部委及大陆各地方政府也相继出台了许多法规、法令，这些都表明党的台商政策更加完善。尽管 20 世纪 90 年代中期以后两岸政治关系出现一些波折，导致台商到祖国大陆投资热情减退，但随着党的台商政策逐步完善，台商投资大陆信心更加坚定，台商在中国大陆的发展发生重大变化。这一时期大企业和大项目的投资成为台商投资主流，金融领域的投资与合作渐成趋势，计算机及相关设备与零配件厂商纷纷到大陆投资设厂。随着大陆内销市场的不断扩人，台商掀起了新一波的"增资热"，并将投资经营目标确定为拓展当地市场。

2001 年 12 月 11 日中国正式加入 WTO，随后台湾以台、澎、金、马单独关税区名义也加入了 WTO，台商在中国大陆投资商机明显增加，发展空间更大。如何引导台资企业"落地生根"融入祖国大陆，开创两岸经济合作新局面，成为这一时期党的台商政策的重点。2003 年 3 月 20 日，国务院台办和民政部联合颁布了《台湾同胞投资企业协会管理暂行办法》，这是台商协会运作和活动规范化以及台企健康发展的重要保证。

2005 年以后大陆将构建和平发展的两岸关系作为一个阶段性的工作目标，[①] 从战略高度认识与评价台湾同胞在两岸关系中的地位与作用。2005 年，中国共产党分别与台湾政坛上的重要政治力量——中国国民党、亲民党及新民党就一些重大问题进行了历史性磋商，一些台商最关心的、涉及其深入发展的问题，开始进入党制定台商政策的视野。这些问题包括融资、台商子女上学、台湾农产品在大陆销售等，这些问题关系到台商企业在中国大陆的纵深发展。

2008 年，国民党在台湾重新执政，当年下半年受国际金融危机影响，台资企业经营困难增大，台商对大陆投资有所减缓。大陆各有关部门积极采取措施，鼓励、协助台商及台资企业转型升级。海协会与海基会恢复协商，许多惠台政策逐步得到落实。

据统计，自 2005 年起，中国大陆通过"两岸经贸论坛"（后更名为"两岸经贸文化论坛"）陆续公布了 70 多项惠台政策和措施，主要集中于农业、开放大陆居民赴台旅游、便利台湾民众出入境、教育、专业执照、医疗、交通航运等方面（见表 3 - 1）。

表 3 - 1　近年祖国大陆惠台措施统计

单位：项

时　　间	会　　议	惠台措施
2005.4.26 ~ 5.3	连战和平之旅	3
2005.5.5 ~ 13	宋楚瑜搭桥之旅	3
2006.4.14 ~ 25	两岸经贸论坛	15
2006.10.17	两岸农业合作论坛	20
2007.4.28 ~ 29	第三届两岸经贸论坛	13
2008.12.20 ~ 21	第四届两岸经贸文化论坛	10
2009.5.15 ~ 22	首届海峡论坛	8

资料来源：熊俊莉：《国际金融危机后两岸经济合作的成果与前景》，载福建省人民政府发展研究中心、福建省金融学会、"台湾金融研训院"主办《海峡两岸金融合作高层研讨会论文集》，2009，第 59 页。

---

① 杨丹伟：《解析台湾的大陆政策》，群言出版社，2007，第 174 页。

四　逐渐灵活松动的台湾大陆政策是台商投资大陆的辅助性推手

"青山遮不住，毕竟东流去"，人为的阻隔挡不住两岸血浓于水的亲情，不可遏制的两岸民间交往悄悄影响着两岸关系的走向，特别是祖国大陆"和平统一"方针政策的提出，使得台湾当局为适应岛内外形势的发展，对其大陆政策不断作出相应调整。虽然台湾当局对台商投资大陆的政策时松时紧，但总的来说台商赴大陆投资的政策限制日益宽松。

1979 年大陆方面《告台湾同胞书》的发表和 1981 年 9 月 30 日叶剑英委员长提出和平统一中国的九条方针，是中国共产党对台政策的重大转折。面对这一和平攻势，台湾当局一方面提出"不妥协、不接触、不谈判"的"三不"政策，另一方面又不得不松动其僵硬的大陆政策，对两岸间的贸易往来、第三地的学术交流、两岸民众的接触等民间交往接触采取弹性对待策略，对两岸经贸文化往来逐渐松绑。1987 年台湾当局开放民众赴大陆探亲，台湾当局的大陆政策发生重大调整。从此两岸民间交流蓬勃开展，为两岸关系进一步发展创造了良好条件。

李登辉上台后，台湾当局的大陆政策进一步调整。1990 年 10 月，台湾当局成立"国家统一委员会"（简称"国统会"），这是台湾当局大陆政策的最高决策机构。1990 年 11 月 21 日，台湾"海峡交流基金会"成立，该会采取民间团体形式，接受"行政院"指导，"陆委会"为其主管机关。1991 年 1 月 28 日，台湾"行政院"宣布"大陆委员会"（简称"陆委会"）成立，这是台湾当局开展大陆工作的专门机构。1991 年 2 月 23 日，台湾"国统会"正式通过"国家统一纲领"。为了规范民间交流活动，1992 年 7 月，台湾"立法院"又通过了研拟 4 年之久的《台湾地区与大陆地区人民关系条例》，这标志着台湾当局大陆政策的实施模式基本定型。自此以后台湾当局将发展两岸经贸关系作为两岸关系的主轴。

但是进入 1996 年下半年以后，台湾当局提出"戒急用忍""根留台湾"等论调，两岸日益密切的经贸交流开始降温，两岸经贸交流步伐放缓，大企业投资大陆资格受限，加强执行"南向政策"。

2000 年陈水扁上台执政以后，继续坚持李登辉的"台独"立场。但迫于形势压力，不得不重视两岸经贸关系。2001 年 8 月民进党当局调整了

"戒急用忍"政策，将其调整为"积极开放，有效管理"，并允许包机"间接直航"。

2008 年马英九当政后不久，两岸关系大幅度改善，不仅两岸互动增加，而且马英九当局采取了一系列积极、开放的两岸经贸政策措施，两岸经贸关系发展的政策与法律环境发生了重大变化。2008 年 7 月 17 日，台湾"行政院"通过两岸经贸松绑方案，主要为台商赴大陆投资限制的开放与投资审查方式的调整。8 月 26 日，台湾"经济部投资审议委员会"公布企业赴大陆投资上限新规定，并追溯自 8 月 1 日生效（见表 3-2）。这些政策调整极大地解除了台商赴大陆投资的政策限制，有利于台商在大陆的投资以及企业在海峡两岸的投资布局。

表 3-2　台湾当局调整台商对大陆投资规定

一、投资金额限制

投资主体	现行规定	新　制
个　人	新台币 8000 万元为上限	放宽到每人每年 500 万美元（均 1.5 亿元新台币）
中小企业	净值或合并净值的 40%，或新台币 8000 万元	净值或合并净值的 60%，或新台币 8000 万元
大型企业	净值或合并净值在 50 亿元新台币以下者以 40% 为上限，或 8000 万元以下；50 亿~100 亿元者，以 30% 为上限；超过 100 亿元者以 20% 为上限	一律放宽为 60%

二、投资大陆审查程序

审查方式	现行规定	新　制
小额投资	20 万美元以下，须事前申报	100 万美元以下，投资后 6 个月申报
简易投资	2000 万美元以下	5000 万美元以下
专案审查	2000 万美元以上	5000 万美元以上，及后续增资金额累计超过 5000 万美元
重大投资	跨"部会"首长进行政策面审查	关键技术审查
例外规定	1. 企业营运总部设在台湾，投资大陆金额不设限；2. 外商台湾子公司，投资大陆金额不设限；3. 台湾企业并购大陆企业，不纳入 60% 的投资额度计算	

资料来源：台湾《联合报》2008 年 7 月 16 日、7 月 18 日。

五　两岸投资关系的发展

　　基于以上分析，自 20 世纪 90 年代以来，台湾出口导向型的"浅碟经济"在大陆市场强大的"磁吸作用"下，对大陆投资步伐逐渐加快，平均投资规模逐渐扩大（见表 3 – 3）。尤其是 1993 年台商赴大陆投资呈现"井喷性"增长，据中国对外经贸部统计，两岸贸易额当年首次突破 100 亿美元，达到 143.95 亿美元，大陆当年全年核准台商投资额为历年投资之冠，实际投资额则比 1992 年增长了 189.95%，达到 31.39 亿美元。研究者认为，1992 年邓小平"南方谈话"的发表、中共十四大的召开、大陆对外全面开放态势的确立、以浦东开放为龙头的"沿江开放"形势发展迅速是其激发性因素，也是关键因素。与此同时，台湾当局对大陆经贸政策放松并提出"亚太区域营运中心"构想，以及第一次"汪辜会谈"成功举行，对台商投资大陆起到明显的"升温"作用。① 根据商务部公布的统计资料，2012 年全年，两岸贸易总额 1689.6 亿美元，台湾贸易顺差 954 亿美元；大陆批准台商投资项目 2229 项，实际使用台资 28.5 亿美元；截至 2012 年底，大陆累计批准台资项目 88001 项，实际利用台资 570.5 亿美元。按实际使用外资统计，台资在我国累计吸收境外投资中占 4.5%。目前中国大陆已经成为台湾最大的对外投资地区，台商在大陆的发展也进入本土化经营的高级阶段。台商投资大陆是符合经济规律的理性选择。

　　两岸许多学者都注意到了台商投资大陆的阶段性特征，并根据不同的标准界定台商大陆投资的分期（见表 3 – 4）。不管是三阶段论还是四阶段论，都表明台商在大陆的投资历程表现出如下几个特点：第一，台商对大陆的投资规模随着两岸关系的变化从隐蔽、零星、分散到公开、潮涌、集中。第二，投资动机从防御性向扩张、卡位、布点型转变。第三，投资领域从以劳动密集型的传统产业为主发展到以高新技术产业和服务业为主。第四，投资主体从以中小企业为主逐步过渡到以大企业为主导。第五，投资区域从珠三角、长三角和福建东南沿海向环渤海地区及中西部地区转

---

　　① 刘相平：《1993 年台商赴大陆投资"井喷性"增长之原因探析》，《当代中国史研究》2009 年第 2 期，第 94 ~ 102 页。

移。第六，台企针对的市场从以国际、外销市场为主向国际、国内市场并重，并进一步向以国内、内销市场为主转变。

表3-3 历年中国大陆利用台资的金额和项目数

年份	台湾"经济部"核准资料			大陆商务部对外公布资料		
	项目数（项）	金额（亿美元）	平均投资规模（亿美元）	项目数（项）	实际利用金额（亿美元）	占外商投资总额比重（％）
1991				3884	4.7	10.8
1992	237	1.74	0.0073	6430	10.5	9.5
1993	264	2.47	0.0094	10948	31.4	11.4
1994	9329	31.68	0.0034	6247	33.9	11.0
1995	934	9.62	0.0103	4847	31.6	8.4
1996	490	10.92	0.0223	3184	34.7	8.3
1997	383	12.29	0.0321	3014	32.9	7.3
1998	8725	43.34	0.0050	2927	29.2	6.4
1999	1284	20.34	0.0158	2499	25.9	6.4
2000	488	12.52	0.0257	3108	23.0	5.6
2001	840	26.07	0.0310	4214	29.8	6.4
2002	1186	27.84	0.0235	4853	19.7	7.5
2003	3116	67.23	0.0216	4495	33.8	6.3
2004	3875	76.99	0.0199	4002	31.2	5.1
2005	2004	69.40	0.0346	3907	21.5	3.6
2006	1297	60.07	0.0463	3752	21.4	6.8
2007	1090	76.42	0.0710	3299	17.7	6.0
2008	996	99.71	0.1001	2360	19.0	5.6
2009	482	98.43	0.2042	2555	18.8	5.2
2010	249	60.58	0.2433	3072	24.8	5.0
2011				2639	21.8	4.6
2012				2229	28.5	4.5

资料来源：台湾数据根据台湾"经济部投资审议委员会"资料，大陆数据根据中国商务部台港澳统计资料，http://tga.mofcom.gov.cn/article/jingmaotongji/。

尤其是 21 世纪以来，国际国内政治经济环境发生了许多新变化，台商在大陆的投资进入一个新的也是最重要的发展阶段。[①] 这一阶段台商在大陆的投资特征更加明显。

表 3-4　台商投资大陆分期的代表性学术观点

代表学者	台商大陆投资分期		投资台商的特征
李　非[②]	1981～1991 年	起步阶段	以"台商接单、大陆生产、香港转口、海外销售"模式进行投资；产业类型局限于加工出口业。台企约 3500 家，台商约 5 万人
	1992～1999 年	扩展阶段	由劳动力密集型扩展到资本密集和技术密集型。台企约 43500 家，台商 60 万人
	2000 年～	高潮阶段	由单打独斗转为集体合作，由单纯的委托加工变为邀请卫星工厂共同参与，联合上、中、下游相关配套产业一起投资。到 2003 年中期，大陆台企约 62350 家，台商约 100 万人
韩清海[③]	1979～1987 年	暗中登陆期/经贸交往恢复期	台商试探性投资大陆，投资方式与渠道以第三地子公司秘密进行，投资区域集中在闽粤两省，呈零星、分散状态，多为小规模生产型项目
	1988～1992 年	变相登陆期/经贸交往复兴期	大规模、全面性、半公开化投资，投资区域从闽粤两省向沿海开放地带扩展，并向内地延伸，但闽粤两省吸收台资数量各占 1/3
	1992～2000 年	合法登陆期/经贸交往调整发展期	台商投资大陆数量超过历年，台湾大企业纷纷到大陆考察、投资
	2001 年～	密集赴大陆期/经贸交往飞跃期	计算机及周边设备的制造商纷纷到大陆，制造业投入越来越大，科技含量越来越高。台湾金融机构开始到大陆设分支机构

[①] 张传国：《台商大陆投资问题研究》，商务印书馆，2007，第 34～49 页。
[②] 李非主编《台湾研究 25 年精粹·两岸篇》，九州出版社，2005，第 282～284 页。
[③] 韩清海主编《中国企业史·台湾卷》，企业管理出版社，2003，第 516～526 页。

代表学者	台商大陆投资分期		投资台商的特征
段小梅①	1991～1995 年	发展阶段	以出口导向的传统密集型传统产业投资为主，单位投资规模偏小
	1996～2000 年	壮大阶段	从原来的劳动密集型传统产业开始向技术和资本密集型的电子信息技术产业转移，单位投资规模增大
	2001 年～	提升阶段	服务业成为台资重点开拓项目，制造业仍是台资在大陆的投资热点
耿曙②	1987～1992 年	萌芽期	以劳动力密集型产业的独资中小企业为主，投资集中在东南沿海（以珠江三角洲和福建为大宗）
	1993～1997 年	过渡扩张期	以劳动力/资本密集型产业投资为主，大、中、小型企业兼备，投资集中在东南沿海（苏南崛起），并向内地零星扩散
	1998 年～	深化转型期	以资本/技术密集（研发量产）的中大型和集团上市企业为主，长江三角洲成为台资汇聚的中心并逐渐沿海岸向北延伸

第一，台商对大陆的投资项目和投资金额快速扩张，大陆成为台商最大的对外投资地。同期台商对大陆以外地区投资无论是投资项目数、投资金额还是所占比重都呈下降趋势。据台湾"经济部投资审议委员会"统计，1999 年台商对大陆投资仅占台商海外总投资的 27.70%，到 2005 年就高达 71.05%。

第二，2000 年台商对长三角地区的投资金额首次超过对珠三角地区的投资金额，台资加速流向长三角地区，2005 年台商在江苏的投资金额占比高达 56.1%，接近八成台商资本集中在长三角、珠三角两个区域。近年来，台商投资地域在集中于江苏、广东为核心的沿海地区的同时，又开始

---

① 段小梅：《台商投资祖国大陆的区位选择及其投资环境研究》，中国经济出版社，2006，第 47～48 页。

② 耿曙：《"两岸族"？大上海地区台商的国家认同》，全球化之下的人权保障与人才共享研讨会，台湾法爱公德会、台北大学公共行政暨政策学系，2006。

向北部和中西部转移扩散，投资战略明显进入以开拓与占领市场为目标的市场导向型投资阶段。

第三，台湾大型企业掀起赴大陆考察与投资的热潮，大、中、小型台商企业投资齐头并进。2000 年以后，台商赴大陆投资的平均规模明显逐年扩大。2007 年以后台商大陆投资的平均规模首次超过 1000 万美元/件，但中小企业投资依然是台商大陆投资的主体。

第四，台商在大陆投资经营进一步拓展，从单纯的生产制造扩大到了采购、生产管理、研究开发、销售和售后服务领域。两岸经济关系从经济互补过渡到经济竞争，台商在大陆投资的产业分工布局则由最初的垂直分工向水平分工转变，台商在大陆投资的产业聚集效应明显。

第五，台商投资大陆的产业层级趋向高级化，现在已经实现了由劳动密集型产业向资本与技术密集型产业的转变，电子电器、化学品、基本金属制品、塑料制品、精密器械制造、运输工具制造等资本与技术密集型制造业所占比重已达 70% 以上。服务行业成为台商另一个投资热点，2005 年台商投资服务业金额比重达到 18.1%，仅次于电子电器制造业（投资金额所占比重为 39.9%）。

第六，进入 21 世纪以来，台商在大陆的投资也进入本土化经营新阶段。台商在大陆的本土化主要表现在采购与生产本土化、研发本土化、人才本土化等方面。

在台商投资大陆阶段性变化背后，还应注意如下两个特点。

一是两岸关系中的政治因素对台商投资大陆的阶段性变化起到重要作用。韩清海认为台商投资大陆过程中有四个转折点，分别是：1979 年全国人大常委会发表了《告台湾同胞书》，提出"和平统一"的对台方针，两岸僵持关系开始解冻；1987 年底台湾当局开放台湾同胞赴祖国大陆探亲，两岸经贸活动的政治束缚开始松动；1992 年邓小平"南方谈话"发表，祖国大陆确立了社会主义市场经济体制，大陆改革开放呈不可逆转之势；2001 年北京申奥成功，随后祖国大陆和台湾地区先后加入 WTO。

二是大陆台商群体是追随资本迁移到大陆的，不同阶段的资本流动有不同的特征，携带资本流动的台商群体也在不同阶段呈现不同的特征。耿曙将 1987 年以后来大陆的台商划分为三批：第一批来大陆的台商受教育程度低且被迫西进；第三批来大陆的台商受教育程度高且多自愿西进；第二批来大陆的台商则处于两者之间。

两岸投资关系的发展带动大陆台商群体的成长。许多台商在跨海峡经营事业有成之后，干脆举家迁移，携带家小前往大陆定居，冲刺事业与兼顾家庭两全其美。该群体在全国范围内的分布兼具分散与集中的特点，但对其具体人数没有确切的统计。"这批工作和生活在大陆的庞大台商群体，依投资地区分布，主要集中在长江三角洲、珠江三角洲、厦漳泉闽南三角洲和环渤海地区。"[①] 大陆学界普遍估计这批台商有 100 万人之多；另据 2006 年 11 月台湾的一项民意调查，"目前家人在中国大陆投资、工作或居住者有一成五"，由此估算这批台商为 250 万人。

第二节　台商投资福建及其动因[②]

2007 年 12 月国台办专门制定了《关于支持福建加快海峡西岸地区经济发展的意见》，出台并认真落实一系列支持福建省建设海峡西岸经济区的政策措施。2009 年 5 月 6 日，国务院又讨论通过《关于支持福建省加快建设海峡西岸经济区的若干意见》，要求福建省充分发挥海峡西岸经济区独特的对台优势，努力构筑两岸交流合作的前沿平台。实施先行先试政策，加强海峡西岸经济区与台湾地区经济的全面对接，着力建设两岸经贸合作的紧密区域，着力建设两岸文化交流的重要基地，着力建设两岸直接往来的综合枢纽，推动两岸交流合作向更广范围、更大规模、更高层次迈进，进一步发挥海峡西岸经济区在促进两岸关系和平发展中的重要作用。2011 年 3 月国务院批复了《海峡西岸经济区发展规划》，其中提出"设立平潭综合实验区，开展两岸区域合作综合实验，努力把平潭建设成为两岸同胞合作建设、先行先试、科学发展的共同家园"；同年 11 月国务院批准《平潭综合实验区总体发展规划》，赋予平潭综合实验区比经济特区更加特殊、更加优惠的政策，着力打造交通便捷、配套设施先进、

---

① 陈恩：《新世纪台商投资心态嬗变探析》，《台湾研究集刊》2003 年第 2 期，第 91 页。

② 本节主要内容以《闽台五缘关系与台商在福建的发展》为题发表于《中共福建省委党校学报》2013 年第 4 期。

生态良好、生活舒适的两岸人民共同家园。可以预见，福建省作为台商投资大陆的初始地，因区位、政策和经济三大优势之便，将持续成为台商投资兴业的"小热点"，而福建台商的规模也将呈现日益扩大之势。

一　闽台"五缘"关系是台商投资福建的先天优势

海峡两岸同根同祖，尤其是海峡西岸的福建省与海峡东岸的台湾地区有着深厚的"五缘"关系①——地缘相近、血缘相亲、文缘相承、商缘相连、法缘相循，由此形成的"五缘"文化成为一条坚韧的文化纽带，将两岸紧紧联系在一起。

"五缘"关系是两岸一脉相承的人文关系的见证，也是将两岸人民联系在一起的天然纽带。李亦园先生经过系统考证发现，现在台湾居民的主体由四部分人组成，即福佬人（主要是从福建迁移过去的人及其后裔）、客家人（主要是从广东迁移过去的人及其后裔）、高山族人（台湾少数民族）、外省人（主要是1945年以后迁移过去的人及其后裔）。② 在台湾人口中，讲闽南话的占75%，讲客家话的占13%，两种语系的人口构成了台湾移民社会的主体。由此可见，台湾居民先人大多数是祖国大陆移民及其后代。这些台湾移民定居以后依然与祖籍地保持着密切联系。比如回祖籍地招徕佃户、搬眷、娶亲、修祠续谱，在自己的墓碑上留下祖籍地名，交代后代回祖籍地寻根，等等。他们在文化上、民间信仰上都深受祖籍地文化、民间信仰的影响。台湾民众85%以上的祖籍在福建，台湾的许多地名往往冠以闽南故乡的地名或家族姓氏之名。直到现在，在台湾仍然可以看到许多和福建相似的事物。③ 经商的移民则多数从事台湾与福建等地的

① 对于"五缘"文化的概念与内涵学界有不同的理解，早在1989年，林其锬就提出了亲缘、地缘、神缘、业缘和物缘为内涵的"五缘"文化说。"五缘"应概括为"何种缘"或"几种缘"已经不是普遍的关注点，对其实质的讨论更为重要，吕良弼指出"五缘"所阐释的已不是一定地域间的"缘"关系，而是华族社会结构与人际关系网络。参见林其锬、吕良弼主编《五缘文化概论》，福建人民出版社，2003，第1页；吕良弼主编《五缘文化力研究》，海峡文艺出版社，2002，第2页。

② 李亦园：《人类的视野》，上海文艺出版社，1996，第84页。

③ 陈孔立：《有关移民与移民社会的理论问题》，《厦门大学学报》（哲学社会科学版）2000年第2期，第48~57页。.

贸易。

2008 年以来，两岸关系进入一个大交流、大合作、大发展的新历史时期，两岸之间的人员往来、经贸文化交流更趋频繁。而闽台之间独特的"五缘"关系所带来的闽台交流效应更加明显。每逢清明、端午、中秋等传统佳节，台湾同胞通过直航往来闽台之间的客流量就比平时多 30%。据福建省旅游局的统计数据，福建省接待台胞人次逐年上升，以 2011 年为例，全年福建接待台湾同胞 185.07 万人次，增长 17.9%，占福建入境接待总人数的比重为 43.3%。2011 年上半年，台胞春节回乡团圆、参观元宵妈祖灯会、清明返乡谒祖，以及参加"5·18 海交会"和海峡论坛等精彩活动，福建的入境台胞月均接待量达 9.94 万人次，比 2010 年同期增长 30.8%，创上半年最高增幅；2011 年下半年，"旅博会""茶博会""花博会""林博会"等各大展会活动更加精彩纷呈，还有"世界客属石壁祖地祭祖大典"、传统中秋佳节等，均有效地拉动了福建台胞入境市场的增长，台胞月均接待量达 11.61 万人次，比上半年增长 16.8%。截至 2012 年 5 月底，福建省累计接待来闽台湾同胞 1405.49 万人次。据福建省公安厅出入境管理部门披露的统计数字，2012 年 1~3 月，福建省受理大陆居民赴台申请量达 5.67 万件，占大陆赴台申请总量的 9%，排名居大陆各省（市）第二位，其中，赴台探亲、应邀、居留类申请量均居大陆第一。这些数据不仅直接体现了日益密切的闽台间人员往来和交流合作，也体现了闽台间深厚而独特的"五缘"关系。

台湾的宗教信仰中，以道教和民间信仰影响最大，信徒众多。有人说仅妈祖信徒就有 1000 多万，① 宫庙随处可见，神灵无处不在。据台湾"内务部"1987 年 1 月统计，全台民间信仰的神灵共有 300 多种，其中 80% 是由中国大陆（主要是福建）分灵过去的。② 改革开放以来，闽台间宗教文化交流更加频繁，交流形式主要是福建主神应邀赴台绕境巡游，接受信徒朝拜。据统计，1986 年至 2004 年台湾同胞到湄洲进香人数达 127.8 万人次。1997 年 1 月 24 日，湄洲妈祖金身赴台巡游，朝拜信众达 1000 万人次，在台湾掀起令人叹为观止的"妈祖热"。2002 年湄洲妈祖巡游金门，

---

① 林国平主编《当代台湾宗教信仰与政治关系》，福建人民出版社，2006，第 11 页。
② 吕良弼主编《五缘文化力研究》，海峡文艺出版社，2002，第 165 页。

被誉为"创世纪的宗教盛事",创下了50多年来两岸交往史上的"四个第一"。① 闽台之间独特的"神缘"是一种重要的文化"软实力",认祖思乡、两岸同根的情怀通过共同的宗教活动进一步升华为两岸文化的认同,并沉淀于闽台民俗文化之中,在客观上发挥着维系闽台血浓于水的骨肉亲情的桥梁和纽带作用。

"五缘"关系所承载的人际关系网络被转化成闽台经贸关系网络。吕良弼、林其锬等人提出的"五缘"文化理论认为,在中华文化多元一体的大体系中,"五缘"文化所要探讨的是其中的关系文化,即华族社会的人际关系以及与此相关的社会结构。在华族社会中存在一个以亲缘、地缘、神缘、业缘、物缘为主构成的人际网络。这个网络的精神内核是中国文化中的群体本位。"五缘"网络及其精神内核在华族社会人际关系中起着"文法"或逻辑的作用。② "海外华人和'三胞'(台胞、港澳胞、侨胞)正是'依靠创业文化制胜,依靠网络发展成功',长袖善舞,随机选择,把五缘文化转化成经贸网络。这个被称为海外华商经贸网络的主要特点便是:以人为本,因人及物,以共同的利益为基础,以五缘文化为纽带,以世界市场为导向,立足民间,自由结合,自力带动,充分利用人际网络优势,寻找合作伙伴,筹集资金,获取资讯,逐步扩大业务范围,从企业内部的资源优化组合,到跨企业、跨地区、跨国际的黄金结合,形成既有中心、又不封闭、多层次蜘蛛网式的经贸网络联系。有人说:海外华商经贸网络正是经济资本、文化资本、社会资本的巧妙综合运用。"③

在海峡西岸经济区建设的大背景下,闽台间特殊的"五缘"关系将发挥"文化软实力"的作用,④ 推动闽台关系走向全面融合。这种区域文化

---

① "四个第一"为当时的福建省台办负责人总结,即第一次以海上直航方式出巡,第一次到金门接受信众朝拜,第一次启动湄洲岛3000吨客运码头,第一次实现了湄洲岛与金门、乌丘之间的客运通航。

② 吕良弼主编《海峡两岸五缘论》,方志出版社,2003,第3页。

③ 林其锬:《五缘文化与全球化》,载吕良弼主编《海峡两岸五缘论》,方志出版社,2003,第18页。

④ 林国平先生在2009年12月5日福州召开的福建省社会科学界第六届学术年会·"新形势下五缘文化与两岸关系"论坛上提交的《五缘文化·闽台五缘文化·闽台五缘文化软实力》论文中提出"五缘文化软实力"是指闽台区域内以五缘文化为纽带,以五缘文化创意产业为先导,以海峡西岸经济区(海峡经济区)为平台,以中华民族的复兴为奋斗目标的区域文化的凝聚力、协同力、创新力和影响力。

的软实力主要体现在：闽台之间源于一种特别的亲近感而形成的特有的凝聚力；闽台间因文化的认同和中华民族复兴的使命感而产生的巨大的协同力；闽台"五缘"文化浓厚的海洋文化色彩带来的创新力；闽台独特的区位优势和中华民族复兴的历史使命造就的影响力。

总之，闽台"五缘"关系对于两岸关系和社会发展的意义在于以"五缘"文化为载体建构和巩固两岸文化认同，以"五缘"文化为纽带推动社会网络的实际运作，进而形成两岸社会经济发展的驱动力。

二 闽台区位优势日益凸显是台商投资福建的持续推动力

福建省是大陆距离台湾岛最近的省份。两岸地缘相近，咫尺海峡为双方经贸交流和人员往来提供了便捷的海上通道。其中福州市平潭岛距台湾本岛新竹最近距离仅 68 海里，福州连江县黄岐镇距离台湾外岛马祖仅 8 公里，厦门市大嶝岛与金门的距离只有 2 公里。厦门距嘉义 120 海里，距高雄 165 海里，福州距基隆也仅 149 海里。

随着两岸经贸和社会文化交流的深化，福建在两岸关系中的地缘优势进一步凸显。福建是台湾同胞个人往来两岸的最重要通道，"两门两马"航线成为台胞进出大陆的重要通道，福建沿海与金门、马祖地区直接往来，距离近、耗时短、费用低。截至 2012 年 5 月底，客运总人次累计超过 869 万人次，该航线成为地区民众以至大陆台商往来两岸最为经济、便捷的一条黄金水道（见表3-5）。

表 3-5　福建沿海与金门、马祖、澎湖地区直接往来客运一览表

年　份	直航个案	航次	客流量		各航线情况						
		总航次	人次	比上年增长（％）	厦门—金门	马尾—马祖	泉州—金门	泉州—澎湖	湄洲—金门	漳州—金门	马祖—宁德
2001	88	190	24434		20579	3519	336				
2002	271	582	61242	150.64	54590	5154		950	548		
2003	1	1607	163746	167.38	157125	6428	193				
2004	1	3616	427766	161.24	406461	21278				27	
2005	1	4276	555067	29.76	517974	36817			276		

续表

年　份	直航个案	航次		客流量		各航线情况						
		总航次	人次	比上年增长（%）	厦门—金门	马尾—马祖	泉州—金门	泉州—澎湖	湄洲—金门	漳州—金门	马祖—宁德
2006	1	6683	669069	20.54	607090	46148	15064	264	503		
2007	1	8899	778446	16.35	677422	53086	47264		674		
2008	1	10671	1047079	34.52	910346	72343	64074				316
合　计	365	36524	3726849		3351587	244773	126931	1214	2001	27	316

资料来源：福建省台办统计资料，绘制于 2009 年 2 月 23 日。

2009 年底在福州召开的一次学术会议上，笔者听到台湾学者邵宗海教授这样描述对两岸直航的亲身体会。

> 我过去从台湾到厦门，经过香港或澳门转机，我从来没有在厦门当天登陆吃饭。2000 年，我是台湾第一个政治学学者被允许经过"小三通"，走金门到厦门，我从早上坐 8 点钟的飞机到金门，然后从金门坐 10 点 45 分的船起程到厦门。那时，厦门大学政治学教研室的 S 主任到和平码头接我，这是我第一次在厦门吃午餐。那时我内心非常激动。我前天 8 点 15 分开始坐飞机，根据航空公司的行程，10 点到厦门，可是我的飞机居然在 9 点 20 分到厦门。厦大的 H 主任去接我，还要在电话中跟我讲，他已经在接我的路上了，很快就到。我没想到这么快就到了。这是我第一次在厦门不是吃午餐，是吃早餐。两岸之间并不是很遥远，就是这么近。

一位在福州工作的台派干部说：

> 以前基本上 3 个月回台湾一次，现在至少每一个半月就回去一次，每次回去都会待上 5 天左右，除了方便公司业务上的沟通外，还有时间稍作休息。①

---

① 《"大三通"带给台商新契机》，《福州市台胞投资企业协会会刊》2009 年总第 50 期，第 94~96 页。

两岸海空运直航是两岸人员往返与经贸进一步发展的关键。福建省会福州到台北的交通距离从 810 公里缩减为 230 公里，仅为原先的 1/4，是大陆省份中到台湾交通距离改善程度较大的地区之一。因此，不少学者认为福建是两岸直航最大的受益者。① 目前福建沿海已有 8 个两岸海上直航港口（港区），航线 38 条，在大陆开通两岸海上直航的 70 个海河港口中，闽台各主要港口的距离最近。在推进两岸直接通航进程中，福建省高度重视并充分发挥闽台间不可替代的地缘优势，加大福建沿海港口群建设，力争与台湾各港口形成海峡港口群，把福建打造成两岸经贸和人员交流往来最便捷、最重要的平台。

福建与台湾得天独厚的地缘关系对台商投资大陆的资金流向有一定的"基础性吸引作用"。② 长期以来，台商在福建投资的"存量"与"流量"，在大陆 31 个省、自治区、直辖市中一直保持前五名之内（见表 3 - 6）。

表 3 - 6　台商投资前五位的大陆省份

省　份	台商投资金额（亿美元）	台商投资家数（家）	金额排名	家数排名
江苏省	231.00	5729	1	2
广东省	174.03	11990	2	1
上海市	107.47	5119	3	4
福建省	52.95	5256	4	3
浙江省	49.23	1924	5	5

资料来源：台湾"经济部投资审议委员会"（截至 2008 年 8 月底核准项目之累计数）。

2008 年以来，台商在福建的投资更是出现大型化趋势。③ 由于两岸相近的自然生态条件，福建在与台湾的农业合作上拥有得天独厚的优势，农业实际利用台资居全国各省区市首位。据统计，截至 2008 年底，投资大陆

---

① 例如台湾学者林江、黄亚雄认为，两岸"包机直航"以后，福建省获得台商投资的贸易成本条件大大改善，双方经贸关系有望实现紧密合作。参见林江、黄亚雄《大三通对台商在大陆投资的影响》，载马跃征主编《地缘·根源·家园——闽台地缘关系研究文集》，中国文联出版社，2008，第 42 ~ 43 页。

② 李孟洲：《闽闽地缘关系对台商投资的影响》，载马跃征主编《地缘·根源·家园——闽台地缘关系研究文集》，中国文联出版社，2008，第 95 ~ 97 页。

③ 2008 年以来新确定的台商在闽大型投资项目包括鸿海集团厦门光电项目、台湾玻璃漳州漳浦厂、台湾石化公会泉州"台商化工专区"等。其中石化项目总投资约 60 亿元，这是台湾石化业上、中、下游整个产业链首次整体转移到大陆。

的台资农业企业已有 5900 余家，投资大陆的农业台资达到 69 亿美元。福建省 2011 年 1～12 月新批台资农业项目 85 个，合同利用台资 14000 万美元，实际到资 8000 万美元。截至 2011 年底，福建省累计批办台资农业项目 2337 个，合同利用台资 30.9 亿美元，实际到资 17.5 亿美元，农业利用台资的数量和规模位居大陆第一。① 截至 2009 年 4 月，福建省累计引进台湾农业良种 2500 多个（推广应用 150 多个），先进技术 800 多项，先进农业设备 5000 多台（套）。② 2011 年 1～12 月，福建口岸进口台湾水果6956.21 吨，货值 634.72 万美元。截至 2011 年 12 月，福建口岸累计进口台湾水果 20920.21 吨，货值 1902.72 万美元。

三　海峡西岸经济区政策优势逐步提升是台商投资福建的后发优势

由于闽台"五缘"关系，福建省具有对台交流合作的独特优势。以福建为主体的海峡西岸经济区是大陆对台贸易的重要基地，也是开放度高、政策优惠、功能齐全的地区之一，在两岸经贸交流与合作中扮演着越来越重要的角色。③ 1980 年国务院批准厦门设立经济特区后，厦门随即成为台资在大陆的主要落脚点之一；1981 年第一家台资企业在漳州落户；1989 年国务院批准在厦门的杏林、海沧和福州的马尾设立"台商投资区"（后来又增加集美），享有与经济特区相同的政策待遇，从而使福建成为台资的主要集中地之一；1994 年 8 月，福建率先实行台胞"落地办证"政策，两年后又实行"落地签注"政策，为台胞进出大陆提供便捷条件；1994 年福建与台湾之间开放"一票到底、行李直挂"业务，两岸空中通航出现进展；1996 年 3 月，两岸经澳门"一机到底"航线开通，"厦门—澳门—台湾"航线投入营运，正式开启两岸间"换班不换机"的空中变相直航；1997 年 4 月，首届对台商品交易会在厦

①　许雪毅：《福建累计批办台资农业项目逾 2000 个》，http://news.xinhuanet.com/tw/2010 - 01/04/content_ 12752264. htm，2010 - 01 - 04。
②　福建省台办：《福建省对台经贸工作情况汇报》，2009。
③　李非：《海峡西岸经济区先行先试，深化对台合作研究》，载马跃征主编《地缘·根源·家园——闽台地缘关系研究文集》，中国文联出版社，2008，第 24～37 页。

门拉开帷幕，福建成为大陆对台贸易的重要基地；1997 年厦门和福州成为大陆对台"试点直航"口岸；2001 年初，福建沿海地区与金门、马祖实现直接往来，突破了两岸人员不能直接往来的限制；2004 年厦门开始受理 5 年期"台湾居民往来大陆通行证"的办理，台湾居民来大陆更加便捷；2004 年 12 月，福建居民赴金门旅游开始启动，显示厦金旅游合作深具潜力；2006 年春节，厦门成为两岸"包机直航"的航点，之后"节日包机"和"周末包机"相继启动；2008 年厦门对台出口商品交易会（台交会）走入第 12 年，厦门成为台湾水果销售集散中心，成为台湾水果销往大陆腹地的重要中转站。闽台经贸往来的密切与人员往来的频繁使得福建拥有两岸货币"跨境"流通集中的优势。现阶段在台湾金门、马祖和福建沿海地区的贸易和旅游业中，人民币和新台币的流通使用相当盛行，而流入大陆的新台币相当一部分集中在以厦门为中心的闽南三角地区。① 这些"突破"及所取得的成就，充分说明海峡西岸在对台经贸交往与两岸关系中的重要地位。

2008 年以来，为了推动海峡西岸经济区建设，中央和福建省内各地区、部门陆续出台了一系列惠台政策（见表 3 - 7），进一步提升了福建省在吸引台资及发展闽台经贸关系方面的竞争力。台商赴海峡西岸经济区投资多集中在电子业、商业、运输业、塑化业、食品与纺织业等五大产业。实证研究结果表明，② 将建设海峡西岸经济区纳入"十二五"规划与北京取得奥运主办权这两件大事极大地鼓舞了台商进入海西地区投资。

表 3 - 7   2008 年以来中央及福建省出台的惠台政策

类　别	惠台政策名称或内容
2008 年以来中央对台资企业的优惠政策	1. 2008 年第四届两岸经贸文化论坛上，中共中央台办主任王毅宣布 10 项政策措施，其中涉及台资企业的优惠政策
	2.《取得国家法律职业资格的台湾居民在大陆从事律师职业管理办法》（司法部令第 115 号）

---

① 邓利娟：《现阶段加快两岸金融合作进程的可能途径》，载福建省人民政府发展研究中心、福建省金融学会、"台湾金融研训院"主办《海峡两岸金融合作高层研讨会论文集》，2009，第 78 页。

② 赖慧君：《台商赴大陆投资额与投资区位因素之实证研究——以海峡西岸经济区为例》，台湾中原大学硕士论文，2008，第 92～94 页。

续表

类　　别	惠台政策名称或内容
2008 年以来中央对台资企业的优惠政策	3. 国家工商行政管理总局《关于进一步支持海峡西岸经济区建设的意见》（2008 年 12 月 19 日）
	4. 国务院《关于进一步支持福建省加快建设海峡西岸经济区的若干意见》（国发〔2009〕24 号）
2008 年以来福建省对台资企业优惠政策	1.《福建省人民政府关于进一步促进台资企业发展的若干意见》（闽政〔2012〕7 号）
	2.《福建省人民政府关于支持台资企业发展的若干意见》（闽政文〔2009〕86 号）
	3.《福建省人民政府关于印发福建省加快闽台产业深度对接工作意见的通知》（闽政文〔2009〕436 号）
	4.《福建省人民政府关于加快台湾农民创业园建设的若干意见》（闽政〔2011〕44 号）
	5. 省财政厅等《关于进一步落实支持台资企业发展的若干财税政策的通知》（闽财税〔2010〕65 号）
	6.《关于推进闽台金融合作先行先试的工作方案》
	7.《福建口岸通关部门进一步服务台资企业若干措施》
	8.《福建省工商局贯彻落实国务院〈意见〉和省委〈实施意见〉服务加快建设海峡西岸经济区的若干措施》（闽工商综〔2009〕469 号）
	9.《台湾地区律师事务所在福州厦门设立代表机构试点工作实施办法》（闽司〔2010〕293 号）
	10.《关于开展在闽台湾地区居民工程专业技术职务任职资格评审试点工作的通知》（闽人发〔2008〕70 号）
	11.《关于开展在闽台湾地区居民经济专业技术职务任职资格评审试点工作的通知》（闽人发〔2008〕71 号）
	12.《关于开展在闽台湾地区居民卫生专业技术职务任职资格评审试点工作的通知》（闽人发〔2008〕72 号）
	13.《关于开展在闽台湾地区居民农业专业技术职务任职资格评审试点工作的通知》（闽人发〔2008〕73 号）
2009 年第一届海峡论坛宣布涉及台资企业的优惠措施	1. 鼓励和支持有条件的台资企业拓展大陆市场并参与大陆扩大内需的基础设施和重大工程建设
	2. 进一步向台湾居民开放专业技术人员资格考试项目。新增统计、审计、价格鉴证师、社会工作者、国际商务、土地登记代理人、环境影响评价工程师、企业法律顾问、注册安全工程师、勘察设计领域的注册结构工程师和注册土木工程师等 10 类共 11 个项目

续表

类 别	惠台政策名称或内容
2009 年第一届海峡论坛宣布涉及台资企业的优惠措施	3. 加强两岸农业合作平台建设。大陆方面在原有批准设立 11 个台湾农民创业园基础上，新增设立福建莆田仙游、福建三明清流、安徽巢湖和县、江苏淮安淮阴 4 个台湾农民创业园
	4. 许可台湾地区律师事务所在福州、厦门两地试点设立分支机构，从事涉台民事法律咨询服务
2010 年第二届海峡论坛宣布涉及台资企业的优惠措施	1. 安排 15 个事业单位职位聘用台湾专才，担任高等学校、科研院所和台湾农民创业园等机构的管理职务，促进闽台人才在更高层次、更大范围交流合作
	2. 在鼓励台资企业转型升级、简化审批程序、帮助融资贷款等方面改进服务
	3. 进一步放宽台商投资领域，除国家规定的禁止类项目外，台商可投资钢铁等限制类项目
	4. 对 5 亿美元以下的台商投资项目实行特殊审批政策
	5. 鼓励两岸银行、保险、证券等金融机构双向互设、相互参股，在指定银行开展新台币双向兑换等业务
2011 年第三届论坛大会宣布涉及台资企业的优惠措施	重点落实《海峡两岸卫生医药合作协议》，允许符合条件的台资医院作为医疗保险定点医疗机构，鼓励设置住院医师规范化培训基地
2012 年第四届论坛大会宣布涉及台资企业的优惠措施	1. 进一步放宽台湾学生及其他台湾居民在大陆就业的相关政策
	2. 进一步为台胞来往大陆和在大陆居留、生活提供便利
	3. 大陆的工商银行、中国银行、建设银行以及国家开发银行将在未来 3~4 年内，对在大陆的台资企业再提供 6000 亿元人民币的贷款额度

四 台商在福建的发展

1949～1978 年的 30 年间，两岸经贸往来基本中断，但闽台民间交往、经贸关系从来没有停止过，即使在两岸关系最紧张的时候，去台人员还通过各种方式和渠道保持同福建家人的联系；沿海渔民间的交往更是频繁，都在一个海面、渔场生产作业，相互往来在所难免。从 1979 年起两岸就开始了间接的规模化的经贸往来，闽台民间贸易关系也化暗为明，平潭县成为全省 4 个台胞接待站之一，也是唯一一个为台胞介绍贸易伙伴、开展经贸合作的县。截至 2010 年，国务院在福建批准设立福州马尾，厦门海沧、杏林、集美 4 个台商投资区，海峡两岸（福建）农业合作试验区，海峡两岸（三明）现代林业合作试验区，35 个台轮停泊点，以及 29 个对台小额贸易点，累计批准台资项目数和实际利用台资额分别占台商对大陆投资项目数和投资总额的 12% 和 23%。福建沿海部分县市的工业增加值中由台资企业贡献的高达 70% 以上，成为海峡西岸经济发展的重要支撑力量。福建与台湾间的贸易总额约占台湾与中国大陆贸易额的 10%，台湾是福建省第一大进口来源地和第四大贸易伙伴。①

近 30 年来台商投资福建大致经历了三个阶段。

1983～1987 年是投石问路阶段。1981 年第一家台资企业落户漳州，1984 年第一家台资企业——闽台通商行落户福州。这一阶段台商投资特点是间接、隐蔽、单个、投资额小，属试探性质。到 1987 年底，福建累计批准台资项目 58 个，台资合同金额 3978 万美元，仅占同期福建吸收外商直接投资金额的 5% 左右。

1988～1993 年是平稳发展阶段。1987 年台湾当局开放民众赴大陆探亲，以及此后 1988 年 7 月国务院颁布了《关于鼓励台湾同胞投资的规定》后，台商到大陆投资事实上"合法化"，投资大陆安全性也增大了，从而形成了一股台商投资热潮。1988～1993 年，福建累计批准台资项目 2879 个，台资合同金额 39.93 亿美元，占同期福建吸收外商直接投资金额的 18%。

1994 年以后为调整与"入世"后的加速发展阶段。1992 年邓小平"南方谈话"发表之前，政策和区位优势明显的广东、福建两省集中了绝大多数台资。1994 年以后，台商投资福建进入了一个调整阶段，来闽台资的项目和规模都呈逐年下降的趋势，江浙两省吸引台资的力度大大超过闽粤两省，台资迅速北上向长三角地区扩张。这一时期，广东凭借其区位优势依然吸引了大批台资；福建沿海则因人才不足、市场狭小、政府效率低下以及其他地区的竞争等原因，引进台资的步伐

---

① 福建省人民政府发展研究中心、福建省金融学会、"台湾金融研训院"主办《海峡两岸金融合作高层研讨会论文集》，2009，第 17 页。

大大落后。进入 21 世纪后，福建的吸引力持续下降。① 2000 年福建外资企业中台资企业合同项目所占比例为 27.48%，合同金额所占比例为 16.48%，到 2004 年，这一比例分别下降到 18.36%、6.57%（见表 3 - 8），表明这些年来到福建投资的规模持续缩减。但是早期进入福建的台企已经遍布整个福建地区，经过数十年的经营，已经有相当的实力，对福建的产业发展以及技术提升带来全面性的影响，在福建经济发展中扮演着重要角色。② 与港资企业不同的是，台资企业以劳动密集型企业为主，因此提供的就业机会可能是外资企业中最多的。

截至 2011 年底，福建省实有台资企业 3884 家，约占大陆台资企业总数的 15%，居大陆各省份第三位；台资企业占福建省外商投资企业总数的 21.8%，为大陆各省（市）平均水平的 2 倍。2011 年福建省全年共新批台资项目 394 项；合同投资 13.96 亿美元，同比增长 3.4%；实际到资 14.77 亿美元，同比增长 55.6%；当年实际利用台资总额仅次于江苏、辽宁，居大陆各省份第三位。③ 截至 2012 年底，福建省累计批准台资项目（含第三地转投）1.3 万项，合同台资 292 亿美元，实际到资 210 亿美元，福建省实际利用台资居大陆各省份第三位。台湾成为福建第二大境外资金来源地。截至 2013 年 6 月，在闽投资的千万美元以上台资企业已达 415 家，其中投资额上亿美元的达 11 家。

表 3 - 8　福建省外资来源结构

年　份	全体外资企业			台资企业		
	合同项目（个）	合同金额（万美元）	实际到位金额（万美元）	合同项目比例（%）	合同金额比例（%）	实际到位金额比例（%）
2000	1463	431373	380386	27.48	16.48	—
2001	1670	500717	391804	29.89	21.50	12.89

① 王成超、黄民生：《台商投资大陆地区的区位选择及其空间拓展研究》，《人文地理》2008 年第 6 期，第 71～77 页。

② 林祖嘉、陈建良：《台湾与海峡西岸经济区发展的关系》，《公共事务评论》2006 年第 2 期，第 1～22 页。

③ 胡善安：《去年台商在闽实际投资增长 55.6%》，http://news.xinhuanet.com/fortune/2012 - 02/21/c_ 111547922. htm，2012 - 02 - 21。

续表

年　份	全体外资企业			台资企业		
	合同项目（个）	合同金额（万美元）	实际到位金额（万美元）	合同项目比例（％）	合同金额比例（％）	实际到位金额比例（％）
2002	1825	390089	387492	24.71	31.70	13.68
2003	2274	477321	407506	18.33	7.81	8.67
2004	2277	537299	474801	18.36	6.57	4.00

资料来源：转引自林祖嘉、陈建良《台湾与海峡西岸经济区发展的关系》，《公共事务评论》2006 年第 2 期，第 1～22 页。

台商在福建的投资呈现如下特点。

第一，投资区域逐步扩展。20 世纪 80 年代台商投资以东部沿海的厦门、泉州、福州、漳州等市为主，上述四市的台资项目数约占全省的 80％，协议利用台资金额约占全省利用台资金额的 84％。[1] 其中漳州尤为集中，其台资项目数占全省台资项目总数的 1/3，协议利用台资金额、实际利用金额均占全省协议利用台资金额、实际利用金额一半以上。同时逐渐形成了台商在闽投资的区域特色，即福州、厦门两市呈现城市工业和房地产业协调并进的产业特征，漳州呈现农业综合开发型和创汇农业型特征，大陆台资多数集中在林产资源和矿产资源开发型项目上。[2]

第二，投资结构不断升级。台商在福建的投资由初期的劳动密集型产业逐步转向精密仪器、电子、石化、汽车等技术、资金密集型产业，产业结构升级具有明显的阶段性特征。进入 21 世纪以来，台商在福建投资的重点产业、高新技术产业、开发性农业和基础设施项目比例明显上升，出现了行业整体性转移，上、中、下游产业配套发展的趋势。

第三，投资项目规模扩大。据统计，台商在福建投资单件平均金额在 1994 年仅 100 万美元，至 2004 年已超过 300 万美元。截至 2004 年，台资

[1]　安增军：《福建吸收台商投资的现状、特征及政策分析》，《华东经济管理》2006 年第 8 期，第 9～13 页。

[2]　杨诗源、郑伟民：《台商在福建投资发展态势与对策》，《泉州师范学院学报》（自然科学版）2009 年第 4 期，第 71～76 页。

企业投资 1 亿美元以上项目 24 个，1000 万美元以上项目 616 个；台湾百大企业有 37 家来闽投资 74 个项目。[①]

第四，经营发展策略趋向本土化。主要表现在：台商在福建当地采购半成品、原材料和机器设备；倾向利用大陆的科技人才，加快在大陆设立研发中心的步伐；绝大多数台资企业的中层管理人员本土化；在融资方面，越来越多的台资企业通过当地金融机构融资，甚至通过当地股市挂牌上市筹措资金；在销售领域，福建本地庞大的内销市场日益成为台商布局的重点。

关于在闽台商的数量，据福建省台办估计，每年有 80 多万人次的台湾同胞来闽，常住的约 10 万人。[②] 有的学者根据台商投资数量来估计台商数量，根据对闽南三角地区投资基本情况的调查，台商每投资 100 万美元，设立 1 家企业，平均每家台资企业有企业主或代理人 1 ~ 3 人，聘请台籍经营管理人员 5 ~ 8 人，家属 3 ~ 6 人，雇用大陆员工 100 多人。据此推算，在大陆 6 万多家台资企业中，共有 100 多万名台商。其中：企业主或代理人 10 万人左右，约占 10%；聘请的台籍经营管理人员 50 多万人，约占 50%；台商家属约 20 万人，约占 20%；其他台籍人员，包括自由职业者、正在寻求职业者等，10 多万人，约占 10%。[③] 在福建有 6000 多家台资企业，估计有台商 9 万 ~ 15 万人，其中企业主或代理人约 2 万人，聘请的台派干部 5 万 ~ 8 万人，台商家属 3 万 ~ 6 万人。

第三节　后 ECFA 时代台商在大陆持续
稳定发展的路径探析[④]

2010 年 6 月 29 日，第五次"陈江会谈"顺利签署 ECFA（《海峡两岸

① 中华人民共和国国家统计局：《2004 年福建吸收外商直接投资发展情况回顾》，http://finance.sina.com.cn/roll/20050217/111561501t.shtml，2005 – 02 – 17。
② 福建省台办：《福建省对台经贸工作情况汇报》，2009。
③ 李非：《祖国大陆台商的现状、特点及作用》，载李非主编《台湾研究 25 年精粹·两岸篇》，九州出版社，2005，第 285 页。
④ 第一节与本节主要内容以《后 ECFA 时代大陆台商可持续发展路径探析》为题发表于《中国战略观察》2013 年第 8 期。

经济合作框架协议》）。在世界经济全球化、区域经济一体化大背景下，ECFA 的签署将两岸经济关系向正常化、制度化及自由化的方向深度推进。作为一项颇具两岸特色的制度设计，经过 3 年的实践检验，ECFA 效益已经得到充分展现。仅以 2012 年为例，两岸共同见证 ECFA 的四大效益：一是 ECFA 后续协商取得重大进展；二是 ECFA 货物贸易早期收获产品清单及降税计划步入第二时程，其中台湾农产品类受惠最为显著；三是两岸服务贸易表现抢眼，特别是两岸签署货币清算合作备忘录，两岸货币清算机制得以成功建立，为两岸金融业深化合作及两岸投资贸易便利化奠定了基础；四是在两岸经济合作委员会（以下简称"经合会"）产业合作小组的倾力推动下，两岸在商定优先领域的产业合作循序推进，取得了初步成效；此外，两岸经合会第四次例会宣布两岸首批经贸团体办事处互相设立等，使两岸经贸合作又添新平台。①

作为两岸关系和平发展的里程碑，ECFA 框架下的台商将是这一制度设计直接的和最大的受益者。如果说前 ECFA 时代两岸经贸交流的动力来自自发的市场经济力量，那么，后 ECFA 时代两岸经贸交流将获得制度化的推动力。台商在大陆的发展获得更加稳定的经济、政治环境的同时，一大批台湾中小企业到大陆开疆拓土的兴趣倍增，从而刺激大陆台商群体以加速度发展壮大。

另一方面，我们也应看到，ECFA 不是孤立或单纯的经济协议，随着 ECFA 的推进，将产生一系列制度外溢效应。后 ECFA 时代，包括两岸经济关系在内的各个层面的关系走向更加广泛、深入交流合作的同时，一些两岸经济关系步入深水区和困难期的问题也会随之显现。

为此，下文从以下三个方面探析后 ECFA 时代推动台商在大陆持续稳定发展的路径选择。

一 抓住历史机遇：发挥 ECFA 的经济整合效应，在深化两岸经贸交流合作中实现互利双赢

后 ECFA 时代，对身处两岸关系和平发展历史阶段的台商而言，面临

---

① 石正方：《2012 两岸经济合作成绩和问题并存——"回眸 2012"系列之七》，http://www.chbcnet.com/pl/content/2012 - 12/24/content_ 446891. htm，2012 - 12 - 24。

两个机遇——和平机遇和发展机遇，有望获得两大红利——和平红利与制度红利。其中，如何开发、利用好 ECFA 带来的制度红利，在当前阶段显得尤为重要。

获取 ECFA 制度红利的关键是发挥 ECFA 的经济整合效应，在深化两岸经贸交流中实现互利双赢。有大陆学者认为，两岸关系 60 多年的发展中，从未有过全面深入的协商谈判，"ECFA 的签订，标志着两岸迈向了经济一体化发展的道路，两岸经济融合从此走上了康庄大道"。[①] 就 ECFA 的经济整合效应而言，其最重要的意义在于推动两岸双向开放，促进两岸资源在市场环境下达到有效配置。有台湾学者认为："ECFA 无疑是两岸经贸的高速公路，台湾可借由 ECFA 拓展大陆内需市场，改变两岸产业分工模式，大陆也可以再进一步深化东亚分工链的地位，强化国际竞争力，实为双赢。"[②] 通过 ECFA 这种现代区域合作制度安排，可以逐步消除两岸经济全面、深入交流合作的障碍，使两岸可以在更多领域和更深层次分享参与国际分工的成果，实现"两岸携手，赚世界钱"的"中国梦"。

鉴于两岸在经济体量上的对比悬殊，就大陆而言，对 ECFA 的政治和社会效益的追求可能超过对经济效益的追求。因此，ECFA 的"两岸特色"是非常明显的：一方面，大陆照顾到台湾社会的经济实际，着眼于两岸人民的长久福祉，通过具有"两岸特色"的 ECFA 制度设计，对台湾方面充分释放善意；另一方面，ECFA 不仅是两岸市场开放和进行贸易合作的基础，也是检验两岸经济、政治和社会互信的试金石，更是检验未来两岸关系成果的试金石。

二 放大政策效应：以更加灵活务实的台商政策，助力台商在大陆的转型升级

ECFA 实施以来，两岸普遍认为 ECFA 对台湾的利大于弊。探究台湾所虑 ECFA 之弊的根源，一方面在于 ECFA 制度覆盖不均衡，会冲击部分弱势产业；另一方面则是受岛内及两岸关系中一些政治因素的影响。因

---

① 李炜娜：《两岸经贸开启 1 + 1 > 2 新局》，《人民日报》（海外版）2010 年 8 月 10 日第 3 版。
② 李徽：《ECFA 效应引发共鸣 两岸学者期待产业合作新时代》，http：//www.chbcnet.com/la/2010 - 07/11/content_ 209214. htm，2010 - 07 - 11。

此，在现行两岸关系架构下，ECFA 的后续推动存在诸多不确定因素。[1] 具体而言，主要表现在：岛内政局走向及两岸之间一些政治分歧的出现；两岸深层互信的不足；两岸各自不同利益群体及复杂的利益分配问题；两岸各自政策、体制的衔接问题；两岸各自社会经济转型走向所形成的发展诉求。

随着大陆因素在两岸关系发展中的作用日益增强，大陆可以考虑通过更加灵活务实的台商政策，以 ECFA 的实施与推进为依托，放大 ECFA 的政策效应。大陆学者王建民提出 ECFA 的后续协商要处理好四个问题，[2] 即一是要处理好两岸"互惠"与"让利"的关系问题；二是要处理好台湾对大陆的"国民待遇"与大陆对台湾的"超国民待遇"的关系问题；三是要处理好对台商与外商的相关政策的平衡与 WTO 规则的衔接问题；四是要处理好 ECFA 后续协商协议中对台湾岛内不同利益群体利益的平衡与分配问题。当前阶段，台商在大陆的转型升级成为两岸共同关注的问题，大陆的台商政策对台商在大陆的稳定发展显得尤为重要。前 ECFA 时代的台商政策，在后 ECFA 时代可能就会面临一些问题，难以取得预期效果。因此，要在全面评估以往台商政策效果的基础上，适时调整台商政策，以更好地助力台商在大陆的转型升级。

另外，台湾竞争力论坛执行长谢明辉也指出，台湾方面政府也应该适应后 ECFA 时代岛内经济格局的变化，"更努力落实产业辅导救济措施，帮助产业转型，同时也要借此机会加速产业升级，以寻求新的产业发展定位"。[3] 只有如此，两岸才能建立健康的经贸合作关系，实现互惠双赢。

三 创新社会管理：社会政策与经济政策并举，促进台商在大陆的社会适应与社会融入

2008 年，两岸实现直接通邮、通商、通航。2010 年，两岸两会顺利商

---

① 张冠华：《两岸经济合作框架协议的意义与启示》，载《2012 全国台湾研究会"两岸关系：共识累积与政策创新"学术研讨会论文集》，2012，第 8 页。

② 王建民：《ECFA 后续协商要处理好的四个问题》，http://www.chbcnet.com/pl/content/2012－08/01/content_360353.htm，2012－08－01。

③ 谢明辉：《ECFA 签订后之两岸经贸合作》，香港《中国评论》2010 年 7 月号。

签 ECFA。对两岸关系而言，这两件大事具有划时代意义，其重大意义在于从根本上改变了两岸关系的社会基础。两岸直接通邮、通商、通航打破了 59 年来两岸地理上的相互隔绝状态；而 ECFA 架起两岸断裂已久的经济桥梁，两岸人民之间全方面的社会交往之门打开。台湾学者杨开煌由此断言，后 ECFA 时代，两岸关系将越来越"生活化"，随着往来更便利，两岸婚姻、求学、就业等将大幅增加，两岸关系的"第三者"（外部因素）将出现新型角色转换。① 笔者认为，所谓的"第三者"就是能够全面、深入互动的两岸民众，他们通过参与互动、参与讨论，对两岸公共事务提出方案或意见，"未来两岸社会与民众之间的互动，将自下而上地孕育出合理解决两岸政治分歧的方案，这样的解决方案将更加符合两岸实际情况，并且拥有更扎实的民意基础"。②

作为两岸关系"生活化"的载体和生动体现，台商不仅是两岸经济交流的主体，也是两岸社会、文化交流强有力的推动者，还是两岸政治交流的润滑剂。大陆台商群体将在两岸关系步入"深水区"后，在两岸交流中发挥日益显著的基础性作用。因此，后 ECFA 时代，大陆的台商政策就不能以经济方面的政策为主，而应以社会政策与经济政策并重，通过对长期工作、生活在大陆的台商的社会管理创新，促进台商在大陆的社会适应与社会融合。就此意义而言，后 ECFA 时代，不仅是两岸经济一体化的建设过程，也是社会一体化的建设过程。

小 结

随着海峡西岸经济区建设的逐年推进，闽台间特殊的"五缘"关系所承载的人际关系网络不断被转化成闽台经贸关系网络，成为两岸间及两岸社会经济发展的驱动力；随着两岸经贸和社会文化交流的进一步深化，福建在两岸关系中的地缘优势进一步凸显；而以福建为主体的海峡西岸经济

---

① 黄少华：《综述：两岸专家西安纵论后 ECFA 时代两岸关系》，http：//www. chinanews. com/kong/2010/08 - 06/2451924. shtml，2010 - 08 - 06。

② 胡凌炜：《两岸社会基础的变迁将决定未来两岸政治关系发展》，香港《中国评论》2012年 5 月号。

区以其先行先试的政策优势，也将在两岸经贸交流与合作中扮演越来越重要的角色。正是在这样的大背景下，尤其是 2008 年以来，台商在福建的投资项目数、合同金额及实际到资额一直在台商大陆投资中占有较大比重。福建是台商在大陆投资的主要聚集地之一，常住福建的台商也呈现缓慢稳定增长之势。

综合本章主要内容，大陆台商群体出现的动因如图 3－2 所示。

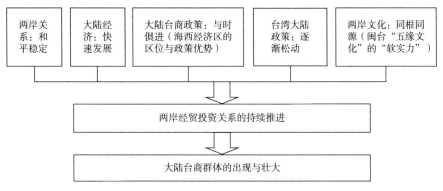

图 3－2　大陆台商群体出现的动因

第四章

大陆台商跨界流动的类型：
基于福建的田野调查

从移民学角度分析，人口迁移的动因要从宏观和微观两个层面来解释。[①] 宏观上的各种推力和拉力再大，最终发生效力还得借助于微观的个人行动。第三章分析了台商投资大陆的宏观政治经济背景，可以笼统地得出如下结论：两岸关系解冻与朝和平方向发展趋势的出现、大陆经济的巨大"磁吸作用"、大陆对台商的开明政策、两岸同根同源的天然联系、台湾岛内企业发展空间的萎缩、台湾当局大陆政策逐渐松动等因素对台商投资大陆、移居大陆形成强大的经济、政治、文化推动力和拉力。但每个台商个体的流动动机各有各的不同。

下文将聚焦大陆台商在跨界流动与适应过程中的个体经历和心路历程，以对福建台商的田野调查与深度访谈为基础，着重从微观层面描述、分析大陆台商的社会适应与社会认同。

通过深度访谈及相关文本分析，笔者将大陆台商跨界流动的原因划分

---

① 国际移民理论中，解释"主动移民"动因的理论主要包括：（1）拉里·萨斯塔（Larry Sjasstad）、迈克尔·托达洛（Michael Todaro）提出的新古典正义经济理论从移出国与移入国收入差距的角度分析移民行为产生的动因。（2）奥迪·斯塔克（Oded Stark）、爱德华·泰勒（J. Edward Taylor）为主要代表的新经济移民理论认为引起移民的动因不是两地"绝对收入"差距，而是基于同参照群体比较后可能产生的"相对失落感"。（3）迈克尔·皮奥雷（Michael Piore）提出的劳动力市场分割理论从分析发达国家的市场结构中探讨国际移民的起源问题。艾勒占德罗·波特斯（Alejandro Portes）和罗伯特·巴赫（Robert Bach）进一步提出了"三重市场需求理论"，即再加上一个"族群聚集区"。（4）世界体系理论的主要观点是：商品、资本、信息的国际流动，必然推动国际人口迁移，因此，国际移民潮是市场经济全球化的直接结果。

为两大类型共 8 种子类型。

第一节　大陆台商工具型跨界流动

工具型跨界流动是指台商个体作出迁移抉择主要是基于经济理性选择，是为了个人能获得更好的生存、发展条件，追求更好的事业发展空间。具体又可以分为以下 5 种子类型。

一　追逐市场型跨界流动

台湾素有"中小企业王国"之称。2006 年的统计数据显示，台湾中小企业超过 124.4 万家，约占企业总数的 97.77%；中小企业就业人员达 775.1 万人，约占全体就业人员的 76.66%。① 中小企业台商以"拿着皮箱走天下"的形象携带家当（资金、技术、品牌等）"逐水草（利润）而居（投资）"，具有旺盛的生命力。台商似乎也习惯了扮演"拓荒者"的角色，他们总是在不断寻找生产要素成本更为低廉的地方，然后将其开发成为当地地方经济的主力，等到该地的经济发展达到一定的水平、工资等生产要素成本开始上升时，台商便像候鸟一样开始迁徙，寻找下一个投资地，台商就是这样"一直不断搬家"。台商从大陆沿海到中西部、到越南和印尼等东南亚国家投资莫不如此。

大陆改革开放以后巨大的市场消费潜力，低廉的土地、厂房、水电、原材料及劳动力等生产要素成本以及税收优惠政策等因素，对 20 世纪 80 年代至 90 年代间寻求事业发展第二春的台商来说是难得的机遇，是"上帝的赏赐"。

WHY 的父亲在台湾经营木材加工生意，20 世纪 90 年代初，她和弟弟来大陆寻找合适的生产原料，作出了将一部分生产转移到福州的决定。如今她和弟弟都已经在大陆生活了近 20 年，弟弟娶了大陆姑娘，自己也嫁给

---

① 福建省人民政府发展研究中心、福建省金融学会、"台湾金融研训院"主办《海峡两岸金融合作高层研讨会论文集》，2009，第 361 页。

了大陆小伙。除了经营家族企业外，弟弟和她又各自开辟出新的发展领域：弟弟同时经营两家幼儿园；她和丈夫则专心经营一家粽子店，来自台湾的饮食文化在大陆找到了知音，她的粽子店十几年来生意红火，成了在福建小有名气的老字号。

> 我是因为木材来的。因为台湾跟云南、福建的纬度是一样的。我们买完木材之后要做木材加工。我们做日本线，我们做过考察，说这个纬度才会有（我们需要的木材），高于这个纬度或低于这个纬度的木材质量都不是很好。然后呢，因为这个纬度的关系，我爸爸就过来考察，因为那个时候我爸爸已经处于半退休状态了，他很小就白手起家，负担整个家庭，觉得担子很重，说我们接受了教育要去分担。我弟弟说要去云南考察是一个很累的工作……然后我跟着他一来。我们考察完了之后就觉得，沿海进出口比较方便，云南那边是材料比较（好），因为一整条都在一个纬度上，所以我们才过来。（WHY，2009 - 03 - 25）

其实，还有更多普通的台湾同胞被大陆巨大的消费市场吸引，怀揣几万元到几十万元的小额资金来到厦门、福州等地创业，形成了跨越两岸的生意圈和生活圈。在大陆还没有对台湾居民开放个体户执照申办以前，就已经有不少台湾同胞借用大陆居民的名义来创业了。2005 年福州市率先允许台湾个体户持台胞证在大陆直接开店，到 2008 年登记在册的台湾个体户就有 98 户。而在厦门首家台湾个体户于 2006 年 1 月 19 日注册，一度出现每 3 天就多出 1 家台湾个体户的热潮。到 2008 年底，厦门有台湾个体户近300 家。①

CQY 的小儿子 1995 年就来到厦门，开起了第一家日本料理店，他本人退休后也来到大陆帮助儿子发展料理餐饮。满脑子生意经的 CQY 回忆起当年来厦门创业的经历，对大陆市场的乐观更是溢于言表：

> 来大陆就是为了"阿公"（"阿公"为"公家"简称，引申为"金钱"之意——笔者注），大陆多么大的市场，多么好的赚钱机会啊！我来大陆就是看到了巨大的商机！我离开台湾到（大陆）这边来

---

① 陈凌：《台湾"个体户"厦门快乐创业》，《厦门商报》2008 年 12 月 8 日第 B04 版。

做日本料理店，前期准备工作还是要在台湾做，所有的原料要在台湾做，我们是（大陆）第一家日本料理店，非常辛苦，所以东西从台湾进过来，任何东西都买不到。那现在不一样，什么都有。我们第一次来大概是1995年，那时候坐飞机，搬运的时候扛着非常大的箱子进来，超重了还要罚，总归不是正当的进（口）啦。走私进来被发现的话整个船（上的货物）都要没收，那个时候胆子是非常大咧。所以我们是坚持下来的。这个大市场、大环境是我们最大的兴奋剂，我们就看准了这个。31个省660个市是什么概念？我们做日本料理现在是第5家分店了，主要分布在厦门和福州两个地方。计划3年一家，必须要克服很多困难，才能达到目标。（CQY，2008-12-23）

二　个人发展型跨界流动

许多台湾青年通过网络求职和企业应聘的方式寻找在大陆的工作机会，扩大个人发展空间。

CYT的父亲20世纪90年代初就来到大陆创业，90年代末大学毕业的他也来到大陆，参与他父亲经营的纺织厂。他是所谓的二代台商。在大陆工作多年的他认为大陆比台湾有更多的个人发展机会，这是台湾人愿意到大陆来的主要原因。

台湾现在很不景气，发展空间小，年轻人生活压力都很大。大陆这边机会很多，很多台湾人愿意到大陆这边来。你知道吗？台湾现在一个大学毕业生一个月收入2万元新台币，租房子要1万元，吃饭加交通每天要支出150到200元，每个月能剩下的就不多了。我上次还碰到一个来大陆这边做管理的年轻人，以他那个资历，也能在台湾找到月薪3万新台币的工作，可他还是愿意背井离乡到这里来工作，没办法啊。（田野调查笔记，2009-11-25，再访CYT）

台派干部ZXN（男）和GJY（女）分别以自己的故事印证了CYT的观点。

前段时间，遇到我爸爸去世，家里经济状况又不是很好，听我一些到大陆的同事同学说大陆还不错，如果有机会过来就赶快过来，后来想一想，也对啦。在台湾，我的感觉是生存空间越来越小。整个纺织行业引进外劳之后，本劳的工作空间被压缩了，因为在台湾工作压力是蛮大的，消费水平也蛮高。我们那边的"劳保法"比较偏重劳工，企业负担会相对较重，所以变成台湾那边接单，工厂外移，只剩下规模大的、资本雄厚的几家。当初我也考虑过东南亚，但是风俗、民俗、语言、文化不是很通，有的英文可以通，但是跟大陆相比，还是没跟大陆好沟通。后来离开德司达，碰到我爸的事情，我就到大陆来了。不是说这边落后啦，这边的环境、消费也跟台湾那边差不多啦，所以我就过来试试看。（ZXN，2009 - 04 - 27）

我是去年12月过来的，我过来是我自己个人的选择。因为现在两岸经济来往很多，所以这边的分公司要求有一个台湾的主管过来（负责）这边的一些台商的客户，所以那时候他们就问有没有人愿意到福州来的。我想这可能是个机会吧，因为这样子我就过来了。过来的时候我也没有想太多，因为在台湾我也是在另外一个城市。现在台湾来这边的交通也很方便，就来这边看一看。（田野调查笔记，2009 - 04 - 26，青年台派干部 ZHM 和 GJY 的流动生活）

三 朋友介绍型跨界流动

在这种类型的流动中，私人关系网络促成迁移行为的发生，形成迁移链，对迁移者较快适应当地社会起着基本的社会支持作用。笔者在访谈中碰到相当一部分台商是因为朋友的原因来到福建投资的，具体又可以分为3种。

第一种是在朋友的带动下先到大陆看看，之后改变主意，作出流动决定。

CYL 在厦门经营一家咖啡店，他说：

我2006年10月开这家店，8～9月（2006年——笔者注）来到厦门，才常住下来。我老家在高雄，以前在台湾从事建筑行业。也是机缘巧合，一个台商让我来厦门看下游材料。我以前跑东南亚一带，尤其是新加坡，没来过大陆，没注意到这里，也没有什么市场需求，对这里的印象不是很好，也没有那个需要要来这边。可是我那个朋友七催八催的，说机票他付，吃住他付，我就一个人来就好了。就这样，我没来过的，就来看看。来了一看，哇，这么漂亮！这么像新加坡。这里做建材石头比较多，这里也有市场嘛。（田野调查笔记，2009 - 05 - 06，与 CYL、CQY 谈大陆台商个体户）

HJQ 1987 年就往返台湾和上海做建材生意。本来是到福州给朋友帮忙的，来之前也没有迁移的想法，但是工作结束后她改变了主意，这一住就是近 20 年。

　　我被人家倒了（骗的意思——笔者注）太多钱，心情很郁闷。我一个弟弟，他那个时候在华联商厦下面投资做足底按摩，好像是做了 3 年多吧，都没有赚到钱，请了两个"台干"在这边，每个月都要我弟弟从台湾汇钱过去。我弟弟就请我过去帮他看看到底是怎么回事，他说 3 年了，付了将近 100 万，每个月都要拿钱去放人，每个月都亏呀。他说他帮我出机票，帮他看看，如果看这个公司不行就帮他关掉，去半个月也好，1 个月也好，就当散散心吧。那我想我现在也有时间啊，那就去看看吧。我过来的第二天，两个"台干"一个说要请假去南京结婚，另外一个说要回台湾，两个都跑掉了，变成我在管理那个公司，我一待就待了 3 个月。3 个月以后我发现福州还可以了，便自己在这边投资。我一开始经营咖啡厅。实际上就是这样子的一个因缘啦。他请的那两个"台干"在这里乱来，账目上的招待费居然有请一个人一次做足疗 10 节，要从早到晚待在这里怎么受得了！变成我被押在这里，替他还账。后来我想只有关掉这个公司了，因为我从来没做过这样的生意。我把他的那个牌照（营业执照——笔者注）租给别人，1 年还收 2 万块钱回来，租了 8 年。等我真正待下来，才发现真是语言不通，我还以为福州话应该跟闽南话差不多，因为都在福建嘛，人也长得差不多。（田野调查笔记，2009 - 03 - 19，HJQ 的慈济人生）

第二种是朋友提供了大陆的市场信息，推动他们来到大陆创业。

XXL 的父亲在台湾经营汽车配件行业 40 年，发展空间有限。后来从朋友那里偶然听说了节能机电这个行业，就来大陆考察，经过权衡作出了转换跑道到大陆的决定。

我父亲差不多是在 2002 年来的，他来这里跟我们这个行业的一个朋友有关。有一段时间这个朋友资金紧张，跟我父亲说起这个行业，因为他跟我们一直有资金上的往来，当然要了解这个行业，了解之后，过来这边几趟，一看做这个还行，隔了一年我父亲就到这边来了。首先来这边是考虑这边离台湾比较近，因为我奶奶年纪比较大（XXL 家住台北市内——笔者注），那个时候我奶奶已经 90 多岁了，就是说万一家里有什么事，可以回去比较快，不用转机什么的。有这个考虑，所以就落脚在福州。（XXL，2009 - 03 - 12）

我是 2003 年 6 月到福州的，2004 年 9 月开园（美乐地幼儿园）。当时经过金鸡山隧道，看到台湾正新轮胎的广告，就感到很亲切。我来福州是因为我有个在青口东南汽车城工作的朋友，他妈妈告诉我这里有很多台湾的小朋友。大陆这边小学、中学这些基础教育都不能做，那我在台湾就做幼教这一块，大概做了七八年了。（YMG，2009 - 03 - 31）

第三种是在生意伙伴的影响下来到福建的。

我最先是跟朋友一起深圳来投资的，2001 年朋友说想来福州，我们就跟着到了福州，结果朋友不想干了，跑了，就变成了我们独资来做。今年是我们来福州的第 9 年了。9 年里我们经历了 3 次转型。（田野调查笔记，2009 - 10 - 09，不一样的女人 ZNA）

我爸来这边也快 20 年了，他大概是 1988 年、1989 年左右过来的，最早是在长乐那边，现在才 50 岁，差不多是我念中学的时候过来的。早期来还是有一些决策失误，相对来说还是比较辛苦的。后面的政策没有赶上，所以公司在经营方面是比较辛苦的。我爸是刚好有朋友找他一起过来。他在台湾经营不好，决定把公司结束掉。他有朋友想过来发展，他就跟过来，等于是驻厂，好几个股东一起。最早是在长乐，在长乐那家厂办得不错之后，有几个股东就想独立过来。1998

年、1999 年以后我爸就自己独资，厂选在了这边，到这边已经 11 年了。（ZJP，2009 - 04 - 06）

四 招商引资型跨界流动

改革开放以后，中国大陆地方政府积极吸引外商投资发展地方经济，不少台商就是在各种类型的招商引资活动中来到大陆投资的。仅福建省就批准建立了马尾、杏林、海沧、集美 4 个台商投资区，投资密度达到每平方米 500 万美元左右。[①] 不仅一批规模大、带动能力强、技术含量高的大项目陆续落户福建，而且一大批中小台资企业也被吸引到专门的创业园、育成中心，比如泉州绿谷台商高科技产业基地、福清洪宽台湾机电园、泉州霞美光伏电子信息产业基地台商创业园、闽台科技合作示范基地等。

福建与台湾有着天然的"五缘"关系，在两岸亲缘、血缘、地缘力量的感召下，发展出"以台引台"的独特招商引资模式。台商 LJY 坦陈自己对地方政府招商的感受：

> 我们在台湾的一个股东本来是做织染行业，林文镜（祖籍中国福建福清的东南亚著名侨领——笔者注）去招商，我们就过来了。那时候会过来，因为条件都不错，重点是我们认为这边跟台湾很近，这是从台湾来这边设厂的一个要项。福建省政府讲的地缘、血缘、文缘关系，事实上我们也有考虑。可是我们的感觉哦，政府好像讲归讲、做归做，给我们的感觉是两码事，没有注重地缘关系、血缘关系。也难怪啦，（这里是）侨乡啦，去印尼、菲律宾，去国外的很多，在商言商，也难怪，可是你不要偏掉。（政府）只注重从侨乡招来的精英，从侨乡回来的，大部分做房地产，赚钱了就跑掉。我们也不能这样讲，他们也推动了地方经济的繁荣，可是房地产企业对地方的作用是不一样的。（LJY，2009 - 04 - 27）

福建省福清洪宽海峡农场试验场副总经理、台湾农业专家庄炳耀也是在林文镜的再三邀请下来到大陆的，他说：

_____

① 福建省经贸委："向国台办调研组的汇报材料"，2009 年 9 月 25 日。

林文镜先生几次找到我，跟我很诚恳地讲，希望能为家乡的群众做一点事情，能够改变家乡贫穷落后的面貌，让老百姓富裕起来。他的这种精神讲实在的，是很难得的，我看到他态度这样诚恳，所以我说我就过来帮你把这个现代农业示范场搞起来。①

五 公司委派型跨界流动

绝大多数台派干部是主动或被动接受台湾总公司的委派来大陆工作的。是否接受公司委派则需要各人根据自己的实际情况进行评估，而选择接受派遣的人认为，到大陆工作有利于自身的发展，同时能得到家人的认可和支持。配偶是否随迁和孩子的教育问题，是有家庭的台商在决定个人是否迁移时必须同时考虑的实际问题。

受公司委派赴大陆工作的人大致可以划分为 3 种：

第一种是只身一人到大陆工作。CBJ 是台湾某公司的区域经理，2004年开始常住大陆，但是工作流动性很强，5 年调动了三个地方，妻子和孩子一直留在台湾。

当初来这边的时候，并没有想会待这么久。当时公司跟我们讲，我们公司在大陆从事这方面的工作已经有两年的时间了，也就是说在2004 年常住以前，我们已经研究这个市场两年了。研究两年之后，我们公司得到保监会的批文说我们可以来这边筹建保险公司。拿到这个批文后，我们公司就派我们来这边。当初我们跟公司签的合同是两年。那时候，其实也在想要不要过来，后来想一想，公司也筹建很久了，便过来了。我参与了大陆公司的筹建，主要负责大陆经营规划，然后调研大陆市场。因为这个理由，我们做了两年的工作，公司也很自然地派我们来做筹建的工作，当初合同是签了两年。我们工作是这样的，公司筹建好了之后，接下来就筹建分公司。所以两年时间到了之后，我们还在紧锣密鼓地筹建另一个分公司。所以两年时间到了之后，我跟家里人商量是不是要回去。那公司也希望我们可以留下来，

① 梁章林主编《我从台湾来》，海风出版社，2008，第71页。

因为公司在不断发展嘛。那就跟家里人商量要不要继续签合同。那要签的话，就是到2008年，我2004年来的，签到2006年，到2006年底又签了一次，到2008年。我是2007年5月到福建，公司9月开业的。那时候刚刚开业，公司就说，是不是再协助一阵子？所以每隔两年，我就面临一个选择——是回去还是留下来？在我面临这个选择的时候，公司的力量会比较强大一点，家里也会有一些意见和想法，不过我们公司的员工，可能会比较认命一点。我是被动接受的，如果让我选择的话，我现在比较想回台湾。（CBJ，2009-03-13）

第二种是配偶辞掉工作随迁到大陆，孩子转学到大陆。FYF的丈夫2003年被公司委派到江苏吴江工作，一场"非典"让他更加认识到跟家人在一起的重要性，于是FYF和孩子也随后来到大陆。2007年丈夫调到福州，她和孩子也随迁到福州。照顾孩子和家人就成了台派干部太太——"台太"在大陆的专职工作。

> 刚开始，他觉得要过来的时候，是自己决定的，也没有跟我商量。他跟主管没有相处得那么好吧，想换个单位。当时刚好有人找他，问他愿不愿意过来，他就问我好不好，我就说随你呀。我的个性是随他那种，因为工作是他在做，我不好左右他的工作。我说好，那他就过来。他说反正就两个月回来一次嘛，也还可以，也不晓得适应不适应。过来之后，结果就碰到"非典"，结果半年没回去，他就觉得很后悔，因为不能看到孩子、父母跟老婆。然后那年暑假，我们就到吴江去玩，结果看看环境还好。房子他们弄得还不错，可是生活机能不是很好。可是因为我们住乡下住习惯了，所以就觉得还好，（吴江）住习惯了，结果又回台湾了。然后我老公就说过来一起住，我就说随便了。那好，就全家人一起过来了。我辞掉了工作。我主管说给我办留停半年，我先去适应半年，不行就回来上班。然后我就说，好啦。半年之后我又回去了，我们主管就说不习惯了，是吧。我就说才不是咧。我说是小孩子读书才要回来的，回来就不会再去了。结果过了1年半，我又跟主管说要辞职，我们主管说我骗他（大笑）。我说没办法，老公不回来，我就只好过去。（田野调查笔记，2009-03-16，FYF的全职太太生活）

第三种是配偶辞掉工作随迁到大陆，孩子留在台湾上学。PXJ 夫妇俩现在大部分时间都在大陆生活，孩子长大了，生活能够自理，夫妇俩的行动更加自由。

> P 太太告诉我，他们夫妇俩是中学同学，老家在屏东农村，来大陆之前在桃园县工作。1999 年 11 月，台湾的公司要派 P 先生到福州的分公司工作。P 先生考虑到一双儿女还小，不太想来，P 太太支持先生先过来。2003 年，儿子上了大学，女儿也上了中学，P 太太把女儿托付给小姑照顾，也追随 P 先生到了福州。如今 P 先生已经在大陆生活了 9 年，在东南汽车城的"台干"中能连续干 9 年的屈指可数。
> （田野调查笔记，2008 - 12 - 07，P 先生夫妇的流动经过）

第二节　大陆台商情感型跨界流动

情感型跨界流动是指台商个体作出迁移抉择主要是基于情感，是为了某种情感和价值层面的追求，获得精神的平衡或满足。具体可以分为 3 种类型。

一　家庭/家族安排型

家庭或家族企业在大陆发展的需要在二代台商的迁移抉择中起到重要作用。二代台商是父辈在大陆事业的接班人，比同龄人有着更好的事业发展基础和更高的发展起点。

CXR、CYT、ZJP 都是因为这个原因分别在 1993 年、1998 年、2003 年来到福建，参与父辈在大陆开创的企业的经营管理。

> 父命难违。这个也没有什么特别的，那个时候怎么考虑的，我也记不得了。那个时候为什么毅然把工作辞掉？反正那个时候我觉得在台湾没有什么变化了，我也是没办法了。父亲在世的时候在福州留下来的都是不动产，而且说实话来这边久了，和台湾的生活还是有脱节的，你说要重新回去找工作，总觉得有一个断层，对不对？就这么一

个简单的事情。我有一个朋友常跟我说，还好，我还有一个总经理的职务，如果没有怎么办？

我家兄弟姐妹7个，3个女孩，我是老五，大姐去了美国，二姐很早就嫁人了，变成了我在家里，很多事情就要我做。（在台湾的时候）我每个周末都要去买菜、做卫生，这个样子，做久了我就觉得很累。一件事情，当你做久了，你会有怨言，一说出来，你做的整个事情就抹杀了。怀有这样的心态，自己也觉得很疲劳。然后公司里的事情也是没有什么变化，老板是很重用我，但是我觉得……我到大陆好几年了，我原来的老板还来看我，他后来还说，他要是知道我有这样的交际能力，就让我到欧洲跑销售了。我觉得我父亲想要我出来做，我自己也想放下（台湾）那个担子，搞不清楚是我依赖家人，还是我的家人依赖我。（CXR，2009 - 02 - 27）

我22岁大学毕业后当了2年兵，当完兵之后，我父亲说过来这边看看。我是1997年的7月2日来的，7月1日是香港回归，那时我从香港经过。福州的长乐机场也是刚开始启用。到了机场，我就感觉这个机场空空荡荡，什么都没有。后来坐上车子之后，从长乐到福州市内还有一段距离，一路上都是稻田，就感觉福州怎么这么偏僻，是农村啊，很恐怖的样子。因为我是在台北长大的，台北很繁华。坐车坐到市区了，才看到好像有点灯光了（笑），那个时候福州还是比较落后一点。市区比较窄，像我们公司附近还有很多稻田，路也比较窄。那时候大部分时间都是待在公司，从最基层的开始学，纺织的流程、工序。出来也是公司的一些人带着我出来，比较少到市区。所以说，那时候比较多的时间在工厂，住在宿舍。感觉在福州生活上很不方便，以前福州基本上没什么大卖场，比较多的是华榕超市，再就是买个面包来吃，也买不到，或者买到了也很难吃，感觉没有生活在台北那么好。我们公司规定，3个月才可以回台湾一趟。我比较好一点，我以学生身份去当兵，当兵的人中各式各样的人都有，有小学没毕业的，还有二流子。当兵的时候跟这些牛蛇杂处，可以让你吃苦耐劳，锻炼意志，所以当兵之后来这边就比较适应。在工厂里，我跟普通工人一样，跟他们一起学。我还有比较好的一点就是，在大学念企业管理，我从基层去了解每一道工序，然后提一些改善的建议，让我可以学以致用。那时候，我刚来，父亲虽然在台协会，但我没有参加外面的任何活动。

我们公司是一个股份公司，所以我来的时候要像一个普通员工那样。有一段时间，我们厂新增了一些设备，我就帮忙看、操作，那一段时间是比较辛苦，因为那个时候正好是夏天，比较热。因为刚当完兵，也就不觉得非常辛苦了。因为这个公司有我父亲的股份在里面，所以我们是把它当作我们自己的事业在做。基本上在那个时候，我们就知道机会大于困难，发展还是要在大陆，也不会想说再回台湾去，我本人是没有这个想法（指回台湾——笔者注）。（田野调查笔记，2009 - 03 - 26，二代台商 CYT）

我已经在公司工作过了，就在考虑什么时候方便过去辅助爸爸，因为爸爸很辛苦。因为我弟弟比较不爱念书，所以他比我早进来，他来有8年了，等于是高中毕业就进来了，应该是2000年、2001年时候。我爸想，既然他不爱念书，就让他早一点学一技之长，学一些现场的工作流程这样的，去了解一下现场。可能是因为男孩子吧，爸爸对男生要求比较严格，因为之前就有考虑，再加上他们之间的摩擦比较大一点，反正那边工作已经辞掉了，那就进来吧。爸爸没有强迫我过来。之前我有来玩过，可是没有进入过现场。（ZJP，2009 - 04 - 06）

YZQ 是 2006 年来福州的，他是家中的独子，大学毕业服完兵役以后也就顺理成章地进入父母多年经营的美容学校，准备接手学校的工作。

我父亲来这边已经很多年了，在这边做事业，家里需要我过来帮忙，我就过来了。所以家里对我来大陆是支持的。我之前在台湾工作1年，做业务，然后我爸是希望我过来看看情况，接手一下，然后我就过来了。我爸进来很久了，这边的主管也来了很久了，是大陆的，都蛮适应的。我当然也在想做一块新的东西让人家看一下，看看有没有什么东西给人家看一下，毕竟我做的东西是我父亲留下来的，我要做一点自己的东西，让人家心服口服。（YZQ，2009 - 04 - 20）

LJY 也是二代台商，父母花了10多年心血在福州近郊闽侯的雪峰山开发出 3500 亩茶园。家中兄弟姐妹 5 人，做这个茶园的"掌门人"却是她自己的选择，因为茶叶是她的最爱。如今父母由于身体原因回台湾了，她开始了在大陆的二次创业。

LYX 是为照看父亲留下的房产来到福州，但他在大陆开辟出了一片新的事业天地。

> 我之前也来过福州，是探亲考察，一个礼拜就回去了。这次是因为父亲病重来帮忙，但不到 2 个月父亲就去世了。房子这么大，家里兄弟虽然很多，大哥、二哥也曾到大陆待了七八年，做不来都回去了。我家的房产从我爷爷传到我父亲，再传到我这一代，当然要人照看。（田野调查笔记，2008 - 12 - 19，再访 LYX）

> 2006 年，LYX 回到福州照顾病重的父亲。随着奥运会的临近，毕业于台北体育学院的他嗅到了奥运商机。2007 年 4 月，LYX 在福州市鼓楼区当上了个体工商户，开办了 HLM 体育用品商店，经营和销售台湾运动篮球机生意。截至 2008 年 5 月，他在福州总共开设了 16 家连锁店。（田野调查笔记，2008 - 12 - 14，初识 LYX）

他把在台湾学到的电动轿车生产技术也引进大陆。

> 人到什么环境做什么事情。到这边我都是做做看。我觉得这边的环境还是比较可行的，起点比较高。这边一直在改变，我们也不断调整。像这个电动轿车就是我自己设计制造的，制造的材料是不织布，是从台湾来的，大陆也有这类不织布，做不织布的原材料也是天然的。这种车是纯手工做出来的，100 年前的汽车就是这么手工做出来的。手工制造汽车需要大量的人工，解决了大量的就业问题。我的车成本是 2 万元，卖 39000 元。这车已经卖了 400 多辆。我在金山开了个厂房，有 30 多个厂房。安徽、江西也开了两家工厂，农民工帮我做。（田野调查笔记，2008 - 12 - 19，再访 LYX）

二 回报故乡型

华人移民普遍有着浓厚的"故乡情结"。台湾 2300 万人口中，祖籍在福建的人逾 80%，其中约有九成的人祖籍在闽南地区。在福建投资兴业的台商中不少人祖籍在福建，投资福建除了有语言相通、人文风俗相近、往返交通便利等有利因素外，不排除"故乡情结"的作用。

祖籍福清的印尼华侨林文镜 1990 年回到故乡独资建设洪宽工业村，利用自己的人脉关系到台湾招商，使洪宽变成了福州有名的"台湾村"。

LYX 的父亲用另一种特殊的方式表现自己的"故乡情结"。

我父亲就是在这个地方出生的。1918 年出生，我爷爷是这边黎明村的大队长，也在这边的高中当过校长。因为父亲没有读书，没有什么文化，他的思想是借助同乡会的力量，建设文化跟教育方面的事业，把爷爷的古风流传下来。他是 30 岁去台湾的，在台湾生活了 30 年，但是行为习惯和观念还是大陆的。1981 年刚开放父亲就回来盖房子（台湾林居——笔者注），提供给同乡会的会长会员回乡探亲的时候住，当时盖了 100 多套，大间小间都有，一直到 1997 年完毕。土地近 3000 平方米，房子盖了 5000 多平方米。大陆当时的投资环境不是很好，父亲希望吸引同乡回来捐款、寻根。

当时大陆和台湾的社会差距还很大，解决了吃和住的问题。台湾老乡也很愿意来这边，能够联络感情，很多在台湾有身份、有地位、有影响力的人开始关注当地的发展。有爸爸的关系，他们也敢来。2000 年前后，中国大改变，这边（指台湾林居——笔者注）没有跟上，整个大陆开放了，慢慢"小三通"出现了，这个功能（指台湾林居的接待功能——笔者注）就慢慢降低了。来这边的人越来越少。功能转型了，变成了服务功能。寻亲的、死亡继承的、退休定居的，我父亲都来帮忙做，老一辈的人还定期聚会。他做一些招商引资工作，就是带人去看地、买房子啊，在政府间穿梭，介绍法律和相关政策，还有一些退休老人在这边定居地点的安排。再就是针对寻亲，做联系工作。当初来往不是很方便，从香港进来就怕出不去。有些事情要询问的，就通过我爸爸。我爸爸是很地道的福州人，对这边很了解，看不出他是台湾人，把事情处理得很不错。做这些工作要花费时间、金钱，我老爸都是义务去做。这些工作后来就交给海基会、海协会去落实了。2003 年我回来过一次，这里（台湾林居——笔者注）就已经开始没落了，住在这里的同乡也就 10 个，这里还成了老年活动中心，是台湾人，不是本地人哦，把这里当成了一个活动中心。（田野调查笔记，2009 – 03 – 07，三访 LYX）

"故乡情结"是一种感情的召唤，但是企业在当地生存发展中面对的是更多的现实问题，WCF 坦陈了"故乡情结"带给他的失落。

> 我在台湾就学会了福清话，小时候也有很多福清人来我家里玩。我是因为地缘的关系到这里来的。但这个地缘关系没有多大用。这里的亲戚朋友很多，但都使不上。我们有血缘关系，没有感情关系。我不认识他们，他们也不认识我。他们来找我就是想要好处，想进来打工，进来就觉得是老板的亲戚，高人一等，所以来这里几乎是不能生存。我也不允许这样，不然整个管理制度就乱套了，我一般都是给他们一些好处让他们走人。这里的饮食习惯基本上跟台湾差不多，利用这边的地缘关系也好，利用亲戚血缘关系也好，几乎没有用。这里对我来说其实也蛮陌生的，父母虽然是福清的，但是我是在台湾长大的。既来之，则安之，所以再后悔去想我怎么不去其他国家或地区也没用。反正当时就是觉得爸爸妈妈是福清人，来到这里比其他地方相对来说不陌生。结果来到这里也是陌生，亲戚血缘关系也帮不上忙，都是我帮他们，他们帮不上我（笑）。就是这样子，来这里后悔什么呢，这些都不用想。（WCF，2009 – 04 – 28）

三　改变生活方式型

有一部分台商来到大陆，并不是因为在台湾待不下去了或没有发展前途了。他们的生活态度很"自我"，想追求一种自己愿意的生活方式，大陆有这样的条件实现他们的理想，成就他们的人生转折。这种流动类型的台商比例不大，却是一种独特的类型。曾任台南县副县长的林文定 2001 年突然辞官归农，到海南种咖啡，因为海南有咖啡树生长最适合的气候、土壤。台湾前"财政部长"王建煊退出政坛后来到大陆，以 68 岁老迈之身，创办"爱心第二春文教基金会"，在大陆推动、参与 90 多所爱心小学的建设，用心经营他的教育慈善事业。

江清银是台湾一位普通农民，出生于台湾彰化，祖上是福建永定人。进入天命之年后，他产生了到大陆养鹅安度晚年的想法。2000 年，江清银带着妻子到大陆考察了一圈，最后在厦门灌口镇安营扎寨，开办鹅公农牧养殖场，开始了退而不休的大陆养老生活。

> 台湾这条小船住了几十年了，都已经走透透了。这条小船一天三小晃，五天一大晃。这次晃得这么厉害，再不去大陆说不定就没机会了。①

小　结

综上所述，大陆台商跨界流动的原因归纳为表 4 - 1。应该指出的是，进行这种分类出于研究的需要，只是一种理想类型。实际上，每一位台商在作出迁移决定之前，要考虑的因素是很多的，而最后能促使台商到大陆发展的原因可能是表中所列的其中一个，也有可能是多种因素。比如，有的台商投资大陆可能是工具型流动与情感型流动兼具。

表 4 - 1　大陆台商跨界流动的类型

流动原因（类型）		代表台商类型	代表个案
工具型流动	追逐市场型	台商企业主、个体户	WHY、CQY
	个人发展型	"台干""台太"	ZXN、GJY
	朋友介绍型	台商企业主、个体户	CYL、HJQ、XXL、YMG、ZNA
	招商引资型	台商企业主	LJY、庄炳耀
	公司委派型	"台干""台太"	CBJ、FYF、PXJ
情感型流动	家庭/家族安排型	二代台商（企业主、个体户）	CXR、CYT、ZJP、YZQ、LJY、LYX
	回报故乡型	台商企业主、个体户	LYX 的父亲、WCF
	改变生活方式型	台商企业主、个体户	林文定、王建煌、江清银

---

① 梁章林编《我从台湾来》，海风出版社，2008，第 166～168 页。

第五章

大陆台商社会适应的实证研究：以福建台商为例

下面将通过笔者收集到的 125 份调查问卷，结合深度访谈资料，从三个层面对在闽台商社会适应情况进行描述、分析。①

第一节　大陆台商经济层面的适应

工作和生产经营活动是台商移居生活的重要组成部分，构成其社会适应的基础和核心。工作和生产经营活动及其状况集中体现台商在经济层面的适应情况和适应能力。笔者在问卷中主要通过两个指标测量台商经济层面的适应情况，② 即受金融危机影响的程度、近几年在大陆的事业发展情况。

---

① 调查问卷中对"社会适应"的操作化参见本书第二章所提出的"社会适应"研究框架。经济和社会层面的社会适应偏重于中观和宏观层面的分析，在本书的实证调查中，为了突出从微观层面描述、分析大陆台商社会适应，增加了生活层面的社会适应。文化层面的适应是大陆台商社会适应的重要组成部分，本书将大陆台商在文化与心理层面的社会适应单列出来进行研究，详见本书第六章。

② 笔者开始田野调查的时间是 2008 年 10 月，那时大陆市场受国际景气及下半年以来次贷危机的影响甚深，再加上一系列政策法规的相继出台，大大提高了企业主的经营成本，如"工资预先提留"、"企业所得税并轨"、"出台新《劳动合同法》"与"调降出口退税"等。尤其是"新《劳动合同法》"对台资企业在人力管理上产生全面性的冲击与影响，其中包括招聘用人、绩效、薪酬、人才挽留、商业密集保护、员工健康、解雇、兼并改制之裁员、离职等各个管理层面，但在实际实施上存在一些困难，这些规范对企业有有利的一面。这些新情况、新问题都对台商在大陆的生产、经营产生影响和冲击。

　　如表5-1、表5-2所示，在2008年下半年的金融危机中，近六成的企业没有受到明显的影响。如果给台企受金融危机影响程度赋值，"非常大"赋值为1，依次类推，"很小"赋值为5，台企受金融危机影响程度的平均值为2.76，即金融危机对台企的影响程度"一般"，接近"比较小"。超过80%的受调查者在大陆事业的发展"还算不错"或"差不多，基本可以打平"。

表5-1　受金融危机影响程度

金融危机影响	频数（人）	百分比（%）	有效百分比（%）	累计百分比（%）
非常大	10	8.0	8.0	8.0
比较大	42	33.6	33.6	41.6
一般	47	37.6	37.6	79.2
比较小	20	16.0	16.0	95.2
很　小	6	4.8	4.8	100.0
总　计	125	100.0	100.0	

表5-2　这几年大陆事业发展情况

	事业发展情况	频数（人）	百分比（%）	有效百分比（%）	累计百分比（%）
	还算不错	32	25.6	26.0	26.0
有效值	差不多，基本可以打平	67	53.6	54.5	80.5
	还不十分理想	24	19.2	19.5	100.0
	小　计	123	98.4	100.0	
缺失值		2	1.6		
总　计		125	100.0		

　　表5-3表明，台商来福建时间越长，事业发展情况越好。

表5-3　来福建时间与近几年事业发展情况

来福建时间		近几年事业发展情况			合　计
		还算不错	差不多，基本可以打平	还不十分理想	
0~1年	频数（人）	3	12	4	19
	百分比（%）	15.8	63.2	21.1	100.0

续表

来福建时间		近几年事业发展情况			合　计
		还算不错	差不多，基本可以打平	还不十分理想	
2～5年	频数（人）	12	26	8	46
	百分比（%）	26.1	56.5	17.4	100.0
6～9年	频数（人）	7	14	4	25
	百分比（%）	28.0	56.0	16.0	100.0
10年以上	频数（人）	10	14	8	32
	百分比（%）	31.2	43.8	25.0	100.0
总　计	频数（人）	32	66	24	122
	百分比（%）	26.2	54.1	19.7	100.0

深入当地经济、社会生活之后，台商增加了对两岸社会异质性的切身体验，积累了一些经济层面社会适应的经验，表现出一些较为普遍的行为特征。第一，重视法律合同，尽量避免司法纠纷。一位长期从事两岸业务的律师指出，困扰台商投资的问题最主要体现在投资权益的保护，[①] 司法纠纷是台商在大陆经济适应中遭遇的一个重要问题。受访台商认为要在大陆顺利发展，不能搬用台湾经验，也不能照抄大陆企业的模式。许多台湾中小企业在成长过程中倾向于用逃税、漏税的方法降低成本；愿意去深入研究法律，同时寻找对自己有利的法律规定，甚至有时候还走到了法律的边缘，钻法律漏洞。为了降低不确定性带来的风险，运用法律武器，在法律框架内经营企业成为不少台商共同的经营体会。

　　打官司很累，有钱你就打。因为大陆的东西，你值得花这么多钱去打官司吗？所以很多人跟我说你要不要节税，我就说什么税我都交，你不用教我节税、漏税、避税。我不做违法的生意，不跟司法打交道。所以进入大陆到现在，最没有信心的就是打官司。（JZL，2008 - 12 - 30）

　　台湾很多人忽视了（法律合同）这些问题吧，像我大哥在台湾做事，我们讲好了就OK了，不一定形成文字的，对于文字的东西不是

---

① 宫可夫：《两岸异地投资权益谁保护？》，《海峡瞭望》2009年第5期，第40～41页。

很讲究。像我在卡萨布兰卡做事的时候，就已经开始意识到这些问题了，我相信专业人士。我父亲遗留下来的问题，就跟合同里边的漏洞有关。（CXR，2009－02－27）

现在的台资企业在管理方面，在配合当地政府的一些要求方面比较合法。那内资企业你要它们做到这个地步的时候，有很多工厂生存不下去了。你问它们有没有交社保，它们问你为什么要交社保。协会上好像一直觉得，不要说台资，就是外资的话，毕竟你比较容易被检查到，变成你不规范、不行，之前只要一抓到你的话，就追溯，很多事情都追溯的，变成我们都怕了。我们都担心说，万一被查到了，那付出的代价更大。你进来要在这个地方落脚，你一定要熟悉这方面的法规，你一定要学习的。（ZJP，2009－04－06）

第二，把握两岸商业文化与市场运作模式的差异性，入乡随俗地调整管理方式。账款结算和人力资源管理是台商在企业管理中碰到的两个主要问题。不少受访者提到客户拖欠账款导致企业经营被动的现象。此外，大陆在个体工商户资格审批、人力资源素质等方面与台湾存在一定距离。如何解决货款拖欠的问题，如何使企业人力资源适应企业运作的需要，台商各有各的经验。

现在我们企业最大的困难就是客户应收账款的问题。主要原因是去年经济危机，很多客户以此为理由拖欠货款。现在的问题就是他们拖我们的款，我们不能拖我们的上游厂商的款。我们主要是将鞋材卖给鞋厂，鞋厂出口，属于间接外销。台资企业是不会拖欠的了。我们不停催要，客户就分期付款，也会给我们的经营造成被动，这是我们目前面临的最大困难。我们台资企业有个习惯，你不用来催款，到期就用支票划账过去，现在的交易形态就是这个样子，我们也要去适应。其他的小困难都有的，都可以处理啦。（LXX，2009－04－28）

台商来的时候，我第一句话就问他做什么生意。做什么生意不管，没有看到钱，货不要出去。没看到钱货就出去，钱就没了，连朋友也没啦。钱没有了没关系，货没有了没关系，连朋友也没有了。所以这是（生意）在这里很难做的一个原因啦。碰到很多台商跟我说现在做生意都不想做了，我问：不是生意做得不错吗？他说：喔，钱很难收，收不回来！我说：在大陆你还敢做欠款的生意啊。宁可没有工作，宁可吃利息，（欠款的生意）不能做！（JZL，2008－12－30）

CBJ在福州一家大型台资企业做管理，他碰到的问题是在福州招聘的员工工作作风懒散。CQY同样也碰到了大陆员工不像台湾员工那样好管理的问题。

> 大家已经知道台北的失业率很高，大家非常珍惜自己的工作，到了一个职场以后，知道该做什么该学习什么。上海这个方面比较成熟，福建这个方面相对就比较不成熟。很多员工来到这边，他老是觉得我们给他的工作压力太大，工作时间太长，事情太多，薪水太少，他们会有这样的想法。当然我在台北待过、在上海待过、在南京待过、在福建待过，我底下的人他们的工作量、工作能力我看得很清楚，那我觉得是他们心态的问题，然后是他们能力的问题，而不是公司交给他们的工作量问题。这就必须不断地沟通，不断地交流。（CBJ，2009－03－13）

> 厨房里的熏蟑螂的电熏片冒烟，把来进餐的客人熏跑了。C伯叫了一个没穿店服的女孩来了解事情的始末。这个女孩据说是C伯的一个台商朋友介绍过来的，是东北人，想过来跟C伯学管理，以后自己出去做。在我和朋友面前，C伯和颜悦色地批评主管没有跟做卫生的阿姨把指令说明白，主管女孩板着脸一声不吭地听完就走了。C伯摇头对我说，在台湾，员工做了错事，一定是规规矩矩在老板面前承认错误的。我问C伯，碰到这种情况怎么办呢？C伯说只能是警告教育，罚款是不会的，再说罚了她的款，她会不高兴，在你背后偷偷搞破坏。（田野调查笔记，2009－09－26，再访C伯）

CYT和LJY在各自的企业里引进了大陆企业的一些管理方式，比如成立工会、党支部等。LJY的企业聘请了一位当地退休的干部做企业顾问，在顾问的建议和指导下成立了党支部。

> 成立一个党支部（作为一家台资企业的FH公司，成立了共产党支部——笔者注），这只是让员工能够参与到正面的社团里边。我们

入乡随俗，设一个党支部，不代表某某人入了这个党。身为一个商人，我们对政治都不了解，设立党支部其实对我们企业的员工是有帮助的。有一些困难的员工，会来寻求帮助，有一些活动让他们参与，这是正面的，我们没有把它看得很严重。（田野调查笔记，2009 - 03 - 26，二代台商 CYT）

CQY 对台湾人到大陆申办个体户的问题格外关注，收集了很多台湾人在大陆做个体户的政策和相关新闻报道。

台商来到这边要搞个体户，有很多的困难。在台湾是不管的，市场决定一切。厦门的生活习惯比较接近台湾，福州就相差很远。福州是省会城市，就要做一些表率。政府部门要尽量协助台商解决问题，而不是刁难，要简化流程，降低创业门槛，就是差点钱也可以帮助借钱。申办个体户要过五关：环境、卫生、税务、工商和消防。在台湾没有，在大陆申办个体户这是最难的。行政流程上要办手续，在台湾 2 个小时就好了，在这里就要花很长时间。（田野调查笔记，2009 - 05 - 05，与 CYL、CQY 谈大陆台商个体户）

第三，整合两岸优势资源和经营管理经验，积累和保持市场竞争优势。台商有着跨越两岸的生活经历和经营管理经验，既熟悉台湾社会，又相对了解大陆社会。对两岸在信息、技术、资源和管理方式等各方面差异性的把握就是台商在大陆立足与发展的优势，尤其是从事个体经营的台商，"做大陆人做不了的生意" 是他们能在大陆日益激烈的市场竞争中胜出的秘诀。

PXJ 的太太 HXH 在台湾就有餐饮从业经验，她目前在福州开的咖啡店发展势头良好，这与她努力走本土化发展道路，整合两岸的优势资源的经营策略密不可分。

盘下咖啡店的最初两年，业绩一直不好，只是保本经营，P 太太也只把咖啡店当做一个消磨时间的手段而已。咖啡店虽然位于市中心，但在住宅小区里面，不在街面。P 太太坚持台湾咖啡原汁原味，在同顾客的交流中 P 太太渐渐懂得台湾人喜欢的口味不一定福州人喜欢，一定要适应当地人的消费口味。比如在台湾，大部分人崇尚原味的咖啡，越纯咖啡越贵。但是在福州，他们的消费群是年轻人，其中较多的是小白领阶层，他们喜欢混合口味的咖啡。因此不论是在平时的日常生活中，还是在大陆各地旅游，以及回台湾探亲，P太太开始用心留意和琢磨，不断开发适合本地消费习惯的产品。P太太曾经在台湾正式学过花艺8年，有花艺师资格证，到福州以后找不到用武之地。在即将开业的第二家分店，P太太将所掌握的花艺技能整合到咖啡店经营中，成为其中一个经营种类。管理也是P太太及其合伙人成功的另一个重要原因。P大哥本人一直从事汽车配件制造行业的高层管理工作，但是他的管理思想却被成功地运用到P太太的咖啡店经营中。P大哥29岁时曾到日本专门学习过日本丰田式管理，非常重视团队合作与规范流程。P大哥认为开咖啡店最好是2个人或者多人合伙经营，这样就会有头脑的碰撞，避免作出臆断的经营决策。而合伙经营的前提是寻找合适的合伙人，P大哥认为最好是在熟人中寻找合伙人。P太太盘下这家咖啡店之前，就跟现在这个合伙人认识，他们同在一个老师那里学习咖啡的品尝与调制，有过一定的交往，对对方的个性、品性有所了解。合伙人的选择最重要的是宽容、大度，如斤斤计较，合作就不会成功。P太太和她的另一位合伙人4年来一直保持着很好的合作关系。P大哥还补充说，合伙人双方在管理方面最忌讳家属参与经营和决策。（田野调查笔记，2009 - 09 - 23，台商PXJ夫妇）

在台资企业纷纷走本土化经营道路，在大陆选聘管理干部的背景下，LJY从台湾聘请大量台籍干部做管理工作，有点与众不同，但他有他的解释。同时，他还在福清设立了研发中心，提高产品的科技含量。

因为台湾那边有一些基本的经验要拿来这边传承，把过去台湾成功的经验传过来，随时代的改变，要去突破。有一句话现在很流行，就是在管理上、在创新突破上的秘诀，唯一不变的就是要变。做任何事情不要一味地不变。（LJY，2009 - 04 - 27）

CYT的经验是利用台湾营销渠道拓展台资企业大陆市场。

我们公司1991年刚设厂的时候，生产这种面料在大陆比较少，我们厂主要是做大陆市场，大家都拿着一大袋钱到我们厂去等货，甚至有的客户为了抢货打架。我来的时候，大陆有很多企业都做起来了。我们公司是正规经营，一定要开发票，有些个体户可以不开发票，可以少17%（营业税），那这样我们的内销市场就慢慢没有了。那我们就开始转型做外销。在整个内销没有之前，我们在1995年已经开始想做外销，我们在台北设立了一个外销的业务部，接洽一些台湾的贸易商，因为台湾的贸易商本身有国外的客户，我们从贸易商开始做，那就等于下单给贸易商，贸易商先赚一些，再把单子下给我们生产。然后慢慢培训这些业务，慢慢开始去国外参加展会，可以直接接触到国外的客户，再慢慢接洽，自己也可以做一些直接的业务。（田野调查笔记，2009-03-26，二代台商 CYT）

第四，走一步看一步，保守经营。福建有不少台资中小企业走过了十几年的发展历程，经济景气的时候，它们不会贸然增资扩产；经济不景气的时候，它们能适当缩减生产规模，等待经济复苏。台商这种保守经营的特点不仅体现在融资渠道上不依赖贷款，还体现在对扩大企业规模持比较谨慎的态度。

大陆的企业靠贷款、借款，扩张速度比较快，台资企业融资没这么方便。我们公司跟大部分台商一样，步步为营。台资企业发展比较慢，今年赚多少，投资多少，然后慢慢长大。另一方面，在经营方面也比较保守。那个时候经常会有一些问题，不稳定，怕怕的，不敢太过放开去投资，两岸一有什么问题……这些方面制约了台资企业，台商是有赚头，但赚了之后会存起来，不会想到拿这些钱再来投资大陆。他们将企业做到一定规模，就有钱赚，就开始回收（成本），不会想到去扩张，因为扩太大，会有风险。

我们公司哦，一直没有贷款，而且还有一些钱存在银行做理财，只要不亏本，还能够继续经营下去。我们不像有些企业，贷款很多，就要还利息，就会经营不下去。所以说，我们公司的经营体制是相当健全的，很稳健。如果外在环境是蓬勃发展的，我们公司的这种经营方式就有些过于保守了。如果外在环境较差的时候，就不能扩张太大，不但利润低，还要付利息，就没钱赚的。我们公司一直是稳健的经营方式，所以外在环境不好的时候，影响就比较小。（田野调查笔记，2009 - 03 - 26，二代台商 CYT）

第五，敬业、认真、勤奋的创业和拼搏精神。要使台商在大陆的事业走上永续发展的道路，必须比常人付出更多。大多数台商爱唱闽南语歌曲《爱拼才会赢》，有的企业还把这首歌曲当成厂歌，这在一定程度上是大陆台商工作、生活的心态写照。

> 基本上上班时间我必须准时上班，不管晚上应酬有多晚，第二天必须 7 点钟起，7 点 40 分上班，礼拜天除外，就像手机充电一样。（WCF，2009 - 04 - 28）

> 我现在的精力都放在工作上。包括睡觉我一天自己的时间有 10 个小时，我自己要睡 7 个小时。业余爬爬山，每天打练习球（高尔夫）半个小时。没有那个雅兴跟别人打（高尔夫）球，太浪费时间。每天最晚 11 点睡觉。（LJY，2009 - 04 - 27）

> 从台湾来这边不是来享受的，而是很辛苦地建立基业。这是因为工厂一直在扩大，一直在训练工人，哪有时间打高尔夫球什么的，完全没有，所以我们的生活蛮单调的，也很闭塞，因为也没有时间在外面做什么事情。因为我们的工厂晚上要加班，礼拜六还要上班。（QDL，2009 - 04 - 28）

> 我住在厂里，8 点钟上班。下了班还会再工作一下。大部分时间都在外面（跑业务），我自己有一辆小车，基本上 2/3 的时间在工作。（XXL，2009 - 03 - 12）

福建台商经济层面适应的特点是：大部分台商能在福建获得稳定发展，经营稳健，经济危机对多数台资企业的影响普遍较小，这得益于台商在两岸社会的对比中积累起来的成功经营之道，比如：规范经营，整合两岸优势资源，入乡随俗，适时调整经营和管理策略，稳扎稳打、保守经营，敬业、勤奋、认真的创业和拼搏精神等。

第二节　大陆台商生活层面的适应

台商到大陆后最表层、最直观的适应情况体现在日常生活方式与生活安排上。笔者通过问卷调查从以下四个方面了解福建台商生活层面的适应状况。

一　居住安排

台商在大陆的居住环境与社区类型分别以住市外、厂区①和部分台湾人、部分大陆人的杂居形式居多（见表 5 - 4、表 5 - 5）。住市区的台商多住在以大陆人为主的社区，住在市外、厂区的台商多住在以台湾人为主的社区（见图 5 - 1）。表示大陆本地人部分可以信赖、部分不可以信赖的受调查者，他们居住的社区以部分大陆人、部分台湾人为主；认为大陆人大多数可以信赖的受调查者，其居住的社区以大陆人为主；认为大陆人少部分可以信赖的受调查者，其居住的社区以台湾人为主（见图 5 - 2）。

表 5 - 4　目前居住地点的环境

居住地	频数（人）	百分比（%）	有效百分比（%）	累计百分比（%）
市区、社区等	53	42.4	42.4	42.4
市外、厂区等	69	55.2	55.2	97.6
其他	3	2.4	2.4	100.0
总　计	125	100.0	100.0	

---

① 调查样本取自东南汽车城的一次月例台派干部餐叙，参加餐叙的除了部分在协力厂工作的台派干部，还有来自福州和厦门等地的台商。东南汽车城位于福州近郊闽侯青口镇，1995 年东南汽车公司落户青口，经过 10 多年发展，截至 2008 年 12 月，已建成投产企业 205 家，其中汽车整车厂及配套厂 135 家，多为台资企业。在青口，台派干部较多的生活小区主要有吉山新村和东南千家花园。

表 5 - 5 居住社区的类型

居住者分类		频数（人）	百分比（%）	有效百分比（%）	累计百分比（%）
有效值	以台湾人为主（如社区/厂区等）	40	32.0	32.8	32.8
	有部分台湾人，也有部分大陆人	49	39.2	40.2	71.2
	以大陆人为主	33	26.4	27.0	100.0
小 计		122	97.6	100.0	
缺失值		3	2.4		
总 计		125	100.0		

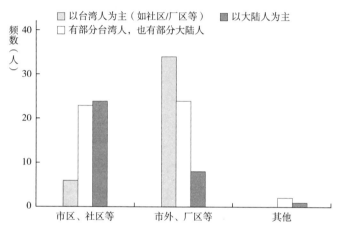

图 5 - 1 居住地点环境与居住社区类型

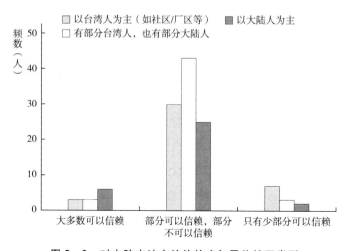

图 5 - 2 对大陆本地人的信赖度与居住社区类型

东南汽车城台派干部聚居较多的吉山新村社区大门及
社区内景，笔者摄于 2009 年 3 月 24 日

福建台商居住安排的特点是：居住形式以大杂居、小聚居为主，台派
干部多住在市外、厂区，在福建生活多年的台商（包括台派干部）多在生
活设施比较完备的社区买房或租房居住。

二　日常生活安排

在返台次数、家人和子女教育等基本生活方式安排方面，两岸包机直航对台商返台次数影响不大，近六成的受调查者返台次数没变化。21.8%的受调查者已经将家人接来大陆同住，还有44.4%的受调查者正在考虑之中。有1/3的台商子女在福建接受教育。45.1%的受调查者表示不会将他们的子女接来大陆读书（见表5－6、表5－7、表5－8）。另据一份2008年8月完成的《在榕中青年台商（含台干）情况调查报告》①（以下简称"福州台商调查"），一半以上的台商子女在台湾上学，与本调查的结果基本吻合。

表5－6　两岸包机直航后返台的次数

返台次数	频数（人）	百分比（%）	有效百分比（%）	累计百分比（%）
增　加	45	36.0	36.0	36.0
减　少	6	4.8	4.8	40.8
没变化	74	59.2	59.2	100.0
总　计	125	100.0	100.0	

表5－7　是否将台湾家人接来同住

接家人来同住情况		频数（人）	百分比（%）	有效百分比（%）	累计百分比（%）
有效值	是，已经接来	27	21.6	21.8	21.8
	考虑之中	55	44.0	44.4	66.1
	不，不会也不会考虑	29	23.2	23.4	89.5
	其他，如尚未成家等	13	10.4	10.5	100.0
	小　计	124	99.2	100.0	
缺失值		1	0.8		
总　计		125	100.0		

在日常关注方面，经常关注台湾媒体的受调查者比经常关注大陆媒体的受调查者要多出41.6%，这说明受调查者中关注台湾媒体的人数比关注

---

①　政协福州市委员会：《在榕中青年台商（含台干）情况调查报告》，2008年8月5日。

大陆媒体的人数多（见表 5 - 9）。在休闲娱乐方面，受调查者在闲暇时间从事最多的活动是"在家看书、看电视或上网""与朋友相聚""参加各种健身运动""到近郊或各地旅游"（见表 5 - 10）。对福建台商的调查结果也表明"在家看书、看电视或上网"和"与朋友相聚"是福建台商最主要的闲暇活动内容。一些受访者告诉笔者，在台湾尤其是在台北各种生活设施、娱乐机构团体的配置比较完善成熟，衣食住行都比较方便，夜生活也比较丰富，相比较而言，福州的饮食、交通、文化娱乐设施与台湾存在一定差距，尤其是对一些有较高层次的文化消费需求（比如听歌剧、参加音乐会、看画展等）的台商而言，福州现有的文化消费市场显然满足不了他们的需求，由此造成台商业余生活相对单调、枯燥。两岸休闲娱乐生活条件与方式的差距为台商在大陆带来新的商机，台式休闲娱乐乃至"夜生活"方式悄悄进入当地社会。比如，台商带进各式都市商业资本，在城市消费生活里扮演越来越举足轻重的角色，诸如酒吧、餐厅、咖啡馆、KTV等，甚至台商以"台湾小吃街"的空间形式把台北"夜市文化"带进了大陆。饮食和穿衣方面基本不成问题，福建与台湾的饮食习惯原本相差不大，近几年越来越多的台商个体户来福建创业，将台湾的餐饮文化带到大陆，台商可以很方便地在当地吃到地道的台湾美食。台商经常往返于两岸之间，在台湾买衣服、吃小吃，在大陆工作，在台湾消费成为不少台商的生活模式。

表 5 - 8　对子女就学的安排

	子女就学安排	频数（人）	百分比（%）	有效百分比（%）	累计百分比（%）
有效值	不会将他们接来	55	44.0	45.1	45.1
	将他们接来，但会安排在台商学校或外国学校中	15	12.0	12.3	57.4
	将他们接来，且安排在本地学校中	24	19.2	19.7	77.0
	其他	28	22.4	23.0	100.0
	小　计	122	97.6	100.0	
	缺失值	3	2.4		
	总　计	125	100.0		

表5-9　关注台湾/本地或大陆媒体的频率

关注媒体情况	频数（人）		百分比（%）		有效百分比（%）		累计百分比（%）	
	台湾	本地或大陆	台湾	本地或大陆	台湾	本地或大陆	台湾	本地或大陆
经常	87	35	69.6	28.0	69.6	28.0	69.6	28.0
偶尔	33	80	26.4	64.0	26.4	64.0	96.0	92.0
没有特别的兴趣	5	10	4.0	8.0	4.0	8.0	100.0	100.0
总　计	125	125	100.0	100.0	100.0	100.0		

　　福州的夜生活也很丰富，我觉得福州也算是一个繁华的城市，可是比较好一点的健康的夜生活比较少。像我们在台湾，晚上不去夜总会呀什么地方的，也有很多地方可以逛，福州没有。（YZQ，2009-04-20）

表5-10　闲暇时间安排（多选）

闲暇时间安排	频数（人）	占调查个案百分比（%）	占回答个案百分比（%）
在家睡觉	17	6.6	13.6
在家看书、看电视或上网	81	31.3	64.8
与朋友相聚	59	22.8	47.2
感觉无聊	6	2.3	4.8
参加业余学习	7	2.7	5.6
参加各种健身运动	46	17.8	36.8
加班，没有时间休息	8	3.1	6.4
到近郊或各地旅游	32	12.4	25.6
其他	3	1.2	2.4
总　计	259	100.0	

　　在台青会成立以前，大家都是各玩各的，我就是跟着父亲去夜总会，我就坐在那里，也没事干（笑），在家也没事干。他们现在吃完饭也还是会去夜总会，他们喜欢唱闽南语歌曲，唱的都是老年人的歌。还是年轻人在一起好玩，蹦蹦跳跳的，他们（台青会）办一些活动，去上海玩3天，去杭州玩3天啦。（XXL，2009-03-12）

我一年大概回去两三趟，每次待1个礼拜到10天，回去就是为了吃吃小吃、买买衣服、逛逛街啊，那种感觉很好（笑）。买衣服很高兴，因为我在这边买不到什么衣服，然后今天吃一点这个，明天吃一点那个，感觉好开心，因为很久没有吃到。但是待久了、待多了，很无聊，要回家了。（CXR，2009 - 02 - 27）

福建台商日常生活安排的特点是：将生活重心转移到大陆的台商越来越多，但是与台湾的联系并没有因此中断，主要表现为将孩子留在台湾受教育、经常关注台湾媒体的信息。物质消费基本没有问题，业余文化生活相对单调、枯燥。

三　日常生活感受

如表5－11所示，接近六成的受调查者感到最不适应的问题是自己和家人在大陆的医疗保健、保险问题；其次是人身财产安全问题，有22.3%的受调查者选择这一项；子女入托、入学和教育问题，企业经营方面的问题，交通、租购房屋等生活方面的不便都有两成左右的受调查者感到不适应。

表5－11　在福建遇到的最大问题或感到最不适应的地方（多选）

常见问题	频数（人）	占调查个案百分比（%）	占回答个案百分比（%）
子女入托、入学和教育问题	23	12.6	19.0
自己及家人的医疗保健、保险问题	70	38.3	57.9
闲暇时间安排	16	8.7	13.2
人身财产安全	27	14.8	22.3
交通、租购房屋等生活方面的不便	21	11.5	17.4
企业经营方面的问题	22	12.0	18.2
其他	4	2.2	3.3
总　计	183	100	

（笔者问：大陆生活碰到的最大的困难是什么？）大概就是保健问

题。到医院看病很麻烦，第一个流程不是很有效率，等待的时间很长；第二个民众不是很文明。我听我们同事讲，看病得找熟人，可以不用等待。如果我去看病没有找人的话，就是在那边等，那个号码不会动，中间插了很多人。再一个很多医疗机构不是很有效率。所以在这边看病我们就很怕，大病我们就等回台湾的时候看，小病还得看嘛，小病有时候会忍，没办法得去，心里就会很害怕去。（CBJ，2009 - 03 - 13）

生活上比较不适应的可能是就医方面。基本上我是小感冒自己会从台湾带一些药过来。比较严重，不得已的状况下我们才会跑去医院。可能之前有一些单位提出这类问题，协会也都有提出一些意见，包括协和，我们相信医疗设备是充足的，也是很好的。那时候我们有个朋友是急性胃炎，我陪他到医院的急诊室的时候，看到之后吓一跳，急诊室算是打点滴的地方吗？那个楼层也有（垃圾）桶，但是整个医院的卫生环境很差。然后是医生的态度，因为这边的人口太多，我相信他们也有一些经验，你卡上一定要有多少钱，你把钱打到医院卡上去的时候，我才帮你看诊，可是有一些是不允许这个状况产生的。在台湾就是先救人，在这边目前还是有一段差距。我爸爸去年胃跟腹部不舒服，很严重，不行的话就挂几针，医生就让他去做检查，结果检查出来就说他的心脏不好。我父亲就不明白是胃到腹部这一块痛，为什么是心脏不好。然后医生就让他打点滴，是葡萄糖之类的吧。我爸平时身体状况都不错，到最后疼痛状况减轻了，当天他就马上回台湾，然后再做一个完整的检查，台湾看病判断说是有一点急性的肠胃炎这样子的，可能是吃了不干净的东西。我相信这边的台湾人还是比较没有办法放心把自己交给医生。（ZJP，2009 - 04 - 06）

如表5 - 12所示，对大陆日常生活中出现的随地吐痰、乱扔垃圾等不文明现象90%以上表示"不太接受"或"不能接受"。如果给接受程度赋值，"比较能接受"赋值1，依次类推，"不能接受"赋值5，全部受调查者容忍程度的均值为4.34，即在"不太接受"和"不能接受"之间。很多受访者对大陆日常生活中一些不文明现象提出批评，他们用不同的方式去理解和适应这种社会发展的落差。

表 5 – 12　对大陆日常生活中不文明现象的容忍程度

对日常生活中不文明现象的容忍态度		频数（人）	百分比（％）	有效百分比（％）	累计百分比（％）
有效值	比较能接受	3	2.4	2.4	2.4
	一般	7	5.6	5.7	8.1
	不太接受	58	46.4	47.2	55.3
	不能接受	55	44.0	44.7	100.0
小　计		123	98.4	100.0	
缺失值		2	1.6		
总　计		125	100.0		

我到现在也有很多方面不习惯。像交通方面，不遵守交通规则。还有吃的方面，就是卫生问题，还有口感。来这边，谈这些事情，他们一句话就把我给堵住了：你们台湾那么好，你来这边干什么？如果大陆不是这样的话，还有你们来赚钱的余地啊。这些话说得我哑口无言，也对啊。（YMG，2009 – 03 – 31）

早期没有打算在这里常待，就是过客心态了，所以看什么都是怪怪的，跟我们原本的环境都有不同，你会有很多的想法，遇到事情的时候你会很难过。我记忆最深的是，那时候自行车比汽车还快，我常常被撞到，因为自行车要走人行道。现在心境不同，比较有修养了，也会设身处地地理解。因为这些事情并没有被完全告知，也并不是每个人都可以受到平等的教育。（田野调查笔记，2009 – 03 – 19，HJQ 的慈济人生）

对这次北京奥运我印象最深，我觉得大陆给我的感觉是不断在进步，而且进步速度非常快。刚开始我来的时候，对很多东西比较不习惯，或者看不惯，像卫生习惯。不过经过一段时间的沉淀之后，我能理解了。我越能理解的时候，我越能看得到这个地方发展的速度更快。（CBJ，2009 – 03 – 13）

我在台湾一直开车，可是到大陆以后，很多人骑脚踏车，他想左转就左转，他想右转就右转。我自己也骑脚踏车，我要左转右转都要看看后面有没有人，不管骑车开车都一样。可是我发现，这里的人胆子都很大，他也不怕，反正撞到了是你倒霉，所以刚开始我不敢开车，但是现在已经习惯了。我在国外也待过，我没看过这样。还有小朋友很小，就在店门口拉屎拉尿，这些我们在国外都没看过，所以很不习惯。（XXL，2009 - 03 - 12）

你会觉得男女生气质都很好啦，穿着也干干净净，可是为什么会去做（吐痰）这种动作。其实蛮像台湾老一代的人，我祖母、祖父他们这一代可能也有这样的习惯。那应该是因为大陆之前发展得比较慢，那现在也一直在进步当中，我想以后这种行为会改变的，我相信是这个样子的。（ZJP，2009 - 04 - 06）

福建台商日常生活感受方面的特点是：自己与家人的医疗保健和人身财产安全是最困扰他们的两个问题。大陆虽然在硬件设施方面跟台湾差距越来越小，但大多数台商普遍感到大陆社会的交通、饮食和卫生习惯、人文环境等方面与台湾存在一定的差距，他们在表现出一定的优越感的同时，也会随着时间推移慢慢习惯，并从不同角度去理解和适应这种差距。

四 生涯规划

如表 5 - 13 所示，超过 1/3 的受调查者已经在大陆购房，计划购房的受调查者接近一半，也就是说八成以上的受调查者已经或计划在大陆购房。表5 - 14 表明，80% 以上的受调查者计划或已经打算在大陆长期发展。

表 5 - 13　是否打算在大陆购置不动产

是否打算在大陆购置不动产		频数（人）	百分比（%）	有效百分比（%）	累计百分比（%）
有效值	的确如此，已经购置	43	34.4	35.5	35.5
	仍在考虑中，可能会这样计划	56	44.8	46.3	81.8
	大概不会	22	17.6	18.2	100.0
	小　计	121	96.8	100.0	
缺失值			4	3.2	
总　计		125	100.0		

表 5 - 14　是否打算在大陆长期发展

是否打算在大陆长期发展	频数（人）	百分比（%）	有效百分比（%）	累计百分比（%）
的确如此	46	36.8	36.8	36.8
仍在考虑中，可能会这样计划	59	47.2	47.2	84.0
大概不会	20	16.0	16.0	100.0
总　计	125	100.0	100.0	

表 5 - 15 表明，已经在决定大陆长期发展的受调查者全部在大陆买房或准备买房。不会在大陆长期发展的受调查者 80% 不会买房。

表 5 - 15　是否打算在大陆长期发展与是否打算在大陆购置不动产

			是否打算在大陆购置不动产			合　计
			的确如此，已经购置	仍在考虑中，可能会这样计划	大概不会	
是否打算在大陆长期发展	的确如此	频数（人）	25	19	0	44
		百分比（%）	56.8	43.2	0	100.0
	仍在考虑中，可能会这样计划	频数（人）	17	34	6	57
		百分比（%）	29.8	59.6	10.5	100.0
	大概不会	频数（人）	1	3	16	20
		百分比（%）	5.0	15.0	80.0	100.0
总　计		频数（人）	43	56	22	121
		百分比（%）	35.5	46.3	18.2	100.0

如表 5 - 16 所示，退休或不工作后肯定会留在大陆与不会留在大陆的受调查者比例相当，接近两成；六成以上的受调查者对退休后的生活安排持观望态度，走一步看一步。ZNA 和 ZLQ 都是打算退休后回台湾养老的，因为台湾能提供更好的生活医疗条件；WCF 在大陆有 3 家企业，他还没有明确的计划。

表 5 - 16　退休或不工作后是否打算留在大陆

退休或不工作后的打算	频　数（人）	百分比（%）	有效百分比（%）	累计百分比（%）
应该会留下来	23	18.4	18.4	18.4
仍在考虑中，尚未决定	78	62.4	62.4	80.8
大概不会	24	19.2	19.2	100.0
总　计	125	100.0	100.0	

　　ZNA告诉我她老了以后要回台湾的，也不要跟孩子一起住，她已经在台湾做好了养老的准备，老了以后去养老院，因为养老院里都是老年人，墓地也买好了，死了就按照基督教的方式下葬。退休以后最大的梦想就是周游世界。（田野调查笔记，2009－10－16，ZNA的日常生活）

　　图5－3显示，在大陆事业发展"还算不错"的台商多倾向于在大陆长期发展；在大陆事业发展"差不多，基本可以打平"的台商则多持观望态度；在大陆事业发展"还不十分理想"的台商也倾向于坚持下去，打道回府的比例不高。

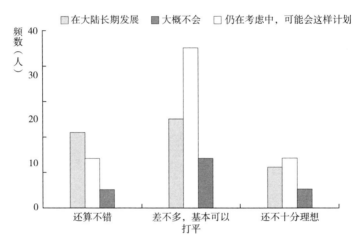

图5－3　在大陆事业发展情况与发展计划

　　学校让孩子来做，我们就可以回去啦。50岁、60岁我们就可以回去了，因为那边还有事做。我们老家是一个小岛，台北、马祖都有房子。我会在马祖养老。因为那是一个岛，空气很好，很安静，与世无争。我们也有福利，要什么有什么，直升机都有，还不错。我们在这边是没有享受任何的待遇。孩子大了，总是要离开父母亲的。他也有事情要忙啊，我们就退回去。（ZLQ，2009－03－09）

　　生活中有些不便的地方，像开车，行人不守交通规则之类的。整个生活品质现在大陆已经改善很多了。至于是否在大陆养老，还没想，要看政治、治安。我 1995 年就有了加拿大的居留权，但我也没有时间去加拿大住。（WCF，2009 - 04 - 28）

福建台商生涯规划的特点是：出现比较明显的在大陆长期发展的倾向，主要表现为 80% 以上的受调查者已经或计划在大陆买房，并已经或打算在大陆长期发展。但不工作或退休后不一定会留在大陆。

第三节 大陆台商社会层面的适应

社会层面的适应主要指台商的社会交往，这是一种建立于生存需要之上的更高的需求，是一种较高层次的社会适应，显示了台商主动适应当地社会、融入当地社会，在当地社会获得发展的积极性。有研究表明，内倾性和表层性是移民社会交往的局限性所在。① 就台商而言，内倾性是指他们交往的对象多为与自己有着相似生活背景的台湾人。表层性是指与当地社会居民交往过程中更多涉及业缘关系，而没有情感上的交流，除去业缘联系，他们之间缺乏深入交往的支撑点，因此这种表层性的交往带有明显的功利性质。

问卷调查从三个方面了解福建台商社会层面的适应情况。

一 人际交往与社团参与

台商是与大陆当地社会接触最多、互动最广泛、联系最密切的一个群体，是两岸民间互动最重要的"连缀社群"。台商与当地社会的交往可以划分为正式交往与非正式交往，前者属于业缘关系下的交往，后者则属于日常生活中基于共同兴趣爱好或其他联系的私人交往，带有一定的情感性。台商正式交往对象中大多数是大陆人，也有台湾人。社团参与是台商非正式参与的主要方式，包括当地台商协会、台湾同乡会、高尔夫球队等

---

① 风笑天等：《落地生根：三峡农村移民的社会适应》，华中科技大学出版社，2006。

兴趣团体，家长联谊会以及其他各种社交团体，主要特点是自愿参与，满足信息获取、娱乐休闲、社会交往等需求。

如表5－17～5－19所示，福建台商很少有不与大陆人在工作、经营上有交往关系的，超过一半的受调查者既与大陆人有往来，又与大陆以外的人（台湾人）有往来。六成以上的受调查者本地最熟悉的5个朋友中，"有一两位是大陆人"。这说明福建台商的工作交往圈子以大陆人为主，但是朋友圈中大陆人的数量不多。通过正式的业缘关系与大陆人交往的台商，也比较容易与大陆人建立私人的朋友关系。工作对象大部分为大陆人的台商，其朋友圈中大陆人的比重最高。

见表5－20，在社团参与方面，接近七成的受调查者参加了本地台协会，35.9%的受调查者参加了高尔夫球等类型的兴趣团体，还有接近两成的受调查者参与了台湾同乡会类型的组织。业缘关系是台商交友的主要渠道，台商倾向于与来自台湾的同事或生意伙伴交友。对福州台商的调查显示，70%的受调查者的朋友是台商、台派干部，还有1/3的受调查者与本企业大陆员工交友，与本调查的结论大致相同。

表5－17　事业伙伴或事业上经常往来对象中是否有大陆人

台商交往对象		频数（人）	百分比（%）	有效百分比（%）	累计百分比（%）
有效值	几乎没有大陆人	4	3.2	3.3	3.3
	部分为大陆人	64	51.2	52.5	55.7
	大部分为大陆人	54	43.2	44.3	100.0
	小　计	122	97.6	100.0	
缺失值		3	2.4		
总　计		125	100.0		

表5－18　本地最熟悉的5个朋友中是否有大陆人

朋友中有无大陆人		频数（人）	百分比（%）	有效百分比（%）	累计百分比（%）
有效值	几乎没有大陆人	15	12.0	12.0	12.0
	有一两位是大陆人	80	64.0	64.0	76.0
	大部分是大陆人	30	24.0	24.0	100.0
总　计		125	100.0	100.0	

表 5 - 19　工作对象与朋友关系的建立

| | | | 本地最熟悉的五个朋友中是否有大陆人 | | | 总　计 |
			几乎没有大陆人	有一两位是大陆人	大部分是大陆人	
事业伙伴或事业上经常往来对象中，是否有大陆人	几乎没有大陆人	频数（人）	1	3	0	4
		百分比（%）	0.8	2.5	0.0	3.3
	部分为大陆人	频数（人）	11	44	9	64
		百分比（%）	9.0	36.1	7.4	52.5
	大部分为大陆人	频数（人）	2	31	21	54
		百分比（%）	1.6	25.4	17.2	44.3
总　计		频数（人）	14	78	30	122
		百分比（%）	11.5	63.9	24.6	100.0

表 5 - 20　参加过大陆哪些社团组织（可多选）

参加过大陆哪些社团组织	频数（人）	占调查个案百分比（%）	占回答个案百分比（%）
本地台协会	80	48.8	68.4
家长联谊会	5	3.0	4.3
台湾同乡会	20	12.2	17.1
高尔夫等兴趣团体	42	25.6	35.9
其他	17	10.4	14.5
总　计	164	100.0	

一些受访台商这样描述他们在福建当地社会的人际交往。

> 我的朋友大陆人和台湾人都有，但台湾人居多。有时候可能会讲一句话，他们就理解了，并没有什么恶意。我结识的朋友有一些是缘分，认识不多，不超过 10 个人。台协会不是成立了台青会吗？在台青会这个平台上我认识一些年纪跟我差不多的人，还蛮多的。（ZJP，2009 - 04 - 06）

> 私底下我们组织了小小的团体，十几个人，然后自己给自己取了一个名字，叫福州圆满会，简称福满会就对了。差不多每个礼拜就会聚餐一次，人员比较固定，我担任联系人，周六，几号，在哪里吃饭呀。重点是大家聚会，然后看看最近发生什么事情，每次聚餐都 100

元钱这样的，差不多一桌，因为差不多有的人来来去去，返台、出差呀。大部分没有生意上的往来。（XXL，2009 - 03 - 12）

就好像台青会，一群人一起出去，参加了台协会，一群人中你总会淘到几个人比较要好的，然后大家玩在一起，比较常联系，这些人大部分是台协会的会员。我们几个年轻人也是这样。像台青会有活动，我们差不多也是每个礼拜聚会一次，就是平时比较要好一点。聚会其实很单纯，就是吃吃饭之类，活动不一样，纯粹为了联谊，大家看看近况，没有什么重点，业务上的联系性不是很高，不是上游下游的厂，就是觉得好像在一起比较投缘。出去吃饭，是 AA 制，也不要说今天你请我 500 元，为什么明天你请我 300 元，这样感觉好像也不太好。（XXL，2009 - 03 - 12）

那我的朋友圈子有两个，一个是台协会的朋友，还有一个是没有加入台协会的朋友，那些没有加入台协会的朋友跟我开玩笑说你来成立一个地下台协会吧。二十几个人，朋友生日、老婆生日，在哪里吃饭，最少一个礼拜两次，轮流吃饭，偶尔不出去，闷闷的，也会出去走一走。私下的走动比较多，纯粹都是比较谈得来的朋友。有的是在飞机上来来往往认识的。我们地下台协会的人，大部分是小型的创业者。几千块创业的都有，开个小餐馆什么的。（JZL，2008 - 12 - 30）

P 大哥是新东阳高尔夫球协会的会员，手上有 3 张高尔夫球会员证。持有会员证不仅打球可以打折，而且会员证还是一种投资。几乎每个周末 P 大哥都要去打球，打球不仅锻炼身体，而且在打球的过程中还能结识新朋友、联络老朋友，交流信息。P 大哥说打球会上瘾，高尔夫球是台商中比较普遍的体育运动，且打高尔夫球的消费相对他们的收入来说并不算高，因此打高尔夫球更多的是体现教养，身份的象征意义倒在其次。P 大哥说越成功的人球打得越好，打高尔夫球需要耐心和气度，球不进洞一笑了之，打多少杆是多少杆，没人监督，报杆数靠的是诚实。（田野调查笔记，2009 - 09 - 23，"台干" PXJ 夫妇）

2009 年福州市第五届"台协杯"高尔夫邀请赛颁奖会现场，
笔者摄于 2009 年 10 月 25 日

福州市台协会"牵手之家"2009 年"三八"聚会活动，摄于 2009 年 3 月 8 日

福建台商人际交往与社团参与的特点是：工作圈子以大陆人为主，朋友圈子以台湾人为主。业缘是台商交友的重要渠道，参加台协会等社团组织有利于拓展人际交往圈子。

二 社会支持网

如表5－21所示，超过一半的受调查者日常生活中遇到问题的商量和求助对象多为家人和台湾朋友，而对于工作中遇到的问题，大部分人选择的求助对象首先是同事、上级、生意伙伴，其次是台湾朋友。台湾朋友无论对台商的工作还是生活都有着重要的支持作用；大陆朋友对台商生活和工作的支持作用大致相当；台协会或其他社会团体以及当地政府部门对台商工作的支持作用明显高于对其生活的支持作用。

表5－21 日常生活/工作中遇到问题的商量或求助对象

商量或求助对象	频数（人）		占调查个案百分比（%）		占回答个案百分比（%）	
	生活	工作	生活	工作	生活	工作
家人	66	21	30.6	9.5	54.1	21.0
台湾朋友	61	47	28.2	21.4	50.0	47.0
大陆朋友	28	24	13.0	10.9	23.0	24.0
同事、上级、生意伙伴	28	63	13.0	28.6	23.0	63.0
台协会或其他社会团体	26	37	12.0	16.8	21.3	37.0
当地政府部门	7	28	3.2	12.7	5.7	28.0
总　计	216	220	100.0	100.0	177.0	220.0

一些受访台商告诉笔者他们在情绪不好时或需要帮助时的心理感受及其因人而异的应对方式。

> 我情绪低落的时候会跟弟弟说，那爸爸的话要看状况，因为爸爸事情比较多一点。他现在是要往台湾地区跑、往越南跑，在这边时间比较短一些，因为我跟我弟弟感情是蛮好的。（ZJP，2009－04－06）

LYX 给我讲了一些不太愉快的体验。比如，LYX 给我出示了收据，告诉我过年的时候，居委会主任向他要 1000 元赞助；电动轿车因为被指没有牌照，被交警拖走；还有跟一个房客发生纠纷处理；等等。LYX 告诉我，碰到这些问题，他都是入乡随俗，尽量配合。要解决问题，首先是找市台办、省台办。再就是找两边媒体。他说他近期请了他在台湾"民视"的学生来关注电动轿车被扣的事情。（田野调查笔记，2009 - 03 - 07，三访 LYX）

在这边我有时候会觉得很孤独，会感觉力不从心，会觉得很无力、无奈，但我在台湾不会有这种感觉。在台湾你很熟悉，你有亲戚、有朋友。在这边你也有朋友，但这种朋友是君子之交的朋友，而在台湾的朋友呢，跟你是同学过来的朋友，也有的是同事的朋友，但在这里的朋友感觉就不一样了。比如说，在早期，是我小朋友家长的朋友，还有的是我在做事的过程中碰到的朋友，因为我办农场，在这个过程中，我认识了一些朋友，这个感觉就不一样，而且不同的年龄阶段所交的朋友，那个感觉也是不一样的。比如，我在 30 岁交的朋友，跟我在 35 岁交的朋友，那个感觉也不同啊。我说不清这种感觉。就像现在我也认识很多姐姐，我们没有什么利益关系，平时打个电话，我们平时也会互相打个电话问候一下，我会告诉她，最近我经济上有困难，但我不会告诉她我困难在哪里，因为我知道她也帮不了我什么。但是我在 20 多岁时候的朋友，他们会跟我一起分享、分担一些什么，我 35 岁以后到中国大陆所交的朋友，我找不到可以跟我分享幸福、分担苦难的人。大部分时候还是需要你自己去承担。（LXW，2009 - 01 - 01）

我觉得最好的命是要用钱的时候不要让我缺钱。我老婆心态也好，她常说平安就好。如果不是因为老婆在这里，我早走了。……我老婆很保护我，她是我留在这里的唯一的理由。（WJZ，2009 - 01 - 13）

在适应这个问题上，时间是最好的药方，但也需要大陆朋友的帮助。我有个大陆朋友，我把他当作生活导师一样。我做一件事情，我问他怎么样怎么样，他会问我一句话：你要回（台湾）了吗？（听了他这句反问）我就会去反思自己（思考问题有没有发生偏差）。一般的大陆朋友不会跟

我讲这些。他比较无私，不会出于私心来跟我讲。（CXR，2009 - 02 - 27）

福建台商社会支持网的特点是：家人是生活问题的首要支持者；同事、上级、生意伙伴是工作问题的首要支持者。台湾朋友无论在生活中还是在工作上都对台商有着重要的支持作用。台协会和其他社会团体同样也是台商工作和生活问题的重要求助渠道。

三　社会交往倾向

问卷从三个层面测量福建台商在当地的社会交往倾向。大陆朋友婚丧嫁娶活动反映的是民间层面的交往倾向；各种慈善募捐活动反映的是社会层面的交往倾向；台商投资管理工作和大陆行政机关、企事业单位工作反映的是政府层面的交往倾向。如表 5 - 22 所示，受调查者参与台商投资管理工作的倾向最强，参与大陆行政机关、企业事业单位工作的倾向最弱。对各种慈善募捐活动与大陆行政机关、企事业单位工作"非常愿意"参与的比重明显偏低。对福建台商的调查同样显示，中青年台商对参与台商投资管理工作表现出兴趣。这说明台商社会交往倾向有一定的功利性特征，对与自己关系不大、接触不多的人和事，参与兴趣就低。

一些在福建生活多年的受访者告诉我，去参加大陆朋友的结婚典礼或者丧礼是跟大陆人交朋友的最好方式，礼金多少就不重要了。JZL 解释了他自己为何不愿参加大陆社会的慈善募捐活动。

> 公益事业到这里好像跟台湾有点不一样，有局限。像红十字会啦，作用有限啦。像国际狮子会、国际慈济会、国际扶轮社之类的，这些都是国际的公益事业，但是在大陆受到法律支持的很少。在台湾我跟你讲，一有什么灾难，到处都有人去帮忙，慈济也做得不错。我在台湾不管我钱多钱少，看见人家生活不好，我都很想去帮助他们。在台湾出钱出力我都会做，通过各种渠道。但是在大陆，我切身的一个感受是，我想做都没办法做，因为骗子很多。你有困难，我去帮你，结果被骗了，心里很不平衡。我是出自好心，被骗了你说心里会不会平衡？我在台湾碰到乞丐都会给钱，我在这里从来不给，因为我刚来大陆的时候被骗过几次。（JZL，2008 - 12 - 30）

表 5－22　当地社会交往倾向

交往倾向		频数（人）				百分比（%）				有效百分比（%）				累计百分比（%）			
		A	B	C	D	A	B	C	D	A	B	C	D	A	B	C	D
有效值	非常愿意	28	17	27	12	22.4	13.6	21.6	9.6	22.8	13.9	22.1	10.0	22.8	13.9	22.1	10.0
	比较愿意	30	44	37	24	24.0	35.2	29.6	19.2	24.4	36.1	30.3	20.0	47.2	50.0	52.5	30.0
	一般	59	55	56	71	47.2	44.0	44.8	56.8	48.0	45.1	45.9	59.2	95.1	95.1	98.4	89.2
	不大愿意	4	5	1	8	3.2	4.0	0.8	6.4	3.3	4.1	0.8	6.7	98.4	99.2	99.2	95.8
	不愿意	1			2	0.8			1.6	0.8			1.7	99.2			97.5
	无所谓	1	1	1	3	0.8	0.8	0.8	2.4	0.8	0.8	0.8	2.5	100.0	100.0	100.0	100.0
	小　计	123	122	122	120	98.4	97.6	97.6	96.0	100.0	100.0	100.0	100.0				
缺失值	9	2	3	3	5	1.6	2.4	2.4	4.0								
总　计		125	125	125	125	100.0	100.0	100.0	100.0								
均值*		A＝2.3443	B＝2.3967	C＝2.2562	D＝2.6923												

注：A 指大陆朋友婚丧嫁娶活动的参与意愿；B 指各种慈善募捐活动的参与意愿；C 指台商投资管理工作的参与意愿；D 指大陆行政机关、企事业单位工作的参与意愿。

* 分别给愿意程度赋值，"非常愿意"赋值 1，依次类推，"不愿意"赋值 5。

小　结

本章从经济、生活、社会三个层面，结合问卷调查和深度访谈资料对福建台商社会适应情况进行了具体的描述分析。

在经济层面的适应方面，福建台商普遍能够获得稳定发展，受经济危机影响的程度较小。

在生活层面的适应方面，台商采取大杂居、小聚居的居住方式，在福建长期发展的台商、台派干部多在市区买房或租房，台派干部在流动初期多住在厂区或跟其他台派干部一起居住。生活重心转移到福建，但台商会通过定期返台、将孩子留在台湾受教育、经常关注台湾媒体信息等方式保持与台湾的联系。业余文化生活相对单调、枯燥，文化消费支出很少。台商普遍感到大陆社会在交通、饮食和卫生习惯、人文环境等方面与台湾社会存在差距，自己与家人的医疗保健和人身财产安全是其在大陆最为关心的两个现实问题。大部分人已经或计划在大陆买房，并有在大陆长期发展的打算，但不一定会留在大陆养老。

在社会层面的适应方面，台商的人际交往表现出内倾性和表层性的特点，工作圈子以大陆人为主，朋友圈子以台湾人为主。社会支持网也以家人和来自台湾的朋友为主。台协会等社团组织无论是在拓展台商的人际交往圈子还是在提供工作和生活方面的社会支持上都发挥了一定作用。在社交倾向上，台商对与自己工作和生活直接相关的社会交往与参与更有积极性，比如参加台商投资管理工作，参加大陆朋友的婚丧嫁娶活动。

总休上，台商普遍表示能够适应在福建的生活，同时表示台湾和福建两边的生活都能够完全接受。但福建台商经济融入当地社会的程度高于其他层面的融入程度，在日常生活、社会交往、社会支持、心理和文化认同方面与当地社会的联系还比较松散，要实现在福建"安居乐业"，还有很长的路要走。

第六章

大陆台商的社会认同：
以对福建台商的实证研究为例*

前面两章基于田野调查与深度访谈资料，分别对大陆台商跨界迁移的类型及社会适应行为进行了描述、分析。本章则着眼于心理层面的认同主题，首先从宏观层面对台湾民众认同的历史与现实进行梳理、分析，进而结合实证调查资料，深入剖析微观层面大陆台商的社会认同心理。

第一节　台湾民众认同问题的历史与现实

社会认同具有结构性特征，[①] 两岸关系研究语境下台湾民众的认同又有其特定内涵。目前两岸学界多从政治角度关注、研究台湾民众的认同问题，其中台湾民众的"国家认同"被讨论得最多。但由于长期以来两岸之间的特殊关系，不管是研究者，还是认同的主体，对"国家"的理解存在诸多不同的认知。大体上，"国家认同"中的民族认同、文化认同、制度认同是目前对两岸关系影响最大的因素。[②] 随着两岸关系不断改善，两岸之间各个领域、层面的交流不断深入，影响乃至改变岛内台湾民众认同的因素增多的同时，对台湾民众认同的研究也要随之调整。必须从更广阔的

---

  * 本章主要内容以《台湾民众认同问题的历史与现实：以福建台商社会认同的实证研究为例》为题，发表于《东南学术》2014 年第 1 期。
  ① 参见本书第二章第一节有关"社会认同"的概念解析。
  ② 李鹏：《从两岸大交流看两岸民众共同认同的建构》，载《全国台湾研究会 2011 年学术年会论文集》，2011，第 85 页。

视角来观察，运用不同学科理论，对台湾民众不断变化着的认同现象作出比较客观的解释。例如，陈孔立教授认为，台湾民众的认同除了政治认同，还有文化认同、社会认同，其中社会认同的范围要比政治认同宽泛得多，它不仅仅是政治认同，还包括乡土认同、文化认同、历史认同等方面。[①] 他用社会心理学的理论解释当前台湾民众"中国认同"与"台湾人认同"的关系，"台湾人认同"的加强是台湾民众自尊需求提升的结果，它在凝聚社会共识方面起到积极作用的同时，也会产生"内群偏见"和"刻板印象"，不利于两岸及民众之间积极正面的交流互动。[②] 还有学者用心理学的斯德哥尔摩综合征理论解释当前台湾民众的认同危机的运作机制。[③] 这类研究跳出了单纯的政治学范畴，开始从"社会"的视角来观察和理解台湾民众的认同心理，有助于更加全面系统地观察、理解台湾民众纷繁复杂的认同心理与认同现象。

下文首先沿着历史的脉络简单梳理台湾民众的认同形成及变迁过程，然后聚焦于2008年以来台湾民众的认同乱象，着重分析两岸关系进入新的历史时期以来台湾民众认同的新动向，探析未来两岸关系巩固深化阶段台湾民众认同危机的化解与修复，以及两岸共同认同的建构。

一　台湾民众认同问题的产生及其"国家认同"意识的变迁

（一）台湾民众认同问题的产生

作为一种心理现象，台湾民众认同的基础是一个以地域关系为主的共同体（社会群体）的形成。明代郑成功收复台湾以来直至清代，台湾逐渐形成了一个以汉族移民为主的移民社会，由此逐步形成以"乡土意识"为核心的对台湾本土的认同。但这种认同属于以地域为认同标准的地方性认同（本质性认同），无涉国家认同。[④]

① 陈孔立：《自尊需求与"台湾人认同"》，《台湾研究集刊》2012年第2期，第1页。
② 陈孔立：《自尊需求与"台湾人认同"》，《台湾研究集刊》2012年第2期，第6页。
③ 孙云、刘盛：《90年代以来台湾民众"国家认同"危机的成因分析——一种"斯德哥尔摩现象"的解读》，《台湾研究》2009年第4期，第7～12页。
④ 刘国深：《试论百年来"台湾认同"的异化问题》，《台湾研究集刊》1995年第3/4期，第95页。

台湾民众的"国家认同"成为一个问题始于 1895 年，被殖民经历是其重要历史根源。① 受到外力冲击的台湾社会逐步形成具有"主体性"的"台湾意识"，一方面，台湾被从中华民族母体强行割让出去的历史记忆对台湾民众的"国家认同"造成难以磨灭的伤痕；另一方面，日本对台湾人民实行的皇民教育又造成了近代台湾民众"国家认同"的混乱。同时，台湾被迫同祖国大陆分离，正值中华民族国家观念形成的关键时期，② 台湾民众也就失去了与大陆人民形成共同历史记忆的关键时机，由此对台湾民众形成正确的"国家认同"造成致命伤害。刘国深教授将这一时期台湾民众的认同危机称为认同异化，并认为此后台湾社会所经历的种种历史遭遇不断加深台湾民众的认同异化，最终导致台湾民众"国家认同"与民族认同（中华文化认同，下同）的断裂、错位。

历史研究表明，《马关条约》割让台湾给日本，对台湾当地人民造成严重伤害。但在日本占领的前半期，台湾人民保持了中国的文化和对中华民族的认同，他们回归大陆的意愿从未减退。随着台湾被殖民时间的加长，日本侵略者对台湾的皇民教育削弱了台湾民众同中华传统文化联系的同时，也使台湾民众的民族认同逐渐削弱。这一时期，台湾民众的"国家认同"与民族认同基本上是统一的，并未发生断裂。1949 年，国民党战败迁台，在"两蒋"治理台湾时期，逐渐建立起台湾民众对"中华民国"的"国家认同"。应该说，20 世纪 70 年代以前，迁台的国民党政府旗帜鲜明地坚持"一个中国"，反对台湾"独立"，大部分台湾民众也以"中华民国"为主观认同的对象，台湾民众的"国家认同"与民族认同和谐一致。

但是，国民党政府对台湾统治的一些失误，也使得台湾人民与大陆人民产生隔阂。尤其是 1947 年的"二二八事件"，为后来台湾部分民众"国家认同"与民族认同的断裂、错位，台湾民众认同危机的产生、深化，以及"台独"势力的发展埋下隐患。

---

① 胡文生：《台湾民众"国家认同"问题的由来、历史及现实》，《北京联合大学学报》（人文社会科学版）2006 年第 2 期，第 84 页。

② 黄兴涛：《现代"中华民族"观念形成的历史考察——兼论辛亥革命与中华民族认同之关系》，《浙江社会科学》2002 年第 1 期，第 128～141 页。

（二）台湾民众认同危机的深化

进入 20 世纪 70 年代以后，台湾民众的认同异化加速，认同危机深化。1971 年台湾当局退出联合国，国际上代表中国的是中华人民共和国政府，也是全世界大多数国家承认的中国唯一的合法政府。好不容易建立起来的"中华民国"这一台湾民众的中国认同虚像开始迅速破灭。那么在台湾的"中华民国"政府是一个什么性质的政府呢？台湾当局的官员说不清楚，台湾民众也就更加弄不清楚自己在国际上的地位和身份，陷入迷茫的台湾人开始将台湾认同（其实质为乡土认同）异化为"中国认同"。20 世纪 90 年代以来，台湾民众"台湾认同"强化和"去中国化"趋势较为明显。出生、成长于日据时期的李登辉在执掌台湾政权后，利用政权的力量，一方面解构与重构台湾民众对过去 400 多年台湾所遭受不幸的新历史记忆，另一方面借助于当时岛内盛行的"民主化"和"本土化"趋势，兜售"两国论"和"一边一国论"，由此重塑台湾民众新的"国家认同"（建构性认同），台湾民众的"国家认同"与民族认同发生严重错位、断裂，导致已经出现的认同危机走向激化。2000 年陈水扁上台后，台湾民众认同"本土化"和"去中国化"走得更远、更激进。比如，通过一系列的"正名"运动、修改教科书、毁坏蒋介石铜像等方式去除台湾民众生活中细微的中国（国家）认同符号。

综上所述，台湾民众的认同危机最主要的表现是"国家认同"与民族认同的错位。民族、国家等概念几乎都是同时出现在近代史上，无论是单一民族组成还是多元民族组成的国家，民族和国家这两个概念指向原本不相矛盾，即民族认同与国家认同应该基本一致，但在台湾发生了严重的错位现象，造成岛内长期以来的族群对立、社会冲突，也对两岸关系的和平发展与和平统一造成长期、深远的负面影响。

现阶段台湾民众的"国家认同"出现多元化特征，大体上表现为"一个中国""一中一台""两个中国"三类"国家认同"。[①] 这三类"国家认同"之间又是互相对立的，由此导致台湾民众的"国家认同"更加扭曲、畸形，国家认同的危机在台湾社会埋下了冲突、对立的种子。首先是"一个中国"认同和"一中一台"认同的对立。在社会意识形态上表现为"深蓝"和

---

① 鞠海涛：《当代台湾民众"国家认同"透视》，《两岸关系》2005 年第 3 期，第 6～10 页。

"深绿"对立，在政党方面表现为亲民党、新党与"台联党"、民进党"基本教义派"的对立。其次是"一个中国"认同与"两个中国"认同的对立。在社会意识形态上表现为"深蓝"与"浅蓝"和"浅绿"的对立，在政党方面主要表现为国民党内部的对立与纷争。最后是"一中一台"认同和"两个中国"认同的对立。在社会意识形态上表现为"浅绿"与"浅蓝"，以及"浅绿"与"深绿"的对立，在政党方面表现为民进党与国民党的矛盾，以及民进党与"台联党"的矛盾。而民进党与"台联党"本质上都认同"台湾共和国"，区别只在于一个是"缓独"，不敢也不愿冒战争风险；一个是"急独"，敢于也愿意冒战争风险。

（三）2008 年以来台湾民众认同的新动向

2008 年台湾"总统"大选历经二次政党轮替，2012 年代表国民党竞选的马英九成功连任，两岸关系持续和平发展，现在两岸关系和平发展已经从开创期进入巩固深化阶段。截至 2012 年 8 月，两岸已经连续召开了 8 次"陈江会谈"，双方签署了 18 项协议，包括陆客来台、海空运直航、邮政、食品安全、司法互助、金融合作、农产品检疫、计量认证、船员劳务、ECFA（《海峡两岸经济合作框架协议》）、智慧财产权保护、医药卫生、核电安全合作、两岸投资保障和促进、两岸海关合作等协议。

但是，与两岸经济、社会、文化等各领域交流持续升温形成鲜明对比的是，台湾民众的本土认同呈现逐年上升趋势。根据台湾"国立"政治大学选举研究中心的跟踪调查数据（见图 6 - 1），[①] 自 2008 年下半年开始，自认"是台湾人"的比例显著超过自认"既是中国人也是台湾人"的比例，到 2012 年 6 月，自认"是台湾人"的比例比自认"是中国人"的比例超出 50 个百分点。这就是说，两岸关系大幅改善，但认同"是台湾人"

[①] 根据格罗塞的观点，媒体所做的民意调查往往也是建构扭曲的社会认同的重要因素。两岸有不少研究者也指出，台湾岛内诸如此类关于"中国"或"中国人"认同的民意调查，往往已经预设了政治前提，有误导之嫌，并不能真正反映受调查者的认同倾向。即便如此，文本认为此处引用的调查数据亦能曲折地呈现台湾民众的若干认同变化。参见〔法〕阿尔弗雷德·格罗塞《身份认同的困境》，王鲲译，社会科学文献出版社，2010；刘国深：《偏狭民调乱台湾乱两岸乱世界》，http://www.zhgpl.com/doc/1021/5/1/8/102151858.html?coluid=7&kindid=0&docid=102151858&mdate=0702094003，2012 - 07 - 02；汤绍成：《台湾认同问题的吊诡》，香港《中国评论》2012 年 6 月号。

的比例反而比民进党执政 8 年任何一个时期都高。这一看似矛盾的现象再次告诉我们：两岸关系和平发展与和平统一道路曲折；台湾民众的认同，尤其是政治认同的形成与改变有着复杂的运作机制，这是政治、经济、社会、心理等多种因素综合作用的结果，也是未来两岸关系和平发展与统一绕不开的一道难题。

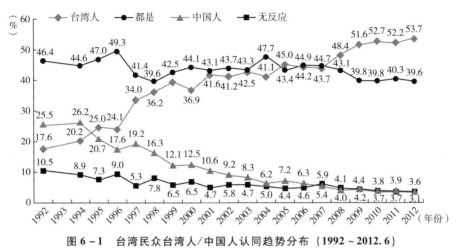

图 6 - 1　台湾民众台湾人/中国人认同趋势分布（1992～2012.6）

资料来源：台湾"国立"政治大学选举研究中心网站，http：//esc. nccu. edu. tw/modules/ti-nyd2/content/TaiwanChineseID. htm。

如果在台湾民众认同的民意调查问卷中将民族认同和"国家认同"区分开来，那么又会得出不同的调查结果。依据台湾《远见》杂志 2009 年 7 月的一份民调结果，近八成台湾的受访民众认同自己是"中华民族的一分子"（2008 年 6 月是 77.2%），约六成受访民众认同"两岸民众同属中华民族"。[①] 由此可见，台湾民众的认同变化主要集中在"国家"层面的政治认同，影响台湾民众认同变化的主要是两岸关系中的制度与政治方面的因素；台湾民众的民族与文化认同心理目前仍然比较稳定。

二　20 世纪 50 年代以来影响台湾民众认同变化的主要因素

台湾民众的认同变化及随着两岸关系日益密切而突出的认同危机（或称

[①] 《远见》杂志民调中心：《两岸互动一年：马英九满意度》，http：//www. gvm. com. tw/gvs-rc/200907_ GVSRC_ others. pdf，2009 年 7 月 16 日。

为认同异化、认同撕裂、认同混乱）出现的原因大体上可以从岛内、大陆和国际三个方面去理解，下文着重分析国民党迁台后影响台湾民众认同变化的主要因素。

（一）岛内因素：社会权力强力介入民众认知的修复与重构

岛内各种政治社会力量是影响台湾民众认同变化最主要的因素。社会心理学的认同理论认为，认同是由一些社会范畴组成的，其中一些范畴比另一些范畴拥有更高的权力、声望和地位。[①] 因此，认同从来就不是一种单纯的心理和行为现象，那些在社会中占支配地位的群体运用国家政权、大众传媒等力量建构大众的社会认知，乃至重构大众的集体记忆，进而建构起有利于自身所属阶层的社会认同意识。据此，我们来分析台湾民众的社会认同意识是如何被影响、被改变的。

首先，"台独"势力有计划、系统性地修改社会记忆。以作为建构集体记忆重要手段的历史教科书为例，台湾学者张亚中等曾经指出，从政治、经济角度来看，"台独"势力到了穷途末路；但是从潜移默化的文化教养方面来说，事实上"台独"势力的"台湾人"运动通过教育非常成功。[②] 他尖锐地指出，台湾当局通过历史教科书几年来的实践，使得台湾年轻人通过历史教科书，慢慢地形成所谓的"一边一国"的政治认同，造成了极大的社会认同危机，这对两岸关系未来发展极为不利。研究者总结了政治权力修改集体记忆的手段：一是选择性记忆，二是放大性记忆，三是歪曲性记忆。总之，一些记忆被忽略，一些记忆被掩埋，一些记忆被强调，一些记忆被篡改。[③] 台湾民众关于国家、中华民族和中华文化的健康的集体记忆被严重扭曲甚至歪曲。

其次，"台独"思想附体台湾的"民主化""本土化"浪潮，台湾民众健康的国家、民族认同心理被利用。以李登辉、陈水扁为主的岛内分裂势力通过政治操弄，将"台独"思想包装成"两个中国"或"一中一

---

① 〔澳〕迈克尔·A. 豪格、〔英〕多米尼克·阿布拉姆斯：《社会认同过程》，高明华译，中国人民大学出版社，2011，第14页。

② 张亚中、王晓波、潘朝阳、谢大宁：《从台湾历史教科书看两岸认同危机》，香港《中国评论》2012年7月号。

③ 刘强：《社会记忆与台湾民众的国族认同》，《江苏省社会主义学院学报》2011年第2期。

台"，利用台湾在 20 世纪 80 年代后期开始的"民主化"和"本土化"历史进程，催化台湾民众的悲情意识，把"本土化"引向"去中国化"，把"台湾意识"异化成"反中共、反大陆、反中国意识"，极力塑造"新台湾人"及"新台湾人"的"国家认同"，兜售其"台独"思想。整个台湾社会认同的质变始于"千岛湖事件"。李登辉借助"千岛湖事件"，开始在台湾民众中塑造出"中共等于中国"的虚假认同图像，因此"反共"就是"反中国"。岛内民意调查显示，在"千岛湖事件"之后，台湾认同逐渐取代中国意识。李登辉、陈水扁在任时期推行的一系列"去中国化"政策，使岛内民众业已形成的两岸同属一个中华民族、同属一个中国这一本不是问题的政治认同出现严重错乱。因此，台湾岛内的"民主化"和"本土化"与"台独化"建立起了一种奇特的共生结构，民主化进程越是推进，"台独"进程就越是加深，对"中华民国"的"国家"符号认同越是淡化。① 张亚中指出，"民主化"以后台湾民众在认同问题上翻天覆地的改变不是通过暴力手段，而是经由"民主化"的种种程式，在"中华民国"的体制内进行。台湾是在"自亡其史"，把自己从中国历史中的"我者"变成"他者"，建构了一套完全不同的史观，也就建立起完全不同的认同。②

再次，岛内新闻媒体政治对立色彩鲜明，片面、失真、缺乏客观性的报道，干扰民众建立理性的社会认同。例如，长期以来，岛内新闻媒体很少报道大陆相关信息，即便有也以负面信息居多，并且岛内当局长期以来把大陆"妖魔化"，很多台湾民众对大陆缺乏比较客观、真实、全面的了解，对大陆政党和社会制度产生恐惧心理，甚至产生排斥心态。受选举文化影响，岛内媒体发布的民意调查名目繁多，但不少民意调查以服务选举为目的，党派色彩和意识形态色彩鲜明，不仅民意调查过程本身对民众理性、健康的认同意识造成干扰，而且缺乏客观性的民意调查结果也常常直接影响到执政者的决策。

当然，我们还要看到台湾当局和台湾民众的认同选择动机是不同的。李登辉、陈水扁在任期间推行"去中国化"政策，否认"中国认同"是岛内选举政治、选举文化、选举利益高于一切的特殊政治环境使然。为此，

---

① 胡文生：《台湾民众"国家认同"问题的由来、历史及现实》，《北京联合大学学报》（人文社会科学版）2006 年第 2 期，第 86 页。

② 张亚中：《异化的史观与认同：从我者到他者》，香港《中国评论》2012 年 5 月号。

他们刻意将自己的民族身份与中华民族区隔开来，混淆视听，严重扰乱台湾社会健康的社会认同。与此相应，我们也看到岛内另外一些政治人物，如连战、宋楚瑜和郁慕明、马英九等在各种场合都不否认自己是中华民族一分子的民族身份。

但是，台湾民众的认同选择在很大程度上是基于一种自尊心理需要，[①]应该给予一定的尊重与理解。20世纪70～80年代台湾经济起飞后，逐渐富裕起来的民众相对当时较贫困的大陆有强烈的物质上的优越感。但在这种优越感不断提升的同时，台湾却在国际上"失去了他人的认可"，这就极大地挫伤了部分台湾民众与社会精英的自信心与自尊心。他们在台湾社会步入民主化的过程中，以"另起炉灶"为招牌，选择"分离主义"作为对抗国民党专权统治和争取新国际身份的途径。

（二）大陆因素：对台政策与两岸经济社会发展差距的消长对台湾民众认同变化的影响越来越大

大陆主要从内生和外生两个方面，通过直接和间接两种方式对台湾民众的认同产生影响。

首先，中华文化是作用于台湾民众认同的长期、持久的内生力量。中华文化也是"两岸最大的公约数"，是维系两岸人民关系的强大纽带。传统中华文化的根在大陆，弘扬与发展两岸共有的中华文化有利于稳定和巩固台湾民众的民族认同与中华文化认同。

其次，大陆对台政策对台湾民众认同产生强大的影响力。从大陆方面看，党和国家制定的对台交流合作方针、政策使两岸关系的发展日益密切、日益理性。务实的大陆对台政策已经成为影响两岸关系的重要力量。自2005年连战、宋楚瑜相继到大陆访问及"国共论坛"平台建立以来，大陆又继续通过海峡论坛、经贸文化论坛以及两岸"两会"平台不断出台一系列惠台政策，这些惠台政策既是两岸关系的亮点，也是推动两岸关系发展中大陆对台政策最积极与活跃的因素。[②]正因为如此，大陆对台政策也受到越来越多台湾普通民众的关注。例如，两岸商签ECFA、陆资入台、

---

① 陈孔立：《自尊需求与"台湾人认同"》，《台湾研究集刊》2012年第2期，第1～7页。

② 盛九元：《对大陆惠台政策效应的评价与思考》，载《全国台湾研究会2010年学术年会论文集》，2010，第261页。

陆生入台、陆客自由行等这些与台湾民众关系密切的议题都在台湾社会引起广泛关注。作为一种国家政策的大陆对台政策，对台湾民众认同的影响日益从间接影响力变成直接影响力。

最后，两岸经济社会发展差距的消长，在一定程度上改变着台湾民众对大陆的思想感情与社会认同。大陆在政治、经济、文化、社会等各个领域的发展水平提高、国家综合实力增强、对外形象改善以及国际地位提升，都会影响到台湾民众的社会认同。长期以来，台湾方面对大陆有一些偏见与刻板印象，产生了一种自我优越感，但是这类普遍存在于台湾民众中的刻板印象，日益经受不起时间和现实的检验，台湾民众在逐渐调整对大陆及自身社会认知的同时，原有的社会认同也随之悄然发生变化。

从一定意义上说，在两岸关系互动中，大陆一方对两岸关系的好坏及台湾民众的认同倾向产生的影响力相对更大。胡锦涛主席提出"寄希望于台湾人民"的对台交流合作方针，其实质是争取台湾民众在感情、心理上对中华民族、中华文化的认同感和归属感。

（三）国际因素：长期以来美、日等国不放弃插手干预台湾问题，干扰台湾民众健康认同的建构

由于历史原因，国际因素特别是美国、日本因素对台湾民众认同存在一定影响。美国长期插手台湾问题，经常以"台湾的保护者"面目出现，台湾在军事、经济上对美国有依赖性，其社会精英多有留美背景，其现行制度和价值观受美国影响也较深。日本对台湾经济文化的影响仅次于美国，不少民进党和"台独"人士因有日据时期的成长经历，对日本有相当好感。美、日等国出于自身战略利益考量，不断干预台湾问题，企图将台湾变成一枚遏制中国的棋子，进一步误导了"台独"势力，使其对美日产生幻想，期待依强图存，这也稀释了台湾部分民众的国家和民族认同意识，他们产生平衡性选择倾向，[①] 担心因两岸关系过热而被大陆"套牢"，因而赞成购买美国武器，以求心理平衡。

---

① 刘国奋：《对两岸关系和平发展时期台湾民意的探讨》，载《全国台湾研究会 2011 年学术年会论文集》，2011，第 484 页。

第二节　大陆台商社会认同的实证研究

本节将重点转向弱政治性的社会认同，以 2009～2010 年在福建生活的台商为研究对象，通过田野调查和实证分析，深入剖析以大陆台商为代表的台湾民众在两岸关系进入大交流、大合作、大发展阶段的社会认同特征及细微变化。

从社会适应角度来看，大陆台商的社会认同属于心理与文化层面的适应，主要指台商在与当地社会互动过程中的心理感受，进而形成的对自己所属的地域、群体、文化等各种身份的认同转换和重新定位，以便接受和平衡现实生活环境转变所引起的一系列混乱、落差，甚至风险，"使自我和变化着的环境的有效联系得以重建，以免于主体存在感的失落"。[①]

大陆台商的社会认同是考察台商社会适应情况和社会融入程度的重要指标。有学者在对迁移人群社会融合研究进行文献梳理时发现，西方学界将错综复杂的国际移民社会融合问题约简为文化融合问题，而国内学界对国内迁移群体社会融合的研究淡化了文化的功能，突出了人际关系和社会参与的作用。[②] 造成这种研究偏向的原因在于国际移民与国内迁移群体所面对的具体适应问题是不同的。本书所研究的大陆台商既不属于国际移民，又不同于国内迁移群体（如农民工群体）。他们没有遭遇国际移民那样强烈的文化冲突，也没有像国内迁移群体那样经历城乡经济和文化地位的巨大落差。大体而言，大陆台商在经济地位上占据相对优势地位，在地域文化上有相对优越感，在政治身份上面临尴尬处境，在社会身份上存在矛盾心态。但是相对于本地居民，他们一定程度上仍然是弱势群体，都需要面对陌生的新环境，获取在当地发展的新资源，更进一步的需要是完成心理的调适和对文化差异的认同与接纳，以适应

[①] 钱超英：《自我、他者和身份焦虑——论澳大利亚华人文学及其文化意义》，《暨南大学学报》（哲学社会科学版）2000 年第 4 期，第 4～12 页。

[②] 张文宏、雷开春：《城市新移民社会融合的结构、现状与影响因素分析》，《社会学研究》2008 年第 5 期，第 117～141 页。

和融入当地社会。

本书所做的问卷调查侧重于受调查者的主观感受和认知，① 从四个方面了解台商的社会认同状况。

一　与当地社会的互动感受

与当地人的互动感受包括自己与大陆本地人异质性的心理感受以及被大陆本地人接纳程度的心理感受。

表 6-1 显示，57.4% 的受调查者只是偶尔意识到自己是"台湾人"，超过 1/3 的受调查者感觉自己常常被提醒是"台湾人"。

表 6-2 显示，一半以上的受调查者感觉自己作为"台湾人"的行为特征比较突出，很容易被认出是"台湾人"。

表 6-3 显示，62.8% 的受调查者感觉大陆当地老百姓一般都可以接受"台湾人"。有 33.9% 的受调查者认为大陆当地居民要接受自己"需要时间，得慢慢来"。有受访者认为"台湾人"在语音语调、着装习惯、饮食和卫生习惯等方面与当地老百姓有明显不同，因此在与当地老百姓的互动中比较容易被感觉与众不同。被对方认出来自台湾不会引起对方特别的反应，但是在消费购物时有被漫天要价的担心。

表 6-1　日常生活中对自己是"台湾人"的意识

生活中对自己是"台湾人"的意识		频数（人）	百分比（%）	有效百分比（%）	累计百分比（%）
有效值	常被提醒自己是"台湾人"	43	34.4	35.2	35.2
	偶尔意识到	70	56.0	57.4	92.6
	常常忽略掉	9	7.2	7.4	100.0
	小　计	122	97.6	100.0	
缺失值		3	2.4		
总　计		125	100.0		

① 参见本书第二章社会适应与社会认同相关论述。本书对大陆台商"社会认同"的操作化基于笔者在深度访谈中所形成的认知。

表 6 – 2　一看就知道我是"台湾人"

态　度		频数（人）	百分比（%）	有效百分比（%）	累计百分比（%）
有效值	非常同意	26	20.8	21.8	21.8
	比较同意	38	30.4	31.9	53.8
	一　般	43	34.4	36.1	89.9
	不太同意	11	8.8	9.2	99.2
	不同意	1	0.8	0.8	100.0
	小　计	119	95.2	100.0	
缺失值		6	4.8		
总　计		125	100.0		

表 6 – 3　感觉大陆当地百姓是否能够接受"台湾人"

当地人是否接受"台湾人"	频数（人）	百分比（%）	有效百分比（%）	累计百分比（%）
有效值　一般都可以接受	76	60.8	62.8	62.8
需要时间，得慢慢来	41	32.8	33.9	96.7
不太容易接受"台湾人"	4	3.2	3.3	100.0
小　计	121	96.8	100.0	
缺失值	4	3.2		
总　计	125	100.0		

　　不少受访者感觉在大陆人印象中"台湾人"是有钱人的代名词，他们自身却并不认同这种评价，反而向笔者解释自己出身贫寒，现在有点钱也是吃苦受累打拼挣来的。

　　工作上，我们的生意状态是比较单纯的，就是跟客户接触一下，没有太复杂。我跟人家都说我是泉州的，那后来我跟人家说我是台湾的，祖籍泉州，人家说OK，也没有觉得特别怎么样。（YZQ，2009 – 04 – 20）

　　因为从小的环境就不好，我的成长过程，六七岁我懂事的时候，小严，我早餐吃一碗粥，碗里几颗米粒还可以数得过来，这样的人生你经历过吗？我就是这样成长起来的，你不要以为我从小就很富裕。你们都命好啊！大多超过50岁的台商，成长的环境都很辛苦。（田野调查笔记，2009 – 05 – 06，WHS的厦门生活）

　　我们家里的经历就是这样。出生在一个贫苦的家庭，一直到大学毕业。我出生的时候都是租人家的房子，永远没有自己的房子，人家还家徒四壁，我们家连四壁都没有，一直到我爸爸去世都没有自己的房子。后来我赚了钱，买了别墅住。后来又买了部奔驰，在开回来的路上，自己都掉眼泪。（WCF - 2009 - 04 - 28）

　　去福清的时候，就是搞土建的时候，我就待在那边，住在人家乡下的那个民房，房内没有厕所，厕所是公用的，我也都无所谓。天天跟他们在工地混啊，工头吃什么，我就跟着吃，安全局的人看了，就说千金小姐怎么这个样。（笑）我没有任何怨言啊。像我父亲在这边事业做得很大，我并没有感觉，因为我一直都在台湾，我自己打工啊，在贸易公司上班啊，我适应性比较强。不是说我们家从小就富裕，也是有不好的时候，我也有过得很苦的时候，所以我觉得这很正常。（CXR，2009 - 02 - 27）

二　地域身份认同

　　地域身份认同回答的是"我将归属在哪里"的问题。[1] 下文从哪边过春节、哪边像家、哪边生活比较习惯、理想的工作和生活地点五个方面了解台商地域身份认同情况。

　　表6 - 4 显示，85.5% 的受调查者春节是在台湾过的。

　　表6 - 5 显示，近2/3 的受调查者认为台湾那边比较像家。

表6 - 4　在哪边过春节

在哪边过春节		频数（人）	百分比（%）	有效百分比（%）	累计百分比（%）
有效值	福建	16	12.8	12.9	12.9
	台湾	106	84.8	85.5	98.4
	其他地方	2	1.6	1.6	100.0
	小计	124	99.2	100.0	
缺失值		1	0.8		
总计		125	100.0		

---

[1]　Paasi, A., 2003. "Region and Place：Regional Identity in Question," *Progress in Human Geography*, 27（4）：475 - 485.

表 6 - 5　福建与台湾，哪边像家

哪边像家		频数（人）	百分比（%）	有效百分比（%）	累计百分比（%）
有效值	福建这边比较像家	2	1.6	1.6	1.6
	台湾那边比较像家	82	65.6	66.1	67.7
	两边都像家	40	32.0	32.3	100.0
缺失值		1	0.8	0.8	
总　计		125	100.0	100.0	

　　表 6 - 6 显示，台湾仍然是理想的生活地点和理想的工作地点的首选，不过选择台湾为理想生活地点的比例比选择台湾为理想工作地点的比例要高 20.5%。福州成为继台湾之后的理想工作地点；上海、苏州、杭州等地则成为继台湾之后的理想生活地点。此外，理想的长期工作地点与理想的长期生活地点大致是重合的，以福州为理想工作地点的受调查者多倾向于以福州和台湾为理想的生活地点；以上海、苏州、杭州等地为理想工作地点的受调查者则会选择以上海、杭州、苏州等地，以及台湾和国外为理想的生活地点（见图 6 - 2）。

表 6 - 6　理想的长期工作/生活的地方

理想的工作/生活地点		频数（人）		百分比（%）		有效百分比（%）		累计百分比（%）	
		工作	生活	工作	生活	工作	生活	工作	生活
有效值	台湾	42	68	33.6	54.4	33.9	54.4	33.9	54.4
	福州	31	16	24.8	12.8	25.0	12.8	58.9	67.2
	厦门	20	16	16.0	12.8	16.1	12.8	75.0	80.0
	上海、杭州、苏州等地	20	19	16.0	15.2	16.1	15.2	91.1	95.2
	国内其他省市或地区	9	5	7.2	4.0	7.3	4.0	98.4	99.2
	国外	1	1	0.8	0.8	0.8	0.8	99.2	100.0
	说不清	1		0.8		0.8		100.0	
缺失值		1		0.8		0.8			
总　计		125	125	100.0		100.0			

　　YZQ 是二代青年台商，他这样评价他去过的一些大陆主要城市。

　　我是觉得福州太小了，福州人的素质跟不上来，沿海整条线，广州是国际大城市，某些方面的世界观是不同的，像深圳、上海更

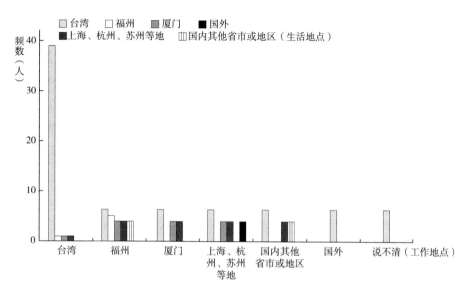

图 6 - 2　理想的长期工作地点与理想的长期生活地点

不用说，还有厦门，很多人以为厦门是福建的省会。然后是温州、福州、杭州、上海，基本上我就觉得福州最弱，因为大部分这一带我都跑过，就是福州最差、最弱，又脏又乱，真的没办法。当然我个人是 OK 啦。像我们在南京设有一个点，南京的送货成本是这边的 1 倍到 2 倍，因为大，光送一个东西就要跑很远。在福州打的也不会超过 30 元，所以小城市也不是坏事。厦门不是做了 BOT 嘛，不知道效果怎么样？福州这么小，据说也要建地铁，估计到长乐、到青口会有很多人坐。我去上海全部都坐地铁，因为走路塞车，打的又很贵，所以坐地铁。上海太方便了，我觉得到上海就像到台北一样。我是觉得上海不错哟，非常喜欢上海，常去南京出差，又去上海玩了两次，不过它的节奏很快。你跟上海人做生意，运送成本很高。厦门不错啊，我当时也问他们怎么不去厦门投资，他们说当时没有机会。不过这里这几年发展还 OK 啦，硬件还可以，人的素质要差一点，跟不上。怎么讲呢，就是金玉其外，败絮其中啦。（YZQ，2009 - 04 - 20）

三　群体身份认同

群体身份认同是对"我归属于哪个群体"的回答，外地/本地群体是比较常见的群体划分方法，到大陆投资的台商与当地社会居民共处同一社会空间，却存在社会边界的划分，由此形成了"台湾人"群体和"大陆人"群体。下文从群体信任感和群体同质性认知两个方面分析台商对群体身份认同的情况。

表6-7显示，受调查者对"台湾过来的人"的信任程度远远高于"大陆本地人"，认为"台湾过来的人"大多数可以信赖的比重高于对"大陆本地人"的信任度40个百分点。

表6-8显示，近40%的受调查者对参加"台湾人"在大陆的社团组织或活动兴趣不高。

表6-9显示，约有一半的受调查者不认为在福建的"台湾人"是一个整体。他们在情感上更倾向于信任与自己来自同一地域和成长环境的"台湾人"，同时在理性上也认识到"台湾人"跟"台湾人"不一样，有好也有差。

表6-7　"台湾过来的人"/"大陆本地人"是否可以信赖

依赖度		频数（人）		百分比（%）		有效百分比（%）		累计百分比（%）	
		台湾	大陆	台湾	大陆	台湾	大陆	台湾	大陆
有效值	大多数可以信赖	62	12	49.6	9.6	49.6	9.6	49.6	9.6
	部分可以信赖，部分不可以信赖	61	100	48.8	80.0	48.8	80.0	98.4	89.6
	只有小部分可信赖	2	13	1.6	10.4	1.6	10.4	100.0	100.0
总　计		125	125	100.0	100.0	100.0	100.0		

表6-8　更愿意参加"台湾人"在大陆的社团组织和活动

认同度		频数（人）	百分比（%）	有效百分比（%）	累计百分比（%）
有效值	非常同意	37	29.6	30.6	30.6
	比较同意	36	28.8	29.8	60.3
	一　般	46	36.8	38.0	98.3
	不太同意	2	1.6	1.7	100.0
小　计		121	96.8	100.0	
缺失值		4	3.2		
总　计		125	100.0		

表 6-9　在福建的"台湾人"大体上是一个整体

	认同度	频数（人）	百分比（％）	有效百分比（％）	累计百分比（％）
有效值	非常同意	19	15.2	16.5	16.5
	比较同意	35	28.0	30.4	47.0
	一　般	49	39.2	42.6	89.6
	不太同意	9	7.2	7.8	97.4
	不　同　意	1	0.8	0.9	98.3
	说　不　清	2	1.6	1.7	100.0
	小　计	115	92.0	100.0	
缺失值		10	8.0		
总　计		125	100.0		

一些受访者陈述了自己对本群体内部分化的认识。

> 大陆的人先期对台湾人的印象并不是很好，从他们的言行举止就看得出。因为先期有些（台湾来的）人就不好嘛，有一些违反社会治安的人到这边来生活，有黑道呀，什么都有，然后还有骗子，就是台湾人跟这边的女人搞一些关系呀，然后造成很多的误区呀。（ZJP，2009-04-06）

> 大陆的台湾人群体就像一个社会一样，各式各样的人都有。早期来的台商，从事制造业的比较多，规模也是比较偏小的。早期来到福州的，很多都是没有开放的时候来的。后来真正开放了以后，都是往广东深圳那边跑的。迟一些的时候，电子业大幅度进来，大部分是往长三角那边跑，好像我自己的看法可以分为这三个时期。那长三角以后，可能有一些台商比较愿意到内陆地区。那台湾人的形象其实也有很多种说法，其实讲得都对。有花天酒地、形象很坏的，"包二奶"的也有，就是行为不检点的非常多，我想这个肯定是有的。然后也有那些洁身自爱的，整体素质比较高的。就就业、对工作比较投入，这种形象的人也是有的。可能就看他是什么行业、什么产业、公司的规模、形象怎样，所以各式各样都有，既然这个群体大到这样一个地步。（CBJ，2009-03-13）

四　文化身份认同

文化身份认同是对"我应该采用哪一种文化模式"的回答，文化认

同体现在服装、食物、交往的人群、坚持的价值观，以及用来适应新文
化和当地人的策略等方面。① 台商从台湾迁移到大陆，虽然两岸语言相
通、文化同源，但由于两岸在社会制度、发展水平、历史经历等方面存
在较大差异，台商依然面临文化身份转换的问题。下文从语言使用、思
想观念的差异性和对中华文化认同三个方面了解台商对文化身份认同的
情况。

表 6－10 显示，55.8% 的受调查者倾向于跟"台湾人"讲闽南语。

表 6－10　更愿意与在大陆的台湾人讲闽南语

	认同度	频数（人）	百分比（%）	有效百分比（%）	累计百分比（%）
有效值	非常同意	30	24.0	25.0	25.0
	比较同意	37	29.6	30.8	55.8
	一　般	49	39.2	40.8	96.7
	不太同意	3	2.4	2.5	99.2
	说 不 清	1	0.8	0.8	100.0
	小　计	120	96.0	100.0	
缺失值		5	4.0		
总　计		125	100.0		

表 6－11 显示，75.2% 的受调查者认为自己与大陆人的观念和想法存
在部分差距，还有 14.9% 的受调查者认为这个差距非常大。

表 6－11　自己的观念与想法是否与大陆人差不多

	认同度	频数（人）	百分比（%）	有效百分比（%）	累计百分比（%）
有效值	不，还是差非常远	18	14.4	14.9	14.9
	有部分类似，有部分还有差距	91	72.8	75.2	90.1
	是，已经没有太大的差别了	12	9.6	9.9	100.0
	小　计	121	96.8	100.0	
缺失值		4	3.2		
总　计		125	100.0		

---

① Ward, C., Bochner, S. & Furnham, A., 2001. *The Psychology of Culture Shock* (2nd ed.). Boston: Routledge Kegan Paul.

表 6 - 12 显示,60% 的受调查者认同两岸相同的文化根源是发展事业的有利因素,但也有近四成的受调查者认为作用不明显。

表 6 - 12　与当地社会有着相同的文化根源对我的事业发展很有帮助

认同度		频数(人)	百分比(%)	有效百分比(%)	累计百分比(%)
有效值	非常同意	26	20.8	22.6	22.6
	比较同意	43	34.4	37.4	60.0
	一　般	43	34.4	37.4	97.4
	不太同意	3	2.4	2.6	100.0
	小　计	115	92.0	100.0	
缺失值		10	8.0		
总　计		125	100.0		

笔者在田野调查过程中观察到台商在很多场合交替使用普通话和闽南语,但"台湾人"与"台湾人"之间交流时主要用闽南语的情况比较普遍。福建当地居民中也有一部分居民使用闽南语,虽然在语音语调上与台湾当地有细微差别,但基本没有沟通障碍,使用闽南语交流有一种内部人的亲近感,拉近了双方的距离。PXJ 对讲闽南语还有另一种理解,轻声细语的闽南语体现了台湾人特有的礼貌和教养。

> 闽南语早期是(台湾)官话,事实上跟台湾当地俚语差别很大。跟台商沟通的话,讲闽南语比较亲切,一般讲闽南语轻声细语。台湾人到了公共场合,两个人讲话都是以听到为原则,不会喧哗,我有时候回台湾被小孩子纠正。(田野调查笔记,2009 - 02 - 23,参观 PXJ 的公司)

而在有些场合,台商讲闽南语被理解成对听不懂闽南语的大陆员工的排斥。SXP 是一位在台资企业工作的江苏籍干部,他说:

> 在公司开会的时候,台派干部讲到重要的地方会讲我听不懂的闽南语,我就很气愤。轮到我讲的时候,我就讲我们家乡的连云港话,他们就说听不懂,我说你们讲的我也听不懂啊。(田野调查笔记,2009 - 06 - 26,台资企业大陆干部 WXZ 与 SXP)

台商在文化身份的选择上具有"求同存异""和而不同"的特点，一方面将自己置身于中华文化的大背景中，这是顺利融入当地社会的基础；另一方面倾向于保持自身所具有的台湾文化特质，按照在台湾社会中习得的价值观念和行为方式来处理问题。一位在大陆工作的台派干部从香烟、拌面、可乐、剩饭等亲身经历的事情中体会到两岸价值观的差异，但他仍然选择坚持自己的价值观，反映了大部分台商面临价值观念摩擦和冲突时的普遍倾向。

> 价值观与价钱观的落差，是我常年在大陆生活经验之中很错乱的一部分。许多在台湾很生活化的观念，在大陆是不适用的。……在台湾人眼里，美味未必等于高价。相反，高价的不见得美味。其实，饥饿才是美食的动力。30 多年以前的台湾，食物是相当匮乏的。因为食材的稀少和国民的低消费力，供需能力所及的，也就是那么一些。所以，培养出台湾的庶民美食文化和小吃文化。而在大陆人普遍的观念中，价格不仅是食物味道的象征，也是身份跟地位的象征，越是价格高，越是味道好，越是上等人。①

第三节　在绵密的两岸双向交流中夯实台湾民众认同的社会基础

一　从政治认同到社会认同：全面观察台湾民众认同的变化、发展

前述台湾民众认同问题的产生及认同危机的深化更多地指涉较为宏观和政治层面的国家认同，以及由此引起的民族、文化身份认同混乱问题。台湾民众认同危机造成的后果是十分严重的。首先，从两岸关系的未来看，认同的异化会导致台湾民众在思想、心理和行为上的偏差，视祖国大陆为异己，不愿两岸走向和平、走向融合。其次，从岛内政治走向看，强

---

① 左军：《大陆生活记实——价值观与价钱观》，http：//www.twgocn.net/viewthread.php?tid=39517&page=1&authorid=25772009-1-24，2009-01-24。

烈的台湾本土意识容易被"台独"势力利用，甚至有可能存在"台独"势力再度上台的危险。最后，从台湾民众个人和社会心理安全看，认同撕裂造成台湾民众内在的心理冲突，人为割断台湾与中华传统文化的联系，必将使台湾社会陷入意识形态的混乱和社会心理的长期冲突与动荡不安之中。两岸都意识到台湾民众的认同危机关系到两岸互信的建立，关系到两岸和平发展的民心导向，已经成为当前和未来两岸关系发展中亟须面对的重要问题。

只有站在历史发展的高度理解台湾民众认同问题的产生及发展，才能准确、客观地把握台湾民众认同的心理脉动，探索出符合民心国情的求解之道。笔者认为，20 世纪 50 年代以来台湾民众的认同心理及其变化经历了三个历史阶段，在不同历史阶段，认同变化的社会基础也不同。第一阶段是 20 世纪 50~80 年代，两岸之间的主要矛盾是国共两党之间的矛盾，是政治制度之间的矛盾。这一阶段，台湾民众逐渐建立起对"中华民国"的"国家认同"，"国家认同"与民族（中华文化）认同统一。第二阶段是 20 世纪 90 年代中期至 2008 年，两岸之间的主要矛盾是"统独"矛盾。这一阶段，台湾民众的"国家认同"与民族（中华文化）认同被严重撕裂，台湾民众认同问题的关键在于是否承认台湾是中国的一部分，以及台湾是否应该寻求与大陆统一。① 第三阶段是 2008 年至今，两岸之间的主要矛盾仍然是"统独"矛盾，但两岸关系发展的社会基础已经发生了变化，可以暂时搁置政治认同，在其他层面的认同方面取得突破。在前两个阶段，两岸民众少有在日常生活中进行长期的交流互动，台湾民众对大陆尚有明显的防备与排斥心理；到了第三阶段，两岸民众从未如此密集地在同一个地域和社会空间面对面进行全方位、多层次的交流互动，互相深入对方日常社会生活中的经历，将对两岸民众各自对对方的认同心理产生潜移默化的影响。

以大陆台商群体为例，在两岸社会的交往、交流中，没有哪一个群体能像台商群体这样与两岸社会同时保持密切、深入、持久的联系，也没有哪一个群体像台商群体这样处于两岸社会的夹缝之中，遭遇身份认同的模

---

① 汪天德：《台湾的认同危机和台独势力的发展》，《思想战线》2007 年第 4 期，第 14~20页。

糊与尴尬。基于上文的实证研究发现，笔者认为大陆台商群体在两岸民间交流中扮演着重要角色，是两岸民间交流的使者和强有力的推动者，也是两岸社会融合的先行者，更是两岸社会共同认同的建设者。台商在大陆的社会适应与融入就是两岸间弥补历史造成的隔阂、建构新型两岸认同的重要途径。首先，台商在大陆获得经济上的成功是台商社会适应的基础。其次，台商与当地民众在长期的社会交往中逐步实现平等交往、和谐共处，建立深厚的同胞情谊。最重要的是，在台商与大陆民众共同的日常生活与相处中，实现两岸民众的相互理解、尊重，台商能在思想感情上融入当地社会，把当地社会当成第二故乡，乃至在两岸民众对各自政治、文化、社会等方面的差异性和共性的深刻了解的基础上，建立起一种新型的两岸社会共同认同。

二　两岸认同的困境：经济交流与政治认同不会自然衔接

如果沿用上述第二阶段观察台湾民众认同的标准，不可避免地会看到在第三阶段持续滑落的台湾民众"中国认同"趋势与两岸密切的经贸往来、民间交流形成鲜明反差。想当然地认为台湾老百姓仅仅因为得到了大陆经济利益的好处，两岸的差异和隔阂便瞬间消除是不现实的。因此，我们需要认真思考两岸经济交流与台湾民众认同乃至两岸政治统合的关系。

首先，经济交流有利于台湾民众认同倾向的改变。在经济和社会上的往来与交流中建立起相互依赖的关系，可以促使相互依赖的各方学习用他者的眼光来看待自己，可能会导致自我身份的再定义和新的集体认同出现。事实上，即使在两岸相互隔绝时期，两岸之间的经贸交流也从未中断，并且从涓涓细流发展成奔涌的洪流，在大陆形成了一个有 100 万之众的台商群体。两岸经济交流所带来的不仅仅是资金流、货物流，还带动了人员的频繁往来和观念的碰撞，有助于台湾民众对大陆的了解和对中华民族与中华文化的进一步认同，进而共享大陆经济发展成果，增强作为中华民族子孙的自豪感。

目前两岸经济交流尚处于盘整深化阶段，如果过于关注经济交流的政治效应，可能会适得其反，正如台湾学者刘文斌所说，两岸经济因素逐渐统合，但"国家认同"的政治因素却造成两岸关系的紧张。[①]

---

① 刘文斌：《台湾"国家认同"变迁下的两岸关系》，台北问津堂书局，2005，第 22 页。

　　其次，两岸在经济交流中加深了解的同时，在深层次上的差异也开始显现。两岸很多学者都观察到，两岸在制度上的差异是影响台湾民众"国家认同"的症结所在。两岸大交流对台湾民众的"制度认同"的影响是潜移默化的。上百万的台商在大陆正常经营，上百万的台湾同胞选择在大陆居住生活，本身已经证明制度的差异本不应该成为两岸走到一起的障碍。当台湾越来越多的民众了解到大陆的政治和社会制度并不是他们在岛内舆论报道和书上所描述的那样，当他们通过交流亲身感受到大陆必须实行与国情相适应的制度，他们不仅不会感到恐惧，还有可能更加深入地思考大陆制度的某种合理成分，从而促进两岸在"制度认同"上差异的缩小。①

　　最后，在经济利益共识的基础上跨越制度的差异性，建构更具包容性的两岸共同认同。有台湾学者认为，两岸之间的"九二共识"只是经济利益上的共识，如果要建构政治和文化的共识，必须要跨越两岸公民意识与"制度认同"的鸿沟。② 正如两岸交流遵循先经后政、先易后难、搁置争议、求同存异的原则一样，在两岸共同认同的建构上，理应解析出台湾民众认同的结构性与层次性，并将建构深具包容性的两岸民众共同的"国家认同"作为两岸共同认同的最终目标。而两岸对"一个中国"的共同认同正是两岸走向统一的社会心理基础。当前迫切需要解决的问题是如何有效地开导台湾结由负转正，然后把正的台湾结（健康的台湾意识）与新格局中具有说服力及整合力的中国结（健康的中国意识）连接在一起，动员所能动员的一切积极因素以开创新局面，即让人民多参与，使老百姓获得真正的"归属感"。③ 还有学者提出，密切的民间交流有助于强化同属于中华民族的文化认同和情感联络，但同属于一个民族的意识并不必然地自动地导向同属于一个国家的意识。任何一个民族或族群对于民族国家的认同都是在一定的制度环境之下，通过一定的政治安排才能实现和维持

　　①　李鹏：《从两岸大交流看两岸民众共同认同的建构》，载《全国台湾研究会 2011 年学术年会论文集》，2011，第 82 ~ 94 页。

　　②　黄清贤：《两岸身份认同的建构——南台湾观点》，http：//www.zhgpl.com/doc/1020/6/2/2/102062294.html？coluid = 7&kindid = 0&docid = 102062294&mdate = 0407004820，2012 - 04 - 07。

　　③　雷玉虹：《戴国煇的台湾人身份认同研究视角》，《台湾研究》2011 年第 6 期，第 39 ~ 44 页。

的，也就是说，这个进程必须要有来自政治体系的制度力量参与其中才能完成。① 而这又需要大陆和台湾双方各自提出更具包容性的、切合历史与现实的理论设想，并将之落实在政治社会化教育过程中。

三 共建新的集体记忆：台湾民众认同的危机也是建构两岸共同认同的历史转机

2008 年以来两岸关系在"九二共识"基础上迈向和平发展轨道，两岸大交流、大合作、大发展局面初步形成。2012 年代表国民党的马英九成功竞选连任，两岸和平发展关系步入巩固深化阶段，两岸的协商交流也逐渐由"浅水区"进入"深水区"，经济议题进一步深化，制约两岸经济关系发展的政治议题逐渐浮出水面。而化解台湾民众的认同危机，修复台湾民众错乱的认同将为建立两岸政治军事互信，推动两岸关系和平发展提供新的动力源。

一方面，在两岸关系从危机管理进入机遇管理阶段的历史大背景下，将台湾民众认同危机转化成两岸共同认同的可能性开始出现。第一，两岸商签 ECFA，经济利益连接紧密，经济互赖程度增强，两岸经济利益交集越来越多；第二，两岸都认同"一个中国"原则，共同谋求中华民族复兴，两岸的政治交集开始出现；第三，两岸社会在宗教、影视、科技、新闻媒体、出版等领域的社会与文化交流朝着正常化、制度化、草根化方向发展，两岸文化认同基础日益牢固；第四，大陆经济社会稳定发展，国际地位不断提高，对台政策在两岸关系和平发展中的主导地位开始显现，将在两岸共同认同建构中发挥积极主动作用。

另一方面，两岸关系和平发展的过程本身就是两岸新的集体记忆和国家认同共建与重构的过程。在两岸持续充分交流的过程中，投入交流的个体行为者越来越多，他们之间会形成共有的行为模式和行为规范，而且会遵循社会规范选择与自己身份相符的方式行动，通过互动建构起"公有知识"，② 进而建立起共同的观念认同和身份认同。从两岸社会自然的新陈代

① 林红：《和平发展形势下台湾民众的"中国意识"》，香港《中国评论》2012 年 5 月号。
② 陈孔立：《台湾社会的历史记忆与群体认同》，《台湾研究集刊》2011 年第 5 期，第 8 页。

谢过程来看，拥有旧的两岸历史记忆的社会群体自然更替，拥有两岸交流交往新经验的新一代则会逐渐成长壮大。两岸关系和平发展不仅要靠两岸官方从制度上加以确定，而且要靠两岸民众心理上、情感上的认同。只要两岸高层和民众胸怀中华民族复兴的历史责任感，珍惜得之不易的两岸和平发展关系，在两岸日常交流过程中建立起来的各个层面的认同就能逐渐转变成有利于两岸统一的新的集体记忆。

四 构建两岸命运与生活共同体：夯实两岸共同认同的社会基础

当前台湾民众的"国家认同"（政治认同）是历史、政治、国际和社会心理等诸多因素综合、反复作用的结果，在短期内根本扭转台湾民众被歪曲的"国家认同"是不现实的。

但是两岸交流从经济领域一直贯穿到文化和私人生活领域，由此形成的弱政治性的新型社会认同使我们看到了影响台湾民众认同意识，建构两岸共同认同的着力点。比如，有学者敏锐地捕捉到了台商作为一种新型社会认同载体的重要意义。客观上承担着沟通两岸的功能的台商在频繁往来两岸的移居生活中，逐渐形成"两岸族"这一特殊的社会身份认同。它的特点是肯定两岸皆是"自己人"，同时以沟通的姿态来弥合过去因历史所造成的部分断裂，面对现实的差异与分歧，接续与发展出两岸更多的同质性。[1] 海基会做的一项民意调查也表明，到过还是没到过中国大陆，是否有家人在大陆等因素，影响台湾民众对大陆的认同与好感。一些有见识的民进党人也看到了两岸交流日益绵密所带来的深远影响，他们指出直航后形成的"两岸一日生活圈"将使两岸民众互动的广度与深度迈向新的阶段，最终塑造出混合台湾和大陆思想的"新台湾人"。[2]

建构新型两岸认同可以从两个层面着手，这两方面都是将建构两岸共同认同的出发点和着力点放在两岸民众社会生活经验的基础上。

一是在历史和宏观层面强化两岸"命运共同体"意识。在日常社会生活

---

① 王茹：《"两岸族"台胞的社会身份认同与两岸命运共同体》，《台湾研究集刊》2010年第1期，第76~83页。

② 郭正亮：《三通政策 民进党战略错误》，台湾《中国时报》2008年12月1日A12版。

中形成的社会认同是国家认同（政治认同）的社会心理基础，国家认同必须扎根于日常社会生活。只有两岸民众安居乐业、相依相赖，过着体面而有尊严的生活，两岸民众才能通过家园认同上升到国家认同。[①] 在这个意义上，笔者认为中国共产党十八大报告中提出的"两岸同胞同属中华民族，是血脉相连的命运共同体"的观点，在一定程度上强调了两岸民众在共同的社会生活历史中形成的社会联系，有助于修复台湾民众断裂的"国家认同"与民族认同。作为一种理念，大陆提出的"命运共同体"意识不仅体现在大陆对台政策中，还体现在对台交流合作的方方面面，与台湾当局在不同场合提出的"命运共同体"在观念格局上形成鲜明对比。[②] 而台湾民众"国家认同"与民族认同的错乱是导致台湾"命运共同体"迷失的社会心理根源。如今，两岸持续互动，两岸和平发展关系巩固深化，在两岸经贸往来和民间互动中不断加深了解、加强互赖的大陆与台湾，实际上也是在建构一个实实在在的"命运共同体"。

二是在现实和中观层面构建"生活共同体"。如果说"命运共同体"观点有较多的历史色彩，那么笔者在常住大陆的台商群体不断壮大背景下提出的"生活共同体"观点则更加具体，更具现实性。两岸民众在同一个地域空间中长期共同生活的经历将会造就能涵盖越来越多两岸民众的"生活共同体"。

正如大陆学者余克礼所指出的，影响两岸长远关系的重要因素，并不只是台北以及北京的精英，更关键的是两岸人民能相互尊重理解，这种深厚的社会基础比经济利益更具有深远作用。[③] 民间经济文化交流是形成两岸民众共同社会认同的重要社会土壤。在两岸血浓于水的天然关系和中华文化纽带的作用下，即便是两岸政治隔绝及民进党执政时期两岸严重对抗，两岸民间经济文化交流也不曾停止。现在有过大陆经验的"台湾人"

---

① 古小明：《两岸社会统合趋势下台湾民众政治认同问题的思考》，《台湾研究集刊》2011 年第 6 期，第 31 ~ 38 页。

② 陈孔立教授指出，在台湾，彭明敏、李登辉、陈水扁、马英九、谢长廷等人都在不同场合提出过"命运共同体"。台湾方面的"命运共同体"一方面是为了解决台湾内部省籍、族群的分歧，促进内部团结，有其正面的意义；但另一方面，则是要与"中国认同"区别开来，以"台湾"为"我群"，以"中国"为"他群"，甚至导致"一边一国"的所谓"国族认同"。参见陈孔立《"命运共同体"各自表述》，http://www.aisixiang.com/data/detail.php? id = 38497，2010 - 12 - 28。

③ 余克礼：《正视台湾认同危机 深化两岸和平发展》，香港《中国评论》2011 年 3 月号。

越来越多，相关交流涉及投资、经商、考察、学习和旅行等诸多方面，已逐渐形成连接两岸社会的"连缀社群"，他们乐见两岸关系不断改善，也成为改善两岸关系的强大草根力量。台湾民间对大陆的印象随着两岸民间交流的逐年推进而发生着缓慢的变化，有学者这样总结台湾民间的"大陆印象"：政治制度认知方面是疏离、陌生和对立的；基本国情的认知方面是心态复杂且有不平衡感；在微观社会生活方面基本是熟悉、理解和认同的。一般来说，两岸在求学、经商、投资、置业或婚姻方面并无太大认知障碍，相互间有了个人利益的连接。[1]

小　结

台商在心理上感觉自己能够被当地社会所接纳，不会与当地社会产生太大的文化摩擦或冲突。在群体身份认同方面，出现情感与理智的分离，在情感上更信任来自群体内部的"台湾人"；同时在理性上也认识到"台湾人"跟"台湾人"不一样，有好也有差。在文化身份认同方面，意识到两岸文化大同小异，但更倾向于保留台湾的语言习惯，并坚持按照在台湾社会中习得的价值观念和行为方式处理问题。在地域身份认同方面，台商情感依恋的对象仍然是台湾，主要体现为春节在台湾过，理想的生活和工作地点首选台湾，以及尽管长期生活在大陆，但心目中的家仍然在台湾。

总的来看，台商的社会适应主要有两个阶段。

第一阶段，台商能在当地社会比较顺利地创业或就业，是台商适应当地社会的基础。这是一个双向的过程，既与台商克服困难，通过空间迁移寻求发展机会的努力有关，又与当地社会能否为迁移人群提供良好的竞争环境和发展空间有关。接近六成的受调查者表示"非常适应"和"比较适应"在福建的生活（见表6-13），表明台商是能够比较轻松地在福建获得发展机会和发展空间的。事实上，闽台之间有着长期的经贸往来与合作关系，尤其是中央支持福建省提出的海峡西岸经济区发展战略，为台商到福

---

① 林红：《和平发展形势下台湾民众的"中国意识"》，香港《中国评论》2012年5月号。

建投资创造了更为广阔稳定的政策环境。此外，福建省在对台交流合作中"先行先试"，部分基础设施和文化、卫生事业单位也向台湾籍同胞开放。①2012 年 6 月 17 日，在第四届海峡论坛上大陆又宣布采取措施推动在大陆毕业的台湾籍学生和其他台湾居民在大陆企业就业。除了创业和到台资企业就业外，台胞又多了一个就业渠道。

第二阶段，在经济上获得发展机会，有稳定的事业发展空间之后，适应当地社会更为现实的问题是能否在日常生活、社会交往、社会支持、心理与文化认同等方面与当地社会产生联系。与当地社会隔离或始终游离于当地社会生活之外的台商无论在当地社会生活多久，都只能是"过客"。与当地社会联系的程度在一定意义上反映了台商社会融入的程度，台商投资大陆开启了台商与大陆当地社会产生经济联系的进程，而且这个进程正在稳步推进，但更为紧密的社会、心理和文化联系并没有同步发展。虽然大部分受调查者在表示台湾和福建两边的生活都完全能够接受，但表示习惯台湾生活的台商比例远高于习惯福建生活的台商比例（见表 6 - 14）。可能的解释是：台商普遍认同福建比台湾有更多的个人发展机会，也有很多人在福建获得长期的发展，台商经济融入大陆当地社会的程度越来越深；但要在福建"安居乐业"还有更长的路要走，闽台两地社会发展的差距客观存在，社会和心理、文化层面的融入需要更多沟通、交流及社会制度的建设与完善。

表 6 - 13 在福建的适应程度

适应程度	频数（人）	百分比（%）	有效百分比（%）	累计百分比（%）
非常适应	20	16.0	16.0	16.0
比较适应	54	43.2	43.2	59.2
一　般	43	34.4	34.4	93.6
不太适应	8	6.4	6.4	100.0
总　计	125	100.0	100.0	

① 2009 年 7 月，北京大学医学部台湾学生周汝真被福建省皮肤病防治医院录用，北京中医药大学台湾博士生高家俊被福建中医学院录用，成为首批被大陆事业单位录用的台湾学生。2010 年 2 月福建省表示，将研究探索从专业性较强的公务员岗位中选择部分职位，对台湾专业人才进行招考。参见张羽《台湾专业人才或在闽任公务员》，http://www.chinataiwan.org/jl/kj/201002/t20100203_ 1245290. htm，2010 - 02 - 03。

表 6 - 14 哪边生活比较习惯

习惯哪边生活		频数（人）	百分比（%）	有效百分比（%）	累计百分比（%）
有效值	福建	4	3.2	3.2	3.2
	台湾	39	31.2	31.5	34.7
	两边都能完全接受	81	64.8	65.3	100.0
	小　计	124	99.2	100.0	
缺失值		1	0.8		
总　计		125	100.0		

第七章

大陆台商跨界流动与社会适应的差异性：以福建台商为例*

第四章到第五章从社会适应过程与层面两个方面对大陆台商的社会适应情况进行了详细的描述、分析；社会认同作为社会适应的一个重要组成部分，在第六章专辟一章对台湾民众认同的历史与现实进行了梳理，并在此基础上，通过实证调查资料，分析大陆台商的社会认同情况及其变化。本章则从群内比较的视角，进一步分析大陆台商社会适应与社会认同的共性与差异性。

大陆台商群体是一个有着鲜明的阶级分化特征的移民群体，无论是学术界还是台商本身对此都有认知。台湾学者曾嬿芬、吴介民指出"台商"这个类别所指涉的意义已经无法涵盖所有现在在中国的台湾迁移者，他们在阶级上也呈现更大的光谱。① 一些受访者向笔者描述了他们所感知到的群体内部的社会边界。JZL 是个小企业主，他把自己和台协会里所谓的"大老板"区别开来。

> 台协会里台商会比较多一些，为什么地下台协会的人会这么多呢？就是因为他们看不惯（台协会）这些人——台湾自己人的一些做派。大企业的董事长很有钱，看不起小企业的，很多啦。因为这种状况，所以才会有很多人没有加入台协会。（JZL，2008 - 12 -30）

---

* 本章主要内容以《大陆台商社会适应的共性与差异性——基于福建的田野调查》为题发表于《福州大学学报》2012 年第 3 期。

① 曾嬿芬、吴介民：《新公民群体的浮现：迁移中国之台湾人成员身份的跨国化》，载《"台商研究工作坊"学术研讨会论文集》，台湾中兴大学，2008 年 11 月 22 ~ 23 日。

PXJ是一位台派干部,他则把自己和自己办企业、做生意的老板、个体户区别开来。

> 福州的台湾人有两种,一种是东南汽车城、华映光电的台派干部,他们比较单纯;一种是台协会的人,这些人就比较复杂。像台协会啊、个体户(素质)参差不齐,有的素质很差。你要在东南汽车城这一块,公司的纪律有约束。我们公司不管什么地方,办公室、车间,所有的地方都有纪律需遵守。(田野调查笔记,2009 - 02 - 23,参观PXJ的公司)

基于经验和研究的方便,本书将福建台商大体上划分为"台商企业主"、"台商个体户"、"台干"(台派干部)和"台太"(台商配偶)四种类型,不同类型的台商呈现不同的流动和适应特征。

第一节 大陆台商跨界流动的差异性

本节从流动动机角度分析不同类型台商跨界流动的差异性。

一 台商企业主的流动动机

追逐市场是台商企业主跨界流动到大陆的主要原因,而台商企业主各种正式和非正式的关系网络对其投资区域选择起着重要的引导作用。尤其是早期进入大陆投资的台商,很大一部分是寻找冒险机会,没有特定目标的产业,投资主要靠人脉关系,被台湾人形容是"跑路来的"。经过几十年在大陆的摸索交流,有经验的台商企业主掌握了成功的投资之道,不打无准备之仗,在作出投资决策之前,慎重选择投资产业和投资地点。关系网络在台商投资地点选择中的作用不如早期那样明显,但对中小企业主来说,朋友的引介作用仍不可忽视,通过朋友介绍到福建投资的现象比较普遍。

> 我1990年就来大陆了,一来就到福清了。当时我老板跟林文镜来

这边投资，因为林文镜是印尼华侨，他本人是洪宽工业村的人，有很高的威望，他带头到台湾去招商。我老板本来是不愿来的。我不是负责的。在20世纪80年代就来大陆考察，从北京到天津、到福州、到福清、到厦门，考察了很长一段时间。因为在台湾的整个工厂几乎招不到人力，只有设备很多。尤其我们做传统的制衣行业，台湾所有的工厂规模很小，人员不愿意在工厂工作。在这种状况下，在80年代就考虑来大陆投资，那时政府是不开放的，先偷跑出来，很多人都偷跑，不是我们一家。主要是我们在台湾没有活路，我们是人力密集型行业。当时我们的过程是这样的。在大陆我们可以扩展空间，中国人口多嘛。

我们早期是做塑料的，一直产品改进升级，所以现在是制衣而不是塑料，为了名称造成了很多麻烦，要改过来，手续很麻烦。我们做的主要是外销，有固定的客户，而且是做各个国家品牌的，实际是做OEM的加工，然后出口。台湾有些企业在台湾做得很烂，在大陆反而做得很棒。像我这个企业在台湾是小企业，在这边就成了大企业。（QDL，2009-04-28）

在福建创业成功的第一代台商企业主近几年普遍面临的一个问题是寻找"接班人"，二代台商就是在这种背景下出现的。台商的第二代大多有在大陆和台湾之外（大部分为美、澳）的求学经历，他们也有过可以选择在别的地方生活的机会。当二代台商的家庭不仅是一个家庭，同时也是一个企业时，家庭对他们未来生涯的制约作用显得突出起来，其流动类型就主要表现为"家族安排型"。当然，二代台商选择来大陆也不全是出于家庭压力下的无奈，父辈在大陆打下的事业根基对他们未来的人生而言是一个先天的优势，这也是他们比较幸运的地方：家庭先一步开垦拓荒，让他们有着比一般年轻人更高的立足点、更领先的起跑点。福州台协会在2007年成立了台青会，台青会成员中不少是二代台商。

二代台商，我在台青会认识很多，他们都蛮实在的，90%以上都是很认真在工作。台青会现在名单上有170多人，每次聚餐大约40个人，有些人名单上有，可能他们一次都没来参加，但是我们都认识他们。（田野调查笔记，2009-03-26，二代台商CYT）

二　台商个体户的流动动机

　　闽台"五缘"关系对台商个体户的跨界流动有着特殊的吸引力。闽台之间气候和自然环境相似、文化风俗习惯同源,尤其是闽南地区饮食习惯与台湾非常接近,再加上两岸交通距离的缩短,福建成为台商小额投资的理想之地。据台湾《旺报》报道,厦门的台湾个体户2/3以上从事餐饮和服务行业,个体户形式的创业在厦门形成小范围抱团之势。据统计,截至2008年底,福建共有579个台湾个体户,投资金额达4955万元人民币,从业人员1604人;其中厦门思明区共登记203户,占厦门台湾个体户总数的60%,投资金额达1075.3万元。①

　　　　福楼供应的菜品全部都是原汁原味的台南小吃,这家店号称百年老店,在台湾小有名气,供应炒菜、煎炸、汤品、面食等各种类别。主打产品担仔面在透明厨房里现场做给客人吃。这家店的老板XAX说,因为不景气,5年前就有朋友请他去香港、东南亚、上海、杭州等地开分店,寻找事业的"第二春"。最后他选择在厦门开店,是因为这里离台湾很近,原料选购方便,不会影响食物的口感。(田野调查笔记,2009-05-06,厦门的田野调查)

三　"台干"的流动动机

　　"台干"的跨界流动既是被动的,又是主动的。早期"台干"来大陆工作多为被动派遣,近几年大陆台资企业深耕大陆,企业管理本土化,对台湾干部的素质要求越来越高,到大陆的工作岗位反而需要竞争。也有许多台湾的中高级管理人才通过网络等渠道寻求到大陆的工作机会。因此,到大陆工作的"台干"大部分是台湾中高级管理人才,有着较高的专业能力和个人素质。流动是一种能力,也是一种主动选择的无奈,因为"台干"无法完全主动选择自己的去留,他们的流动有着更多的不

---

① 《台商个体户发达术　经营大陆人不懂的生意》,台湾《旺报》2009年11月2日。

确定性。

家庭在"台干"的流动中产生很大的影响，而配偶的态度则对"台干"的迁移决定起到关键作用。"台干"在作出迁移决定后，配偶是否一同迁移、孩子在哪里受教育等问题都是他们要综合考虑安排的。围绕孩子就学问题，如孩子是否具有独立生活能力、"台干"家庭对两岸教育质量的基本判断是"台干"作出家庭生活安排决策的主要考量因素。孩子已经上大学或已经成年的"台干"在作出迁移决定时，更少后顾之忧，更多流动的自由。除了孩子的就学问题外，男性台干配偶在台湾是否有稳定的工作也影响到"台干"是否举家迁移到大陆。

> 因为我们这个年纪会比较尴尬，上有父母，下有子女。因为我把老婆孩子接过来的话，爷爷奶奶会很心疼。我爸爸、妈妈都70多岁了，在澎湖老家，他们经常会到台北去。因为我太太上班的关系，我爸爸、妈妈来台北的机会会比较多一些，因为他们时间比较充裕。
>
> 我太太其实跟其他女性比起来更加包容，这一点我比较幸运，她很少抱怨，比较独立、比较坚强。我曾经跟她讲过，把工作辞掉，把小孩带过来。她是一个比较喜欢独立的女性，比较喜欢在外面有一份工作，不喜欢整天在家里，所以她不愿意把工作辞掉，就没有过来。太太也理解我工作上的需要，偶尔小孩子生病，或者小孩子遇到问题的时候，抱怨会多一些，我只能安慰她。其实那个时候会特别感到无助，因为鞭长莫及，家里发生什么事情，真的有心无力，都帮不上什么忙。公司跟你表达了强烈的愿望，希望你过去，那经过跟家里人商量自己同意的，所以说是被迫到这边对公司也不公平。
>
> 刚开始太太也想过（带孩子）一起到这边来。因为刚来的时候，未来会怎么发展还不知道。一起来上海的团队大概有三四十人，如果太太愿意来的话，上海的条件会比较好一些，包括学校啦，包括社会技能啦，可能经济条件会好一些。可是过了不久被派到南京，过了不久被派到这边，所以后来我太太就打消这个念头了。因为我跑来跑去，她要跑来跑去，小孩子也要跑来跑去。（CBJ，2009 - 03 - 13）

四 "台太"的流动动机

"台太"的流动基本上比较被动。这些随先生工作的流动而迁移的女性,绝大多数在迁移之前都有工作,有些则是因为怀孕、带小孩刚好辞掉工作,另有少数人原本就是家庭主妇,选择迁移主要是为了家庭的完整性。有些人也经历过与先生分隔两岸的过程,觉得家庭分隔两岸对于自己、先生、小孩都是不好的体验。当然,她们也有人是和先生一起来这里寻找新的事业和创造奇迹的。

第二节 大陆台商社会适应的共性

福建台商有一些共同的社会适应经验和体验,但不同类型台商也存在不同的适应问题和适应方式。来自台湾是台商最大的共性,这一特征决定了福建台商必然有着共同的心态。基于在福建的田野调查发现,笔者认为在大陆台商中普遍存在以下三种共同的心态。

一 普遍的不安全感

不安全感是台商中普遍存在的一种心理体验,而这种不安全感源自不信任。在生意上,台商不信任与之交往的大陆厂商,甚至连台湾朋友也无法信任——"台湾人害台湾人才是最可怕的"。不止在生意上,台商日常生活中的衣食住行也处处承受着不信任带来的心理压力。如餐厅、饭店的食品卫生,打车、购物是否遭漫天要价,路上、居住的地方是否安全,等等。为了缓解心理压力,男性台商通过台商身份、金钱本身所带来的短暂权力关系而获得优势地位,在一些娱乐场所的性工作者那里得到性及心理上渴求的安全感。除了这种短暂的交换带来的安全感外,台商之间毕竟还存在一种隐性的信任关系(尽管薄弱),当有台湾以外地域的人在场时,这种信任关系经常以闽南语为"守门员"体现出来。① 不安全感还表现为台商普遍表现出低调、保守的行为方式，不愿意随便在当地报纸、电视等媒体上抛头露面。相对于本地人来说，台商是跨越了某种经济和社会文化边界的少数群体，对本地人心存芥蒂、不信任或不敢信任是很正常的心态。如果台商与本地人的关系只停留在互相隔离、互不理解的状态，他们是无法在当地长期生活并融入当地社会的，因此他们也必然要求取得当地人对他们的信任，也想去信任当地人。

> 我们的价值观就是比较低调，像我们学校有省人大、政协领导来参观，我们就是觉得最好不要有这么大来头的人来，因为要上报呀，上电视什么的，我们就不乐意。那校长就跟我们说，可以做免费广告呀，我们就觉得毕竟是在人家地盘上。（YZQ，2009 - 04 - 20）

二　渐增的竞争压力

早期台商竞争优势的减弱以及竞争压力的增长是台商群体中普遍存在的心理感受。许多台商认为在世界经济不景气的阴影下，中国表现出越来越强劲的发展势头。生活上是否方便对大多数台商来说不再是主要问题，如何定位自己、如何找到永续发展之路才是更进一步必须考虑的问题。对大企业的"台干"来说，处在日新月异的大陆，他们时时感受到大陆人旺盛的竞争心态，并不比台湾人差的学习能力以及在产业链中所处的优势。"如果台湾不想被淘汰，就必须追得上全球化的浪潮，并且在其中发展自己的优势。②"此外，是将赴大陆工作作为一个短期工作的过程，还是将这样的迁移视为应对全球化的挑战？是将自己视为高于大陆人的工作群体，还是将大陆人纳入全面的竞争体系？这些都是他们要认真思考的问题，不同的回答产生不同的行动和适应策略。对台商企业主来说，陆资企业的成长速度同样让他们感受到竞争的压力。

---

① 刘仕杰：《台商不好当》，《当代中国研究通讯》2008 年第 10 期，第 32～36 页。
② 刘小璐：《六个城市，六个世界》，《当代中国研究通讯》2004 年第 3 期。

大陆人员现在很敢拼,老实讲,我们台湾人比较保守一点,所以你看现在福清地区有钱人非常多的,以前都是默默无闻,现在都是几百万、几千万资产。跟着我们一起的,现在都发迹起来了,我们还是这样。我真的感到很惊讶。大家都做得非常好,不管是做实业还是商业,而我们都没有什么进步。(QDL,2009-04-28)

像我们这种鞋材的东西,晋江、莆田那边很多,除了你要把自己的品质做好外,以长期的发展来看,当政府政策转变的时候,你要跟着转变,不然就跟你刚才比较的,就跟当初从台湾来这边一样了。因为现在当地技术也好啊,品质也好啊,到时候你跟人家进行恶性价格竞争,那他们认定说台资的管理成本比较高,那你各方面没有去寻求解决的话,你要怎么跟人家争客户?而且你要提升自己就是要从他们这一个等级跳出来。(ZJP,2009-04-06)

三　不明说的优越感

不明说的优越感是台商中普遍存在的又一特殊心态。随着大陆经济实力的提升,台商在经济地位上的优越感开始减弱,但他们普遍认同台湾的社会制度与人文环境,比如台湾的社会保障制度。在当地社会的日常生活中,台商更是普遍观察到大陆社会硬件和软环境与台湾的差距。台商轻言细语的语言方式、文明守纪、讲究卫生的行为习惯、细致严谨的工作作风不仅将台商与当地居民区别开来,更使台商产生一种不明说的优越感。与流动到城市的农民工不同,农民工无论是在经济、政治上还是文化上,都处于弱势地位,台商的迁移在某种程度上说是占据优势地位的文化向处于相对弱势地位的本地文化的迁移。但是这种优势地位并不平衡,台商在政治上仍处于相对弱势地位,再加上本地居民对外来移民的天然心理优势,台商这种隐性的文化优越感发挥了某种心理保护机制的作用,使他们在陌生环境里实现自我认同和自我心理平衡。

你说去台湾看山山水水没什么好看的,都不如大陆,可是他们人文就跟这里不一样,所以要深入。(ZLQ,2009-03-09)

我刚来的时候，当地的很多朋友跟我聊天，请问一下，台湾跟大陆的差别有多少年？那个时候根本没有考虑说有30年。5年之后，这边有人过去，在谈这个问题的时候，我讲不是硬件的问题，要从文化、观念、素养很多方面来认识。（田野调查笔记，2009 - 02 - 23，参观 PXJ 的公司）

第三节　大陆台商社会适应的差异性

不同类型台商基于工作方式、工作内容和社会交往对象的不同，有着不同的社会适应经验。

一　社会适应的时间差异

从某种程度上说，福建台商的社会适应首先是个时间问题。表7-1和表7-2显示，来福建时间越长，在福建的适应程度越高，来福建年数与适应程度的差别具有统计意义。交互分类还显示，来福建时间越长，在大陆发展不错的比例越高，日常生活与社会交往本土化（如在福建过春节、将家人接来福建、在大陆购房、本地朋友中大陆朋友的数量增加、不工作后留居大陆等）的比例越高，形成两岸认同（如两边都像家，两边都习惯，台湾和大陆的信息都关注，以福州、厦门为理想工作和生活地点等）的比例也越高。

适应是一个过程，不同的适应阶段有不同的问题。随着时间的推移，旧的问题不存在了，又会出现新的情况和新的问题，但这些新情况、新问题是适应程度由浅到深发展之必然。比如，到大陆的台商最初几年面临的主要问题是工作上与新环境的磨合、调整，生活上的单调、孤寂。随着家人团聚、朋友圈子的建立，生活渐渐丰富，发展机会也多起来。这个时候就会面临机会的取舍问题和人生意义系统的调适甚至重建问题。此外，经济层面的适应是台商各个层面的适应中最重要的部分。虽然经济层面的适应主要表现为生产、经营活动，但是台商在当地的社会关系网络主要是从工作关系拓展开的，与当地社会的联系也主要是从工作关系展开的，台商与当地社会从工具性联系发展到情感性联系有助于社会融入。

表 7-1 来福建年数与在福建的适应程度

			在福建的适应程度				合 计
			非常适应	比较适应	一般	不太适应	
来福建年数	0~1年	频数（人）	1	4	11	3	19
		百分比（%）	5.3	21.1	57.9	15.8	100.0
	2~5年	频数（人）	9	19	15	5	48
		百分比（%）	18.8	39.6	31.2	10.4	100.0
	6~9年	频数（人）	3	13	9	0	25
		百分比（%）	12.0	52.0	36.0	0.0	100.0
	10年以上	频数（人）	7	18	7	0	32
		百分比（%）	21.9	56.3	21.9	0.0	100.0
总 计		频数（人）	20	54	42	8	124
		百分比（%）	16.1	43.5	33.9	6.5	100.0

$G = -0.366$，$Z = 0.000$（显著）

表 7-2 来福建年数与社会适应情况

			来福建年数				合 计
			0~1年	2~5年	6~9年	10年以上	
经济层面的适应	近几年事业发展还不错	频数（人）	3	12	7	10	32
		百分比（%）	15.8	26.1	28.0	31.2	26.2
生活层面的适应	在福建过春节	频数（人）	0	5	3	8	16
		百分比（%）	0.0	10.4	12.5	25.0	13.0
	将台湾家人接来同住	频数（人）	5	4	7	11	27
		百分比（%）	26.3	8.3	29.2	34.4	22.0
	台湾和福建两边生活都习惯	频数（人）	10	28	15	28	81
		百分比（%）	52.6	58.3	60.0	90.3	65.9
	经常关注台湾的信息	频数（人）	11	32	17	25	85
		百分比（%）	57.9	66.7	68.0	78.1	68.5
	经常关注大陆或本地的信息	频数（人）	3	11	9	12	35
		百分比（%）	15.8	22.9	36.0	37.5	28.2
	不工作后打算留在大陆	频数（人）	1	6	5	11	23
		百分比（%）	5.3	12.5	20.0	34.4	18.5
	在大陆已经购房	频数（人）	4	6	13	20	43
		百分比（%）	21.1	12.8	56.5	64.5	35.8

续表

			来福建年数				合　计
			0~1 年	2~5 年	6~9 年	10 年以上	
社 会 层 面 的适应	本地最熟悉的 朋友中大部分 为大陆人	频数（人）	3	13	3	11	30
		百分比（%）	15.8	27.1	12.0	34.4	24.2
	愿意参加朋友 的婚丧嫁娶 活动	频数（人）	6	22	13	17	58
		百分比（%）	33.3	45.8	54.2	53.1	47.6
心 理 和 文 化 层 面 的 适应	福州厦门为理 想工作地点	频数（人）	4	14	11	22	51
		百分比（%）	21	29.2	45.8	68.7	41.5
	福州厦门为理 想的生活地点	频数（人）	3	9	7	13	32
		百分比（%）	15.8	18.7	28	40.6	25.8
	福建与台湾两 边都像家	频数（人）	5	10	9	16	40
		百分比（%）	26.3	20.8	37.5	50.0	32.5
	观念与想法跟 大陆本地人没 有太大差别	频数（人）	1	4	1	6	12
		百分比（%）	5.3	8.5	4.3	19.4	10.0

二　台商企业主社会适应的差异性

福建台商企业主比"台干"要面对和应对更多层面的适应问题。在工作上，台商企业主需要全面统筹与企业经营和发展有关的方方面面的问题。因此，他们与当地社会的接触比"台干"更全面、深入。需要经常打交道的对象就有三大类：第一类是政府单位，包括海关、税务、工商等数十个与台资企业正常运作息息相关的政府机构；第二类是其他企业和消费者，包括供货商、加工厂、代理商、承销商等；第三类是内部的股东和员工。与这些社会关系的互动几乎是台商企业主日常生活的主要部分，也是他们在经济层面的适应需要处理好的主要问题。因此，台商企业主对大陆社会和经济发展特点有着更深入的了解、体会，普遍表现出对大陆当前经济发展局势、政治形势以及重大社会问题的关注。有些在大陆长期发展的台商企业主对当地社会还产生一定的社会责任心，将自己的事业与当地社会的发展联系在一起。

> 办企业的人除了把企业做大做强外，还有内部的社会责任。今天我不做我会觉得有这么多人要吃饭，有这么多人听我讲话发生改变，就感到身上的责任。我感到有义务教我们的下一代。这也是人生的一个阶段，先独善其身，再兼济天下。（WCF，2009 - 04 - 28）

> 心情好的时候，它（农场）就像我的一个儿子，但是心情不好的时候，我觉得它就像一根鸡肋，食之无味、弃之可惜。它也成了我的一个责任。抛不开是因为我自己，不舍的原因有很多啦，比如说，既然开发了这里，再来接手的人会怎么样做呢？对这个农场，我有一个想法，就是做成一个教育农场。我也有把它卖掉的想法，但是没有真正实施。我觉得我还没到走投无路，必须要卖掉的地步。　（LXW，2009 - 04 - 08）

二代台商是台商群体中的一个新兴群体。他们跟父辈一样在年富力强的时候来大陆发展，但他们的工作与生活环境跟他们的父辈已有很大不同，他们的经营理念、管理方式、价值观念、生活方式更能代表台商在大陆的发展方向。大部分二代台商都已经对于自己往后大半的人生要在大陆打拼有了心理准备，他们不觉得这特别好或特别坏，哪里有生意就往哪里去。二代台商面对的社会适应压力相对较小，虽然承担起经营企业的重担，但是有经验更丰富的父辈替他们把关，他们的经营管理能力和视野境界随着经验的增多稳步提升。对二代台商来说，学习提高是他们需要关注的重点问题；安排好工作以外的生活也是他们另一主要适应内容。在社会交往上，二代台商在适应初期普遍倚重家庭关系和家庭支持，工作一段时间后，逐步建立起同辈的人际交往圈子，台协会及下设的台青会便是建立这个圈子的重要渠道。二代台商社会交往的内闭性特征比较明显，文化上的隔阂、思维方式上的差异是造成这一问题的根本原因。

三　台商个体户社会适应的差异性

福建台商个体户的经营比台商企业主更灵活，社会交往比台商更草根化。2006 年以后福州和厦门正式对台湾同胞开放申办个体户执照，许多台湾同胞利用两岸在商品、信息、服务、技术等方面的差别，"做大陆人不能做的生意"，获得极大成功。

台湾福建"两头跑"是这类小商人的"必修课"，他们比较普遍的生活方式是：台湾住十天半个月，福建住十天半个月，夫妻俩轮流在两岸穿梭，生意生活两不误。路费在他们眼里已经不是问题。比如，走厦金航线，往返厦门台北，来回票价约 1250 元，厦门台北直航往返机票一般需2800 元左右，有急事坐飞机，不急则坐船，每月跑上三五趟都能消费得起。

由于台湾同胞在大陆申办个体户执照还处于初级阶段，大陆相关管理政策不完善，再加上两岸在个体户管理政策上的差异，台商个体户在大陆的社会适应主要面临行政方面的问题和经营方面的问题。首先，个体户执照申请在大陆有许多具体的规定，行政流程上需要经过环境、卫生、税务、工商和消防等部门的批准，烦琐的手续令不少想申请大陆个体户执照的台湾同胞望而生畏。其次，大陆个体户执照申办及其管理中的一些具体做法不同于台湾，比如环评和税率问题，这些都需要台商个体户认真了解和应对。最后，大陆个体户的生存环境跟台湾也有诸多不同。LYX 对此有深刻的体会。

> 个体户在这里经营不下去，为什么？政府没有跟国际接轨。摊贩在台湾很赚钱的，成本小，很快就可以学会。边工作边玩的生活方式最好，个体户就有这个好处。但是很多台湾人到福州来做个体户就要面对很多限制，就拿小吃来说，这边的生态就跟台湾不一样。在台湾店面没有福州这样开口就是上万的转让费，店铺就是二手房，直接买卖的。在福州开小吃店的位置也不好找，很多店面没地方停车，或者店门口被车占住，客人没办法进出。人多车多生意才好，但是要车有车道、人有人道，生意才会做起来。再有就是找不到人工，像我要招女服务员照顾店子，就是找不到好的女生。（田野调查笔记，2008－12－19，再访 LYX）

个体户的社会交往圈子跟台商企业主不一样，他们的客户群主要是大陆人，竞争对手也主要是大陆人，因此台商个体户需要深入了解大陆居民的文化心理、消费习惯,对自己的经营理念、经营方式、经营内容进行本土化改造,才能找到适合自己的经营之道。

> 一开始我就打算把台湾的模式拿过来做,结果发现我的客人蛮可爱,他说,小姐,我告诉你哦,你不能只卖这个(粽子),你卖这个,我们福州人不是这种饮食方式。

> 刚开始我只有一家店面。原来我是觉得像我们台湾做事情很简单,像卖粽子就单卖粽子,卖汤就卖汤,当初我设定的是把台湾的模式搬过来。我不知道二位有没有去过台湾,去吃台湾的小吃。这也就是为什么刚来的时候,有人问我这边能不能做两岸美食一条街。(台湾)那边的做法喔,两边差得很多。像台湾,一个店只有做一样东西,店面可能跟我的一样大,每天生意非常好。为什么我带着书回来啊,我是带给我先生看。其实我现在的店,在台湾不可复制。(WHY,2009 - 03 - 25)

> 做餐饮业是没有度的,什么人都有,对不对?那这样就变得比较复杂,这些细节没有办法去手把手教,就变得很容易去得罪客人。所以对餐饮业从业人员的要求就比较严。(WHY,2009 - 03 - 25)

四　"台干"社会适应的差异性

福建"台干"的群体构成与社会生活相对比较单纯。福建的大型台企是"台干"比较集中的地方,比如东南汽车公司聚集了100多家台资配套企业,冠捷电子带来了华映光电等40多家台资配套企业。一位在大陆工作10年的"台干"告诉笔者,台企的"台干"一般有3个阶层,每个台企会有3个"台干",再加上家属,福建"台干"的规模非常可观。到福建工作的"台干"基本上是台湾的专业技术或管理人才,有较高的专业技能和文化素质。

> 有些"台干"甚至把父母都接过来一起住,因为照顾父母不便,接到这里来了以后,请保姆也很方便。不少人都在福州买了房子,即便现在房价涨得很厉害,台湾人还是可以接受。因为两边学制的原因,他身边的"台干"把孩子接到这边读书的不多。来这边的"台

干"也以 40 岁以上的人居多，这些人有比较丰富的管理经验，孩子大多大学毕业，家庭负担不重。青口的"台干"女的少，单身的"台干"也少。大部分都住在青口，住在市区的很少。（田野调查笔记，2009 - 12 - 23，参加 PXJ 组织的圣诞节员工聚会）

"台干"负责台企的日常生产和管理，一线员工和基层管理人员基本是大陆人，因此"台干"在当地社会主要的社会交往对象就是企业里的大陆员工。完成既定的产值和利润指标是"台干"工作的主要目标，由于经济和政策环境不确定因素很多，"台干"需要承受不同程度的管理压力。因此，如何做好与各级下属员工的沟通协调，培养团队合作精神，提高工作团队的凝聚力和士气就成为"台干"日常管理的着力点。除了在工作上的沟通外，"台干"也开始重视与大陆员工在日常生活方面的交流，比如在节假日组织员工外出烧烤、游玩等。

压力大是一定的，毕竟是高阶的主管。现在面临经济危机的压力，总经理对高阶干部的要求都很严，不管是德行，还是绩效。特别是绩效，再怎么努力，没有绩效也是白费。相对一般的员工，对我们的要求更严格。

我不摆架子，会告诉他们我不是平白无故升上来的，我现场操作也做过，也是从基层干起的，所以基层的操作我都知道。如果他们有困难，我也会上去帮他们，不会只是用嘴巴说。当然自己以身作则带着做，不会袖手旁观。干部看到我这样，也会亲自去做，因为现场都是高温高压，光说不行。生活上也要去关心他们，也要了解他们家里的情况，偶尔聚一下餐，下班的时候聊一下，我们也不希望把私人的感情或家里的情绪带到工作中来，这样会影响到大家，也不好。所以我通常会观察到有哪一个看上去情绪不稳，我会上去问一下，是不是有什么事情需要帮忙，不然自己不做好，会影响到别人，出了安全事故更是不好。（田野调查笔记，2009 - 04 - 27，福清台干 ZXN）

五 "台太"社会适应的差异性

福建"台太"既存在自身特有的适应问题，更对台商的社会适应起到重要作用。首先，迁移对台商家庭每个成员来说都是一个辛苦的过程，但女性往往承担更多的压力和重担。① 绝大多数女性从职场回到家务空间，产生很多适应上的问题。最经常的是面对孤单、没有自己的生活圈和朋友、没有自信。因此，社群成为她们认识朋友、寻找家庭之外生活寄托的地方。福州市台协会很早就成立了一个"台太"的联谊团体——"牵手之家"，一度成为"台太"们认识朋友、排遣心理压力的地方。

其次，孩子的教育是来大陆的"台太"们最重要的生活内容，孩子在台湾还是在大陆上学？在大陆上哪所学校？是上师资力量较好的公立学校，还是上私立学校？如上公立学校，又上哪所学校？这是每一个有孩子的台商家庭都要考虑并作出抉择的问题。

再次，对"台太"本人来说，她们并非只是单方面被动地跟着先生迁移，同时也会考虑自己的生涯规划，即便有些人看起来似乎是为了家庭的完整性而不得不迁移，但最终也是为了选择一种适合自己的生活方式。当"台太"有了更多属于自己的时间，她们就会留心观察，寻找小型的创业机会，为自己和家庭找到更广阔的发展空间，有些"台太"由此成为本书所指的"台商个体户"。

> 前几年，两个儿子占用了她绝大部分的时间，所以她几乎没有兴趣与外界接触。随着孩子慢慢长大，她的空余时间也逐渐多了起来。她在两地生活和市场的比较中，探索将大陆没有的台湾服务带到大陆来，为自己开创一个新的发展和生活空间，当然这样的探索均以不影响家庭为前提。最近几个月，她偶然发现了福州的新娘秘书行业有很大的发展空间，就利用回台湾的机会参加相关的培训和学习，并计划考取彩妆和形象设计相关方面的从业证书，将来希望能在福州成立一个新娘秘书工作室，将台湾的服务理念和方式全部引进福州。她想带给客人的一个观念是：做新娘是幸福的，所以她要把幸福的感觉传给大家。（田野调查笔记，2009 - 04 - 17，创业妈妈 LMG）

最后，"台太"为家庭付出巨大的努力，使台商在大陆享受到跟台湾一样的家庭生活，是台商能在大陆安心工作的重要因素。

---

① 吴孟洁：《从幕后到幕前？台商配偶角色的转变》，《当代中国研究通讯》2005 年第 5 期。

小 结

本章通过在福建的田野调查，结合问卷调查和深入访谈资料，通过群内比较，详细描述了大陆台商社会适应的共性和差异性。大陆台商大致可以区分为台商企业主、台商个体户、"台干"和"台太"四种类型。不同类型的台商跨界迁移到大陆的动机不同，台商在大陆的社会适应状况既有共性，也存在差异性。不安全感、渐增的竞争压力以及不明说的优越感是大陆台商群体中存在的普遍心态。在社会适应的差异性方面，首先，大陆台商的社会适应存在阶段性，随着在大陆居住时间的延长，其适应程度与面临的问题也随之发生缓慢的变化。其次，大陆台商的社会适应存在层面性，经济层面的适应是最基础的，社会、文化和心理层面的适应问题伴随经济层面的适应而出现。最后，大陆台商的社会适应还存在群体内差异，不同类型的台商迁移并常住大陆后，需要调整和适应的主要问题不同，社会适应的特点也不同。具体而言，台商企业主的社会接触面比"台干"广，要面对的适应问题也比"台干"多；二代台商有较好的事业发展基础，学习提高是他们所要面对的重要问题；台商个体户以灵活的经营方式见长，社会交往草根化；"台干"的人员构成与社会生活相对比较单纯；"台太"大多是随丈夫迁移，要承受更多的压力，照顾家庭与子女教育是"台太"主要的生活内容，同时"台太"也并非完全被动流动，在时机成熟的时候她们也会以创业的方式重新规划自己的生活方式。

第八章

大陆台商社会适应的
策略性*

　　大陆台商群体是伴随两岸经贸往来成长起来的新兴的、特殊的移民群体，既不属于国际移民，又不同于国内移民。首先，同国际移民相同的是，台商在两岸间的往返也是在两个不同政治体制与社会制度间的穿梭。但是两岸间不是国与国的关系，因此台商迁移者又有与一般的跨国移民不同的制度定位和政策待遇，而且由于两岸同文同种，游走于两岸间的台商迁移群体不会经历巨大的文化差异所带来的文化震撼与心理冲击。其次，与国内移民不同的是，台商群体来自一个经济更为发达的地区，经济地位整体上高于当地社会普通民众。但是由于两岸特殊的历史渊源与政治关系，台商目前并不享有与当地百姓相同的政治与社会权利。此外，虽然台商移民群体不似国际迁移群体那样要经历巨大的社会文化环境的落差，但相比国内移民群体，台商群体与当地社会在价值观念、行为方式等方面仍存在较大的差异。

　　大陆台商的跨界迁移与流动也不同于传统移民，他们中的大部分不是在台湾生活不下去了被迫远走他乡，更多的是主动出走寻找自身发展的机会。他们有的是只身到大陆打拼，有的是举家到大陆开拓事业。即便是被派遣到大陆工作的"台干"群体和随丈夫一起到大陆生活的"台太"，他们的流动在被动中也包含有不同程度的主动性。

　　基于上述认识，本章通过对福建台商的田野调查和问卷统计分析，围

---

　　*　本章主要内容以《跨界流动、认同与社会关系网络：大陆台商社会适应中的策略——基于福建台商的田野调查》为题发表于《东南学术》2011 年第 5 期，并获得 2012 年全国台湾研究会第四届台湾研究优秀成果论文一等奖、福建省第十届社会科学优秀成果三等奖。

绕作为行动者的台商在新环境中所表现出的能动性，对大陆台商的社会适应问题进行剖析，并借鉴国际移民研究中的跨国主义理论，[①] 运用社会心理学中的社会认同理论、社会学中的网络理论和社会资本理论来理解和解释大陆台商的社会适应心理和行为。

第一节 建构跨界的生活：跨界生活方式与跨界社会空间

一 福建台商两岸间跨界流动的常态化与前提条件

"工作和生活重心在大陆，定期或不定期回台湾"已经成为福建台商普遍的生活方式，这种生活方式的鲜明特征是跨界流动成为一种常态化的行为方式。每年回台湾几次，每次待多长时间，视个人具体需要而定。福建台商群体中的"台干"群体有固定的假期，每年 4～6 次不等，因此大体上"台干"有 300 天左右的时间在大陆工作、生活，而每次回台湾的时间在 1 周至半个月左右。可以预见，在台商的生命历程中，这种跨界流动的生活方式将分为两个阶段：第一阶段，大陆为生活重心，往返两岸间，大陆是台商长期的居留地，但长期居留并不等于定居。绝大多数台商并未放弃台湾地区居民身份。第二阶段，台湾为生活重心，往返两岸间。未来台商可能会结束在大陆的工作，返回台湾定居也未可知。由于在大陆工作、生活期间与大陆人民建立的事业和人际关系网络仍在，因此台商仍会不定期地返回大陆访友或从事其他活动。

台商能够在两岸间频繁跨界流动的前提条件有两个：一是特殊关系下的两岸边界能够相互开放；二是跨界流动的时空距离越来越近，跨界流动的时间和金钱成本越来越小。在两岸相互隔绝的状态下，台商别说频繁跨界流动了，就是正常往来两岸都要冒被抓的风险。1987 年台湾当局开放民

---

① 台湾学界认为台商具有跨界迁移群体的典型特征，笔者在此仅限于使用跨国主义理论来分析台商作为跨界迁移群体的若干行为和心理特征，对台商的跨界流动现象进行学术上的探讨，并非认为台湾具有一个国家的特征，也不认为台商是在两个国家间往返流动。

众赴大陆探亲，两岸交流人为的藩篱才逐步开始清除，为台商的跨界生活方式创造了基本条件。

> 我最早到广东，1984 年到珠海，1988 年才到厦门来。当时台湾的杂货都出口到日本去，80 年代出口生意因为价格降不下来不好做，我就到东南亚一带寻找市场，先跑到泰国，后来到马来西亚，又跑到印度，搞一搞、弄一弄，也觉得一般，最后通过香港的朋友介绍就往大陆来。1984 年进到珠海以前都是跟香港的朋友做工艺品生意，那时候台湾人到大陆还不方便。跟香港人做生意也找不到实惠的价格，做了几年就自己直接进到大陆。蒋经国时代还不允许到大陆，抓住了要打屁股，问你来大陆做什么。（田野调查笔记，2009 - 05 - 06，WHS 的厦门生活）

福建省是大陆距离台湾最近的省份，近年来更由于建设海峡西岸经济区"先行先试"政策之便利条件，两岸人员往来便捷化政策不断出台，为台商跨界生活方式的建立创造了客观条件。为方便台胞往来两岸，先后开放台湾同胞"落地签证""落地签注""多次签注"，并允许签发 5 年期"台湾居民来往大陆通行证"。

在两岸交通条件的改善方面，福建省更是走在全国的前列。早在 2001 年闽台之间就开通了福建沿海与金门、马祖地区直接往来客运航线，这条航线一直是大陆台商往来两岸最为经济、便捷的一条黄金水道。现在福建省已有 35 个台轮停泊点，沿海 6 个设区市都实现了与台、澎、金、马地区的直航。2008 年 11 月，两岸的客机、轮船和信件跨越台湾海峡，不再绕经第三地而直接通往彼岸。至此，福建省会福州到台北的距离从 810 公里的交通距离缩减为 230 公里，仅为原先的 1/4 多一点，是大陆不同省区中到台湾交通距离改善程度较大的地区之一。来自福州机场边检站的统计数字显示，从 2008 年 12 月 18 日福州至台北首航开始，这条航线的客座率一直保持在八九成，成为两岸较热的航线之一。2010 年 3 月 15 日开始，台湾长荣航空开通福州至台北的直航航班，福州长乐国际机场每周共有 20 个航班往返福州至台北两地。笔者的问卷调查结果也表明，两岸包机直航后有 36% 的受调查者返台次数增加。

2010 年 2 月 19 日（正月初六）是大陆春节假期的最后一天，闽台海上客运直航运送旅客人数"井喷"并再创新高，春运以来首次单日突破 5000 人次。① 这说明，便捷、省钱的航线对不同层次消费群体有着强大的吸引力。交通时间的缩短和金钱费用的不断降低是台商能够在两岸间频繁往来的客观因素，同时也意味着不仅大老板，就是普通的打工一族——一般"台干"，也有经济条件维持这种跨界的生活方式，两岸间跨界流动的草根化趋势因此可以预见。

为了顺应上述两岸交流趋势，福建省也不断采取措施，使台商能更便捷、省钱、省时地往返两岸。福建省台办主任在 2010 年两会期间提出，福建省将继续增加航班航点，"两会"结束后，马上要开通福州到台东、高雄的航路，这类工作继续推动，并改善软硬环境的建设，特别要拓展台胞签注自助服务和办证网络服务，为台胞往来两地提供便利条件。② 到 2011 年底，福州、厦门、泉州航点陆续开通了台北（桃园、松山）、台中、高雄、台东、花莲、澎湖、台南等 16 条空中直航航线，闽台空中直航现有 8 条常态化航线，每周航班 59 个，每天都有客运航班往返闽台之间。2011 年 2 月，福建省以个案审批形式批准一部台湾牌照的小客车搭乘"台马轮"经福州港马尾青州码头临时入闽行驶，开始探索台湾牌照机动车辆入闽行驶的可行性。

总的来说，福建尽得地利之便，台商往返两岸的交通方式选择越来越宽松、越来越便捷，不管是时间成本还是金钱成本，能负担得起的人越来越多，这是福建台商在两岸间跨界流动常态化的客观条件。

二　跨界社会空间的建构：跨界流动的动力之源

为什么台商要在两岸间持续性地往返流动？在频繁的流动中，台商建构起五种跨界的社会空间。

第一，跨界市场空间。有些台商企业主在两岸都有事业；台湾、福建"两头跑"更是一些台商个体户的"必修课"，为了保持在大陆的竞争力，

---

① 罗钦文：《闽台海上直航客运"井喷"：春运首破单日 5000 人次》，http://www.chinanews.com.cn/tw/news/2010/02-19/2126171.shtml，2010-02-19。

② 梁卓钧、陈庆祥：《福建台办主任：将加快与台湾多层次对接》，http://forum.home.news.cn/detail/74290619/1.html，2010-03-07。

他们要定期返台了解台湾的行情、市场信息，把台湾最新的经营与服务理念带到大陆来，做成"大陆人不能做的生意"。特别是经营餐饮业的台商，更需要回台湾采购生产原料，在台湾、福建间来回跑也就成为常态了。"台干"有固定的假期，虽然返台是个人的事情，但也有不少高级主管要在休假返台时先向台湾母公司汇报大陆公司经营管理情况。

> 我每个月都回一次，每次差不多一两周吧。一半时间在这里，一半时间在台湾。老公也在这里，也来来回回。台湾也有事，有的时候他去顾，有的时候我去顾。（ZLQ，2009－03－09）

> 我是1995年到这边来的……那个时候父亲不在，现在母亲已经90多岁了。我到大陆以后，有10年的时间是大陆、台湾两边跑，大陆待15天，台湾待15天，因为台湾那边也有公司。现在待在这边的时间要长一些了，台湾那边的工厂打算慢慢缩小规模。我现在在大陆有3个公司，分别是LY、FY和GDD，GDD在中国有专卖店。（WCF，2009－04－28）

> 我一年有300天都在大陆。我有事情就回台湾，平均每2个月回去一次，就像买个大巴车票去福州，买个船票就回去（台湾）了嘛。回去有很多事情，如财务之类的。我妈妈70多岁了，身体也不好，杂事很多。兄弟姐妹、爸爸妈妈都在台湾，他们都不在大陆。我老婆不喜欢台湾。现在回台湾多一点了，因为觉得台湾有生意可做。我做房地产的，回台湾就比以前多。（田野调查笔记，2009－05－06，WHS的厦门生活）

第二，跨界情感空间。台商选择到大陆长期生活，原有的社会关系不能都带到大陆来，特别是父母、配偶或子女不得不留在台湾生活的台商，经常返台探亲对家庭关系的维系、私人感情的满足尤为重要。尤其是对于那些把到大陆工作的流动留给自己，把不流动留给家庭的"台干"而言，定期往返于两岸之间就成为解决由此引起的两地分居问题的妥协性方案。北京台资企业协会副会长李铭就是一个典型的例子。

> 李铭的父亲是陆一代（即大陆来岛第一代），祖籍河北。多年以前，李铭在亚运村买了一座300多平方米的豪宅，将父母接到北京来住，没想到住了不到两个星期，老父就嚷着要回第二故乡台湾桃园县去，理由

很简单，（北京）这边没有朋友，太闷。自那以后，李铭和父母就经常性地往返大陆，以前父母来北京是一年一次，随着年事渐高减少到几年一次，李铭返台探望父母的频率也逐渐由一个季度一次变为一个月一次。①

还有些台商虽然习惯了大陆的穿衣和饮食方式，但还是喜欢回台湾购物、逛街，重温台湾的生活细节。笔者认为这些都不能单纯地理解为消费行为，更多的是一种心灵和情感上的需要，从而使台商完成他乡—故乡在空间距离上的超越。

> 因为奶奶还在台湾，奶奶不习惯这边的生活，住一个星期都觉得太久，所以妈妈没有办法离家太远，我爸还蛮常回台湾的。 （ZJP，2009 - 04 - 06）

第三，跨界信仰空间。台湾是一个宗教和民间信仰比较普遍的社会，来到大陆以后台商把在台湾形成的宗教价值观念、宗教生活方式也带到大陆。据台湾"内务部"1987 年 1 月统计，台湾民间信仰的神灵共有 300 多种，其中 80% 是由祖国大陆（主要是福建）分灵过去的。② 这更加强了台商对大陆尤其是福建宗教文化的认同，比较容易产生心理上的亲切感。笔者的问卷调查也表明，福建台商中信仰佛教的比例高达 54.9%，表示完全没有任何宗教信仰倾向的受调查者（即其他）仅占 6.6%。

在台湾众多宗教团体中，佛教慈济功德会（简称慈济会）当属全台湾社会影响力较大的宗教团体之一。慈济会倡导"人间佛教"，大力倡导和推动社会公益事业，是台湾中产阶级参与最多的民间宗教团体。③台商是台湾中产阶级的主体，笔者在田野调查过程中，就碰到不少慈济会的会员。"慈济人"成为台商在大陆的另一种身份，"慈济"成为他们在大陆生活的重要内容。"慈济人"在福建积极拓展会务，把慈济会的社会公益理念和生活方式带入当地社会。通过网络连线或定期回台湾听上人"开示"及参加各种培训的方式，"慈济人"与台湾保持着经常而密切

---

① 杨中旭：《两个台商的过年路线路》，《中国新闻周刊》2009 年 1 月 19 日，第 34 ~ 35 页。
② 吕良弼主编《五缘文化力研究》，海峡文艺出版社，2002，第 165 页。
③ 严泉、陆红梅：《台湾的中产阶级》，九州出版社，2009，第 72 页。

"慈济人"在分享 2010 年 3 月福州"慈济人"赴台湾花莲参加
全球慈济环保干事训练营的心得体会，摄于 2010 年 4 月

的联系。HJQ 是福州的"慈诚委员"（慈济会会员类型的一种），在福州生活了 20 多年，她把推广"慈济文化"当成了一种使命，工作以外的时间几乎全部投入到福州慈济活动中去。

> 过年不一定回台湾，"如果回台湾过年，就会带着女儿去跟（证严）上人拜年"。（田野调查笔记，2009 - 11 - 28，再访 HJQ）

台商普遍还保留有中华民族慎终追远、饮水思源的传统。对很多台商来说，清明节、春节和中秋节是一年中最重要的三个节日，尤其是清明节扫墓表示对祖宗的缅怀，春节则表示整年在外忙碌的人回家团圆，在这两个日子回台湾有很重要的意义。表 8 - 1 显示，问卷调查中就有12.3% 的受调查者将"祖先祭祀"当成一种信仰。事实上，从 2001 年开始福建台商就联名呼吁允许台商在清明节通过直航金门、马祖返台扫墓，这一请求得到福建方面的积极支持，却被台湾当局拒绝。但是从2002 年起，福建台商就获得台湾当局专案许可，经金门返台扫墓。此后，在清明节期间，经闽台航线或常态包机返台的台商稳定增长，客流量比平时普遍增长 20% 以上。[①] 台商在春节期间返台就更普遍了，问卷调查显示，高达 85.5% 的受调查者大多数春节是在台湾过的，春运期间，闽

---

① 《台胞清明节返乡祭祖人数大增》，http：//www.hsdcw.com/html/2009 - 4 - 4/181673.htm，
2009 - 04 - 03。

台航线的客流量一度出现"井喷"。

表 8 – 1　福建台商的宗教信仰

宗教信仰	频数 （人）	占回答者百分比 （%）	占个案百分比 （%）
佛教	67	45.3	54.9
道教	23	15.5	18.9
基督教	9	6.1	7.4
妈祖、关公、保生大帝等民间信仰	26	17.6	21.3
祖先祭祀	15	10.1	12.3
其他	8	5.4	6.6
总　　计	148	100.0	

注：有效个案 122 人。

第四，跨界日常生活空间。很多台商虽然在大陆生活，可是父母、家人和亲戚朋友还在台湾，多多少少会碰到一些日常琐事需要临时回去处理。台湾的医疗保健制度比较完善，台商对台湾医生的信任度也比较高，生病的时候，如果条件允许，也倾向于回台湾治疗。此外，还有一些台商认为，大陆近年来物价上涨过快，特别是着装方面，台湾服装鞋帽的价格、品质和款式都要优于大陆，因此定期回台购物也成为一个不错的选择。

> 我因为心脏不好，每年至少要回去两次，我妈妈也是 70 多岁的人了，身体也是超棒，但是也要每个季度回去做定期检查。（田野调查笔记，2009 - 11 - 28，再访 HJQ）

> 那天他们过来，去沃尔玛买东西，里边的金枪鱼罐头卖得比台湾还贵。然后沙拉，不是进口的，在台湾是可以买两条的，太夸张了。福州的物价是有点问题。我觉得福州人是肯消费的。（YZQ，2009 - 04 - 20）

第五，跨界的两岸交流空间。台商在大陆经营、工作过程中，会逐渐接触到一批大陆的客户、各种社会组织、民间团体，在两岸制度化、常态化沟通机制不健全的情况下，这些台商自然而然就起着沟通两岸的中介作用。ZLQ 在福州做美容美发有 10 多年了，有一批稳定的福州客户群。随着赴台旅游热的升温，ZLQ 就主动组织这批客户去台湾旅游，为他们当导游。既同自己的客户沟通了感情，又让大陆客户对台湾有更深入的认识和了解。CBJ 也有担负两岸沟通使者的经历。

> 我是 2007 年来这边加入的。我主管机关是保监会。台办也有一些来往，不一定是什么具体事情，因为我们跟台办的交流还蛮密切。那刚才我就接到市台办的一个电话，他们要去台湾参观我们在台湾的母公司，希望我们代为安排一下。那有的时候，台湾那边的银行或者证券业者要来拜访这边的政府机关，我们可能起到一个中间协调的作用。我跟省台办也挺熟的，也是这类事情。（CBJ，2009 - 03 - 13）

最后还需要指出的是，台商每次返台往往是公私兼顾。

> 我是两个月回去休息一个礼拜，回去以后固定要跟董事长会面，也回老家台南、彰化，我弟弟、妈妈都在那里，肯定要抽两天时间跟家里人聚一聚。还有一点时间跟好朋友见个面聊聊天，一般的行程大概就是这个样子。跟台湾的家庭和朋友也会用电脑、手机保持联系。我老婆也一两个月来一次。（LXX，2009 - 04 - 28）

就是在这种频繁的跨界流动过程中，大陆与台湾被台商常态化的流动紧密联系起来。跨界流动成为台商特有的生活方式，并在这种生活方式中建构起以台商为主体的独特的跨界社会空间。

三　跨界流动的意义

当代西方国际移民研究中的跨国主义理论认为，跨国主义是"移民形成与维系的多重的联结原籍地与定居地之间的社会关系的进程"，[①] 因此跨国主义强调当代移民建立了跨越地理、文化和政治边界的社会场（Social Fields）。跨国主义视角下的当代移民具有族群联系的跨国性、身份意识的离散性、母国认同的根连性等特征。[②] 移民研究中的跨国主义具有如下特

---

① 吴前进：《跨国主义：全球化时代移民问题研究的新视野》，《国际观察》2004 年第 3 期，第 55～58 页。
② 吴前进：《当代移民的本土化与全球化——跨国主义视角的分析》，《现代国际关系》2004 年第 8 期，第 18～24 页。

点：第一，跨国主义是新的观点，并非新的现象；第二，跨国主义是草根现象；第三，并非所有的移民者都是跨国的；第四，移民的跨国主义会造成整体的社会后果；第五，在不同的移出国与移入国脉络下，跨国活动的程度与形式会不一样。①

跨国主义理论还认为，移民与其家乡在非正式或正式（制度）层面保持着高密集性的跨距离联系，构成这种联系的网络和机构建构起移民跨国社会空间，此外跨国社会空间还包括移民输出国的家乡人口。创造和维系跨国社会空间的动力在于：跨边界的实践允许移民"避开"他们在居住国所处的次要地位，在心理上相对满足。同时，跨边界的实践也加强了家乡网络的联系，有利于资讯资源的获取，相互支持和推荐工作。②

借鉴上述理论对跨界迁移者的分析观点，下文将探讨福建台商在两岸间持续性往返流动的意义。

首先，两岸间持续性的往返流动使福建台商生活方式跨界化。生活方式跨界化是指，台商在台湾和大陆之间迁移，持续性地在两岸间转换生活地点成为一种常态。因为这种常态性的跨界流动，台商既没有完全整合或融入大陆当地社会，同时因为主要生活地点转移到大陆而与台湾原有的联系产生不同程度的疏离，也就是说台商与大陆和台湾社会都保持一定的距离。台商虽然以大陆为主要生活空间，但并没有觉得离台湾太远，也不见得会觉得自己在台湾以外的地域生活。因为现代交通通信技术的进步拉近了空间的距离，交通通信条件的改善和费用的降低使得跨界流动更加频繁，进而使得台商与家人之间的情感交流显著增加，这一切都使台商作为现代社会的迁移群体，其心理、心态都与传统移民有很大不同，故乡依然存在，但"乡愁"在成为常态的跨界流动中消减了。

因为跟台湾那边还是保持着联系，老实说还有一点点生疏感，

---

① Portes, A., 2003. "Conclusion: Theoretical Convergencies and Empirical Evidence in the Study of Immigrant Transnationalism," *The International Migration Review*, 37（3）: 874 – 892.

② 吴前进：《跨国主义的移民研究——欧美学者的观点和贡献》，《华侨华人历史研究》2007 年第 4 期，第 64 ~ 72 页。

就是说跟以往有点不一样了。你在台湾的时候，可以随时通电话，打电话后可能今天就碰面了，可能现在大家工作也忙嘛，可能你在一些事情的分享上都不是那么及时。包括当下的感觉，可能就近找身边的朋友，也有可能跟台湾的朋友讲，但那也可能是一段时间以后的事情了。（ZJP，2009 - 04 - 06）

其次，在跨界的生活方式中建构起跨界的社会空间。常态化的跨界生活方式使地理空间对台商的重要性不那么显著，通过联结两岸的关系建构起的社会空间才对台商具有实际的意义。因为地理空间的割裂，这个群体既生活在此处（大陆），又生活在彼处（台湾）。但是通过各种关系的联结，这个群体得以维持两个生活停留点，拥有双向的联结、双重的认同，从而建构起一个完整的社会空间。这样一个完整的社会空间对台商的价值体现在两个层面：一方面解决因为迁移而引起的自我身份认知的模糊、混乱问题，使内在心理秩序有序化；另一方面，通过与两地社会同时保持联系，获得社会承认，形成和积累社会资本，进而彰显他们在两地的社会位置，实现自我价值与社会地位的相对提升。厦门台商庄许家菱的一句话最能体现两种认同的和谐共处。

> 我来自台湾，不管离开多少年，始终深爱故乡且从不因其内部的族群动乱而引以为耻。我也是"新厦门人"，也从未停止过努力打拼奉献，并希望这片土地的未来将会越来越美好！①

台企"陆干"（大陆籍管理人员）SXP从他的角度揭示了这种社会空间的存在对台商的价值。

> 总感觉他们台派干部跟我们之间有一道无形的墙存在。他们的经济发展水平比我们这边高，就有点看不起这边的大陆员工，跟我们讲话的时候流露出一种优越感。其实这些台派干部在台湾的时候地位就相当于我们这边的组长、课长，派到这边来薪水拿双份，是我们的4倍，地位也比在台湾高。因为他们是台湾人，公司的关键

---

① 庄许家菱：《提升闽南文化是发展海西的首要策略》，《厦门社科学会通讯》2009年第4期。

岗位根本不会留给大陆人的，即使岗位空缺，公司也会让一个能力并不能胜任的台湾人来担任，只是因为他是台湾人。（田野调查笔记，2009－06－26，台企"陆干" WXZ 与 SXP）

已经在福清工作 20 多年的 QDL 有同样的感受。

> 台湾有些企业在台湾做得很烂，在大陆反而做得很棒。像我这个企业在台湾是小企业，在这边就成了大企业。（QDL，2009－04－28）

随着大陆经济社会发展及国际地位的变化，台湾人看待大陆的眼光也发生了微妙的变化，岛内对祖国大陆，在原有的"通商热"、"投资热"以及"寻根热"等多种"大陆热"的基础上，又新增了"金融热"、"文化热"、"求学热"、"求职热"、"购房热"以及"高科技热"等新的"大陆热"。这些都对在大陆长期耕耘的台商在台湾的社会形象带来积极的影响，使他们在台湾故乡的社会地位也大大提升。

WHS 告诉笔者一个有趣的现象，反映了两岸民间社会对对方地位的评价。

> 大陆的女孩子，厦门的女孩子，最近 10 年没有一个肯下嫁给台湾人的。因为台湾的条件没有厦门好啊，现在下嫁给台湾人的都是荒郊野外的农村妹啊。（田野调查笔记，2009－05－06，WHS 的厦门生活）

LXW 同样也体会到了这种变化。

> 在回来的路上，我听到了 LXW 说了这样一句话，大陆变化很大，以前在台湾的时候，听到台湾人说，"嗯，隔壁的那个福州佬"，现在就听到我妈说，"我女儿去大陆讨生活"。
>
> "大陆的女人真傻，怎么想到会嫁给台湾男人。"这句话的意思是说，台湾男人普遍比较懒，不会做家务。
>
> "像我女儿这样的，在台湾非常吃香。"① （LXW，2009－04－08）

---

① LXW 的女儿在大陆读完小学、中学，访谈时在福建当地一所中医学院念大二。LXW 说台湾公司非常需要像她女儿这样在大陆求学长大，对大陆和台湾都很熟悉的台湾年青一代人。

第二节　重建心理秩序：双向认同与情境性认同

一　移民认同研究理论回顾

认同是移民研究的重要主题。认同是迁移群体所要面对的一个重要心理问题，是社会心理学研究的范畴；认同同时还具有关系属性的特征，也是社会学研究的内容之一。由于不同的社会认同带来不同的社会关系类型，才有社会的多样性和丰富性。社会心理学侧重探讨认同改变、建构的心理过程和心理机制，社会学对认同的研究更偏重于社会现象的一致性（比如身份、地位、利益和归属上的一致性）、人们对此形成的共识及其对社会关系的影响。

跨国主义理论提出当代迁移者具有游离性与双重性特征，强调由于通信与交通的便捷，当代迁移者越来越能够同时处于两个国家（移出国与移居国）的社会关系之中，并且越来越可能同时拥有两地的认同。① 为了区分这样的迁移者与一般移民的不同，也有人用跨国流动者（Transmigrants）来称呼他们。② Alvarez 也提出移民的"双重归属"（Dual Allegiance）意识是现代移民建立认同的核心特征，这种"双重归属"意识与其说意味着一种政治上对祖国的忠诚，倒不如说体现了一种他们对自己出生地的历史文化的忠诚态度。移民永久维系着对祖国的国家认同，这成为一种他们用以维系其文化认同的社会机制。③ 当代迁移者的多重认同趋势与全球化的扩散有关，国家和政府是无法阻止的。Schiller 等人指出，跨国流动者能够维

---

① Ports, Alejandro, et al. , 1999. The Study of Transnationlism: Pitfalls and Promise of an Emergent Research Field. *Ethnic and Racial Studies*, 22 (3): 219 – 227; Meyers, Eytan. , 2000. Theories of International Immigration Policy – A Comparative Analysis. *International Migration Review*, 34 (4): 1245 – 1282.

② Linda G. Basch, Nina Glick Schillier and Christina Blanc – Szanton. , 1994. *Nation Unbound: Transnational Projects, Postcolonial Predicaments, and Deterritorialized Nation – States*. Langhorne, PA: Cordon and Breach.

③ Alvarez, R. R. , 1987. "A Profile of the Citizenship Process among Hispanics in the United States," *I. M. R.* (21).

持双重的社会关联与认同和各自在国家打造过程中对移民的这种认同状态的逐渐纳入有关。[1] 同时，跨界文化交流和跨界婚姻进一步推动了认同的混杂意识。

跨国流动者在跨界流动过程中通常要经历这样一个过程：在一个不同于自己文化的社会中认识到了自己所具有的异质性，经历认同上的动摇，努力在一个新的状况下获得一种新的认同。这种行为超越了对所在社会的单纯适应过程，并最终使跨界迁移者获得作为现代城市社会中日常实践的行为主体的角色和价值。[2] 从这个角度看，这种行为也是跨国流动者在移居地继续社会化的过程，跨国流动者自身对异质性文化的体验是移出地与移居地社会文化碰撞与交流的体现。

在社会建构理论看来，认同的形成和变迁是一个逐步建构的过程。有学者在研究中发现，迁移者不但会使用他们从移出国携带的社会文化和经济资源，还会不断地利用移居国的资源（包括社会、文化、经济和制度等）进行一定的建构，形成他们独特的社会、经济、文化和社会心理特性。换句话说，迁移者既不是被动地接受移居国的社会、制度和文化安排，也不是绝对地排斥移居国的各种制度安排，他们是根据在移居国所面临的生存和发展环境以及他们自身的生存能力，重新建构适宜他们生存和发展的社会经济空间以及相应的价值理念与社会认同。[3] 解释认同形成和变迁的理论，除了建构论外，还有原生论和境况论。[4] 这两个理论分别强调社会记忆和社会时空因素对认同的影响。因此，迁移者的社会归属与认同并不是凝固不变的，而是不断地在迁移和融入过程中得到建构、解构和重构的。

认同点的变化是理解当代迁移者错综复杂认同现象的关键点之一。每一个人与其他任何一个人，都有潜在的共同认同之处，此即"认同点"。这种潜在的认同点处于不可知的隐性状态时称为"隐性认同点"。只有当

---

① Schiller, Nina Glick, Linda Basch, and Cristina Szanton., 1995. "From Immigrant to Transmigrant: Theorizing Transnational Migration," *Anthropological Quarterly*, 68 (1).

② 〔日〕广田康生：《移民和城市》，马铭译，商务印书馆，2005，第5页。

③ 王春光：《巴黎的温州人：一个移民群体的跨社会建构行动》，江西人民出版社，2000，第254页。

④ 陈朝政：《台商在两岸的流动与认同：经验研究与政策分析》，台湾东吴大学博士论文，2005，第37页。

外部条件具备，即血缘关系（包括姻亲关系）、地缘关系、业缘关系甚至心理性相通关系等把两者结合在一起的时候，就变成"显性认同点"。隐性认同点转向显性认同点的前提是人与人之间的交往和沟通，也即"相互作用"。① 根据亨廷顿的观点，认同点有六种类型：归属性的、文化性的、疆域性的、政治性的、经济性的、社会性的。② 对传统移民而言，地域性认同是最主要的认同点，在现代社会，迁移者比以往任何时候可流动的程度都高，迁移者会根据生活的需要、条件的变化和工作与事业的要求随时改变自己的生活居住地。也就是说，他们日常生活的重心（即生活归属）在发生跨边界的移动，在此过程中，跨界流动的移民群体不断建构、解构和重构新的社会认同，这种新的社会认同趋向于不受地域、民族、国家和领土的限定。有学者将这种新的社会认同称之为"外地域性认同"，③ 并提出迁移者社会关系而不是地域或国家才是现代社会迁移群体认同的基础。

二　双向认同与情境性认同：福建台商的认同特征

对自我的认同和对当地社会的认同是对福建台商认同情况进行研究的两个主要方面。前文笔者从福建台商"对自身所具有的异质性的认知""地域身份认同""群体身份认同""文化身份认同"四个方面考察了台商的自我认同情况。问卷统计结果表明：有53.8%的受调查者感觉自己作为台湾人的行为特征比较突出，很容易被认出是"台湾人"；1/3左右的受调查者感觉自己常常被提醒是"台湾人"；85.5%的受调查者在台湾过春节；65.6%的受调查者认为台湾那边比较像家；还有54.4%的受调查者认为理想的长期生活的地点是台湾；33.6%的受调查者以台湾为理想工作地点，在所有备选项中被选比重最高；近一半的受调查者认为"台湾过来的人""大多数可以信赖"，但是认为"大陆本地人""大多数可以信赖"的受调查者不到10%；55.8%的受调查者倾向于跟"台湾人"讲闽南语；75.2%

---

① 陶庆：《福街的现代"商人部落"：走出转型期的社会重建合法性危机》，社会科学文献出版社，2007，第430页。

② 〔美〕塞缪尔·亨廷顿：《我们是谁？美国国家特性面临的挑战》，新华出版社，2005，第25页。

③ 王苍柏：《也谈华人》，《读书》2004年第10期。

的受调查者认为自己与大陆人的观念和想法存在部分差距，其中 14.9% 的受调查者认为这个差距非常大。由此可见，福建台商对每一个认同点（具体表现为上述自我认同的四个方面）的认同程度并不一致。其中地域性认同程度是最高的，对作为"台湾人"的文化价值观念的认同也是比较一致的，相比较而言在当地社会所感受到的"异质性"不那么强烈，从信任感中所体现出的群体身份认同程度也较低。这个结果表明半数以上的台商自我认同总体上倾向于"台湾"，但在不同的认同点上，认同的程度出现分化，尤其是"异质性认知"和"群体身份"方面的"台湾认同"都不强烈。

"台湾认同"减弱意味着"两岸认同"或"大陆认同"的增强，其主要原因在于两岸同文同种的根源关系，以及台商与当地社会接触面的拓宽、拓深。问卷调查发现，62.8% 的受调查者感觉大陆当地老百姓一般都可以接受"台湾人"；60% 的受调查者认同两岸相同的文化根源是发展事业的有利因素；66.1% 的受调查者已经或在考虑将家人接来同住；81.8% 的受调查者已经或在考虑在大陆购置房产；84% 的受调查者已经或在考虑在大陆长期发展；32% 的受调查者感觉台湾和福建两边都像家；65.3% 的受调查者对台湾和福建两边的生活都比较习惯。这一结果表明：福建台商在中华文化认同、日常生活安排、事业发展规划及日常生活感受方面"大陆"和"两岸"兼顾的双向认同趋势明显。

福建台商对大陆社会又有着怎样的认知呢？葛剑雄认为，[①] 市场认同是当前新的认同形式，数百万台商在大陆安家落户，离不开大陆的市场，市场的认同也影响到台商的政治认同，市场的力量将大陆和台湾紧紧联系在一起，起着比血统认同和文化认同更强大的作用。但是市场认同也有局限性，应该发展到利益认同，要让最大多数台商得到利益。在这个基础上更难的是观念的认同。现阶段两岸已经有了观念认同的基础。台湾很多人跟大陆人有观念上的差异，不认同大陆的社会制度、政治制度，也不认同大陆的观念。但是不认同不等于不接近。以前两岸的观念是你死我活，现在是互相尊重对方的现状，而且随着大陆改革开放带来的社会进步，两岸

---

① 参考葛剑雄 2009 年 12 月 4 日在华中科技大学做题为《统一与分裂：从历史看未来》的演讲，http://www.univs.cn/newweb/univs/hust/2009-12-05/935161.html。

在观念上的差异越来越小。上述判断可以用来分析福建台商对当地社会的认同。福建台商普遍形成对大陆的市场认同，也正是基于这种市场认同，越来越多的"台湾人"主动选择到大陆发展，在个人和企业规划上主动走在地化之路，以永续化发展作为事业的目标。在这个过程中，必然发生各种利益和观念的碰撞。福建台商普遍体会到两岸社会的差异，但是即使他们不认同大陆的政治制度、社会制度和各种社会观念，也开始尝试去理解这种差异，而不是一味地否定、排斥。

　　对这次北京奥运我印象最深，我觉得大陆给我的感觉是在不断进步，而且进步速度非常快。刚开始我来的时候，对很多东西比较不习惯，或者看不惯，像卫生习惯。不过经过一段时间的沉淀之后，我能理解了。我越能理解的时候，我越能看得到这个地方发展的速度更快。然后还有一点，这个地方跟台湾不一样的地方就是，这个地方的政府做事比较有效率，可是台湾的政府在做事的时候很没有效率。（CBJ，2009 - 03 - 13）

　　我是台湾屏东人士，祖籍应为福建漳州。我在商业圈打拼了十几年，一直从事水果生意。眼见周边好友皆往大陆拓展市场，且业绩不俗，又适逢大陆优惠政策出台，遂心有所动。与其坐以待毙，不如试试水深。谁承想牛刀小试便大有斩获，大陆市场之大，出乎我的意料。厦门、台湾一水之隔，交通便捷，况且大陆政府对我们台商又极为照顾，更坚定了我的信心。回想当初，之所以能坚持下来，是因为对台湾水果有信心，对大陆市场有信心，对政府官员有信心，对国家政策有信心。①

有的台商甚至开始反思台湾社会一贯标榜的"民主制度"，反思大陆现行政治、社会制度的合理性。

　　我小时候在台湾，大人就跟我们讲大陆的共产党如何如何可怕。等我1997年到了大陆，接触了很多共产党，觉得他们很了不起。为什么？这么大一个国家，这么多人口，几十年不乱，经济发展还这么快，非常了不起。大陆如果照台湾搞，早就分裂成不知多少个国家

---

① 梁章林主编《我从台湾来》，海风出版社，2008，第26页。

了。（田野调查笔记，2009 - 10 - 29，率性女人 ZNA）

因此只要两岸双方有了或间接或直接、或浅或深的接触、交流、沟通，对对方的印象、看法，甚至对对方社会、文化、价值、观念的认同都会或多或少发生变化。尽管有很多台商是出于经济考量才到大陆，心态上根本不愿意接受大陆主流文化的价值观与想法，[①] 加之两岸在价值、文化、思维方式等方面确实存在差异，但只要以开放、包容的态度进行互动、沟通、交流，不认同的心态也会被相互尊重的心态所取代。"或许，管它是什么，只要政权稳定，经济持续发展，人人有饭吃，这种体制也是有机会获得尊敬与效仿的，虽然我可能会很不喜欢这样的体制。"[②]

> 福清人有一个冒险犯难的精神，打死拼死也要往国外跑。我们当时在台湾，我爸爸也是这样，我们家有 5 个男孩、5 个女孩，我家里就想办法能够送到国外的亲戚朋友那里就送出去。后来没想到政府也发展十大建设，就不用出去了。就像大陆现在，不用出去了，现在就是大陆最好的时候。所谓危机就是危险加机会。中国现在正处在改革的关键时刻，30 年改革何去何从，就看这一改革。（WCF，2009 - 04 - 28）

情境性认同是福建台商社会认同的另一特征。这里的情境性认同是指台商在对外给自己贴"台湾人"或大陆人标签的时候，在一些场合宣称或彰显自己是"台湾人"，在另一些场合，则说自己是大陆人（具体到大陆某个省、市）。例如，在以大陆人为主要生意往来对象的情境中，"台湾人"身份对他们的经营、工作并没有特别的帮助，甚至会因为附着在大陆"台湾人"身上的刻板印象而影响到他们正常的社会交往，他们往往不愿彰显他们的"台湾人"身份。

> 如果不是（电视台）夏小姐来（录节目），没有人知道我是台湾的。因为对外都是我先生嘛。那我（只负责）办公室处理，我只管我们的小妹。（WHY，2009 - 03 - 25）

---

① 陶孟仟：《大上海地区的台湾移民对子女教育的安排》，《当代中国研究通讯》2009 年第 12 期，第 37 ~ 40 页。

② 谢铭元：《海的那边是什么?》，《当代中国研究通讯》2009 年第 12 期，第 41 ~ 44 页。

　　　　工作上，我们的生意状态是比较单纯的，就是跟客户接触一下，没有太复杂。我跟人家都说我是泉州的，那后来我跟人家说我是台湾的，祖籍泉州，人家说OK，也没有觉得特别怎么样。（YZQ，2009 - 04 - 20）

　　　　台湾不是我的原罪。很多人会问：你们台湾人不是有很多优惠条件吗？我说：是吗？但是我享受不到台湾人的好处啊。我倒是享受到对台湾人的不好，比如，别人要3000块，我是台湾人就要3万块。他们会觉得台湾人很有钱。我一直是在讲，台湾人很勤奋，台湾人的摩托车后永远放一件雨衣，一到下雨的时候，停下摩托车，套上雨衣，继续走。但是我们这里的下雨天，每个人躲在屋檐下开始聊天。我看到的大多数台湾人都是很勤奋的。（LXW，2009 - 04 - 08）

在以"台湾人"居多的情境中，台商就会倾向通过语言或自我介绍等方式来彰显自己的"台湾人"身份。对于很多初到大陆的台商来说，借助地缘关系的认同力量，先从"台商圈"入手，再逐步拓展到其他的关系网络是台商适应当地社会的基本路径。但是随着在地化程度的加深，台商对外彰显台湾人身份的积极性降低，地缘认同减弱。

　　　　以前刚来我会相信台湾人，因为观念比较相近，后来几年下来，我会发现很多台湾人来这边他也会不正当，反而是台湾人欺骗台湾人，他利用你对台湾人先入为主的信任。（ZJP，2009 - 04 - 06）

三　心理秩序的重建

　　跨界流动的生活方式催生了福建台商"弹性"的身份认同，[①] 这种弹性认同主要体现为双向认同和情境性认同，它使台商在个人心理层面保持了时空记忆与现实环境的无缝结合。跨界流动意味着外在生存和发展环境的改变以及由此引起的跨界流动者内在心理认知和认同结构的变化、解构、建构或重建。各种因为环境改变而带来的内在认知冲突或失衡，通过

---

　　① 黄宗仪：《全球都会区域的弹性身份想像：以台北与上海为例》，《文化研究》2007 年第 4 期，第 12 ~ 13 页。

这两种认同方式得以调和，重建了内在心理秩序。费孝通先生曾提出"心态秩序"观点，以解决在各种文化中塑造出来的具有不同人生态度和价值观念的人们，带着思想上一直到行为上多种多样的生活样式进入了共同生活，怎样能和平共处的大问题。① 如果"心态秩序"要解决的是不同个体多样性文化共处的问题，那么笔者所提出的"心理秩序"要解决的则是同一个体面对多样性文化交汇引起的认知混乱甚至认知冲突时如何建立内在认知秩序的问题。台商在跨界流动过程中，摸索出一套可行的方法——建构跨界的认同。

这种心理秩序的重建包括两个方面。首先，寻求不同文化价值取向背后人类文化和心理的一致性的东西。其次，在不同的文化价值取向之间寻求理解、互补、共生的逻辑。台商在跨界的生活经验中，对两岸社会在政治制度、经济发展、社会人文素养、价值观念、生活方式等方面的优势和劣势有了自己的比较和体验，他们倾向于在不同项目的比较中挑选出相对优势的项目，最后将这些挑选出来的要素有机组合，最终形成跨界的认同模式。双向认同和情境性认同就是这种跨界认同的两种表现形式。双向认同意味着台商在其认同结构中，既有大陆的因素，也有台湾的因素，既有对大陆的市场和共享的中华文化的高度认同，又同时保持对台湾的地域和文化价值观念的认同。情境性认同则是一种状况性认同策略，通过对具体情况的判断，选择"大陆认同"或者"台湾认同"。

第三节　全面嵌入当地社会：多元社会关系网络的建构

一　移民社会关系网络研究理论回顾

移民研究领域十分重视移民的社会关系网络在移民社会适应中的作用。许多对华裔移民的实证研究都表明，关系网络在华人社会里普遍存在且发挥着重要的作用。② 抵达移居地初期，移民往往通过族群内部关系，

---

① 麻国庆：《走进他者的世界》，学苑出版社，2001，第360页。
② 张继焦：《城市的适应——迁移者的就业与创业》，商务印书馆，2004，第83页。

如熟人、亲戚、朋友、同事、同乡和宗亲会馆等寻找工作，安顿住所，借助社会关系的重组和培植，排除心灵的孤寂，关系网络对移民在物质和精神两方面的稳定都起到了重要作用。事实上，关系文化是中华文化的重要特征，与其他民族不同，大多数华人看重"关系"，凡事都讲道义、交情，着眼于营造人际关系，并以血缘、地缘为线索，形成了广泛的人际关系网络，每个人都处于这种关系网络之中，每个人都在不断地扩大或维持这种网络。① 与移居地社会成员和相关团体的互动，有助于移民迅速建立和培植适合个人生存与发展的关系网络，以便在新环境中实现个人价值和奋斗目标。简言之，移民在移居地重组和培植关系网络，有助于社会资本的获取与积累，进而有助于适应与融入当地社会生活。

建立跨地域的社会关系网络，并把它转化为社会资本更是当代迁移群体的重要特征。迁移群体通过社会网络的建构，实现社会网络的资本化与跨国式互动，并进而形成了迁移者"跨国社会空间"。② 王春光通过对巴黎的温州移民所做的研究发现，移民社会关系网络是移民在他乡或别国生存、发展和融入的重要法宝和社会资本，而不是社会融合的障碍。移民社会关系网络在移民社会融入中的作用表现在三个方面：第一，移民社会网络是移民传递流动信息的媒介；第二，社会关系网络是移民流动得以进行的机制；第三，社会关系网络是移民生存与发展的支撑体系。③ 吴前进在对新加坡华裔新移民的研究中还发现，越来越多的新移民在融入新加坡当地社会的同时，努力把居住国和外部世界联系起来。④ 也就是说，一种更适合当代跨界迁移者发展的模式正在形成：迁移者的社会网络不断拓展，迁移群体的社会资本不断扩大，人群、社会、国家乃至地区之间的各种关系经过各种有意识的人为架构而实现了旨在促进相关利益共同发展的互动。可见，迁移者的关系网络无论是对迁移者适应当地社会，还是对加强

---

① 郑一省：《多重网络的渗透与扩张——海外华侨华人与闽粤侨乡互动关系研究》，世界知识出版社，2006，第 29 页。
② 吴前进：《当代移民的本土性与全球化》，《现代国际关系》2004 年第 8 期，第 18~24 页。
③ 王春光：《巴黎的温州人：一个移民群体的跨社会建构行动》，江西人民出版社，2000，第 55~82 页。
④ 吴前进：《1990 年以来中国—新加坡民间关系的发展——以中国新移民与当地华人社会的互动为例》，《社会科学》2006 年第 10 期，第 83~91 页。

以迁移者为中介的移出地和移居地社会的民间关系都有积极作用。

当代迁移者社会关系网络的形成具有开放性、状况性的特征，会随着流动而发生改变。从流出地到流入地，迁移者生活的社会和文化环境发生了改变，为了适应这种变化，流动者必须调整和修改其原有的社会网络，甚至要建构新的社会网络。许多对海外华人新移民的研究都发现，传统的亲缘关系网络在移入地的影响和作用没有国内强，甚至有所削弱；而在共同的重要经历中建构起来的社会关系网络（变现为友谊、缘分等）的作用变得越来越强。

迁移者社会关系网络是移民系统的重要组成部分。在阿金·马博贡耶提出的"移民系统理论"中，① 提出作为一种空间构成的移民系统，包含了移民输入地与移民输出地之间相对稳定的联系，而这种联系是在一个相对固定的制度框架内，依靠各种社会关系网络而维持的，迁移者就是在这个制度框架和关系网络中，凭着自身的人力资本而不断地流动与互动，以此来共同构成一个相对开放和流动的移民系统。根据这一理论，有学者进一步提出可以从宏观、中观与微观三个层面分析这个移民系统。② 比如在当代中国城市劳动力新移民这个系统中，宏观层面主要指的是国家相关制度、政策、法规，以及城乡经济状况、社会发展关系，它对劳动力新移民的产生与发展具有决定性作用。中观层面主要是指迁移者社会网络，是对正式制度的一种补充，发挥着巨大的作用。当国家层面上的正式制度不能很好地在移民系统中发挥推动作用时，民间社会网络会积极地替代各种正式关系，以非正式群体特有的方式来推动劳动力新移民的形成。这种来自民间的社会网络大多依靠血缘、地缘关系自然形成，有助于迁移者自身在移居地重建各种社会关系、拓展社会网络。微观层面则主要指迁移者的人力资本，之所以在同等制度和网络环境下，新移民会表现出巨大的差异和分化，其中一个很重要的原因就是其人力资本的不同。移民系统实际上是由宏观层面的相关制度、中观层面的关系网络和微观层面的人力资本三个层面的要素相互作用、相互影响而构成的一个动态系统。

---

① 〔西班牙〕华金·阿郎戈：《移民研究的评析》，《国际社会科学杂志》（中文版）2001 年第 3 期，第 35~46 页。

② 文军：《论我国城市劳动力新移民的系统构成及其行为选择》，《南京社会科学》2005 年第 1 期，第 54~58 页。

此外，日本学者广田康生提出"移民族群网络"分析轴，详细剖析了由移民个人关系网络连接起来的各类关系主体。在广田康生看来，"移民族群网络"的构成者主要包括四种类型：[①] 首先是"局外者"，即移民本人；其次是"局内越境者"，即身处当地社会，但能够与作为"局外人"的移民进行互动的人，例如移民在当地社会的亲戚、朋友等；再次是"对抗者"，即持与当地社会主流价值观不同看法，倾向于移民价值观的人，由此产生与移民交流的契机；最后是"局内人"，即持主流价值观的当地社会居民。

二　福建台商社会关系网络的类型与建构策略

在大陆生活的台商群体中流传着这样一句话："有关系就没关系，没关系就有关系。"不论有没有在大陆定居的打算，既然到大陆工作、生活，就必须要以某种形式同所处的大陆当地社会进行接触，要为自己安排出一个特别的生活空间，以接触工作以外的地区社会。本节以台商生产网络以外的社会关系网络的建构为侧重点，根据问卷调查和访谈资料分析福建台商群体社会关系网络的类型和建构策略。

第一，亲缘关系和地缘关系是福建台商最重要的关系网络类型和社会支持网。对于初到大陆的台商来说，来自家人的关心和陪伴是台商消除心灵的孤寂、在当地安心工作的最大支持力量。建立当地的朋友圈子不管是对工作还是对工作以外的生活都有着十分重要的意义，而以地缘关系为纽带建立和拓展自己的社会关系网络是一个行之有效的路径。问卷调查结果显示，超过一半的受调查者日常生活中遇到问题的商量和求助对象多为家人和台湾朋友，而对于工作中遇到的问题，大部分人选择的求助对象是同事、上级、生意伙伴，其次是台湾朋友。将近七成的受调查者已经或正在考虑将家人接来大陆同住。同时，受调查者在对"台湾过来的人"的信任程度远高于"大陆本地人"。将近一半的受调查者将"与朋友相聚"作为主要闲暇生活内容。这一结果表明：福建台商十分重视以家庭为核心的亲缘关系的社会支持作用；同时，台商朋友不论是在工作中还是在生活中都占有十分重要的地位。

---

① 〔日〕广田康生：《移民和城市》，马铭译，商务印书馆，2005，第198～204页。

第二，两岸婚姻是台商社会关系网络建构的特殊方式，也是一种策略化社会适应方式。台商建立跨界婚姻关系的行动策略并非在大陆独有。台湾学者王宏仁在对越南台商与当地女性的联姻现象的研究中就指出，有些到越南的台商群体是人力资本不高的、边缘的人，他们没有良好的政商关系来进入市场，没有像样的学历以便在跨国劳动市场中流动，唯一依靠的就是自己的劳动力，以及通过跨国婚姻而来的新的社会网络的建立，以便在当地求取生存。这种通过跨界婚姻而来的草根交流越是活跃，跨界流动的台商就越是在地化，他们融入当地社会的程度就越深。[①] 闽台之间有着相似的自然环境、饮食、语言和风俗习惯以及地方文化心理，再加上地利之便，随着台商到福建投资、工作人数的增加和常住时间的增长，闽台之间的通婚现象更趋频繁。据统计，2006 年底闽台通婚达到 87250 对，约占大陆涉台婚姻登记总数的 1/3，闽台通婚中有一半来自福州。在笔者随机访谈的 32 位台商中，就有7 位是两岸婚姻。在 125 份问卷调查中，属于两岸婚姻的个案高达 19 份，占 15.2%，其中配偶为福建籍的有 8 位。可见福建台商群体中的两岸婚姻关系比较常见，那么福建台商的两岸婚姻与越南台商的草根跨界婚姻是否类似呢？交叉分析显示，在 19 位有两岸婚姻关系的福建台商中有 16 位学历在专科以上（见表 8 - 2）。笔者随机采访到的配偶是大陆籍的 7 位台商全部为自由恋爱，其中 1 位是"台干"，1 位是女性，1 位是二代台商，5 位婚龄在 10 年以上，他们不仅在生活中相互照顾，而且在事业上也互相配合，稳定的婚姻关系对台商在大陆的社会适应与融入的作用是显而易见的。

表 8 - 2　台商教育程度与配偶的籍贯

配偶的籍贯	教育程度					合　计
	初中或以下	高中、高职	专科	本科	研究生及以上	
台湾	1	20	24	37	10	92
福州	1	0	0	0	0	1
闽南地区	0	0	0	2	0	2
福建地区	0	1	1	2	0	4
大陆其他各省	0	1	5	5	1	12
未婚	0	1	4	5	2	12
总　计	2	23	34	51	13	123

---

① 王宏仁：《草根跨国投资与跨国社区的建立：以在越南的台湾人为例》，《亚太研究论坛》（专题研究Ⅱ：台越关系专辑）2004 年第 24 期，第 112 ~ 130 页。

我们是 2007 年结婚的，算是来这边最大的收获了。我跟我老婆两个个性比较互补，她个性比较活泼，嘴巴甜，讲话比较厉害，待人处事比我老到。我比较静，比较老实啦。我们两个蛮幸福的。

我老婆是湖北红安人，现在没有做事，台湾生产后回到大陆，现在在家带小孩。有了老婆，小孩也刚出生，才 4 个多月，肩上的责任又重了，以前是为了理想抱负，现在考虑比较多了一点。（田野调查笔记，2009 - 04 - 27，福清"台干"ZXN）

我跟我先生没吵过架。我跟我先生大概认识 3 年才结婚。结婚是一个人人生的旅途中的大事，那你结完婚，事情还得去做。你不可能说我结完婚了，那我什么事情就可以不做。就像你考试一样，今天你毕业考试了，我说你人生的一个终点就到了，你人生的另外一个起点也开始了。其实我跟你讲，我跟我先生没有轰轰烈烈的爱情，我觉得我跟我先生很像朋友之间的感觉，因为只有你有一颗平常心，那你的人生才会呈现一种常态，那如果说你每天的生活跟童话世界一样，那你跟这个社会是没有什么关系的。

我婆婆是福建人，所以她非常能体谅我们。你如果说嫁出去的女儿怎么样，那我说干吗那么辛苦从台湾跑到这边来啊。我觉得是缘分，或许缘分是在这里。

跟工商、食品卫生这些政府部门打交道的事情都是我先生在做，因为我也弄不懂，干脆让他去做，因为我先生以前在我们家公司就是在处理这些事情的。然后管理上会去做一些沟通。（WHY，2009 - 03 - 25）

三　"大圈子"和"小圈子"：福建台商社会关系网络的建构过程

问卷调查显示，超过 60% 的受调查者更愿意参加"台湾人"在大陆的社团组织。而在受调查者中，有近七成加入了本地台协会，35.9% 的受调查者参加了高尔夫球等类型的兴趣团体，还有接近两成的受调查者参与了台湾同乡会类型的组织。加入各类社会关系网络是福建台商在社会适应中的普遍行为方式。下面笔者从正式的"大圈子"和非正式的"小圈子"来剖析福建台商社会关系网络的建构过程。

第一，不同类型台商有各自的"大圈子"来扩展在当地的社会关系网络。福建台商社会关系的"大圈子"有两个特征：一是以地缘性关系为主要脉络构建"大圈子"；二是关系网络组织比较正式，有相对固定的活动地点、活动内容和组织规范。

台协会是台商在当地成立时间最早、最为正式的社会关系网络。目前福建省内共有9个台协会，台协会的会员以台商企业主为主，是台商在当地的民间社团组织。遵照大陆民间社团的管理办法，台协会登记管理机关是地方民政部门，业务主管单位是地方台办。会长由台商担任，会长聘任秘书长、副秘书长领导秘书处处理会务，秘书长、副秘书长一般由当地台办人员兼任或专任。据估计，参加台协会的会员企业占在大陆当地投资的台企总数的1/3左右。[①] 以福州市台协会为例，[②] 该协会由来福州投资的台商自愿组成，1994年成立，2009年时有企业会员400家（不含福清市），以台湾中小企业为主，行业涵盖制造业、高新科技等30多个门类，投资企业平均年限达到15年以上。[③] 协会自成立以后，以"服务、团结、协调"为宗旨，围绕服务台企，加强台商会员之间、台企与政府之间、台商与当地社会之间的沟通、交流和协调开展工作。

在加强会员之间的联谊、交流方面，福州市台协会已经形成了四大工作平台，开展多样化联谊交流活动以加强台商之间的凝聚力。这四大工作平台分别是：第一，片区活动。将福州划分为6个片区开展联谊活动，基本做到月月有活动，同时邀请当地部门领导参加，构建台商与政府部门的联系平台。第二，青年委员会。2007年福州市台协会正式成立台协会青年委员会（简称台青会），专门服务于青年台商、"台干"。2008年台青会举办了14场活动，活动主题包括联谊餐叙、大自然探险、知识讲座、烧烤等；还与市青年团体举行联谊活动，加强与当地社会的联系。第三，"牵手之家"。"牵手之家"成立于1998年，是台协会下设的专门服务于女台

① 许淑幸：《两岸互动制度化之研究——从大陆台商协会的功能观之》，台湾大学硕士论文，2005，第24页。
② 2008年10月～2009年1月，笔者在福州市台协会做了为期3个月的田野调查，田野调查结束后，笔者仍与台协会保持联系，参加台商部分相关活动。
③ 陈奕廷（福州市台协会常务副会长）：《立足海西，促进台企永续发展，引领企业再创辉煌——为加快建设海西再展雄风企业家座谈会上的发言》，《福州市台协会会刊》2009年总第50期。

商和台商眷属的组织。"牵手之家"创始人之一 CXR 回忆说：

> 我们当时只是制定了"牵手之家"的宗旨，即"生活、学习、爱"，比较跟我们生活贴近一点。早期活动比较多一点，有聚餐啦、郊游啦、讲座啦。外出郊游都是要求老公和孩子一起来。（CXR，2009 - 02 - 27）

第四，高尔夫球队。台协会高尔夫球队坚持月例赛活动，以福州市台协会命名的球赛"台协杯"至今已经举办了 5 届，每年年底举行，是福建台商一项重要活动，赛后颁奖仪式和晚宴吸引不少台商及家属来参加。台协会高尔夫球队与省内外台商高尔夫球队的交流也比较频繁。此外，台协会每年一次的周年庆也吸引了很多台商来参加。福州市台协会还办了自己的会刊、网站，会刊由会长指导秘书处负责编辑，在周年庆前送到每个会员手中。台协会的会刊、网站都是台商了解、交流信息的重要渠道。

台商个体户也有属于自己的社团。2007 年厦门市思明区成立了全省首个个体户协会台商分会，业务主管单位是厦门市思明区工商局。

> 担任首任会长的 CYL 介绍说，协会现有副会长 2 名，理事 4 名，名誉会长由思明区台办主任兼任，其中一名副会长由思明区工商局某科室

福州市台协会十四周年庆，笔者摄于 2008 年 12 月

福州市台协会位于福州市中心的办公地点，笔者摄于 2008 年 10 月

科长兼任。至今协会已有会员 96 人。协会成立以来，办公地点都是在
CYL 自己的办公室里。协会不收取任何会费，经费支出都是 CYL 自掏
腰包。只要是会员开店遇到困难，他都积极帮助协调解决。CYL 说，协
会就像台湾的民意代表，在台商个体户和政府之间起到了很好的桥梁作
用。（田野调查笔记，2009 - 05 - 06，与 CYL、CQY 谈大陆台商个体户）

目前以"台干"为主的正式社团还没有出现，但在"台干"比较集中
的地方有一些联谊性质的定期聚会。比如在"台干"聚集比较多的福州青口
东南汽车城，每个月都有一次"台干"餐叙。聚会由汽车城的配套厂商自愿
自行组织，每月以吃饭的形式举办一次聚会，每次由自愿报名参加东南汽车
城配套厂商台派干部联谊餐会的配套厂中的 3 家轮流做东，年初排好全年的
餐会计划，并通过福州市台协会传达到福建台企，餐会地点近几年都定在闽
侯青城大酒店。事实上，月例餐叙是向所有台商及相关人员开放的，跟"台
干"生活、工作相关的人和事都可以在聚会时统一介绍、宣传。① 笔者认

---

① PXJ 是该餐叙活动的主要召集人和组织者之一，1999 年 PXJ 被台湾母公司派驻福州工作，
自那以后就成了每月餐叙活动的主持人。在 PXJ 帮助下，笔者在一次月例餐叙前完成了在
闽台商社会适应的问卷调查。在另一次餐叙中，一家福州的技校向与会台商搜集企业用工
信息。有些新到福州的台企或在福州开店的台商个体户也会利用这个平台做自我宣传。

为，东南汽车城配套厂商台派干部联谊餐会是福建"台干"社会关系网络建构与维护的重要非正式制度安排，其作用表现在三个方面。

首先，联谊餐会是一个以汽车城"台干"为主体的"台干"群体社会关系网络运作的载体。青城大酒店作为一个常规性的聚会场所，作为"台干"的社会关系网络编织和信息交流的据点而发挥作用。正是这里潜在的关系和信息的力量将来到汽车城和福州工作、投资的"台干"、台商吸引来参加，聚集在这里的台商之间随机地编织个人关系网络，从而形成了一个无形的汽车城"台干"群体关系网络。在这个网络中的人，有着相同的生活方式，聚餐成为他们建立和支撑其日常关系的重要途径。

其次，非正式组织与正式组织的连接与互动。在一次月例餐叙前几天，一家台企发生了员工打架致人死亡事件，死者家属与这家台企就赔偿问题发生矛盾冲突。餐会上这件事被广泛关注与讨论，福州市台协会秘书长与相关企业和人员不停沟通，甚至顾不上吃一口饭，餐会结束后连夜写材料上报市台办和相关部门来处理此事。

东南汽车城 2010 年 1 月份的一次台派干部联谊餐会，笔者摄于 2010 年 1 月

最后，非正式的私人关系嵌入正式的工作关系，关系网络得到维护和扩张，社会资本增值。联谊餐会的会员以轮流做东的形式保持着与汽车城内兄弟厂商的联系与沟通，这些厂商的负责人之间在这种长期的人际交往中建立了相对较为信任的关系。而每个月受邀来餐会的台商也以乡音乡情为基础在一来二往中扩大着自己在大陆的社会关系网络。有意思的是，在

大陆工作的"台干"在网络上呼吁成立类似国外工会组织的"台干协会"，① 反映了大陆"台干"自发构建本群体内正式社会关系网络的意愿。

第二，"小圈子"作为福建台商社会关系网络的另一种形式使台商关系触角深入当地社会日常生活。与"大圈子"相比，福建台商社会关系"小圈子"的特征是：建构方式更加灵活，更具开放性和状况性，网络规模和互动形式更加小型化、私人化、日常生活化。特别是业缘关系渗透到"小圈子"的建构中，有利于福建台商日常生活的本土化，也有利于其社会适应和融入。"小圈子"的规模一般在几个人或十来人左右，刚好够一桌到两桌人吃饭。"小圈子"内的互动内容比较生活化，比如定期吃饭、唱歌和不定期结伴出游。能结成一个"小圈子"主要是源于某一个或某些方面的共性，如都是年轻人，或都是台商的眷属，或都在当地做小买卖，或有着同样爱好等。形成"小圈子"的途径也比较多元，可能是在返台飞机上或外出活动中的一次偶遇，也可能是台协会或"台干"餐叙的一次饭局，还有可能是同在当地的台湾朋友的引介。

"小圈子"关系网络建构的一个重要渠道是沿着业缘关系将本地人纳入自己的社会关系网络。问卷调查表明：工作对象大部分为大陆人的台商其朋友圈子大部分为大陆人的比例接近40%，比工作对象部分为大陆人的台商其朋友圈子大部分为大陆人的比例高出24.8%。台商在当地生活时间越长，就越认识到与当地人交往的必要性。CXR在福州生活了近20年，她非常注重拓展当地的关系网络。

> 很多台湾人也是这样，生活圈子只跟台湾人在一起，其实这是一个错误的思考。我要在这边，我要生存下去，就要本土化。（CXR，2009 - 02 - 27）

"小圈子"关系网络建构的另一个新兴途径是互联网。如今互联网在台商拓展社会关系网络中的作用越来越大。青年台商都有上网的经历，很多台商在来大陆前就在网上寻找当地的台商朋友。"台太"LMG告诉笔者，在来福州前她就通过网络联络到一位将赴东南汽车城工作的"台干"眷

---

① 《成立台干协会的建议》，http://www.twgocn.net/thread - 40574 - 1 - 1.html，2009 - 02 - 25。

属。Skype、MSN、QQ 都是台商与台湾、大陆和国外朋友联络的重要手段。而对厦门台商庄许家菱来说，互联网络更是给她带来意想不到的收获。

> 我来自台湾，是个台商太太，也是女台商。2008 年 3 月 8 日我在新浪开博了。满二年后的今天，博客来访超过百万。这两年"城主夫人"便由厦门大正电脑城城主的老婆（城主就是总经理啊！）也变成了我的笔名而广为人知。我一开始是写做菜。每日做完菜后再拍照写博。结果，无意中受到《厦门晚报》的关注及采访，将我称为"民间高手"！在那之前，很多人是不知道也不相信我会做菜的。上报后引起广泛回应，于是便邀请我这个台湾人开周专栏"食尚领鲜"。（部分文章在本博博文分类"厨娘 2046"），约半年后，又另加了"食踪"专栏。后来又和皮皮王子共同创作"希米系列"，再后来也在《海峡导报》开始了"厨娘 2046"的写作。由于我博客里经常有特色介绍并教做台湾小吃，因而也促成了"厦门两岸美食展"在大正电脑城门前广场举办。①

"小圈子"的建构过程也是生活方式的形成过程。一位受访者说：

> 福州的台湾人形成了很多不同的区块，或者叫社群，比如爱打高尔夫球的是一个圈子，喝酒唱歌的是一个圈子，像我们慈济人也有一个活动的圈子。（田野调查笔记，2009 - 03 - 19，HJQ 的慈济人生）

一个圈子内的人的互动比圈子外的人更频繁，圈子里的互动方式就是他们建构起的惯性生活方式。

> 刚来的时候我每天去爬山，鼓山有很多台湾人去爬，有一个团体大概有三四十个人，半山腰有一个凉亭的地方，台湾人会请一个本地人煮早餐给我们吃，还可以泡茶。以前是有人主持，现在没有了，散掉了。有人去爬，但没有这个模式了。我 2007 年来的时候，有 30 个人左右。我去爬的时候，看到有个人很像台湾人，就聊起来了，然后

---

① 城主夫人：《新浪开博两年赚进不只百万》，http：//blog. sina. com. cn/s/blog_ 51119d4d0 100h8au. html，2009 - 03 - 10。

参加了这个爬山团体，每次去就丢 100 块进去，有茶、有水果，爬完山，聊聊天，聚一下。（CQY，2009 - 03 - 10）

不管怎么讲，台湾人和我们都是兄弟姐妹，血缘还是相通的。我的朋友圈子里就有七八个台湾人，有几个是很好的朋友。他们都不是我们公司的，跟我年龄相仿，都在东南汽车城工作。我们交往的方式就是一起出去喝酒、吃饭、聊天、郊游、登山什么的，除了业务，也聊一些家长里短的事情。（田野调查笔记，2009 - 06 - 26，台企"陆干"WXZ 与 SXP）

正如关系网络对华裔移民适应与融入当地社会具有重要作用一样，华人社会"关系文化"对大陆台商的影响同样存在。福建台商以亲缘关系和地缘关系为主要支撑，"大圈子"和"小圈子"共同编织起台商在当地社会的关系网络，推动台商更好、更快地适应和融入当地社会。

四　全面嵌入当地社会

大陆台商群体是一个特殊群体，它在经济、政治、文化、心理等方面的特性使其在社会适应方面存在较大的张力。同文同种是台商能够融入当地社会的最有利因素，但这个群体在经济、文化和心理等层面的"强势外来者"特征，[1] 又使其缺乏融入当地社会的积极性和主动性，政治层面的敏感地位更成为一道难以绕过的客观障碍。由此导致台商与大陆当地社会若即若离的关系。笔者认为，台商社会关系网络的建构与扩展是台商接触当地社会的主要渠道，借此从经济、社会、文化、日常生活等各层面嵌入当地社会生活。

首先，福建台商通过生产网络的建构与嵌入当地社会完成经济层面的适应。台商跨界流动最大的动机是追求个人生存、发展的更大空间和更多机会。要留在大陆发展，台商首先必须在经济层面获得稳定的生存和发展机会。社会关系网络在台湾企业社会普遍存在，[2] 大陆台企承袭了在台湾的企

---

[1] 刘伟在对在华外籍就业人员的社会适应研究中提出"强势外来者"概念，指称相对于其他类型的外来人群乃至当地人群而言，在经济、文化、心理等方面处于优势地位的人群。参见刘伟《在华外籍就业人员的社会适应》，《社会》2010 年第 1 期，第 152～177 页。

[2] 吴思华：《组织逻辑：人情与理性》，载张苙云主编《网络台湾：企业的人情关系与经济理性》，台北远流出版公司，1999。

业经营风格，关系网络在台商的流动决策和流动后的生产经营中都有着重要影响。朋友介绍是台商到大陆投资、工作的一种常见类型，不少台企甚至在投资大陆初期也将在台湾的生产网络整体移植到大陆，以人情关系为纽带建立起了内闭式的协力生产网络。这种内闭式生产网络降低了对当地社会的依赖，但将台商隔离于当地市场体系和社会生活之外，不利于台企在大陆的长期发展。在长期的大陆社会生活实践和企业本土化经营转型过程中，这种封闭式、同质性的关系网络被打破，社会关系网络的结构、功能都在发生变化。

其次，福建台商以地缘和业缘关系为纽带扩张社会关系网络，全面嵌入当地社会。除了生存需要外，台商还有生活信息获取、人际交往等各种社会和心理需要。在重建当地生产网络的过程中，首先是厂商之间经过多次合作建立专业联系；其次是在专业联系的基础上，双方经理人间私人情谊关系的建立。因此，基于厂商之间密切经济合作的经济网络的建立在先，基于厂商之间多次互惠合作培养出彼此的信任，再加上双方企业员工间文化同源，以及人际关系等社会资源而建立的社会网络在后。同时，台资厂商在当地的互动对象并非局限于地方厂商，因为他们在大陆地区投资会面临一系列生产和生活上的问题，如生产方面的土地审批、税务、劳工政策等都需要与当地政府发生互动，而在生活方面的治安、医疗、求学等也需要地方政府的协作。因此，地方政府的服务意识与效率对台商在大陆地区的社会嵌入将产生直接影响。[①] 在上述过程中，台商将包括大陆人和台湾人在内的生意往来伙伴、地方政府工作人员、大陆企业员工等互动对象纳入自己的社会关系网络。上述功能性的社会交往成为台商建构和维系"大圈子"的主要目的。此外，台商通过"小圈子"的活动，在日常休闲、消费、婚丧嫁娶等人情往来、慈善公益等社会活动中，都把台商的形象带到当地社会，完成了与当地社会的情感性、象征性社会交往。

费瑟斯通提出全球化过程中全球文化存在于跨界移民群体中，这是一种"第三文化"——"那些以各种方式逐渐独立于民族国家的实践、

---

① 王成超、黄民生：《台商投资大陆地区的区位选择及其空间拓展研究》，《人文地理》2008 年第 6 期，第 71～77 页。

知识体系、习俗与生活方式"。① 据此笔者认为，在常态性的跨界流动过程中，台商群体形成了独特的认同心理和社会关系网络建构模式，台商群体的这种独特生活实践和文化实践有可能创造出一种独立于台湾文化和大陆文化之外的"第三文化"。

小　结

大陆台商群体既不属于国际移民，又不同于国内移民；大陆台商也不同于传统移民，他们是全球化时代伴随两岸关系发展变化而兴起的一类新型跨界迁移群体。因此，他们具有独特的社会适应方式，具体表现为适应的策略性：首先，持续性地在两岸间往返流动，形成跨界流动的生活方式，建构起跨界的社会空间；其次，在认同上表现出双向性和情境性特征，以重建内在心理秩序，化解身份模糊引起的心理落差和尴尬情境；最后，地缘关系和亲缘关系是最主要的关系类型。建构两岸婚姻成为一种特殊的适应策略，通过相互交织的"大圈子"和"小圈子"建构本土化的社会关系网络，从经济、社会、文化和日常生活等方面全面嵌入当地社会，为台商在当地社会正常生活提供工具性和情感性支持。

---

① 〔英〕迈克·费瑟斯通：《消解文化——全球化、后现代主义与认同》，杨渝东译，北京大学出版社，2009，第159页。

第九章

两岸社会融合实践进展：
以平潭综合实验区
"共同管理"为例[*]

在本研究系统的实地调查告一段落之际，福建省政府提出的"平潭综合实验区"构想初现端倪，并在 2011 年从一个地域性发展战略上升为国家级战略决策。因此，笔者就如何进一步将大陆台商社会适应的研究发现应用于平潭综合实验区的开发建设作出更为具体的思考。

2011 年 3 月国务院批复了《海峡西岸经济区发展规划》，提出设立"平潭综合实验区"，两岸同胞以平潭为平台，"共同规划、共同开发、共同经营、共同管理、共同受益"，"开展两岸区域合作综合实验，努力把平潭建设成为两岸同胞合作建设、先行先试、科学发展的共同家园"。笔者认为，平潭综合实验区的设立，充分体现了在两岸关系进入新的历史时期的背景下，中央对台政策的创新性。这一战略规划首创"五个共同"理念，以建设"共同家园"为目标，开启了两岸交流合作的新篇章，为两岸共同认同的建构及两岸社会融合、社会一体化的实现提供了一个地域性的试验、实践平台。实验区自开始开发建设以来，引起了海内外、海峡两岸政界、学界及民间的广泛关注，必将对未来两岸关系产生深远影响。"五个共同"是"共同家园"建构的途径，其中最为关键的是"共同管理"，也是实验区开发建设政策中最需突破的创新点。因此，下文以实验区"共同管理"先行先试问题为切入点，探析两岸关系和平发展新时期，台商适应与融入大陆生活的可行路径。

---

* 本章主要内容以《平潭综合实验区 先行先试"共同管理"》为题，发表于中共福建省委政研室主编《研究动态》2013 年第 75 期。

第一节　平潭综合实验区及其"共同管理"
理念提出的意义

当前两岸关系和平发展进入巩固深化期，两岸都面临着严峻的国际经济形势，岛内经济发展一度低迷，大陆也正处于经济结构调整阶段。两岸建立良好的区域合作关系，有利于抓住国内外难得的机遇，携手共同应对困难和挑战。在这个背景下，平潭综合实验区的设立及其开发建设就显得更为重要、更有意义。

一　平潭综合实验区开发建设对两岸关系发展的意义

（一）平潭综合实验区的开发建设开启了两岸交流合作的新篇章

随着 ECFA 时代的到来，两岸关系又进入了大交流、大合作、大发展的历史新阶段。这是一个机遇与挑战并存的阶段，需要正视两岸关系发展中的深层次问题，抓住稍纵即逝的时机，深化交流，加强合作，将两岸关系推进到一个更高的发展阶段。当前阶段两岸关系的现状是：两岸的经贸交流日益密切，台湾民众与政治精英对大陆的情感却日趋疏离。两岸经贸交流开通了两岸在宏观经济层面交流的渠道，两岸社会情感距离的拉大并不能否认两岸经贸交流的必要性，相反，更突出了加强两岸在中观和微观层面情感交流的迫切性。平潭综合实验区的建立为两岸民众密切交流提供了新载体，把平潭建成两岸人民交流交往先行先试区域的定位是合情合理的。

（二）平潭综合实验区的开发建设搭建了两岸共同认同建构的平台

两岸在过去60多年的分离中，分别发展出不同的政治、经济和社会制度，进而形成不同的社会认同系统。再加上过去几十年来台湾当局和某些政治势力刻意扭曲和操弄台湾民众的认同意识，使得不少台湾民众因为对大陆片面的了解而产生恐惧心理,甚至抱以敌视态度,两岸认同的分歧依然长期存在。因此,在当前两岸关系和平发展新时期,努力建构两岸民众共同认同,尤其是增强台湾民众对大陆的认同意识至关重要。理论研究表明,通过经济和社会的往来与交流,形成相互依赖关系,有可能导致集体认同的出现。两岸打破相互隔绝状态以后,民间交流日益频繁,越来越多的台湾同胞来平潭投资、旅游、求学、生活、工作、居住,两岸人民的接触、互动渗透到日常生活中,感性认识与了解逐渐加深,这就有可能在平潭形成两岸民众的共同认同。

(三)平潭综合实验区的开发建设提供了两岸社会融合的新载体

改革开放 30 多年来,设立各类特区、开发区已经成为推动经济、社会发展的行之有效的方法。但建设平潭综合实验区作为中央推动两岸关系和平发展的重大决策部署和国家海西发展战略的突破口,平潭综合实验区理应肩负比一般经济特区、开发区更多的历史使命。其中,促进两岸社会融合是平潭综合实验区理应肩负的崭新使命与应具有的发展特色。平潭是祖国大陆距台湾最近的县份,岚台之间"五缘"关系密切深厚,近年又得国家先行先试政策优势,坐拥"天时、地利、人和",具有推动两岸社会大融合的良好条件。国家对实验区"共同家园"的目标设定与功能定位,推动两岸人民在平潭的开发建设中共同参与和共同经历,形成共同记忆和共同认同,两岸社会一体化及两岸社会融合也就有可能在平潭这个区域社会中率先实现。

二 大陆提出平潭综合实验区"共同管理"理念的意义

(一)"共同管理"体现大陆推动两岸关系和平发展的心胸与自信

对大陆而言,两岸"共同管理"的理念在一定程度上是对大陆现有体制、机制的自我挑战与自我突破。自 1949 年以来,两岸在某种程度上已展开了竞争,这种竞争是包括政治制度、意识形态等在内的全方位竞争。两岸关系进入和平发展时期以后，两岸在社会管理、政治制度、生活方式、思维习惯等方面的外在客观差异日益显现；受过去长期国共对抗心态惯性的影响，两岸在意识形态、价值观等方面的内隐竞争态势也仍然客观存在。在此情况下，大陆主动提出在实验区推行两岸"共同管理"，无疑要承担一定的政治风险，同时也体现了大陆在新时期与台湾进行和平竞争的心胸与自信。

（二）"共同管理"是构建两岸合作新模式的突破口

平潭的开放开发走过了一条从地方决策到中央决策、从区域战略到国家战略的道路，平潭开放开发的"五个共同"战略则从一开始就是国家战略。平潭综合实验区的设立及其"五个共同"开发理念的提出，使两岸合作关系从"领域合作"拓展到"区域合作"。实验区融合了中央和地方的发展战略考量，既是海西经济区及福建跨越式发展的重要抓手，又是中央创新两岸合作新体制、探索两岸合作新模式、推动两岸和平关系进一步发展的新载体，这一新模式的突破口就是两岸"共同管理"。"共同管理"意味着大陆主动开辟出一个区域，让台湾同胞来海西、来平潭做主人，参与大陆一个地域的管理、决策，而不是做客人、做单纯的投资者。"共同管理"还意味着在两岸关系层面进行经济、政治、文化、社会等方面的多层次的体制机制创新；将未来两岸合作领域从经济领域拓展到文化、社会和政治领域；同时，逐步协调、整合两岸在经济、社会制度、法律等领域的实际互动中发生摩擦、冲突的要素。这种模式超越了以往任何一种两岸关系模式，将有利于营造出一种两岸深度融合、深度合作的新模式。

（三）"共同管理"是大陆打破两岸政治关系僵局的积极尝试

两岸和平发展关系得来不易，当前阶段两岸经贸关系不断取得重大突破，走向深入，但是受岛内及国际各种因素的影响，两岸政治关系的发展举步维艰，甚至反过来影响两岸经贸关系的进一步常态化、制度化。在两岸关系发展进入"深水区"后，如何打破当前两岸政治关系僵局，突破两岸关系发展瓶颈，需要极大的历史责任感和创新勇气。大陆提出在实验区实行"共同管理"，既不属于经济组织的内部治理范畴，也不属于经济合作中的治理范畴，而属于区域行政管理和社会治理的范畴；不仅是两岸关系的和平对接,也是大陆通过体制内的改革,在两岸经济体制、行政体制诸方面先行先试。这是大陆方面积极努力作为,主动打破两岸政治关系僵局的破冰之举。

第二节　两岸"共同管理"的特点

平潭综合实验区因台而设,对台特色突出,目标指向建设两岸"共同家园"。实验区的两岸"共同管理"也应服务于两岸关系的和平发展,它具有以下四个特点。

一　管理发展上的阶段性

所谓阶段性,是指在实验区发展的不同阶段,两岸"共同管理"的内涵是不断发展变化和不断充实的。实验区的发展大致可以划分为三个阶段:第一阶段是实验区建设的初期阶段。这一阶段"共同管理"更多地体现为某种原则性的宣示,两岸关系事实上存在的距离感尚不足以使"共同管理"成为一种实质性的政治方式。因此,这一阶段的"共同管理"更多体现为一种宣传策略,其目的是展示大陆的诚意,激发更多的台湾同胞前来平潭投资兴业的兴趣与意愿。第二阶段是实验区建设的成长阶段。这一阶段实验区聚集一定数量(特别是有 5 万人以上)的台湾同胞长期在平潭居住、生活、工作、学习,实验区两岸元素的基础更加牢固、特征更加明显。这一时期的"共同管理"则需要推进到实质性阶段,即有组织性阶段,实验区的各种事务性领域要开始兑现两岸民众"共同管理"的承诺。第三阶段是实验区建设的成熟拓展阶段。常住平潭的台湾同胞数量更加庞大(如 20 万人以上),这一时期的"共同管理"则要形成制度化的管理模式,保证两岸同胞有同等的机会、权利共同参与平潭共同家园的建设。

二　管理对象上的两岸元素

两岸"共同管理"的对象明确,不仅包括大陆民众,也包括前来平潭居住生活、创业谋生、旅游观光的广大台湾民众，这也是平潭综合实验区与大陆地区其他综合实验区的最大区别之所在。相对而言，两岸"共同管理"的对象设计尤其要突出对台特色，因此，平潭综合实验区在其管理的方方面面一定要考虑到台湾同胞这一特殊群体，要考虑到台湾民众的生活习惯、生活方式及其心理感受等因素，特别是要把台湾社会中的一些比较好的管理制度引入平潭综合实验区，从而使台湾民众更易接受和认同实验区管理体制。

三 管理理念上的服务性

实验区两岸"共同管理"实践是在大陆正在推行的各项行政和管理制度改革背景下进行的。实验区为大陆和台湾各自发展起来的两种政治文化的碰撞交流提供了载体和机会。"服务民众"应该是两岸在政治文化上共同的交集，大陆不断加强"服务型政府"建设，台湾当局出于选举因素考量，也有很强的服务意识。实验区既然具备国家所赋予的先行先试的政策先发优势，在管理制度建设上，尤其应该突出和加强其服务功能，弱化其管理功能。这就意味着实验区的"共同管理"应当将"以人为本"作为服务理念，始终把在实验区生活的两岸民众的利益放在第一位，坚持科学发展观，统筹、协调、兼顾好各方面的利益关系，促进实验区经济、社会、生态、文化和人的全面发展。提高实验区政府的服务意识和服务水平是赢得实验区人民的拥护、支持，更重要的是吸引越来越多的台湾同胞前来投资、生活、定居，乃至形成两岸民众"共同认同"的法宝。

四 管理主体上的多元性

"治理"作为一种现代社会管理理念，已经被广泛运用于现代国家和社会管理中。通过先行先试的政策先发优势，实验区可以建立一个有着多主体参与的、有效运作的网络治理体系。这一网络治理体系是一种多中心的治理格局，其中国家系统（即政府组织、政党机构）、市场系统（即企业组织）和社会系统（即社会组织和公民个人）基于一定的行动规则，在各个层面展开不同程度的互动，彼此合作，在相互依存的环境中分享公共权力，共同管理公共事务。在这里，政府的治理作用主要体现为在一个变化了的环境中，政府所扮演的角色从控制者转型为组织协调者。经由两岸"共同管理"建立的"共同家园"绝不是某种政治意义上的"理想国"，除了政府应该破除传统的思维和路径依赖，在这一新型治理体系的构建中积极作为外，更有赖于两岸民众在平潭这块共同生活的土地上，持续不断地交往、沟通，通过共同的参与和管理，去丰富和发展这一理想愿景。

第三节　两岸"共同管理"实践的领域

"两岸元素"是实验区两岸"共同管理"不可或缺的重要特征。如何将"两岸元素"注入两岸"共同管理"中呢？具体而言，两岸的"共同管理"涵盖两岸的人、事、物，涉及经济、社会、文化、教育、医疗、卫生、司法、行政、通信传媒、民政、市政、宗教、海关等领域的一系列具体问题，下面分述之。

一　经济领域的"共同管理"

平潭在经济领域的"共同管理"可分为近期与远期两个阶段。2012～2020年大致为经济领域"共同管理"的近期阶段，其主要任务是构建实验区的产业基础，建设与完善实验区的基础设施。这一时期的主要经济管理职能仍然需要由实验区管委会及政府行使，同时，可以吸引个别懂经济管理的台湾专业人士参与其中，主要发挥台湾同胞的咨询作用。2020年之后大致为经济领域"共同管理"的远期阶段，随着平潭城市基础设施建成以及大量台湾同胞来平潭定居、生活、工作，来自台湾的资本与人力对平潭经济发展的作用开始增强，这一阶段主要发挥台湾同胞在经济管理方面的作用，特别是要充分发挥台湾同胞在经济管理决策中的作用。建议设立一些台湾同胞共同参与平潭管理的量化指标。例如，可以让台湾籍人士在平潭经济管理领域的比例占到四成以上；随着经济生活中台湾元素的增多，应高度重视发挥新台币在经济发展中的功能，可以规定新台币和人民币都是实验区的法定货币，允许自由兑换；等等。

二 社会领域的"共同管理"

在实验区的初创阶段，由于在平潭常住的台湾同胞绝对数量不大，这个时期，在社会领域的"共同管理"主要体现为在社会政策层面为前来平潭生活、居住、工作、投资的台湾同胞提供与大陆居民平等乃至更为优惠的便利条件，使他们能在平潭感受到与台湾大致相同的方便、快捷、舒适的社会生活环境。比如，简化台湾同胞落地签证手续；允许台湾同胞以台湾"身份证"为自由出入平潭的有效证件；为台湾同胞在平潭就业提供方便，允许台湾同胞在台湾获得的各类执业证书（如教师、医师、律师资格证书等）也能在平潭有效使用；允许台湾牌照的车辆自由出入平潭；为台湾居民在平潭定居提供方便，允许台湾同胞在平潭购买社会保障性住房；等等。还可以考虑设立一些辅助机构，比如"两岸社会服务中心"，以帮助初到实验区生活、工作的台湾同胞尽快适应、融入新的社会。随着定居平潭的台湾同胞逐年增多，也要随着变化了的形势调整两岸"共同管理"的社会政策，更多地融入两岸社会领域"共同管理"的台湾元素。同为社会管理的主体，实验区首先要在立法上为其参与平潭社会管理做好制度设计。在社会领域的两岸"共同管理"推进中，在公众参与、社区发展、基层自治、社会组织、志愿服务等领域积极借鉴台湾经验，尽可能为台湾同胞构建他们所熟悉的社会管理模式，使他们有"家"的归属感与认同感。

三 文教医疗卫生领域的"共同管理"

文化教育领域相对比较敏感，实验区文教政策在由我方主导的前提下，广泛开展两岸文教交流活动，充分发挥台湾同胞的作用。逐步在文教政策方面融入台湾元素，拓展台湾同胞参与平潭文化教育的领域与深度。比如，允许符合一定条件的台湾地区高校、中小学及学前教育机构在实验区自主办学、自主管理、自主招生、自主决定使用符合"一个中国"原则的教材；鼓励实验区范围内的高校与台湾高校开展专业认证、承认学分、师资培训、教学质量认定和学分互认标准、专业技能鉴定与认证等方面的合作交流，在平潭培育一个两岸有序竞争的教育服务供给市场，为实验区和两岸共同家园建设提供源源不断的智力支持。医疗卫生领域的敏感度相对较低，鉴于大陆当前医疗卫生问题已经成为广受民众关注的社会问题，而台湾在医疗卫生服务领域积累了较为丰富、先进的经验，实验区可以凭借先行先试的政策优势，有计划、系统性地引进台湾在医疗卫生管理与服务方面的制度与人才，使在平潭定居的台湾同胞在平潭也能方便就医，让两岸民众共享高品质的医疗卫生服务。

四　司法领域的"共同管理"

就台湾问题而言，中国的法制呈现一国两法域共同发展的格局。在平潭建设两岸"共同家园"，一方面，难以避免一国两法域条件下的法律冲突；另一方面，也有了使冲突正向效应最大化的实验基地。在实验区建设的初期，两法域法律冲突协调所涉及的领域应偏重于公权力机关对涉台事务如何处理，并主要通过行政法规表现出来。台湾地区现行"法规制度"是实验区在司法领域"共同管理"中首先应该理性面对的问题。对此，实验区应该持积极态度，重视吸收、借鉴、利用台湾"法规制度"中的合理元素，巧妙规避台湾"法规制度"中的不利元素，使两岸"共同管理"的法规障碍能够得到妥善解决。这一阶段两岸在司法领域的"共同管理"主要就是两岸司法合作的问题，其首要问题就是共同司法机构组成问题，但在短期内两岸共组司法机构尚存在较大困难，为现实可行计，可以参照厦门"海沧模式"，以设置台胞法庭（法院）为起点，并在此基础上不断创新，如不设诉讼标的的上限、不限于民商事案件、吸纳台湾法官加盟、适当借鉴台湾合理的制度等，在条件成熟时再向更高层级的合作模式迈进。此外，还可以根据两岸形势的最新变化，努力在建构"两岸商务仲裁联合调解机制"等问题上有所作为。在实验区的涉台法律服务方面，以"将平潭建设成两岸律师事务交流与合作的重镇，使平潭真正成为两岸律师界更紧密合作的先行先试区域"为目标，大力引进台湾最具规模和影响力的律师事务所，扩大其在大陆的实力，扩展其在大陆的业务范围。

五 行政领域的"共同管理"

行政领域的"共同管理"主要包括人员选拔和机构组建两方面，这是一个前所未有的新生事物，需要两岸学者和实务工作者共同研究探讨。已有学者提出在实验区建立两岸合作的四种共同管理模式。第一种是"咨询顾问型"，即由在大陆政府领导下的实验区管委会对平潭的各项事务实施全面管理，同时，吸纳台湾各界贤达组成咨询顾问团，为管委会的规划决策提供咨询意见。这种模式中，台湾同胞没有真正进入决策机构，不拥有决策权，对管委会的决策也缺乏监督制约，参与度较低，也在一定程度上制约了台湾同胞参与管理的积极性。在"共同管理"的初期可以采用这种模式。第二种是"聘任录用型"，即聘任台湾同胞（包括在平潭投资、居住或工作的台商、学者、知名人士以及在大陆就学的台生等）出任实验区政府职能管理部门的领导职务及相关公务人员。考虑到台湾现行"法律"的制约性，如何实施这一设想，也可以有多种途径。由管委会依法考核、招聘是一种方式；委托台湾相关机构招聘符合条件的人选，再由大陆对其任职资格进行认可也是一种方式。第三种是"联合管委会型"，即由大陆同胞和台湾同胞联合组成实验区管理委员会，行使对实验区的行政管理权。这一模式旨在保障台湾同胞在平潭拥有实实在在的参政议政权，由其代表与大陆同胞代表一道开展实验区各项管理工作。第四种是"直接选举型"，即当在平潭居住、工作、生活的台湾同胞达到一定数量，两岸关系发展到能够提供合适的外部支持条件时，大陆有计划、有步骤地在平潭推动两岸同胞直接选举产生实验区的管理机构。这是两岸"共同管理"的最高形式，也是一种开启和动员两岸政治参与的有效途径。

六 通信传媒领域的"共同管理"

通信传媒领域的"共同管理"，应将目标定位于打造"闽台共同生活圈"，促进两岸文化一体化的实现，构建两岸命运共同体的精神文化纽带，奠定和巩固两岸和平统一的思想基础。随着实验区建设的推进，应逐步开放平潭通信传媒市场，引进包括大陆和台湾在内的国内外专业公司进行管理，建立一个公开、公平、公正的传媒竞争市场。具体管理措施包括：第一，组建有两岸媒体共同参与的两岸媒体联合体，制作具有两岸特色的文化娱乐节目，不断提高两岸媒体联合体所录制节目的收视率；第二，完全开放台湾电视落地平潭；第三，允许台湾报纸、杂志等传统媒体落地平潭；第四，大陆和台湾电信业合作，为在平潭生活的两岸民众提供价廉物美的通信服务，不断降低两岸通话费用；第五，降低对平潭互联网的监管力度，使在平潭生活的两岸民众能更加便捷地浏览台湾网站。通信传媒领域的共同管理，一方面是为在平潭居住、工作、生活的台湾同胞提供他们所熟悉的文化娱乐产品；另一方面也有利于大陆同胞加深对台湾地域文化的理解，使两岸民众的精神文化交流渗透到日常文化娱乐生活中，最终建立起两岸共同的文化认同。

七 民政领域的"共同管理"

民政领域的内容大多涉及民生，政治敏感性不强，在这一领域的共同管理先行先试，可以从以下三个方面着手。第一，加快社团管理改革，积极培育两岸社会组织。以推进社团组织民间化、市场化和制度化为改革重点，重点突破困扰当前大陆社会组织发育的若干制度性障碍，降低社团组织准入门槛，允许"无主管登记"，"允许一业多会"，推行"委托或购买服务"，同时加强政府对社会团体的监督和管理。允许台湾有信誉的社会组织（如台湾慈济基金会）在平潭设立分会或办事处。第二，为两岸民众的婚姻、殡葬等事务提供服务。成立相应的两岸婚姻管理与两岸殡葬管理机构，实现婚姻、殡葬服务专业化、制度化。第三，加强两岸救灾救济事务的"共同管理"。成立平潭两岸救灾救济联合管理机构，由两岸民间组织联动提供常规的各类灾害救济服务，如救灾物资储备、捐赠物资财务管理、救灾方案制定与救灾行动启动等。政府应加强对上述民政服务组织的监管。

八 市政领域的"共同管理"

实验区在市政领域的"共同管理"同样具有弱政治敏感性，可以采取委托和外包两种形式，通过引进台湾元素实现"共同管理"。如平潭在城市建设过程中有关道路桥梁，非工业性污水、气体排放及污水处理，道路照明等市政基础设施维护之类的城市环境卫生方面事务，都可以考虑交给有资质的台湾专业机构或企业来负责实施。在市政管理模式方面，也可以借鉴、引进台湾的先进经验。另外，在进行市政基础设施建设时所设立的各类标语牌、招贴栏、指示路牌、临时户外广告等，可以根据需要使用繁体字。

九 宗教领域的"共同管理"

大陆实行宗教信仰自由政策，但仍与台湾的宗教事务管理政策及社会宗教文化氛围有较大区别。为了加强两岸在宗教领域的对接，满足两岸民众不同的宗教文化需求，实验区在宗教领域也应先行先试，根据社会和民众的需要，实行有别于大陆的宗教管理制度。比如，继续坚持宗教信仰自由政策，充分保障两岸民众在平潭的宗教信仰自由；引进台湾在宗教管理方面的一些有益做法，允许台湾的宗教组织在实验区同样能够创办宗教学校；允许成立具有宗教性质的各类基金会，从事慈善公益活动；在加强监管的条件下，允许台湾民众有在实验区建立各类教堂庙宇的自由等。

十 海关领域的"共同管理"

目前实验区实行"一线放宽、二线管住、人货分离、分类管理"的通关模式。实验区作为两岸交流、交往的大门，保障两岸民众自由、便捷出入两岸，是海关领域"共同管理"的重要内容。除了根据实际情况的需要，不断扫清两岸人员、货物往来通关的手续障碍外，将台湾同胞纳入出入境规章制度制定及出入境常规管理工作中来，也是两岸在海关领域"共同管理"应该考虑的内容。

第四节　两岸"共同管理"的现实障碍及其克服

平潭综合实验区是由大陆一方为推动两岸关系和平发展而主动提出的一项极具创造性的战略设想，台湾当局和岛内民众对这一设想态度反应不一。实验区"共同管理"离不开台湾一方的参与，当前岛内政治环境和民意对"共同管理"的推进有明显的制约作用。另一方面，我们也看到，饱受国际金融危机和"浅碟经济"效应影响的台湾，也在寻找摆脱经济社会发展困境的出路，充分展现大陆对台善意的平潭综合实验区战略规划，也是台湾谋求发展的一大机遇。而党中央和福建省政府对该战略规划的高度重视和领导，更使实验区跨越两岸"共同管理"现实障碍获得最有力的保障，也是岛内民众对实验区建设保持信心的关键。在多次调研的基础上，福建省委、省政府提出"建设两岸同胞的共同家园，平潭有不可替代的优势和良好条件"。因此，两岸"共同管理"挑战与机遇并存。

一　两岸"共同管理"法规制度障碍及其克服

两岸的法规制度存在重大差异，如何实现两岸法规制度的对接，是两岸"共同管理"首先需要突破的客观障碍。台湾目前处理两岸互动的法规依据就是"两岸人民关系条例"，根据该条例规定，对于台湾民众在大陆担任行政职务等有严格的禁令。此外，对于台湾与大陆互动等方面的规定都是在20世纪90年代制定的，已经不符合当前两岸关系发展现状，但该规定目前尚未全面修正，这对于台湾人士前来平潭参与管理等自然有法规上的限制。我方目前在事实上也存在法律方面的限制因素。

目前，制约两岸"共同管理"的台湾现行"法规制度"障碍有松动的迹象。台湾地区领导人马英九连任后曾多次公开表示，现行的"两岸人民关系条例"是在1992年订立，迄今没有太多变动，确实需要配合现在时空环境全盘修订，并将其视为未来三年施政的重要方面。从目前执政当局的态度来看，包括台商出任大陆各级政协委员的适法性等问题都可能纳入修法之中，这无疑是两岸"共同管理"克服主要法规障碍的利好消息。

二 两岸"共同管理"制度对接困难及其克服

60多年来，两岸各自形成了具有当地特色的政治、经济、文化、社会等管理制度。由于两岸制度各自形成的历史背景与社会环境不同，要把两岸的管理制度在平潭综合实验区进行对接，其现实难度不小。

大陆和台湾在当前阶段各自的发展中，都存在一些亟须突破的难点和问题。虽然两岸在各自长期的历史发展中形成了各具特色的政治、经济、社会、文化等管理制度，导致两岸存在重大的制度差异，影响到在平潭的制度对接，但制度的差异也是两岸争取双赢的突破口。单从大陆一方来看，在台湾行之有效的社会建设和社会管理经验，如果能在平潭嫁接成功，既可增强台湾同胞对祖国大陆的制度认同，又可以为大陆当前的社会管理和社会建设实践增加一个成功的案例，使平潭与大陆其他特区真正区别开来。因此，在平潭这个相对较小区域内，大陆不妨大胆借鉴和运用台湾在经济、社会、文化等各个领域的先进管理经验，探索具有中国特色的科学发展道路。

三 两岸"共同管理"动力不足的困扰及其克服

两岸"共同管理"格局的形成是一个漫长的过程，需要持续不断的强大动力，使两岸"共同管理"不断深入推进。推动两岸"共同管理"的动力既有自上而下来自政府发动的力量，也有自下而上来自两岸民众拥护的力量。但是，两岸"共同管理"的动力受到两岸对"共同管理"认知差异的挑战。在当前两岸关系形势下，两岸"共同管理"是一个具有高度政治敏感性和高度争议性的议题，两岸各界对此的认知都存在很大差异。首先，两岸对"共同管理"理念已经存在事实上的争议，在"共同管理"推进过程中，由于一些事件的应对处理失当而引发两岸在观念、行为等方面的冲突甚至对抗，更是可以预见的。其次，两岸各自内部对"共同管理"的理解也存在差异。事实上，由于种种原因，大陆各级政府部门和管理者对两岸"共同管理"目标、价值的认知并不统一；台湾当局和民众，也对"共同认同"的认知形成多种明显不同的看法和态度。上述两种情况都有可能导致两岸"共同管理"的动力源缺乏,或推动力不足。

两岸"共同管理"动力不足是平潭开发建设中始终存在的问题。中央赋予实验区先行先试政策,既是实验区体制机制创新的动力源,也是两岸"共同管理"的原动力。随着平潭开发建设实践的推进与深入,海峡两岸对"共同管理"的认知也会发生微妙的变化,实验区在两岸关系发展中的地位与价值将日益清晰明确,并得到大陆各界的广泛认同。大陆举全国与全省之力推动平潭的发展,台湾同胞从中得到实际利益,吸引越来越多的台湾同胞主动参与平潭开发建设,这是两岸"共同管理"动力提升的基础。在此阶段,两岸"共同管理"的动力主要来源于实验区实质性管理岗位与管理权力能够真正对台湾同胞开放,台湾同胞得以进入实验区核心管理层。同时,由实验区制定相关法律法规保障两岸同胞尤其是台湾同胞在平潭享有同等的管理权,也有利于两岸同胞参与两岸"共同管理"动力的持续与稳定。

四 两岸"共同管理"政局变化与政党轮替的挑战及其应对

实验区发展战略的实施与两岸关系发展的大形势密切相关。2012年台湾大选结果更是表明:两岸关系发展的大形势对岛内政局及政党轮替产生的影响日益深刻。由此,随着岛内政局发展和政党轮替形势演变,两岸"共同管理"的推进也可能面临潜在风险。即便是目前,台湾当局亦对海西经济区建设和平潭开发战略抱持消极态度,多做负面揣测,岛内"绿营"更是对平潭综合实验区反弹情绪强烈。如果下一轮大选中民进党上台执政,如何推进两岸"共同管理"将变得前途难辨。在这一形势下,岛内不少人(主要是台商)认为实验区只能是一个经济议题,这一认知势必又给两岸"共同管理"带来观念上的障碍。

两岸关系与岛内政局变化和政党轮替存在互动关系。近年来,大陆经济、社会持续发展,大陆对台政策的制定与执行也更加现实、大气和老练,不大可能受到内部政治变动的影响,这些因素保证了大陆在两岸关系发展上赢得了更多的主动权。岛内政局变化和政党轮替,可能会对实验区的开发建设造成一定冲击,但只要两岸关系始终朝向大交流、大合作、大发展的方向,通过在两岸建立多层次的深切的利益联系,通过两岸"共同管理"制度化、法制化建设,大陆就能掌握构建两岸"共同管理"蓝图的主动权。

第五节　推动两岸"共同管理"的对策建议

没有台湾同胞的广泛参与，"共同管理"就只能停留在理念和规划层面。目前，台湾当局对实验区心存疑虑，没有给予任何正面回应，对台湾民众自愿来平潭居住、工作、生活也造成一定干扰。两岸"共同管理"是个全新的实践，需要凝结两岸的智慧，促成两岸共同参与和紧密合作，不断提高两岸同胞的合作意愿，增进合作共识。大陆方面可以先行发挥主导作用，在创造两岸"共同管理"条件方面有所作为。为此，本书提出如下对策建议。

一　加强宣传，打造平潭品牌

宣传是打消台湾当局和民众疑虑的不二法宝。在向海峡两岸宣传推介平潭综合实验区时，尤其要注意宣传的效果、途径和方式。作为国家战略，平潭综合实验区的开发建设是我党对台政策创新的一张名片，只有把这张名片打造成一个品牌，才不违背制定这个战略的初衷。为了扩大平潭综合实验区的宣传效果，一方面，福建省自身要加大宣传力度；另一方面，国家各部委也应在相关涉台经贸文化交流活动中，承担起推介海西经济区和平潭综合实验区发展战略的义务。在宣传方式方面，要重点突出实验区在促进两岸关系和平发展及台海局势长期稳定方面的和平功能，以实验区的经济功能促进和平功能。

二　利益导向，提升台湾参与意愿

不可否认，"利益"牌在实验区建设初期对吸引一定数量的台湾同胞前来平潭投资、工作、居住、生活是行之有效的。对台商而言，"利益"牌就是优惠的投资、税收和土地政策；对普通民众而言，"利益"牌就是不输于台湾的舒适、便利的生活条件和社会环境；对台湾高端专业人才而言，"利益"牌就是优越的办公条件和休闲服务项目。平潭手中的"利益"牌，既需要大陆广泛的宣传，激发台湾民众的参与动机，也需要大陆不断地打出满足台湾民众需要的"利益"牌。

三　争取政策，落实先行先试

先行先试政策是实验区最大的先发优势，问题在于如何利用中央赋予的先行先试政策。当前较为可行的思路是：争取获得中央支持，将海西经济区建设和平潭开发战略纳入两岸签署的 ECFA 框架之下，使实验区的建设及两岸"共同管理"更加名正言顺。我们观察到：台湾方面对海西经济区建设和平潭开发战略态度不积极的一个重要原因是担心被矮化，同时，也有岛内政治斗争的现实因素。ECFA 签署以来，经受住了岛内政治斗争的考验，获得了岛内不同政治势力的共同认同。在此背景下，将海西经济区建设和平潭开发战略纳入 EC-FA 架构，更为重要的是争取 ECFA 框架中的产业政策优先在海西经济区和平潭实施，不仅为平潭的发展争取到了实至名归的先行先试政策红利，更有效回应了岛内因平潭而生的"矮化说"，为平潭开发战略的顺利实施扫清障碍。

四　人才引进，提供智力支持

高层次专业人才缺乏是实验区目前和将来很长一段时间都必须面对的一个基础性制约因素。其中，如何更好地吸引台湾人才来平潭发展，是推行两岸"共同管理"需要解决的最重要的问题。为此，可以将"两岸人才交流合作实验区"作为平潭建设的目标之一和两岸交流交往先行先试的重要抓手，通过地方立法，为海西经济区与平潭的开发建设集聚、培养各类专业人才。两岸在人才行政管理体制、公共管理运作机制、人力资源开发和管理机制等方面存在很大差异，福建省虽然已经制定了一些为台湾人才量身定做的人才引进政策，在大陆看来甚至已经突破了一些体制框架，但闽台人才交流实际效果有限，仍然无法满足海西经济区及平潭对专业人才的需求。平潭建设"两岸人才交流合作实验区"，需要跳出单一政策推动的思路，通过地方立法填补两岸人才交流法律空白，扫清两岸人才交流制度障碍，构建两岸融合的人才交流法制环境。

第十章

结论与讨论：建构两岸
人民和谐共处的生活共同体[*]

本书具体分析了大陆台商群体出现的动因；根据在福建的田野调查，描述了大陆台商的社会适应情况，剖析了大陆台商的社会认同现状，解析了大陆台商的社会适应策略；将微观层面的研究发现与平潭综合实验区开发建设的最新实践相结合，深入探讨了实验区建设对两岸社会融合的重要意义。在本书最后一章，笔者将基于前述文献与实证研究发现，归纳大陆台商社会适应的一般性特征，据此提出促进大陆台商社会适应与社会融合的相关社会政策建议。

第一节　大陆台商社会适应的一般性特征：
主动适应与积极接纳

根据"移民系统理论"，笔者认为影响台商社会适应的因素既包括个人因素，也包括社会因素；既包括内部因素，也包括外部因素。台商个体的性格和适应态度是影响台商社会适应的主要内因，到大陆来投资、工作的台商大部分比待在原籍的人更具流动性格，主动了解当地社会、主动与当地社会沟通的台商能更快地适应和融入当地社会。大陆社会对台商的接

＊　本章主要内容以《建构两岸人民和谐共处的生活共同体：基于福建的田野调查》为题，收录于周志怀主编的《两岸关系：共同利益与和谐发展——全国台湾研究会 2010 年学术研讨会论文集选编》，九州出版社，2010。

纳程度是影响台商社会适应的主要外因,包括大陆政府的对台政策(制度性接纳)和当地居民对台商的态度(社会性接纳)两个方面。从这两方面看,在闽台商社会适应表现出如下一般性特征。

一方面,台商主动适应大陆社会,全面参与大陆社会生活,产生正向的迁移外溢效应。从个人微观层面看,台商从熟悉的生活环境迁移到一个陌生的地方,从语言、衣食住行各面的生活习惯到思想、价值观念等方面都要经历一个冲突、调整、适应乃至融入的长期过程。在长期的适应过程中,台商与大陆当地社会的联系从经济层面的互动走向日常生活、社会、心理和文化层面的全面互动。为了提升企业竞争力,2000年以后台资企业本土化经营趋势日益明显,从最初的采购、生产、人才的本土化逐步发展到市场营销、研究开发、融资等各个方面的本土化。目前两岸产业对接成为双方最为关心的问题,这也预示着台商在经济上进一步融入大陆社会的强劲趋势。本土化的经营策略,不仅拉近了台资企业与大陆消费者的距离,而且促进了台资企业与大陆当地政府的关系协调,增强了台资企业与大陆本土企业的联系,进而推动台商在日常生活层面与大陆当地社会的接触、交往,在双方的互动、交流过程中增进对对方的认知和理解,一些打上台湾社会地域文化烙印的台商行为方式、价值观念也逐渐被当地社会认知、了解、熟悉乃至接受。概言之,台商以本土化的经营策略夯实了社会适应的基础,以趋向本土化的社会交往增加了社会适应的广度,以广泛的文化交流拓展了社会适应的深度。

对大陆台商及其家庭而言,主动适应产生了积极的迁移"外溢"效应。迁移"外溢"效应是指台商跨界迁移后获得了比迁移目的本身更多的积极结果。首先,不少"台干""台太"在大陆找到了新的发展空间,利用台湾在商品、服务和理念方面的互补优势,自行创业,为台商、"台干"家庭拓展了更大的发展空间。其次,正在创业或已经创业成功的台商、"台干"家庭,为其第二代到大陆来就业和创业创造了条件,福建二代台商群体的数量逐年增长。最后,大陆为台商家庭提供了一种新的生活方式。台商家庭成员逐渐渗透到大陆日常生活中,他们接触到了比台湾广阔得多的风土人情和社会生活空间,这些经历丰富了他们的人生体验。

另一方面,大陆社会积极接纳台商,与台商群体形成良性互动关系。

台商的社会适应不仅是一个长期的过程，也是一个双向的过程，应该从台商群体与当地社会和政府的双向互动中去理解台商的社会适应问题。台商大量迁移到大陆，给大陆社会管理带来新的问题，因此必须制定相应的政策来应对不断变化中的人口流动问题，帮助台商适应和融入当地社会。由于两岸关系的特殊性、敏感性，大陆极为重视对台交流合作，对来大陆投资的台资企业更是以等同外资的方式进行管理，对台商则以高于"国民待遇"的方式礼遇之。

福建省是台商较早到大陆投资的区域之一，针对台商在福建的经济和社会生活方面出现的问题，福建省相关部门通过制定政策、法规，有序引导和保障台商在福建正常的经济和社会生活权益（见表9-1）。在经济权益方面，这些政策、法规涉及台商在福建的投资权益保护、闽台农业合作、台资中小企业发展、货币兑换、海事合作、通关检疫检验等各个方面；在社会权益保护方面，包括台湾同胞在福建就业时的职业技能鉴定、专业技术任职资格评审、台商子女在福建就读服务和台湾同胞医疗服务等方面。

表 9 - 1　福建省与台商相关政策法规

领域	政策法规名称	颁布时间	颁发部门
经济	福建省实施《中华人民共和国台湾同胞投资保护法》办法	1994 年 12 月	福建省政府
	鼓励和支持海峡西岸（福建）农业合作试验区建设的暂行规定	2006 年 5 月	福建省政府
	关于实施福建省"十一五"闽台产业对接专项规划的若干意见	2006 年 8 月	福建省政府
	关于扶持中小企业经营发展的若干意见	2008 年 8 月	福建省政府
	福建省新台币现钞兑换业务管理试行办法	2003 年 7 月	福建省政府
	福建省对台小额贸易外汇管理办法	2005 年 3 月	福建省政府
	福建沿海地区与金门、马祖、澎湖间海上直接通航运输管理暂行规定	2006 年 8 月	福建省交通厅
	福州海关进一步支持和服务闽台农业合作的工作措施	2006 年 2 月	福州市海关
	福建海事局关于加强闽台海事交流合作，服务两岸"三通"的工作意见	2006 年 10 月	福建省海事局

续表

领域	政策法规名称	颁布时间	颁发部门
经济	福建省检验检疫局促进闽台经贸发展和人员往来措施	2006 年 10 月	福建省检验检疫局
	福建省检验检疫局进一步支持海峡西岸（福建）农业合作试验区建设有关措施	2006 年 11 月	福建省检验检疫局
	福建省工商行政管理局支持台湾同胞投资的优惠政策	2008 年 5 月	福建省工商行政管理局
社会	省教育厅、省台办、省财政厅、团省委关于进一步加强台商子女在闽就读的服务工作的若干意见	2007 年 10 月	福建省教育厅、省台办等
	福建省对台湾居民开展职业技能鉴定工作管理办法（试行）	2008 年 1 月	福建省劳动和社会保障厅
	省人事厅、省经贸委、省台办关于开展在闽台湾地区居民经济专业技术职务任职评审试点工作的通知	2008 年 6 月	福建省人事厅、省台办等
	省人事厅、省经贸委、省台办关于开展在闽台湾地区居民工程专业技术职务任职评审试点工作的通知	2008 年 6 月	福建省人事厅、省台办等
	省人事厅、省经贸委、省台办关于开展在闽台湾地区居民卫生专业技术职务任职评审试点工作的通知	2008 年 6 月	福建省人事厅、省台办等
	省卫生厅、省台办关于做好台湾同胞医疗服务工作的通知	2008 年 8 月	福建省卫生厅、省台办

资料来源：福建省人民政府台湾事务办公室：《福建省鼓励台湾同胞投资政策法规选编》，2008。

　　对台经贸交流合作是福建省对台交流合作的首要内容，中央高度重视和支持福建开展对台经贸交流合作。2008 年以来，围绕着台商投资软环境建设主要做了三方面工作。第一，继续推出各项惠台措施。如在第四届两岸经贸文化论坛上国台办王毅主任宣布的 10 项惠台政策措施、国台办支持和帮助台资企业转型升级与产业转移的工作措施等。第二，帮助台资企业解决实际困难。对台资企业在融资、退税、口岸通关等方面遇到的实际困难，福建各级政府都有针对性地加以解决。同时还积极邀请两岸专业人士对台资企业转型升级进行专项服务，认真落实国台办王毅主任在第四届经贸文化论坛上宣布的总额达 1600 亿元人民币的台资企业专项融资支持等。第三，切实维护台商合法权益。除了在台资企业产业升级、节能减排、市场开发等方面加强服务，提供了政策咨询，简化办事手续以外，省政府还为台商的医疗、子女教育等问题的解决提供了便利条件。建立了专门的台商权益保障工作机制，明确分工、责任到人，相关部门以"诉求有门、办事有效"为工作导向，保障台商合法权益。尤其重视对台商投诉的大案、要案、积案的调处，确保台商投诉案件得到妥善处理。①

大陆实施招商引资政策，积极接纳台商，产生了积极的经济、社会、文化效应。首先，台商为大陆经济发展作出了重要贡献。台商投资大陆积极效应是主要的，具体表现在台商投资是大陆经济增长的重要来源，推动大陆技术革新，创造了大量就业机会，扩大了大陆进出口贸易，改善了大陆产业组织结构等方面。台商投资大陆推动了两岸之间的人员往来、信息交流以及两岸航运的发展。随着台商对祖国大陆投资的不断增加，海峡两岸优势互补的良性互动更加紧密。有学者通过实证研究表明，台商直接投资对福建经济增长有一定促进作用，如果当期台商直接投资增长1个百分点，会长期带动福建地区生产总值增长0.038个百分点。②总之，台商在两岸交流中起到桥梁、纽带的作用，为推动两岸经贸关系持续升温作出了重要贡献。③

其次，台商将他们独特的地域文化传播到大陆，推动了两岸的文化沟通与交流，丰富了当地文化，促进了文化多元化发展。有研究者认为，资源和资本的流动会促使文化形式的激增。④

一方面，台商带到大陆的商品同时也是一种理念、一种文化。比如，台商将婚纱摄影服务带到大陆，同时也带来了大陆社会婚嫁消费文化的变化，推动了两岸婚嫁市场的发展。台湾在大陆影响较大的餐饮文化、自行车文化等都是通过台商的商品生产和服务带来的。另外，台资企业的企业经营管理文化也对大陆企业文化产生影响。台商在大陆能够稳步成长，依靠的是灵活的经营模式、先进的管理理念和独特的产品、服务，这些优势都集中体现为台商的企业文化。不少大陆员工在与台湾老板和台籍干部共

---

① 福建省台办：《福建省对台经贸工作情况汇报》，2009。
② 吴德进：《台商直接投资对福建经济增长影响的实证分析》，《亚太经济》2008年第6期，第97~100页。
③ 邢章萍：《台商，两岸经贸交流的桥梁——访中国社会科学院台湾研究所经济研究室副主任胡石青》，《经济》2009年第11期，第104~105页。
④ 黄宗仪：《全球都会区域的弹性身份想像：以台北与上海为例》，《文化研究》2007年第4期，第9~40页。

事的过程中，感受到台湾人做工作的勤奋、认真、细致，这是他们对台商认同度最高的一个特质。

另一方面，台商在原生环境中形成的独特生活方式、生活态度、价值观念都对大陆当地社会文化和价值观念产生影响。有一位 20 世纪 90 年代初就来到大陆的台商曾自豪地对笔者讲，20 年前他到餐馆吃饭打包被别人笑"小气"，可现在吃不完打包是再正常不过了。不少台商热衷于慈善事业，笔者在台湾慈济基金会（以下简称慈济会）福州联络处做田野调查时就了解到，早在 10 多年前福州就有了慈济会的台商志工。2008 年民政部批准慈济功德会在大陆成立基金会，福州慈济会志工的规模有了显著成长。截至 2009 年底在福州有 6 位负责慈济会务推广和传承慈济文化的授证志工（蓝天白云），他们全部是在福州工作的台商，见习 2 年的授证志工（灰天白云）达到 40 位，这 40 位灰天白云志工有台商，但更多的是在福州工作、生活的大陆人。2010 年福州慈济会的"岁末祝福"晚会到会人员达到 900 多位，为历年来参加人数最多的一次。台湾慈济会所倡导的慈善文化逐渐为当地社会所认识和接纳。

第二节　建构两岸人民和谐共处的生活共同体的意义与思路

两岸由于长久的隔绝，彼此的陌生感不太可能只凭借目前的交流方式，也就是握握手、聊聊天、做做生意等，就可以消除的。因此，目前两岸的和解更多的是在经济等物质层面的和解，而在政治、社会、文化、心理层面，两岸其实仍呈现分化的格局。但是，两岸自 2008 年以来所出现的更紧密的经贸关系、更密切的文化往来、更频繁的人员交流、更坦诚的对话与谈判、更多的相互参与的大好局面，将是两岸民众重建信任与合作的历史机遇，这就需要变过去"危机管理"为现在"机遇管理"的思维模式，[①] 创新开展民间交流的方式、方法，建立相互依存与相互认同的两岸

---

① 章念驰:《对和平发展勿抱肤浅认识》，http://www.chinareviewnews.com/doc/1011/1/8/6/101118696_ 2. html？coluid = 33&kindid = 541&docid = 101118696&mdate = 1125100822，2009 - 11 - 24。

关系新模式。其中，加强大陆台商社会适应与融合是其中的重要内容之一。

一　建构两岸人民和谐共处的生活共同体的意义

促进台商社会适应与融合首要的意义在于建构两岸人民和谐共处的生活共同体。台商是两岸民间交流的使者和强有力的推动者，也是两岸社会融合的先行者。规模不断扩大的大陆台商群体在两岸民间交流中扮演着重要角色，台商与大陆社会的交流、交往涉及从宏观到微观的两岸关系的各个层面，台商群体的存在和壮大缩短了两岸的空间距离，使两岸交流深入日常生活的细节，台商逐步融入当地社会，这有利于两岸人民和谐共处生活共同体的建构。

胡锦涛总书记在十七大报告中指出，13 亿大陆人民和 2300 万台湾同胞是血脉相连的"命运共同体"，党的十八大报告中再一次强调"两岸同胞同属中华民族，是血脉相连的命运共同体"。但由于两岸过去长时间隔绝，当前两岸间的形势又十分复杂，即使两岸命运共同体的性质没有发生变化，可已有的裂痕与损伤"如何去修复去弥补，是不能忽视的问题"。[①] 笔者认为，不断拓宽两岸沟通、交流的渠道和领域，增进两岸在各个领域的理解与共识，是修复和巩固两岸命运共同体的现实路径。2008 年以来两岸关系形成和平发展的强劲势头，在宏观层面上，两岸交往机制化、制度化进程有序推进；在微观层面上，以两岸基层民众为主体的民间交流稳步扩大，都为两岸命运共同体建设提供了历史性机遇。

两岸命运共同体建设是一个长期、复杂的系统工程，而建设两岸生活共同体是建设两岸命运共同体的重要环节。所谓生活共同体是指两岸人民在同一个物理空间或地理区域中生活，维持着形成社会实体的社会联系和社会互动。两岸普通民众在日常生活中的互动交流是生活共同体建设的主要内容。台商在大陆获得经济上的成功是台商社会适应的基础，离融入当地社会还有一段距离，更重要的是实现思想感情的融合，这主

---

① 王茹：《两岸命运共同体与两岸公共生活的建构——以两岸民众的沟通为中心》，《台湾研究集刊》2006 年第 3 期，第 1 页。

要体现为台商与当地社会民众能够平等交往、和谐共处，建立深厚的同胞情谊，把当地社会当成第二故乡。台商在思想感情上融入当地社会才真正意味着两岸人民生活共同体的建立。

二　促进台商社会适应与融合的思路

如何通过社会政策的引导作用加强大陆台商的社会融合？国际上有关迁移人口的管理经验和两岸关系现状是两个重要参考因素，据此笔者先提出制定迁移人口社会适应政策的思路，然后提出相应的促进迁移人口社会适应的政策建议。

第一，要认清当今世界相关国家迁移人口管理政策取向的大趋势。积极促进迁移人口适应和融入当地社会，但如何真正有效地促进具有异文化背景的迁移人口融入本地社会，仍然是困扰相关国家政界、学界的重要问题。在迁移人口管理政策的制定上，各国争相加大吸引专业人才的力度，许多国家政府意识到，智力不流动的结果有可能是"智力浪费"（Brain Waste），适当流动却可能带来较高层次的"智力获得"（Brain Gain）；同时，鼓励迁移人口在工作一段时间后返回其原居住国。[①]

第二，要了解全球化时代的迁移者所面对的真正问题是什么。迁移者来到一个陌生的环境，首先要解决的是"我是谁"的问题，在此基础上通过交往认清"你是谁"的问题，并经过不断磨合，打破身份的界限，实现身份的转移。因此，解决不了认同问题就解决不了迁移者的融合问题，同时要明确融合不能和同化画等号。从本质上讲，迁移者所遇到的所有问题都是认同问题。对移入国政府来说，迁移人口管理政策的导向应该是使迁移者和当地社会居民一道拥有共同生存、平等发展的途径和机会。无论是将迁移者边缘化还是给迁移者超国民的待遇都不利于迁移者在当地社会的真正融合。

第三，建立文化认同的统合机制，促进两岸社会融合。认同具有多

---

① 李明欢：《国际移民与发展：相互依存三方共赢——联合国 2006 年系列报告述评》，《华侨华人历史研究》2007 年第 3 期，第 66～74 页。

个维度，上述身份认同只是迁移群体认同的一个方面，文化的多元化使得迁移者个体的社会认同在一些维度上趋同，在另一些维度上分化加剧。对迁移群体社会融合最具实质意义的是文化的认同。就两岸社会而言，中华文化是两岸的最大公约数，是建立两岸文化认同的坚实基础。两岸不少学者就提出构建两岸文化共同体，增进两岸对共有的中华文化的认同。通过某种制度上的安排，借制度性的推动力，创造彼此合作互动的新模式是实现两岸文化认同的现实选择。两岸社会在文化认同上存在一些分歧，有必要通过文化认同的统合机制，促进社会融合。文化认同的统合机制包括两个方面：一方面是树立文化自省或文化自觉意识，即通过认识自己及其社群和民族文化的特质和规则，建立本文化认同；另一方面是建立文化交流机制，通过人们的交流实践来达到不同文化背景下或持有不同价值认同的人能够相互理解和包容，在交流实践中调整自己对其他文化的态度，调节自己的行为方式，从而实现多样文化的和平共处。① 大陆台商群体应是上述文化认同统合实践的先行者。

第四，运用公共政策消除群际刻板印象，重建共同认同，促进群际和谐。两岸民众有着共同的血缘和文化，表面看来，相互之间交往应该不成问题。但现实是，由于长期疏离以及政治体制、教育背景、思维模式、行为规范和文化价值观的不同，双方不时发生摩擦，甚至出现同一民族间的亲近憎恶感，双方民众鲜有文化身份上的认同感和亲切感。2009 年 6 月 30 日，台湾《远见》杂志的民调结果显示，过去 60 年的民间单向交流，让两岸民众的私人关系结构也出现不平衡现象，台湾受访民众认为大陆民众是"生意伙伴"，大陆民众则当台湾民众是他们的家人与亲戚。② 大陆台商群体和当地社会居民之间存在不可避免的群际刻板印象，如何消除这种群际刻板印象应该纳入公共政策视野。有学者研究发现，改变人们对所真正遇到的特定外群体成员的态度并不太难，更难的是转变他们对整个外群体的态度和刻板印象。③ 还有学者运用社会心理学中

---

① 《两岸文化共同体　台湾可藉此摆脱孤立》，http：//cn. chinareviewnews. com/doc/1011/1/9/9/101119926. html？coluid = 0&kindid = 0&docid = 101119926，2009 - 11 - 23。

② 董会峰、刘舒凌：《联合民调显示两岸民众一致看好未来两岸关系》，http：//www. chinanews. com. cn/tw/tw - ztjz/news/2009/06 - 30/1755561. shtml，2009 - 06 - 30。

③ 〔英〕布朗：《群体过程》，中国轻工业出版社，2007，第 224 页。

的接触假设理论，① 提出通过"操纵社会范畴化"来消除群际刻板印象，② 其具体内容包括：首先是群际交往的"个体化"。在群际接触期间使群际边界模糊，并使所有的互动都在人际水平上发生，那么逻辑上，群际歧视可能会降低。其次是重建共同内群体认同模式，即通过重新描绘群际边界，使以前的外群体成员成为同伴内群体成员，那逻辑上群际歧视也会降低。最后是建立独特社会认同模式，即在接触情境中，如果内群体和外群体成员的角色是独特而互补的，那么，在合作的框架下，两个群体都能保持其特异性，并能促进群际和谐。这一观点或许能解释大陆台商的某些社会适应现象，同时为制定台商社会融合政策提供借鉴。

第五，区分可流动性迁移人口和永久性迁移者，确立不同的公共政策取向。一方面，当可流动性迁移人口在体制上得到主流社会的认同后，作为一个本地人在当地社会生存所需要的各个方面的资源与条件，就基本上都具备了；随着其家庭生活和社会交往逐步都融入当地社会，他们因经济波动离开这个地区或城市的可能性就会大大降低，这时候可流动性迁移人口就会转变为永久性迁移者。另一方面，对于永久性迁移者和本地社会居民也都要赋予同样的更多的流动自由，为其自由流动提供便利条件，这不但有利于迁移人口的管理、社会资源的优化配置，还有利于留住优秀人才，吸引更多的投资，增加社会发展的活力。概言之，对于可流动性迁移人口，要通过社会融合政策引导其向永久性迁移者转变；对于永久性迁移者，要赋予其自由流动的机会和权利，提升其可流动性，引导人口和资源的合理流动。从某种意义上说，两岸和平统一的过程就是一个实现两岸人民自由流动，自愿成为永久性迁移者的过程。具体到对大陆台商群体的管理政策，政策的最终导向应是着眼于将台商群体转化为在大陆的永久性迁移者。

---

① 1954 年戈登·奥尔波特提出接触假设（Contact Hypothesis），并据此提供一些公共政策建议消除群际偏见，促进群际和谐。李等学者把接触假设拓展为公共暴露假设（Public Exposure Hypothesis），其基本含义是只要特定群体成员公开暴露在与其他群体成员有关的条件下，敌意的群际态度就会改变。李指出了公共暴露的四种类别：信息，指第三方所披露的外群体的信息，如新闻报道和讲演等；观察，是指内群体成员对外群体成员的直接观察；互动，亦是面对面的基础；群体资格，是指内群体成员自己、家人或朋友曾经或现在属于外群体。参见 Lee, B. A. et al. , 2004. "Revisiting the Contact Hypothesis：The Case of Public Exposure to Homelessness," *A. S. R.* , 60：40 - 63。

② 方文：《学科制度和社会认同》，中国人民大学出版社，2008，第 86 ~ 88 页。

第三节　建构两岸人民和谐共处的生活共同体的社会政策建议

　　大陆台商群体是一个比较特殊的流动群体，在两岸社会的交往、交流中，没有哪一个群体能像台商群体这样与两岸社会同时保持密切、深入、持久的联系，也没有哪一个群体像台商群体这样处于两岸社会的夹缝之中，遭遇身份认同的模糊与尴尬。大陆在制定和完善台商政策的同时，也要对台商群体特征有所把握，将促进台商社会适应与社会融合纳入政策制定视野，探索出一条两岸社会对接与融合的可行路径。根据前述政策制定思路，结合实证调查发现，笔者提出以下具体政策建议。

　　首先，将制定针对台商的社会政策上升到与针对台商的经济政策同等重要的高度来认识。大陆对台商投资历来都是旗帜鲜明地采取鼓励、支持和保护的态度。台商在政治层面上不是外商，但在经济政策上，却享有货真价实的外商待遇，甚至比外商待遇更优惠，其享受的政策优惠远高于大陆本土的一般企业。台商在大陆除享受外商投资的所有政策优惠外，中央政府还根据具体情形制定了一些鼓励台商到大陆投资或经商的政策，如《关于鼓励台湾同胞投资的规定》《台湾同胞投资保护法》《台湾同胞投资保护法实施细则》，以及对部分区域的台商投资实行"同等优先，适当放宽"的"区别对待政策"。不仅如此，各地方政府为了鼓励、吸引台商投资，纷纷出台了一些地方性法规、政策与措施，除了给予台商政策上的优惠外，还采用特殊措施以保护台商的权益，如建立台商投资区，设立台商投资投诉中心或调解中心，在台资企业的能源供应与基础设施建设上给予特殊的优惠等。大陆在台商政策上一贯主张不以政治分歧干扰与影响两岸经贸合作或台商投资，即不论两岸关系如何变化，大陆都一如既往地鼓励、支持与保护台商投资。

　　2008年以来两岸关系进入一个新的历史时期，双方在经济、社会、文化等领域的交流、合作关系更加密切，为大陆台商政策的调整提供了机遇。应该看到，突然拉近的距离在为两岸关系的大发展注入强劲动力的同时，两岸人民之间也因为以往沟通不充分而产生种种不适应。大陆台商政策要适应台商在大陆投资形势和工作、生活方式的变化，着眼于两岸社会的大融合，形成台商政策的新思路。因此可以考虑逐渐淡化以往以经济优惠为主的政策措施，加强针对台商的社会政策的制定，将台商政策的重点放在解决台商投资、生活的基本需求和突出问题上来，比如可以在福建台商的衣食住行、教育、医疗、就业等方面先行先试，推出更多以人为本的新政策。

其次，创新对台交流合作管理体制是台商政策制定、完善与贯彻落实的前提条件。目前比较集中处理涉台事务的是各级台办系统（正式组织系统）和台协会系统（非正式组织系统），在实际组织运作、职能分工和组织效能上还存在许多实际问题，不能适应对台交流合作（包括对台商工作）的发展需要。笔者认为可以考虑通过组织架构和资源重组实现涉台事务方面的事权统一。具体来说，就是提高涉台工作主管部门的行政效率甚至行政层级，理顺涉台事务中的部门交叉关系，理清千头万绪的对台事务脉络，实现工作资源的重组和整合，使涉台事务工作的权力与责任一致，提高涉台事务工作的整体效率。

最后，遵循"全面开放"和"国民待遇"原则，在台商社会政策制定方面先行先试。所谓"全面开放"是指除涉及国家安全以外的大陆所有行政部门和企事业单位都面向台湾籍居民开放，让台湾籍居民有资格与大陆居民同等竞争，参与大陆各类工作岗位的公开招聘。所谓"国民待遇"是指改变经济政策上的"特殊优惠"导向，在社会政策的制定上，让所有台湾籍居民享受与大陆居民同等的待遇，既不歧视台湾籍居民，也不刻意优待他们，以免造成大陆当地民众的误会。

针对在闽台商在当地社会生活中出现的问题，当前台商社会政策制定需要着重关注以下二个方面的问题。

第一，台商政策思路从"招商引资"向"招商引智"转移。海峡两岸不仅在产业方面有很大的对接空间，而且在人才和服务上同样有对接的民间需求。在海峡西岸经济区建设的带动下，台湾的人才资源不仅容易在福建找到用武之地，而且福建与台湾近在咫尺的地理距离，相似的语言、饮食、气候和风俗习惯等，将极大地减少台湾人才适应大陆环境的时间和精力。因此，福建应该着力引进台湾有明显优势的专业人才，将福建建设成为台湾人才到大陆施展能力、服务社会的桥头堡。比如，两岸企业在研发人员的配置比重上明显不同，台湾企业中研发人员比重最大，呈橄榄形分布，而大陆正面临经济增长方式转变的挑战，对研发人员有强大的市场需求。再如，台湾网络人力银行的调查显示，语言、金融财会、进出口贸易、涉外法律、经营、旅游与高科技人才，是大陆目前人力资源的真空地带；另外，市政管理、广告创意、营销公关方面的人力需求，都是过去大陆"计划经济"培养不出来的。因此，可以考虑让除安全部门以外的政府公务员岗位和各类企事业单位向台湾籍居民全面开放，为有志于来大陆企事业单位工作的台湾籍同胞尤其是重点专业人才提供不低于大陆人才引进的各种便利条件。

台湾社会自主创业的就业人口也比较多，近年来受岛内经济衰退和市场容量的限制，有意愿到大陆从事个体经营的台湾居民不在少数。台湾在个体经营中所体现的服务理念、管理方式上都有值得大陆社会借鉴之处，可以考虑沿用招商引资的优惠政策，鼓励、支持台湾同胞到大陆自主创业搞个体经营，这不仅有利于提高大陆第三产业的服务能力、服务水平，也有利于为台商在福建创造更好的生活环境。

第二，系统规划、制定与台商有关的民生政策。与台商有关的民生政策涉及住房、医疗、教育、平面和网络媒体消费、文化娱乐等方面。在住房方面，主要问题不在台商的住房购买力方面，而在于大陆的房地产开发与台商的住房消费习惯有差距，可以考虑两岸建筑业合作开发楼盘。医疗和台商子女教育问题作为台商投资的配套政策一直受到大陆政府的关注，但问题仍然存在。台商在医疗方面存在的主要问题是对大陆医疗机构服务环境不满意、对服务质量不信任。福建各地也制定了一些相应对策加以缓解，比如在厦门开设了长庚医院，设立台胞定点医疗机构等。笔者认为，除了在医疗领域贯彻"国民待遇"原则，还可考虑逐步放开台湾医疗行业在大陆的经营权，鼓励台湾籍居民在台商比较集中的地方开设门诊；在各类医疗机构中引进台湾籍医师，为福建台商提供他们熟悉的医疗服务。在台商子女教育方面，一方面鼓励台商子女尽量在大陆学校就读；另一方面继续贯彻"国民待遇"原则，所有中小学向台商子女开放，不鼓励大陆优质教育资源向台商子女倾斜，但要为台商子女就学提供方便。

台商在福建的休闲娱乐生活相对单调，可以考虑设立专项基金，用于组织台商与当地社会组织和群体的联谊活动。设立专门渠道收集信息，并定期向台商通报他们喜闻乐见的各类演出活动和文化信息。对于台商喜欢阅读的台湾报纸、杂志和经常浏览的网站要尽可能给予支持，让他们能自由获取资讯。

第三，重视涉台教育，搭建台商与大陆社会了解、沟通、接触的平台。目前，台商群体对大陆当地社会的了解相对过去有了很大的提高，但是群际刻板印象仍然存在。根据前述接触假设理论，可以考虑从教育入手，增加群际沟通的渠道与机会，逐步消除群际刻板印象。

一是将涉台教育纳入相关干部培训内容之中。笔者在田野调查中经常听到的一句话是"对台无小事"，这说明大陆有关部门从上到下都非常重视涉台工作。而对于直接跟台湾（特别是台商）打交道的一线工作人员来说，还有一个沟通技巧的问题。因此，必须对从事涉台工作的政府工作人员，尤其是直接与台商打交道的政府工作人员进行全面的涉台教育，使他们对宏观层面的台湾问题、中观层面的台商政策、微观层面的台商群体特征能有一个较为客观、全面的了解，避免因为对台商群体的刻板印象而造成的误会和工作失误。

二是将涉台教育纳入社区建设。涉台教育不仅要纳入干部培训内容，还要纳入社区建设，在这方面可以借鉴新加坡的经验。新加坡政府为了促进新移民尽快融入，专门设立了由政府、私人企业及民间组织等 20 名代表组成的国民融合理事会（National Integration Council）协助新移民融入本地社会，促进各社会群体间的相互信任。在这里，社区是一个非常重要的工作层面，社区日常文体娱乐活动、节日庆典活动成为社会群体互动、沟通的平台，为此，政府专门设立 1000 万元的"社会融合基金"（Community Integration Fund），为组织此类活动的组织和社团提供多达 80% 的津贴资助。[①] 社区建设是当前中国城市基层社会建设的主要形式，要鼓励台商在街道社区层面加强与当地居民的交往，还可以考虑让台商参与其所居住的社区管理。

三是将涉台教育纳入学校教育。学校涉台教育的形式可以多种多样、生动活泼。仍以新加坡为例，新加坡为了促进新移民融合，实施了一项

---

① 林佩碧：《1000 万元基金津贴社团协助新移民融入 政府民间"三开"促进国民融合》，http：//www.zaobao.com/social/crossroads/general/story 20090917 - 53967，2009 - 09 - 17。

"在家吃饭"（Meals@ Home）计划，就是鼓励本地学生、新移民和外国学生互邀回家吃饭，让他们在校外的场合加深对彼此饮食和风俗习惯的认识。我们可以学习借鉴新加坡的经验，通过学校涉台教育为闽台两地的学生提供更多日常交往的平台，这也是我们的学校涉台教育应该努力的方向之一。

四是在媒体层面倡导群际沟通和群际融合。新加坡在这方面也提供了宝贵的经验。新加坡国民融合理事会定期主办研讨会和对话会，邀请新移民分享自己融入新加坡的心路历程；支持平面媒体报道国民融合课题，如《联合早报》每周一的"新汇点"；同时也要求电视、电台以及新媒体（如博客和网上电视）一起传达国民融合信息；社青体部欢迎公众针对他们的建议，通过民情联系组、脸谱（Facebook）或推特（Twitter）提出意见。台商的社会融合是涉台工作中一项十分细致和需要深入人心的工作，各类媒体既是群际沟通的平台，也是群际沟通的工具。媒体参与台商社会融合工作的意义在于以身边的台湾人为切入点，动员全社会的力量做对台交流合作，汇聚民间智慧倡导和推动群际融合。

综上所述，台商政策从以经济政策为主向经济政策与社会政策并重转化，具有政治、经济、社会方面三重意义。通过鼓励大陆台商的流动，扩大大陆从人口流动中的"智力获得"，增加经济、社会发展活力。台商作为两岸社会融合的先行者，做好台商的社会适应与融合工作将对两岸关系和平发展具有重大意义。通过社会政策的制定促进台商的社会融合，架构各类群际接触与互动的平台，消除群际偏见，加深台商对大陆的情感与文化认同，鼓励台商从可流动性的迁移者转变为永久性迁移者，实现台商在大陆的真正融合。这将为理论界和实践工作者探索多元文化和谐共处积累鲜活的经验。

参考文献

一 大陆中文译著与著作

1. 〔法〕阿尔弗雷德·格罗塞：《身份认同的困境》，王鲲译，社会科学文献出版社，2010。

2. 〔美〕艾米娅·利布里奇、里弗卡·图沃－玛沙奇、塔玛·奇尔波：《叙事研究：阅读、分析和诠释》，王红艳主译，重庆大学出版社，2008。

3. 〔英〕布朗：《群体过程》，中国轻工业出版社，2007。

4. 〔美〕C. 赖特·米尔斯：《社会学的想象力》，陈强、张永强译，生活·读书·新知三联书店，2005。

5. 车文博：《心理咨询大百科全书》，浙江科学技术出版社，2001。

6. 陈彬：《上海机会：一个台商研究中的上海》，上海人民出版社，2004。

7. 陈蘋、叶世明：《两岸通婚研究》，海风出版社，2008。

8. 陈孔立：《走近两岸》，厦门大学出版社，2011。

9. 陈孔立：《走向和平发展的两岸关系》，九州出版社，2010。

10. 陈先才：《台海危机管理模式研究》，厦门大学出版社，2010。

11. 陈晓毅、马建钊主编《中国少数民族的移动与适应——基于广东的研究》，民族出版社，2007。

12. 陈向明：《质的研究方法与社会科学研究》，教育科学出版社，2000。

13. 陈映芳：《移民上海：52 人的口述实录》，学林出版社，2003。

14. 〔美〕大卫·费特曼：《民族志：步步深入》，重庆大学出版社，2007。

15. 〔英〕戴维·莫利、凯文·罗宾斯：《认同的空间：全球媒介、电子世界景观与文化边界》，司艳译，南京大学出版社，2001。

16. 邓利娟主编《21世纪以来的台湾经济：困境与转折》，九州出版社，2004。

17. 邓利娟、石正方：《海峡西岸经济区发展研究》，九州出版社，2008。

18. 《2009人类发展报告》编写小组：《2009人类发展报告·跨越障碍：人员流动与发展》，中国财政经济出版社，2009。

19. 范玉春：《移民与中国文化》，广西师范大学出版社，2005。

20. 方文：《学科制度和社会认同》，中国人民大学出版社，2008。

21. 〔美〕菲利普·塞尔兹尼克：《社群主义的说服力》，马洪、李清伟译，上海世纪出版集团，2009。

22. 风笑天等：《落地生根：三峡农村移民的社会适应》，华中科技大学出版社，2006。

23. 福建省人民政府发展研究中心、福建省金融学会、"台湾金融研训院"主办《海峡两岸金融合作高层研讨会论文集》，2009。

24. 〔日〕广田康生：《移民和城市》，马铭译（据日本有信堂1997年版本译出），商务印书馆，2005。

25. 国家计委社会发展司、外交部国际司编《社会发展，共创未来：联合国社会发展世界首脑会议文件选编》，中国计划出版社，2001。

26. 韩清海主编《中国企业史·台湾卷》，企业管理出版社，2003。

27. 姜殿铭、许世铨：《台湾2000》，九州出版社，2001。

28. 蒋勋等：《行走台湾：台湾文化人说自己的故事》，生活·读书·新知三联书店，2009。

29. 李非主编《台湾研究25年精粹·两岸篇》，九州出版社，2005。

30. 李非：《海峡两岸经济合作问题研究》，九州出版社，2000。

31. 李培林：《农民工：中国进城农民工的经济社会分析》，社会科学文献出版社，2003。

32. 李鹏：《海峡两岸经济互赖之效应研究》，九州出版社，2010。

33. 李亦园：《人类的视野》，上海文艺出版社，1996。

34. 梁章林主编《我从台湾来》，海风出版社，2008。

35. 廖盖隆、孙连成、陈有进等：《马克思主义百科要览（上卷）》，人民日报出版社，1993。

36. 廖信忠：《我们台湾这些年》，重庆出版社，2009。

37. 林其锬、吕良弼主编《五缘文化概论》，福建人民出版社，2003。

38. 林耀华：《金翼——中国家族制度的社会学研究》，生活·读书·新知三联书店，1989。

39. 刘正山：《幸福经济学》，福建人民出版社，2007。

40. 龙应台：《野火集》，文汇出版社，2008。

41. 吕良弼主编《五缘文化力研究》，海峡文艺出版社，2002。

42. 吕良弼主编《海峡两岸五缘论》，方志出版社，2003。

43. 〔美〕卢汉超：《霓虹灯外：20世纪初日常生活中的上海》，段炼、吴敏、子羽译，上海古籍出版社，2004。

44. 陆益龙：《嵌入性适应模式：韩国华侨文化与生活方式的变迁》，中国社会科学出版社，2006。

45. 陆益龙、邢朝国：《文化多元化与社会认同》，载郑杭生主编《中国人民大学中国社会发展报告：走向更有共识的社会：社会认同的挑战及其应对》，中国人民大学出版社，2009。

46. 〔英〕马丁·沃尔夫：《流动中的人类——国际移民的神话般现实》，顾目译，《国外社会科学文摘》2003年第10期。

47. 麻国庆：《走进他者的世界》，学苑出版社，2001。

48. 马跃征主编《地缘·根源·家园——闽台地缘关系研究文集》，中国文联出版社，2008。

49. 〔英〕迈克·费瑟斯通：《消解文化——全球化、后现代主义与认同》，杨渝东译，北京大学出版社，2009。

50. 〔澳〕迈克尔·A. 豪格、〔英〕多米尼克·阿布拉姆斯：《社会认同过程》，高明华译，中国人民大学出版社，2011。

51. 〔美〕诺曼·K. 邓金：《解释性交往行动主义：个人经历的叙事、倾听与理解》，周勇译，重庆大学出版社，2004。

52. 彭莉主编《台湾研究新跨越·两岸观察》，九州出版社，2010。

53. 渠敬东：《生活世界当中的关系强度——农村外来人口的生活轨迹》，载柯兰君、李汉林主编《都市里的村民——中国大城市的流动人口》，中央编译出版社，2001。

54. 全国台湾研究会编《全国台湾研究会 2010 年学术年会论文集》，2010。

55. 全国台湾研究会编《全国台湾研究会 2011 年学术年会论文集》，2011。

56. 〔美〕莎兰·B. 麦瑞尔姆：《质化方法在教育研究中的应用：个案研究的扩展》，于泽元译，重庆大学出版社，2008。

57. 〔美〕塞缪尔·亨廷顿：《我们是谁？美国国家特性面临的挑战》，新华出版社，2005。

58. 〔澳〕斯蒂芬·卡斯特尔：《全球化与移民：若干紧迫的矛盾》，载《社会转型：多文化多民族社会》，社会科学文献出版社，2000。

59. 陶庆：《福街的现代"商人部落"：走出转型期的社会重建合法性危机》，社会科学文献出版社，2007。

60. 〔美〕托马斯、〔波兰〕兹纳涅茨基：《身处欧美的波兰农民》，张友云译，译林出版社，2002。

61. 〔挪威〕托马斯·许兰德·埃里克森：《小地方，大议题——社会文化人类学导论》，董薇译，商务印书馆，2008。

62. 王赓武：《"移民及其敌人"》，载《王赓武自选集》，上海教育出版社，2002。

63. 王春光：《巴黎的温州人：一个移民群体的跨社会建构行动》，江西人民出版社，2000。

64. 项飚：《跨越边界的社区：浙江村的生活史》，生活·读书·新知三联书店，2000。

65. 谢鹏飞、叶显恩主编《大陆台商研究》，广东省出版集团、广东经济出版社，2007。

66. 徐平：《文化的适应和变迁——四川羌村调查》，上海人民出版社，2006。

67. 严泉、陆红梅：《台湾的中产阶级》，九州出版社，2009。

68. 杨丹伟：《解析台湾的大陆政策》，群言出版社，2007。

69. 叶劲光：《凝望海峡》，海潮摄影艺术出版社，2007。

70. 张传国：《台商大陆投资问题研究》，商务印书馆，2007。

71. 张继焦：《城市的适应——迁移者的就业与创业》，商务印书馆，2004。

72. 张志南、李闽榕主编《海峡西岸经济区热点研究》，社会科学文献出版社，2006。

73. 郑杭生主编《中国人民大学中国社会发展报告：走向更有共识的社会：社会认同的挑战及其应对》，中国人民大学出版社，2009。

74. 郑一省：《多重网络的渗透与扩张——海外华侨华人与闽粤侨乡互动关系研究》，世界知识出版社，2006。

75. 周敏：《唐人街——深具社会经济潜质的华人社区》，商务印书馆，1995。

76. 朱云汉：《台湾民主转型的经验与启示》，社会科学文献出版社，2012。

二 大陆中文期刊论文、硕士与博士学位论文及网络资料

77. 安增军：《福建吸收台商投资的现状、特征及政策分析》，《华东经济管理》2006年第8期。

78. 柏兰芝、潘毅：《跨界治理：台资参与昆山制度创新的个案研究》，载卢锋主编《中国经济转型与经济政策》（第三辑上册），北京大学出版社，2004。

79. 陈恩：《台商投资广东心态探析》，《岭南学刊》1996年第5期。

80. 陈恩：《新世纪台商投资心态嬗变探析》，《台湾研究集刊》2003年第2期。

81. 陈孔立：《自尊需求与"台湾人认同"》，《台湾研究集刊》2012年第2期。

82. 陈孔立：《台湾社会的历史记忆与群体认同》，《台湾研究集刊》2011年第5期。

83. 陈孔立：《台湾民意的三个层次》，《台湾研究集刊》2012年第1期。

84. 陈凌：《台湾"个体户"厦门快乐创业》，《厦门商报》2008年12月8日第B04版。

85. 陈为年：《"五缘"网络对企业主管选才用人态度影响关系的研究——以中国长三角地区的台商企业为例》，复旦大学博士论文，2001。

86. 陈先才、刘国深：《两岸社会一体化的理论架构与实现路径》，《台湾研究集刊》2010年第6期。

87. 陈子国、潘清、晓惠：《对祖国建立新认同 大陆台商进入"后寻根时代"》，《台声》2004年第10期。

88. 〔加〕戴安娜·布莱顿：《后殖民主义的尾声：反思自主性、世界主义和流散》，《社会科学战线》2003 年第 5 期。

89. 方军祥、李波：《种族和谐的新加坡》，《当代世界》2004 年第 7 期。

90. 古小明：《两岸社会统合趋势下台湾民众政治认同问题的思考》，《台湾研究集刊》2011 年第 6 期。

91. 〔西班牙〕华金·阿郎戈：《移民研究的评析》，《国际社会科学杂志》（中文版）2001 年第 3 期。

92. 黄祖显：《论台商大陆投资的进入模式及所有权策略——以东莞与昆山地区为研究对象》，暨南大学博士论文，2005。

93. 胡苏云：《上海台湾人的社会融入分析》，《社会科学》2006 年第 8 期。

94. 胡文生：《台湾民众"国家认同"问题的由来、历史及现实》，《北京联合大学学报》（人文社会科学版）2006 年第 2 期。

95. 黄兴涛：《现代"中华民族"观念形成的历史考察——兼论辛亥革命与中华民族认同之关系》，《浙江社会科学》2002 年第 1 期。

96. 鞠海涛：《当代台湾民众"国家认同"透视》，《两岸关系》2005 年第 3 期。

97. 李非、刘严毅：《台商登陆 20 年》，《政协天地》2008 年第 4 期。

98. 李秘：《从人际信任到制度性信任：两岸互信建立机制研究》，《台湾研究集刊》2011 年第 1 期。

99. 李秘：《从联锁社群到社会网络：走向民间交流的两岸关系》，《台湾研究集刊》2011 年第 6 期。

100. 李明欢：《国际移民学研究：范畴、框架及意义》，《厦门大学学报》（哲学社会科学版）2005 年第 3 期。

101. 李明欢：《20 世纪西方国际移民理论》，《厦门大学学报》（哲学社会科学版）2000 年第 4 期。

102. 李明欢：《群体效应、社会资本和跨国网络》，《社会学研究》2002 年第 2 期。

103. 李启龙：《中国共产党与 1978 年以来的台湾海峡两岸关系》，中共中央党校博士论文，2003。

104. 李志勇：《台商"异/己"，"异域/故乡"之认同区辨——以上海从事文化产业的台商为例》，中山大学硕士论文，2008。

105. 雷玉虹：《戴国煇的台湾人身份认同研究视角》，《台湾研究》2011 年第 6 期。

106. 林红：《和平发展形势下台湾民众的"中国意识"》，香港《中国评论》2012 年 5 月号。

107. 刘国深：《试论百年来"台湾认同"的异化问题》，《台湾研究集刊》1995 年第 3/4 期。

108. 刘景岚：《台湾政治转型及其对两岸关系的影响研究》，东北师范大学博士论文，2006。

109. 刘强：《社会记忆与台湾民众的国族认同》，《江苏省社会主义学院学报》2011 年第 2 期。

110. 刘文正：《1988 年以来台商大规模投资内地的进程与特点》，《创新》2010 年第 5 期。

111. 刘文斌：《台湾"国家认同"变迁下的两岸关系》，问津堂书局，2005。

112. 刘伟：《在华外籍就业人员的社会适应》，《社会》2010 年第 1 期。

113. 刘相平：《1993 年台商赴大陆投资"井喷性"增长之原因探析》，《当代中国史研究》2009 年第 2 期。

114. 刘玉照：《"移民化"及其反动——在上海的农民工与台商"反移民化"倾向的比较分析》，《探索与争鸣》2005 年第 7 期。

115. 刘玉照：《组织中的"断裂"与大陆"台湾人"群体的社会融合》，载《"台商研究工作坊"学术研讨会论文集》，台湾中兴大学，2008。

116. 陆芳萍：《上海市女性劳动力移民的社会适应过程研究——女性主义视角下的个案研究》，华东师范大学硕士论文，2005。

117. 马清：《反移民化：社会资本与社会结构的双向契合——以上海市劳动力新移民的社会适应为例》，华东师范大学硕士论文，2007。

118. 钱超英：《自我、他者和身份焦虑——论澳大利亚华人文学及其文化意义》，《暨南学报》（哲学社会科学版）2000 年第 4 期。

119. 任远、邬民乐：《城市流动人口的社会融合：文献述评》，《人口研究》2006 年第 5 期。

120. 邵宗海：《共同缔造化解认同撕裂危机》，香港《中国评论》2011 年 5 月号。

121. 沈秋贵：《"三通"对台湾经济发展有百利——从福州台资企业发展谈起》，《统一论坛》2007 年第 1 期。

122. 舒瑶：《"台太"的社会融入：基于上海的个案研究》，华东理工大学硕士论文，2010。

123. 孙云、刘盛：《90 年代以来台湾民众"国家认同"危机的成因分析——一种"斯德哥尔摩现象"的解读》，《台湾研究》2009 年第 4 期。

124. 孙展、陈晓：《两岸政局背后的台商势力》，《中国新闻周刊》2005 年 5 月 23 日。

125. 唐永红：《两岸一体化先行先试区：新形势下海峡西岸经济区的对台角色与作用》，《统一论坛》2010 年第 2 期。

126. 汤绍成：《台湾认同问题的吊诡》，香港《中国评论》2012 年 6 月号。

127. 王苍柏：《也谈华人》，《读书》2004 年第 10 期。

128. 王成超、黄民生：《台商投资大陆地区的区位选择及其空间拓展研究》，《人文地理》2008 年第 6 期。

129. 王春光、Jean Philippe BEJA：《温州人在巴黎：一种独特的社会融入模式》，《中国社会科学》1999 年第 6 期。

130. 王春光：《新生代农村人口流动的社会认同与城乡融合的关系》，《社会学研究》2001 年第 3 期。

131. 王茹：《两岸命运共同体与两岸公共生活的建构——以两岸民众的沟通为中心》，《台湾研究集刊》2006 年第 3 期。

132. 王茹：《台湾"两岸族"的现状、心态与社会融入情况》，《台湾研究集刊》2007 年第 3 期。

133. 王茹：《"两岸族"台胞的社会身份认同与两岸命运共同体》，《台湾研究集刊》，2010 年第 1 期。

134. 汪天德：《台湾的认同危机和台独势力的发展》，《思想战线》2007 年第 4 期。

135. 汪雨田：《台商在厦门及泉州就医环境调研》，《现代经济》2009 年第 1 期。

136. 文军：《论我国城市劳动力新移民的系统构成及其行为选择》，《南京社会科学》2005 年第 1 期。

137. 吴德进：《台商直接投资对福建经济增长影响的实证分析》，《亚太经济》2008 年第 6 期。

138. 吴飞:《"空间实践"与诗意抵抗——解读米歇尔·德塞图的日常生活实践理论》,《社会学研究》2009 年第 2 期。

139. 吴前进:《冷战后华人移民的跨国主义——以美国华人社会为例》,《华人华侨历史研究》2006 年第 1 期。

140. 吴前进:《1990 年以来中国 - 新加坡民间关系的发展——以中国新移民与当地华人社会的互动为例》,《社会科学》2006 年第 10 期。

141. 吴前进:《跨国主义:全球化时代移民问题研究的新视野》,《国际观察》2004 年第 3 期。

142. 吴前进:《当代移民的本土化与全球化——跨国主义视角的分析》,《现代国际关系》2004 年第 8 期。

143. 吴前进:《跨国主义的移民研究——欧美学者的观点和贡献》,《华侨华人历史研究》2007 年第 4 期。

144. 香港《文汇报》海峡西岸新闻中心:《跨海婚恋 20 载两岸鸳鸯卅万双》,《文汇报》2008 年 4 月 18 日。

145. 邢章萍:《台商,两岸经贸交流的桥梁——访中国社会科学院台湾研究所经济研究室副主任胡石青》,《经济》2009 年第 11 期。

146. 闫安:《中国共产党的台商政策研究（1979 ~ 2005）》,中共中央党校博士论文,2006。

147. 闫安:《台商在大陆投资若干问题研究综述》,《内蒙古工业大学学报》2005 年第 1 期。

148. 杨诗源、郑伟民:《台商在福建投资发展态势与对策》,《泉州师范学院学报》(自然科学版) 2009 年第 4 期。

149. 杨中旭:《两个台商的过年路线图》,《中国新闻周刊》2009 年第 3 期。

150. 叶世明:《两岸通婚与两岸关系》,《闽台关系研究》2009 年第 2 期。

151. 殷存毅、吕芳:《认同与台湾问题》,《公共管理评论》2006 年第 1 期。

152. 殷存毅:《台资企业协会与两岸关系——基于集体行动逻辑和制度制约的分析》,《台湾研究》2007 年第 2 期。

153. 余克礼:《深化两岸关系和平发展须正视台湾认同危机》,《统一论坛》2011 年第 2 期。

154. 余克礼：《正视台湾认同危机深化两岸和平发展》，香港《中国评论》2011 年 3 月号。

155. 张欢：《内地台商子女教育问题研究》，《清华大学教育研究》2003 年第 2 期。

156. 张文宏、雷开春：《城市新移民社会融合的结构、现状与影响因素分析》，《社会学研究》2008 年第 5 期。

157. 张文宏、雷开春：《城市新移民社会认同的结构模型》，《社会学研究》2009 年第 4 期。

158. 张莹瑞、左斌：《社会认同理论及其发展》，《心理科学进展》2006 年第 14（3）期。

159. 张文生：《两岸政治互信与台湾民众的政治认同》，《台湾研究集刊》2010 年第 6 期。

160. 张亚中：《异化的史观与认同：从我者到他者》，香港《中国评论》2012 年 5 月号。

161. 张亚中、王晓波、潘朝阳、谢大宁：《从台湾历史教科书看两岸认同危机》，香港《中国评论》2012 年 7 月号。

162. 赵定波等：《"关系"的魅力与移民的"社会适应"：中哈移民的一个考察》，《市场与人口分析》2004 年第 4 期。

163. 赵晓霞、徐楠：《中国大陆劳动力成本的变化趋势对台商投资的影响》，《当代经济研究》2009 年第 5 期。

164. 曾玲：《两岸人文资源与台商在大陆之运作——以厦门洪氏企业为研究个案》，《台湾研究集刊》2003 年第 3 期。

165. 郑胜利：《浙商与台商跨区域商业网络构建比较研究：一个文献综述》，《商业经济与管理》2007 年第 4 期。

166. 郑晓东：《台商投资大陆现状与趋势》，《发展研究》2009 年第 8 期。

167. 《中国评论》社论：《增进政治互信的基础是构建共同认同》，香港《中国评论》2012 年 5 月号。

168. 周军：《台商在祖国大陆——访中国社会科学院台湾研究所经济室主任孙升亮》，《统一论坛》2008 年第 1 期。

169. 周丽华：《重构台湾民众国家认同的基本路径》，香港《中国评论》，2011 年 12 月号。

170. 朱松岭、陈星：《"大陆台商"的非植根性状态与植根性趋势》，《北京联合大学学报》（人文社会科学版）2008 年第 3 期。

171. 朱慧、任庆运、何立军：《相融共生和谐发展——昆山台商群体社会融入调研分析》，《中国集体经济》2011 年第 2 期。

172. 庄许家菱：《提升闽南文化是发展海西的首要策略》，《厦门社科学会通讯》2009 年第 4 期。

173. 陈孔立：《"命运共同体"各自表述》，http：//www. aisixiang. com/data/detail. php？id＝38497，2010－12－28。

174. 《成立台干协会的建议》，http：//www. twgocn. net/thread－40574－1－1. html，2009－02－25。

175. 董会峰、刘舒凌：《联合民调显示两岸民众一致看好未来两岸关系》，http：//www. chinanews. com. cn/tw/tw － ztjz/news/2009/06 － 30/1755561. shtml，2009－06－30。

176. 葛剑雄：《从移民史看台湾民众对祖国大陆的认同意识》，http：//www. china － review. com/sao. asp？id＝2280，2001－12－31。

177. 胡善安：《去年台商在闽实际投资增长 55. 6%》，http：//news. xinhuanet. com/fortune/2012－02/21/c_ 111547922. htm，2012－02－21。

178. 黄清贤：《两岸身份认同的建构——南台湾观点》，中国评论网 ht-tp：//www. zhgpl. com/doc/1020/6/2/2/102062294. html？ coluid ＝ 7&kindid＝0&docid＝102062294&mdate＝0407004820，2012－04－07。

179. 梁卓钧、陈庆祥：《福建台办主任：将加快与台湾多层次对接》，ht-tp：//forum. home. news. cn/detail/74290619/1. html，2010－03－07。

180. 林佩碧：《1000 万元基金津贴社团协助新移民融入政府民间"三开"促进国民融合》，http：//www. zaobao. com/social/crossroads/general/story20090917－53967，2009－09－17。

181. 刘国深：《偏狭民调乱台湾乱两岸乱世界》，http：//www. zhgpl. com/doc/1021/5/1/8/102151858. html？coluid＝7&kindid＝0&docid＝10215158&mdate＝0702094003，2012－07－02。

182. 罗钦文：《福建加快发展对台"三通"重点推动滚装运输发展》，ht-tp：//www. chinanews. com. cn/tw/news/2010/01－21/2083338. shtml，2010－01－21。

183. 罗钦文：《闽台海上直航客运"井喷"：春运首破单日 5000 人次》，ht-tp：//www. chinanews. com. cn/tw/news/2010/02 － 19/2126171. shtml，2010 － 02 － 19。

184. 朴光星：《中国的跨国移民研究》，http：//www. sociology. cass. net. cn/shxw/shwl/P020090515311582657822，2009 － 05 － 15。

185. 《台胞清明节返乡祭祖人数大增》，http：//www. hsdcw. com/html/2009 － 4 － 4/181673. htm，2009 － 04 － 03。

186. 台太庄许家菱的博客，http：//blog. sina. com. cn/s/blog_ 51119d4d0100 gwye. html。

187. 《两岸文化共同体　台湾可藉此摆脱孤立》，http：//cn. chinareviewnews. com/doc/1011/1/9/9/101119926. html？coluid ＝ 0&kindid ＝ 0&docid ＝ 101119926，2009 － 11 － 23。

188. 许雪毅：《福建累计批办台资农业项目逾 2000 个》，http：//news. xinhua-net. com/tw/2010 － 01 － 04/content_ 12752264. htm，2010 － 01 － 04。

189. 王毅：《两岸交往机制化和制度化进程日趋明朗》，http：//news. xin-huanet. com/tw/2009 － 12/30/content_ 12730852. htm，2009 － 12 － 30。

190. 《远见》杂志民调中心：《两岸互动一年：马英九满意度》，http：//www. gvm. com. tw/gvsrc/200907_ GVSRC_ others. pdf，2009 － 07 － 16。

191. 《远见》杂志民调中心：《"马总统满意；大陆撤飞弹相关议题"民调》，http：//www. gvsrc. net. tw/dispPageBox/GVSRCCP. aspx？ddsPage-ID ＝ POLITICS&view ＝ 2010&dbid ＝ 3111112010，2010 － 10 － 22。

192. 章念驰：《对和平发展勿抱肤浅认识》，http：//www. chinareviewnews. com/doc/1011/1/8/6/101118696. html？coluid ＝ 33&kindid ＝ 541&docid ＝ 101118696&mdate ＝ 1125100824，2009 － 11 － 24。

193. 张羽：《台湾专业人才或在闽任公务员》，http：//www. chinataiwan. org/jl/kj/201002/t20100203_ 1245290. htm，2010 － 02 － 03。

194. 中国新闻社《世界华商发展报告》课题组：《2008 年世界华商发展报告》，http：//i3. chinaqw. com/2008ind/2008ind. html，2009 － 02 － 02。

195. 中华人民共和国国家统计局：《2004 年福建吸收外商直接投资发展情况回顾》，http：//finance. sina. com. cn/roll/20050217/111561501t. shtml，2005 － 02 － 17。

196. 左军：《大陆生活记实——价值观与价钱观》，http：//www. twgocn. net/ viewthread. php？tid = 39517&page = 1&authorid = 25772009 - 1 - 24，2009 - 01 -24。

三 台湾著作、期刊论文与硕士、博士学位论文

197. 蔡宏进：《迁移大陆台商调适过程中社会互动问题之研究》，《东吴社会学报》2001 年第 10 期。

198. 蔡宏明：《台商在大陆之适应障碍与解决之道》，第四届"两岸远景论坛"两岸交流的回顾与展望会议论文，2004。

199. 陈彬：《移民上海——我的台湾经验遇上上海派作风》，台北市商讯文化事业股份有限公司，2000。

200. 陈朝政：《台商在两岸的流动与认同：经验研究与政策分析》，台湾东吴大学博士论文，2005。

201. 陈铿任、吴建华：《是故乡，还是异乡？从东莞台校学生的学习经验看台商子女的身份认同意向》，《台湾师范大学学报》2006 年第 51 （2）期。

202. 陈相菱：《台商对中国大陆投资驱动力：以资源基础观点与市场基础观点分析》，台湾暨南国际大学硕士论文，2009。

203. 陈振伟、耿曙：《挥别发展型国家？昆山地方治理模式的转型》，本文初稿宣读于中国政治学会在台北举办的 "International Conference on Grassroots Democracy and Local Governance in China during the Reform Era"，2004。

204. 陈志柔：《中国地方治理与台商社会资本》，《"台商研究工作坊"学术研讨会论文集》，台湾中兴大学，2008。

205. 邓建邦：《中国配偶之台干家庭的迁徙行为与身份安排》，载《"台商研究工作坊"学术研讨会论文集》，台湾中兴大学，2008。

206. 邓建邦：《建构跨国社会空间作为流动生活的策略：台商在上海与广东》，发表于 2007 年台湾社会学会年会，2007 年 11 月。

207. 邓建邦：《接近的距离：中国大陆台资厂的核心大陆员工与台商》，《台湾社会学》2002 年第 3 期。

208. 邓建邦：《我们是谁？跨社会流动下中国大陆台商的认同》，"跨界流离：公民身份、认同与反抗"国际学术研讨会，台湾世新大学，2005。

209. 邓建邦：《台湾劳工在中国——重新理解中国台干现象》，本文宣读于2006年台湾社会学年会暨"国科会"专题研究成果发表会"走出典范：五十年的台湾社会学"，台中东海大学，2006。

210. 邓建邦、魏明如：《家庭企业与世代变迁：以珠三角地区制造业台商为例》，《中国大陆研究》2010年第53卷第3期。

211. 邓建邦：《持续地回家：大上海台商经理人员的移居生活》，《台湾社会学》2009年第18期。

212. 邓开元：《台海两岸政治关系之发展1991～2005年》，台湾"中山大学"大陆研究所硕士论文，2006。

213. 高长、许源派：《制度环境衍生的交易成本与大陆台商因应策略之探讨》，发表于"展望两岸经贸关系"学术研讨会，致理技术学院、"中华欧亚基金会"合办，2004。

214. 高长、蔡依帆：《贸易、投资与两岸产业分工之发展》，政治大学中国大陆研究中心中国经济数据库讲座，2007。

215. 郭正亮：《三通政策，民进党战略错误》，《中国时报》2008年12月1日A12版。

216. 耿曙：《台商研究：问题意识与理论观点》，http：//tai－shang. nccu. edu. tw/forumshow. php？id＝147，2007－01－29。

217. 耿曙、陈陆辉：《两岸经贸互动与台湾政治版图：南北区块差异的推手？》，《问题与研究》2003年第6期。

218. 耿曙：《中国大陆台商研究的回顾与前瞻：站在新移民研究的起点？》，载《"台商研究工作坊"学术研讨会论文集》，台湾中兴大学，2008。

219. 耿曙、林瑞华：《两岸经济整合的政治影响：分析两岸整合的理论架构》，论文发表于台湾嘉义南华大学第二届亚太学术研讨会"东亚区域整合对台湾安全与发展的影响"，2004。

220. 耿曙、林瑞华：《制度环境与协会效能：大陆台商协会的个案研究》，《台湾政治学刊》2007年第11（1）期。

221. 耿曙：《"两岸族"？大上海地区台商的国家认同》，全球化之下的人权保障与人才共享研讨会，台湾法爱公德会、台北大学公共行政暨政策学系，2006。

222. 耿曙、林琮盛：《全球化背景下的两岸关系与台商角色》，《中国大陆研究》2005 年第 48（1）期。

223. 龚宜君：《出路：台商在东南亚的社会型构》，台北市"中央研究院"人文社会科学研究中心、亚太区域研究专题中心，2005。

224. 顾长永：《台湾移民东南亚现象与经济关系》，《台湾东南亚学刊》2006 年第 3（2）期。

225. 顾长永：《台商在东南亚：台湾移民海外第三波》，高雄丽文文化事业股份有限公司，2001。

226. 黄国隆、黄敏萍、蔡启通、陈惠芳：《台商派驻大陆合资企业之管理人员的生活适应与该合资企业的人力资源管理》，《台大管理论丛》1997 年第 9（2）期。

227. 黄宗仪：《全球都会区域的弹性身份想像：以台北与上海为例》，《文化研究》2007 年第 4 期。

228. 赖慧君：《台商赴大陆投资额与投资区位因素之实证研究——以海峡西岸经济区为例》，台湾中原大学硕士论文，2008。

229. 李道成、徐秀美：《经商中国：大陆各地台商的赚钱经验》，台北：《商讯文化》，2001。

230. 李欣儒、耿曙：《跨入全球新世界？上海台湾人社群中的阶级分野》，台北世新大学社会发展研究所"跨界流离：全球化时代移民/工与社会文化变迁"学术研讨会，2004。

231. 李志刚：《客居中国的非洲移民》，《当代中国研究通讯》2009 年第 12 期。

232. 林家煌：《平坦的世界，平等的身份？：谁决定台商企业内部的台、陆干关系？》，载《"台商研究工作坊"学术研讨会论文集》，台湾中兴大学，2008。

233. 林家煌、耿曙：《登门不入室：大陆台商信任结构、协力网络与产业聚集》，宜兰佛光人文社会学院政治学系"第五届政治学与资讯科技研讨会"，2005。

234. 林平：《水乳交融还是油水分离？从居住空间看台湾人对当地的认

同》，载《"台商研究工作坊"学术研讨会论文集》，台湾中兴大学，2008。

235. 林瑞华：《国家与网络环伺下的台资企业协会：协会参与动力之探讨》，台湾政治大学 2004 年硕士论文。

236. 林瑞华、耿曙：《经济利益与认同转变：台商与韩商个案》，《东亚研究》2008 年第 1 期。

237. 林瑞华：《台商能否融入大陆》，http：//tai－shang. nccu. edu. tw/forumshow. php? id＝558，2008－05－09。

238. 林千翔：《产业大转移，台商准备好了吗?》，《当代中国研究通讯》2009 年第 11 期。

239. 林震岩、林雅惠、赖慧君：《福建省海峡西岸经济区之台商投资分析》，《明新学报》2009 年第 35（1）期。

240. 林祖嘉、陈建良：《台湾与海峡西岸经济区发展的关系》，《公共事务评论》2006 年第 2 期。

241. 刘隆礼：《中越两地台湾商会组织与功能发展比较研究：以上海台商协会与越南台湾商总为例》，台湾佛光大学硕士论文，2006。

242. 刘仁杰、封小云：《亚洲巨龙：台、日、港投资大陆风云录》，台湾远流出版公司，1996。

243. 刘仕杰：《台商不好当》，《当代中国研究通讯》2008 年第 10 期。

244. 刘胜骥、杨慧文：《台湾学生留学大陆之现况研究》，《中国大陆研究》2002 年第 45（6）期。

245. 刘小璐：《六个城市，六个世界》，《当代中国研究通讯》2004 年第 3 期。

246. 龙冠海、云五：《社会科学大辞典》（第一册），商务印书馆，1971。

247. 齐志杰：《中国大陆劳动合同法解析及其对企业之影响》，台湾淡江大学硕士论文，2008。

248. 陶孟仟：《大上海地区的台湾移民对子女教育的安排》，《当代中国研究通讯》2009 年第 12 期。

249. 宋晓薇：《企业/公民身份之名与实：台资企业、地方政府与当地社区互动关系》，台湾"清华大学"硕士论文，2006。

250. 孙瑞穗：《中国热·女儿身·我的台湾腔以及她的历史纠结：上海研

究田野笔记》，《当代中国研究通讯》2005 年第 4 期。

251. 王宏仁：《草根跨国投资与跨国社区的建立：以在越南的台湾人为例》，《亚太研究论坛》（专题研究 Ⅱ：台越关系专辑）2004 年第 24 期。

252. 王业桂、罗国英：《影响台籍主管与大陆籍部属建立人际互信的因素》，《本土心理学研究》2005 年第 23 期。

253. 王君琳：《流动的家——大陆台商女性配偶的家生活与认同》，台湾大学建筑与城乡研究所硕士论文，2002。

254. 王韦翔：《台商赴中国大陆投资策略与绩效关系之研究》，台湾中原大学企业管理学系硕士论文，2007。

255. 吴介民：《台商社群的"关系敏感带"与"象征行动群聚"》，《当代中国研究通讯》2004 年第 3 期。

256. 吴孟洁：《漂洋过海的生活：台商女性配偶的迁移与转变》，台湾"清华大学"社会学研究所硕士论文，2006。

257. 吴孟洁：《从幕后到幕前？台商配偶角色的转变》，《当代中国研究通讯》2005 年第 5 期。

258. 吴思华：《组织逻辑：人情与理性》，载张苙云主编《网络台湾：企业的人情关系与经济理性》，台北远流出版公司，1999。

259. 邢幼田：《台商与中国大陆地方官僚联盟：一个新的跨国投资模式》，《台商社会研究季刊》1996 年第 23 期。

260. 徐斯勤、吴介民、林惠玲等：《典范转型下的中国研究：台湾研究社群的观点》，http：//cfcc. nthu. edu. tw/ ~ cfccdc/20061110paradigmshiftedconference. pdf，2006 - 11 - 10。

261. 许淑幸：《两岸互动制度化之研究——从大陆台商协会的功能观之》，台湾大学硕士论文，2005。

262. 许通美：《探究世界秩序：一位务实的理想主义的观点》，台北"中央"编译出版社，1999。

263. 萧新煌、王宏仁、龚宜君主编《台商在东南亚：网络、认同与全球化》，台北"中央研究院"亚太研究计划，2002。

264. 叶旺铭演讲，黄佩君整理《一招半式能闯遍江湖？浅谈台商管理现象》，《当代中国研究通讯》2009 年第 11 期。

265. 詹静怡：《大陆地区台湾同胞投资企业协会角色与功能之研究——以天津市、上海市及东莞为例》，台湾东海大学硕士论文，2002。

266. 詹晓雯：《台商/台干与大陆人的差异建构：谈界线的维持与游移》，台湾大学社会学研究所硕士论文，2004。

267. 张家铭：《台商投资中国的在地反应：以苏州地区（的公众评价）为例》，载《"台商研究工作坊"学术研讨会论文集》，台湾中兴大学，2008。

268. 张家铭：《跨界投资中国及社会适应——台商、日商与韩商比较》，《东亚研究》2008 年第 1 期。

269. 张家铭、吴翰有：《全球化与台资企业生产协力网络之重构：以苏州台商为例》，载东吴大学社会学系主编《全球化、苏南经济发展与台商投资研讨会论文集》，台北东吴大学社会学系，2001。

270. 张乐天：《田野工作的文化自觉：兼谈社会学研究的本土化》，《当代中国研究通讯》2005 年第 5 期。

271. 曾纪幸：《台商在大陆之企业网络与关系网络之研究》，《企业管理学报》2004 年第 62 期。

272. 曾嬿芬、吴介民：《新公民群体的浮现：迁移中国之台湾人成员身份的跨国化》，载《"台商研究工作坊"学术研讨会论文集》，台湾中兴大学，2008。

273. 郑陆霖：《一个半边陲的浮现于隐藏：国际鞋类市场网络重组下的生产外移》，《台湾社会研究季刊》1999 年第 35 期。

274. 郑志鹏：《中国台商竞争力的来源：一个社会学式的分析》，载《"台商研究工作坊"学术研讨会论文集》，台湾中兴大学，2008。

275. 周素卿、陈东升：《后进者的全球化：移地的地域生产网络建构与台商在东南亚的投资经验》，载萧新煌主编《台商在东南亚：网络、认同与全球化》，台北"中央研究院"亚太研究计划，2002。

276. 朱胤慈：《跨界流动，跨界认同?》，《当代中国研究通讯》2008 年第 9 期。

277. 庄绍岳：《日久他乡是故乡?》，《当代中国研究通讯》2008 年第 9 期。

四　英文文献

278. Alfred Sauvy, 1966. *General Theory of Population.* New York： Basic Books, Inc.

279. Alvarez, R. R. , 1987. "A Profile of the Citizenship Process among Hispanics in the United States," *I. M. R.* , （21）.

280. Aronowitz, M. , 1984. "The Social and Emotional Adjustment of Immigrant Children： A Review of the Literature ," *I. M. R.* , （18）.

281. Barbara Schmitter Heisler. , 2000. "The Sociology of Immigration： From Assimilation to Segmented；Assimilation, from the American Experience to the Global Arena," in Caroline B. Brettell & James F. Hollifield eds. , *Migration Theory： Talking across Disciplines.* New York： Routledge, 77 – 96.

282. Bonacich, E. , 1973. "A Theory of Middleman Minorities," *A. S. R.* , （38）.

283. Brubaker, William Rogers. , 1989. "Membership Without Citizenship： The Economic and Social Rights of Noncitizens," *Immigration and the Politics of Citizenship in Europe and North America,* edited by Rogers Brubaker. University Press of America.

284. Brubaker, William Rogers. , 1992. *Citizenship and nationhood in France and Germany.* Cambridge： Harvard University Press.

285. Caroline B. Brettell. , 2000. "Theorizing Migration in Anthropology： The Social Construction of Networks, Identities, Communities, and Global - scapes," in Caroline B. Brettell & James F. Hollifield eds. , *Migration Theory： Talking across Disciplines.* New York： Routledge, 97 – 136.

286. Douglas S. Massey et al. , 1996. "Theories of International Migration： A Review and Appraisal," *Population and Development Review,* 1993 （19）： 431 – 466, in Robin Cohen ed. , *Theories of Migration,* Cheltenham, UK & Brookfield, VT： Elgar, 181 – 216.

287. Faist, Thomas, 2000. "Transnationalization in International Migration： Implications for the Study of Citizenship and Culture," *Ethnic and Racial*

Studies，23（2）：189 – 222.

288. Faist，Thomas，Gerdes，Jurgen，Rieple，Beate，2004. "Dual Citizen-ship as a Path – Dependent Process," *International Migration Review*，（38）：913 – 944.

289. Glodring，Luin，1999. "Power and Status in Transnational Social Spaces," *in Migration and Transnational Social Spaces*，Edited by Ludger Pries，Alder-shot，Hants. England；Brookfield，Vt. ：Ashgate.

290. Goldscheider. G. ，1983. *Urban Migrants in Developing Nations*. Westview Press.

291. Gold. ，S. ，1989. "Differential Adjustment Among New Immigrant Family Members," *Journal of Contemporary Ethnography*，（17）．

292. Jacobson，David. ，1997. *Rights across Borders*. Baltimore and London：The Johns Hopkins University Press.

293. James Clifford. ，1994. "Diasporas," *Cultural Anthropology*，（9）：302 – 338.

294. James F. Hollifield. ，2000. "The Politics of International Migration：How Can We 'Bring the State Back In'?" in Caroline B. Brettell & James F. Hollifield eds. ，*Migration Theory：Talking across Disciplines*. New York：Routledge，137 – 185.

295. Jones，W. ，1980. "Newcomers' Biographical Explanations：The Self as An Adjustment Process," *Symbolic Interaction*，（3）：83 – 94.

296. Kahane，R. ，1986. "Informal Agencies of Socialization and the Interaction of Immigrant Youth into Society：An Example from Israel," *I. M. R.* ，（20）：21 – 39.

297. Kim，K. C. ，and Hurch，W. M. ，1984. "Adhesive Sociocultural Adap-tation of Korean Immigrants in the U. S. ：An Alternative Strategy of Mi-nority Adaptation," *I. M. R.* ，（18）：188 – 216.

298. Kim，Y. Y. ，1987. "Preface," in Y. Y. Kim，& W. B. Gudykunst（Ed. ），*Cross – cultural Adaptation：Current Approaches*. Newbury Park：Sage，7 – 17.

299. Kim，Y. Y. ，1988. *Communication and Cross – cultural Adaptation：An Inte-grative Theory*. Clevedon，England：Multilingual Matters.

300. Kim，Y. Y. ，1995. "Cross – cultural Adaptation：An Integrative Theo-

ry," in R. L. Wiseman Eds, *Theories in Intercultural Communication*. Thousand Oaks, CA: Sage.

301. Kim, Y. Y., 2001. *Becoming Intercultural: An Integrative Theory of Communication and Cross - cultural Adaptation*. Thousand Oaks, CA: Sage Publications, Inc.

302. Kim, Y. Y. & Gudykunst, W. B. Eds., 1988. *Cross - cultural Adaptation—Current Approaches*. Newbury Park, CA.: Sage Publications.

303. Kobrin, F. e., 1983. "Out - migration and Ethnic Communities," *International Migration Review*, (17): 425 - 444.

304. Lan, Pei - Chia, 2003. "Negotiating Social Boundaries and Private Zones: The Micropolitics of Employing Migrant Domestic Workers," *Social Problems*, (50).

305. Lee, B. A. et al., 2004. "Revisiting the Contact Hypothesis: The Case of Public Exposure to Homelessness," *A. S. R.*, (60): 40 - 63.

306. Levitt, Peggy and Nina Glick Schiller., 2004. "Conceptualizing Simultaneity: A Transnational Social Field Perspective Society," *International Migration Review*, (38): 1002 - 1039.

307. Levitt, Peggy and Rafael de la Dehesa., 2003. "Transnational Migration and the Redefinition of the State: Variations and Explanations," *Ethnic and Racial Studies*, (26): 587 - 611.

308. Linda G. Basch, Nina Glick Schillier and Christina Blanc - Szanton., 1994. *Nation Unbound: Transnational Projects, Post - colonial Predicaments, and De - territorialized Nation - States*. Langhorne, PA: Cordon and Breach.

309. Luo, Qi and Christopher Howe, 1992. "Direct Investment and Economic Integration in the Asia Pacific: The Case of Taiwanese Investment in Xiamen," *China Quarterly*, (136): 746 - 769.

310. Luo, Jar - der and Yeh, Yung - chu, 2002. "From Family Business to Business Family: A Comparative Analysis of Production Networks in Taiwan's Garment and PC Industry," *Hong Kong Journal of Social Sciences*, (3): 71 - 94

311. Mark Granovetter, 1985. "Economic Action and Social Structure: The

Problem of Embeddedness," *American Journal of Sociology*, (91)：481 – 510.

312. Meyers, Eytan, 2000. "Theories of International Immigration Policy—A Comparative Analysis," *International Migration Review*, 34 (4)：1245 – 1282.

313. Merger, M. N. , 1992. "Ethnic Enterprises in Ontario：Immigrant Participation in the Small Business Sector," *I. M. R.* , (3) .

314. Michael Kearney, 1994. "The Local and the Global：The Anthropology of Globalization and Transnationalism," *Annual Review of Anthropology*, (24)：547 – 565.

315. Nielsen, F. , 1985. "Toward a Theory of Ethnic Solidarity in Modern Societies," *A. S. R.* , (50) .

316. Owig, Karen Fog and Ninna Nyberg Sorensen. , 2002. *Work and Migration：Life and Livelihoods in a Globalizing World.* New York：Routledge.

317. Paasi, A. , 2003. "Region and Place：Regional Identity in Question. Progress," *Human Geography*, 27 (4) .

318. Pachon, H. , 1987. "Naturalization：Determinants and Process in the Hispanic Community," *I. M. R.* , (21) .

319. Peshkin, A. , 1988. "In Search of Subjectivity—One's Own," *Educational Researcher*, 17 (7)：17 – 22.

320. Portes, A. , 1984. "The Rise of Ethnicity：Determinants of Ethnic Perceptions Among Cuban Exiles in Miami," *A. S. R.* , (149) .

321. Portes, Alejandro & József Böröcz, 1989. "Contemporary Immigration：Theoretical Perspectives on Its Determinants and Modes of Incorporation," *International Migration Review*, (23)：606 – 630, in Robin Cohen ed. , *Theories of Migration.* Cheltenham, UK & Brookfield, VT：Elgar, 1996：156 – 180.

322. Portes, Alejandro. , 1995. "Economic Sociology and the Sociology of Immigration：A Conceptual Overview," in Alejandro Portes ed. , *The Economic Sociology of Immigration：Essays on Networks, Ethnicity, and Entrepreneurship.* New York：Russell Sage Foundation, 1 – 41.

323. Portes, Alejandro, 1997. *Globalization from Below：the Rise of Transnational Communities* . Prdinceton University. An earlier version of this essay was pub-

lished in W. P. Smith and R. P. Korczenicz, *Latin America in the World E-conomy*. Westport, CN: Greenwood Pressd, 1996: 151 – 168.

324. Portes, Alejandro. , 1997. "Immigration Theory for a New Century: Some Problems and Opportunities," *International Migration Review*, (31): 799 – 825.

325. Portes, Alejandro. , 1998. "Social Capital: Its Origins and Application in Modern Sociology," *Annual Review of Sociology*, (24): 1 – 24.

326. Ports, Alejandro, et al. , 1999. "The Study of Transnationalism: Pitfalls and Promise of an Emergent Research Field," *Ethnic and Racial Studies*, 22 (3): 219 – 227.

327. Portes, A. , 2003. "Conclusion: Theoretical Convergencies and Empirical Evidence in the Study of Immigrant Transnationalism," *The International Migration Review*, 37 (3): 874 – 892.

328. Pries, Ludger. , 2001. *Internationale Migration*. Bielefeld: Transcript.

329. R. Breton. , 1964. "Institutional Completeness of Ethnic Community and Personal Relations of Immigrants," *A. J. S.* (70): 193 – 205.

330. Rumbaut, R. , Gold, S. and Forner, N. , 2000. "Introduction: Immigration and Immigration Research," in R. Rumbaut, S. Gold and N. Forner, *Immigration Research for A New Century*, Russel Sage Foundation.

331. Said, E. , 1989. "Representing the Colonized: Anthropology's Interlocutors," *Critical Inquiry*, 15 (2) .

332. Sassen, Saskia, 1999. *Guests and Aliens*. New York: The New Press.

333. Schiller, Nina Glick, Linda Basch, and Cristina Szanton. , 1995. "From Immigrant to Transmigrant: Theorizing Transnational Migration," *Anthropological Quarterly*, 68 (1): 48 – 63.

334. Schuctz, Alfrcd, 1944. "The Stranger: An Essay in Social Psychology," *The American Journal of Sociology*, (49): 499 – 507.

335. Siegel, Larry J. , Brandon C. Welsh, and Jowseph J. , Senna. 2002. "Juvenile Delinquecy," *Selected Chapters Belmont*, California Wadsworth/ Thomson Learning.

336. Sluzki, C. E., 1979. "Migration and Family Conflict," *Family Process*, (18): 379 – 390.

337. Smith, M. P. and Guarnizo, L. E. (eds.), 1998. *Transnationalism from Below*, Transaction Publishers.

338. Stuart, Hall, 1994. *Cultural Identity and Diaspora*, *Colonial Discourse and Post - Colonial Theory: A Reader.* New York: Columbia University Press.

339. Steven Vectovec, 2001. Transnational Social Formations: Towards Conceptual Crossfertilization. University of Oxford. Paper Presented at Workshop on Transnational Migration: Comparative Perspective. June 30 – July 1, 2001, Princeton University, WPTC – 01 – 16.

340. Steven Vertovec, 1999. "Conceiving and Researching Transnationalism," *Ethnic and Racial Studies*, (22): 447 – 462.

341. Strauss, A., 1984. "Social World and Legitimation Process," *S. S. I.*, (4).

342. Unruch, D. R., 1979. "Characteristics and Types of Participation in Social World," Symbolic Interaction, (2).

343. Ward, C., S. Bochner & A. Furnham, 2001. *The Psychology of Culture Shock* (2*nd ed.*). Boston: Routledge Kegan Paul, 2001.

344. Yancey, W. L., Eriksen, E. P. and Juliani, N. R., 1976. "Emerging Ethnicity: A Review and Reformulation," *A. S. R.*, (41): 391 – 403.

五 档案文件

345. 福州市台协会大事记（1994 年 10 月～2008 年 8 月）。

346. 福州市台协会会刊（总第 1～50 期）。

347. 1999 年台协会秘书处工作总结。

348. "福州台协会特色"和"建议事项"、台企情况反馈。

349. 台协会秘书处：1999 年拓展渠道年工作汇报。

350. 福州市台办 1999 年工作总结。

351. 2000 年福州市台办工作目标责任。

352. 福州市台办 2001 年各处室工作任务量化表。

353. 关于修改台协会章程的专题报告。

354. 中共福州市委办公厅 2001 年 2 月 26 日 "与市台商协会领导座谈会纪要"。

355. 福建省人民政府台湾事务办公室 2001 年 6 月 28 日《关于做好台协管理调研工作的通知》（附调研提纲）。

356. 福州市台协会理监事 2001 年 4 月 23 日给省长、曹省长的信。

357. 福州市台协会秘书处 2001 年工作汇报。

358. 福州市台协会 2001 年 8 月 27 日给市民政局、市社团办《关于修改市台协会章程的专题报告》。

359. 福州市台办 2001 年各处室工作任务量化表。

360. 关于落实市委、市政府 "6·15" 专题会议和市领导莅临台办调研提出工作任务的情况报告。

361. 何立峰同志对搞好对台交流合作提出要求。

362. 《陈履安先生与福州市台协会代表座谈会简报》，《台湾工作简报》2001 年第 15 期。

363. 《加强领导、强化功能》，《走访台企简报》2002 年第 1 期。

364. 《服务会员企业，推动招商引资》，《走访台企简报》2002 年第 2 期。

365. 福州市台办关于台协会工作专题会议纪要。

366. 2002 年 6 月 26 日市台办《专题会议纪要》（第 3 期）。

367. 2002 年台协会秘书处工作计划。

368. 福州市台湾事务办公室：《加强台协会的管理　发挥台协会的作用》。

369. 2008 年：余阿财案相关复印材料。

370. 2008 年 6 月福建省教育厅：福建省台商子女入学指南。

371. 政协福州市委员会：《在榕中青年台商（含台干）情况调查报告》，2008 年 8 月 5 日。

372. 《榕台金融合作浅析》（2007 年 6 月）（福州市台协会提供内部资料）。

373. 中共福州市委：《关于福州市对台经贸工作的汇报》，1993 年 1 月 29 日。

374. 翁文光：《榕台经贸合作浅析——学习〈中国台湾问题〉三、四、六章》，《台湾工作简报》1999 年第 13 期。

375. 福建省人民政府：《福建省人民政府关于扶持中小企业经营发展的若干意见》（闽政文〔2008〕276 号），2008 年 9 月 1 日印发。

376. 福建省台办：《福建省对台经贸工作情况汇报》，2009 年 4 月。

377. 福建省经贸委：《向国台办调研组的汇报材料》，2009 年 9 月 25 日。

六 主要利用的网站

378. 国务院台湾事务办公室：http：//www. gwytb. gov. cn/

379. 中华人民共和国商务部：http：//www. mofcom. gov. cn/

380. 福建省人民政府台湾事务办公室：http：//www. fjstb. gov. cn/Template/index. html

381. 中国评论新闻网：http：//gb. chinareviewnews. com/

382. 中国台湾网：http：//gb. chinareviewnews. com/

383. 华夏经纬网：http：//www. huaxia. com/

384. 福州市台协会：http：//www. huaxia. com/

385. 台商台太新天地：http：//www. taimaclub. com/

附录一 访谈对象编码表
(2008 年 10 月～2009 年 12 月)

采访对象姓名代号	性别	职务	采访地点	采访资料编号
1. WWG	男	台协会秘书长	台协会办公室	WWG－2008－10－10 WWG－2008－10－16
2. LJ	男	台协会副秘书长	台协会办公室	LJ－2008－10－10 LJ－2008－10－19
3. ZY	男	台协会工作人员	台协会办公室	ZY－2008－10－16
4. CRH	男	台协会专职司机	参加活动途中	CRH－2008－10－22
5. ZYX	男	省台办"三通"处处长	省台办"三通"处办公室	ZYX－2009－10－27
6. HYC	男	东南汽车品管部零品一组项目经理	台协会办公室	HYC－2008－10－22
7. YJH	男	自创业者	一同参加活动途中	田野调查笔记，2008－11－21，台商 YJH 的创业计划
8. PXJ 9. HXH （夫妇）		（P 先生）和胜汽车配件有限公司经理；（P 太太）麦斯特研磨咖啡生活馆老板之一	麦斯特研磨咖啡生活馆	田野调查笔记，2008－12－07，P 太太的大陆生活感受
			麦斯特研磨咖啡生活馆	田野调查笔记，2008－12－13，P 先生的大陆生活感受
			麦斯特研磨咖啡生活馆	P 太太，2009－01－12
			P 太太家中	田野调查笔记，2009－01－14，P 太太家中品台湾美食
			P 先生公司	田野调查笔记，2009－02－23，参观 PXJ 的公司

采访对象 姓名代号	性别	职　务	采访地点	采访资料编号
8. PXJ 9. HXH （夫妇）		（P 先生）和胜汽车配件有限公司经理；（P 太太）麦斯特研磨咖啡生活馆老板之一	麦斯特研磨咖啡生活馆（安泰店）	田野调查笔记，2009 - 09 - 23，台商 PXJ 夫妇
			麦斯特研磨咖啡生活馆（湖东路新店）	
			麦斯特研磨咖啡生活馆（湖东路新店）	田野调查笔记，2009 - 12 - 08，人生什么都要体验
10. CQY	男	水户日本料理老板之一	一同参加活动途中	田野调查笔记，2009 - 12 - 23，参加 PXJ 组织的圣诞节员工聚会
			水户日本料理店	田野调查笔记，2008 - 12 - 16，初识 C 伯
			水户日本料理店	CQY，2008 - 12 - 28，田野调查笔记之异乡生活苦闷
			水户日本料理店	CQY，2009 - 03 - 10
			去厦门途中	田野调查笔记，2009 - 05 - 05，与 C 伯同车去厦门
			水户日本料理店	田野调查笔记，2009 - 09 - 26，再访 C 伯
11. LYX	男	花落米体育用品商店总经理	台湾林居	田野调查笔记，2008 - 12 - 14，初识 LYX
			台湾林居	田野调查笔记，2008 - 12 - 19，再访 LYX
			台湾林居	田野调查笔记，2009 - 03 - 07，三访 LYX
12. CXR	女	福州先施企业有限公司	先施大厦月座 13B，公司办公室	CXR，2009 - 02 - 27
			先施大厦月座 13B，公司办公室	田野调查笔记，2009 - 10 - 16，CXR 和 ZNA 的日常生活
			先施大厦月座 13B，公司办公室	田野调查笔记，2009 - 11 - 26，夜谈
13. LXW	女	千江月休闲农场农场主	永太千江月休闲农场	田野调查笔记，2009 - 01 - 01，LXW 的农夫生涯
			永太千江月休闲农场	LXW，2009 - 04 - 08

采访对象姓名代号	性别	职 务	采访地点	采访资料编号
14. JZL	男	福州百家珍贸易公司总经理	JZL 家中	JZL，2008 - 12 - 30
15. WJZ	男		WJZ 家中	WJZ，2009 - 01 - 13
16. HJQ	女	台湾光屋照明事业集团副总经理	先施大厦四层慈济联络处	田野调查笔记，2009 - 03 - 19，HJQ 的慈济人生
			先施大厦四层慈济联络处	田野调查笔记，2009 - 11 - 28，再访 HJQ
17. HHC	男	福州沃上咖啡器具行	沃上长乐店	田野调查笔记，2009 - 03 - 17，不成功的一次采访
18. CYT	男	福华纺织经理	三杯咖啡厅	田野调查笔记，2009 - 03 - 26，二代台商 CYT
			斗牛士咖啡厅	田野调查笔记，2009 - 11 - 25，再访 CYT
19. ZLQ	女	曼丹养生馆经理	曼丹养生馆	ZLQ，2009 - 03 - 09
20. WHY	女	福建名小吃福州五月香粽子店店主	办公室	WHY，2009 - 03 - 25
21. CBJ	男	国泰人寿福建分公司总经理	办公室	CBJ，2009 - 03 - 13
22. LMG	女	创业中的"台太"	UD 咖啡厅	田野调查笔记，2009 - 03 - 13，初识 LMG
			麦斯特研磨咖啡生活馆	田野调查笔记，2009 - 04 - 17，创业妈妈 LMG
23. YMG	男	福州美乐地幼儿园校长	美乐地幼儿园	YMG，2009 - 03 - 31
24. XXL	女	福州九禾节能机电有限公司	公司办公室	XXL，2009 - 03 - 12
25. ZJP	女	福州益德伦鞋材有限公司	公司办公室	ZJP，2009 - 04 - 06
26. CYL	男	厦门市思明区个体户协会台商分会；厦门古柏咖啡厅老板	厦门市西堤筼筜路 3~2 号西堤利华苑别墅（古柏咖啡）	田野调查笔记，2009 - 05 - 06，与 CYL、CQY 谈大陆台商个体户
27. WHS	男	漳州龙池大酒店董事长	厦门市西堤别墅 101 号 501 室（厦门办事处办公室）	田野调查笔记，2009 - 05 - 06，WHS 的厦门生活

续表

采访对象姓名代号	性别	职　务	采访地点	采访资料编号
28. GJY	女	毕马威会计事务所台籍员工	福州东街口麦当劳	田野调查笔记，2009 - 04 - 26，青年"台干"ZHM和GJY的流动生活
29. ZMH	男	福州新密机电台籍员工	福州东街口麦当劳	田野调查笔记，2009 - 04 - 26，青年"台干"ZMH和GJY的流动生活
30. FYF	女	全职太太	福州华映公司宿舍	田野调查笔记，2009 - 03 - 16，FYF的全职太太生活
31. WCF	男	高登达户外休闲用品有限公司董事长	公司办公室	WCF，2009 - 04 - 28
32. KSY	男	福清洪良公司研发中心专员	研发中心办公室	KSY，2009 - 04 - 27
33. ZXN	男	福清洪良公司染整厂厂长	染整厂办公室	ZXN，2009 - 04 - 27
34. LJY	男	福清洪良公司总经理；福清市台协会会长	总经理办公室	LJY，2009 - 04 - 27
35. QDL	男	福清港岱国际股份有限公司总经理	公司办公室	QDL，2009 - 04 - 28
36. LXX	男	福清强惠缝编无纺布有限公司经理	公司办公室	LXX，2009 - 04 - 28
37. YZQ	男	曼丹美容美发学校总经理助理；丹尼贸易公司	曼丹学校办公室	YZQ，2009 - 04 - 20
38. WXZ 39. SXP（恋人）		国泰人寿福州分公司"陆干"；福州新密机电"陆干"	福州萨芭雍咖啡厅	田野调查笔记，2009 - 06 - 26，台企"陆干"WXZ与SXP
40. MZX 41. ZNA（夫妇）		两岸金桥（福建）就业训练机构总经理	三友大厦公司办公室	田野调查笔记，2009 - 09 - 28，不一样的女人ZNA
			MZX家中	田野调查笔记，2009 - 10 - 09，MZX：做有意义的事
			MZX家中	田野调查笔记，2009 - 10 - 16，CCR和ZNA的日常生活
			MZX家中	田野调查笔记，2009 - 10 - 29，率性女人ZNA
			福州必胜客	田野调查笔记，2009 - 12 - 03，不一样的ZNA

采访对象姓名代号	性别	职　务	采访地点	采访资料编号
42. LJY	女	福州文武雪峰农场有限公司总经理	雪峰农场	田野调查笔记，2009 - 10 - 05，二代台商福州创业
			雪峰农场	田野调查笔记，2009 - 10 - 18，再上雪峰
43. CYH	男	漳浦鸿群电器有限公司董事长；漳州市台协会副会长	厦门湖里区海天路 1 号鸿群电器厦门分公司办公室	田野调查笔记，2009 - 12 - 12，在祖籍地找到人生的目标

　　注：本研究的采访资料有两种编辑方式。第一种，全部由采访录音转录成文字稿，采用"受访人姓名拼音缩写＋采访时间"的格式对采访资料进行编号。第二种，部分由采访录音转录成文字稿，部分为根据采访笔记记录与事后回忆编写的采访稿，采用"田野调查笔记＋田野调查时间＋笔记题目"的格式对采访资料进行编号。

附录二 田野调查中参加的主要活动项目表 (2008 年 10 月~2010 年 5 月)

时　间	地　点	活动名称
2008. 10. 10 ~ 2009. 1. 18	福州市新都会花园广场	福州市台协会实习
2008 年 10 月 19 日	闽侯新东阳高尔夫球场；丽景天下大酒店	第四届"台协杯"高尔夫球赛颁奖会暨餐会
2008 年 10 月 24 日	闽侯青口青城大酒店	2008 年 10 月份东南汽车城配套厂商台派干部联谊餐会
2008 年 10 月 31 日	台协会会议室；（邮电公寓）海鲜酒楼三楼	七届四次理事会及会后餐叙
2008 年 11 月 15 日	福建省委党校会议室	省直单位离退休厅（局）级干部读书班（关于台湾问题的）讨论会
2008 年 11 月 15 日	台协会会议室	台湾成长力公司在福州市台协会的免费培训课
2008 年 11 月 21 日	闽侯青口青城大酒店	2008 年 11 月份东南汽车城配套厂商台派干部联谊餐会
2008 年 12 月 5 日	福州美乐地幼儿园	福州市台协会常务理事会议及晋安片区餐叙联谊会
2008 年 12 月 16 日	台协会；福清	福州电视台记者就两岸直航议题采访协会秘书长；福清台协会五周年庆
2008 年 12 月 21 日	闽侯县统联文具厂	福州市台协会十四周年庆
2009 年 1 月 4 日	福州市景城大酒店	2008 年慈济会福建（福州）岁末祝福感恩会
2009 年 1 月 10 日	福州市钦榕大酒家	台商私人聚会
2009 年 2 月 20 日	长乐市	2009 年福州台协会长乐联络处新年团拜会

续表

时　间	地　点	活动名称
2009 年 2 月 23 日	闽侯青口镇东南汽车城	参观和胜公司和东南汽车城
2009 年 3 月 8 日	福州先施大厦百度音乐卡拉 OK 厅	"牵手之家""三八"节活动
2009 年 3 月 20 日	闽侯青口新皇都大酒楼	东南汽车城台派干部联谊餐会
2009 年 3 月 22 日	福州先施大厦四楼慈济联络处	慈济福州联络处 2009 年第二次志工研习
2009 年 3 月 25 日	福建省电信大楼 608 会议室	与台商座谈，电信新业务，加强服务
2009 年 3 月 27 日	泉州	参观闽台缘博物馆
2009 年 3 月 28 日	泉州南安市	参观郑成功陵园和纪念馆
2009 年 4 月 1 日	国泰人寿台江营业处	国泰人寿部门茶话会
2009 年 4 月 4 日	先施大厦慈济联络处	慈济月例读书会
2009 年 4 月 8 日	千江月休闲农场	观察研究对象的一日工作
2009 年 4 月 24 日	闽侯青口青城大酒店	2009 年 4 月份东南汽车城配套厂商台派干部联谊餐会
2009 年 6 月 24 日	福州荣誉大酒店	参加 LYX 的私人饭局
2009 年 10 月 5 日	雪峰农场	联系雪峰农场台商
2009 年 10 月 25 日	丽景天下大酒店	第五届"台协杯"高尔夫球赛颁奖会及餐会
2009 年 10 月 27 日	省台办"三通"处办公室	拿资料，了解台办业务
2009 年 11 月 22 日	福州先施大厦四楼慈济联络处	慈济福州联络处 2009 年第六次志工研习
2009 年 11 月 21 日	江夏学院（筹）	参加福建省社会科学界第六届学术年会"两岸和谐互动与和平发展"分论坛
2009 年 12 月 5 日	于山宾馆	参加福建省社会科学界第六届学术年会"新形势下五缘文化与两岸关系"论坛
2009 年 12 月 23 日	湖东路麦斯特研磨咖啡生活馆	受邀参加 PXJ 公司员工圣诞联欢活动
2009 年 12 月 26 日	先施大厦	作为志工参加福州慈济助学活动
2010 年 1 月 9 日	市人民大会堂	2010 年慈济岁末祝福
2010 年 1 月 11 ~ 12 日	假日阳光大酒店；鼓楼、晋安	2010 年慈济冬令发放
2010 年 1 月 23 日	闽侯青城大酒店	2010 年东南汽车城台派干部联谊餐会
2010 年 1 月 31 日	福州先施大厦四楼慈济联络处	协力组分组会议

续表

时　间	地　点	活动名称
2010 年 2 月 21 日	福州先施大厦四楼慈济联络处	台湾中彰区四合一干部研习课福州联络处连线学习
2010 年 4 月 1 日	福州先施大厦四楼慈济联络处	4 月读书会及赴台环保之旅分享
2010 年 4 月 11 日	福州河南社区	河南社区环保活动
2010 年 4 月 12 日	福州先施大厦四楼慈济联络处	协力一组功能分工会议
2010 年 4 月 22 日	福州先施大厦四楼慈济联络处	4 月第三周读书会——欲望少一点，爱地球多一点
2010 年 5 月 10 日	福州先施大厦四楼慈济联络处	2010 年浴佛节、全球慈济日、浴佛节活动

附录三　福建台商社会适应调查问卷

台商在福建的社会适应调查问卷①

您好！

　　我们正在做一项关于"台商在福建的社会适应"的社会学研究，想了解台商在福建生活与适应方面的一些情况并听取他们的意见。本问卷答案无对错之分，烦请您拨冗填答，您的意见对我们的研究非常重要！本研究纯系学术研究，绝不挪作他用。烦劳之处，敬请见谅！感谢您的大力支持！顺颂

幸福安康、事业顺利！

福建省委党校闽台关系研究中心

严志兰敬上

上海大学社会学系社会调查研究基地

　　注：请在＿＿＿＿＿上如实填答或在□内打"√"（如无说明，只选一项）

---

① 本问卷参考了台湾东吴大学陈朝政在其博士论文《台商在两岸间的流动与认同：经验研究与政策分析》中所使用的"台商生活与态度调查"问卷部分内容。

麻烦您就目前的生活状况，回答下列问题：

Q1. 您是哪年过来福建的？公元_____年

Q2. 您每年的春节大多数是在哪里度过的？

    （1）□ 福建   （2）□ 台湾   （3）□ 其他地方

Q3. 两岸包机直航开通后，您不因公事返台的次数会？

    （1）□ 增加   （2）□ 减少   （3）□ 没变化

Q4. 您是否将台湾的家人接来大陆同住？

    （1）□ 是，已经接来   （2）□ 考虑之中

    （3）□ 不会，也不打算考虑

    （4）□ 其他，如尚未成家等

Q5. 您目前主要居住地点的环境为

    （1）□ 市区、社区等   （2）□ 市外、厂区等   （3）□ 其他

Q6. 您所居住的社区为何？

    （1）□ 以台湾人为主（如社区/厂区等）

    （2）□ 有部分台湾人，也有部分大陆人

    （3）□ 以大陆人为主

Q7. 您原来在台湾长期居住的地方为

    _____县/市，_____乡镇。

Q8. 现在的您，觉得哪边的生活比较习惯？

    （1）□ 福建   （2）□ 台湾

    （3）□ 两边都完全能接受

Q9. 您对子女就学的安排是？

    （1）□ 不会将他们接过来

    （2）□ 将他们接来，但会安排在台商学校或外国学校中

    （3）□ 将他们接来，且安排在本地学校中

    （4）□ 其他（请注明）_____

Q10. 您关注台湾媒体的频率如何？

    （1）□ 经常，感觉有强烈的需要

    （2）□ 偶然，有机会时就会听听看看

    （3）□ 没有特别的阅读或收看的兴趣

Q11. 您关注本地和大陆媒体的频率如何？

（1）□ 经常，感觉有强烈的需要

（2）□ 偶然，有机会时就会听听看看

（3）□ 没有特别的阅读或收看的兴趣

Q12. 您参加过下列哪些在大陆的社团组织？（可多选）

（1）□ 本地台协

（2）□ 学生家长联谊会等类似社团

（3）□ 台湾同乡会

（4）□ 高尔夫、网球等类兴趣爱好团体

（5）□ 其他（请注明）＿＿＿＿＿＿＿＿＿＿＿

Q13. 您在福建遇到的最大问题或感到最不适应的地方是？

（1）□ 子女入托、入学和教育问题

（2）□ 自己和家人在大陆的医疗保健、保险保障问题

（3）□ 闲暇时间安排

（4）□ 人身财产安全问题

（5）□ 交通、租购房屋等生活方面的不便

（6）□ 企业经营方面的问题

（7）□ 其他（请注明）＿＿＿＿＿＿＿＿＿＿＿

Q14. 去年下半年以来的金融危机对您的事业和生活影响程度？

（1）□ 非常大　　　　（2）□ 比较大　　　　（3）□ 一般

（4）□ 比较小　　　　（5）□ 很小

Q15. 您对大陆日常生活中出现的随地吐痰、乱扔垃圾、乱闯红灯等现象的容忍程度？

（1）□ 能接受　　　　（2）□ 比较能接受　　　（3）□ 一般

（4）□ 不太接受　　　（5）□ 不能接受

Q16. 您在闲暇时间从事最多的活动是（最多三项）

（1）□ 在家睡觉　　　（2）□ 在家看书、看电视或上网

（3）□ 与朋友相聚　　（4）□ 感觉无聊

（5）□ 参加业余学习　（6）□ 参加各种健身运动，如打高尔夫球等

（7）□ 加班，没有时间休息

（8）□ 到近郊或各地旅游

（9）□ 其他（请注明）＿＿＿＿＿＿＿

麻烦您就目前的生涯规划，回答下列问题：

Q17. 您这几年在中国大陆的事业发展的情况如何？

（1）□ 还算不错　　　（2）□ 差不多，基本可以打平

（3）□ 还不十分理想

Q18. 您的事业主要属于哪个部门？

（1）□ 制造业　　　（2）□ 销售业　　　（3）□ 服务业

Q19. 您从事的事业主要以

（1）□ 外销/国际市场为主

（2）□ 内销/国内市场为主

（3）□ 两者均有，而且差不多比例

Q20. 您是否打算在大陆长期发展？

（1）□ 的确如此　　　（2）□ 仍在考虑中，可能会这样计划

（3）□ 大概不会

Q21. 您是否打算在大陆购置不动产？

（1）□ 的确如此，已经购置

（2）□ 仍在考虑中，可能会这样计划

（3）□ 大概不会

Q22. 在您退休或不再工作后，是否还打算留在大陆？

（1）□ 应该会留下来　　　（2）□ 仍在考虑中，尚未决定

（3）□ 大概不会

麻烦您就目前的社会关系及社会支援网络，回答下列问题：

Q23. 您事业的伙伴或事业上经常往来的对象中，是否有大陆人？

（1）□ 几乎没有大陆人　　　（2）□ 部分为大陆人

（3）□ 大部分为大陆人

Q24. 您在本地最熟悉的五个朋友当中，是否有大陆人？

（1）□ 几乎没有大陆人　　　（2）□ 有一两位是大陆人

（3）□ 大部分为大陆人

Q25. 一般而言，您觉得"台湾过来的人"是否可以信赖？

（1）□ 大多数可信赖　　　（2）□ 部分可信赖，部分不可信赖

（3）□ 只有小部分可信赖

Q26. 一般而言，您觉得"大陆本地人"是否可以信赖呢？

（1）□ 大多数可信赖　　　（2）□ 部分可信赖，部分不可信赖

（3）□ 只有小部分可信赖

Q27. 您觉得大陆当地的百姓，是否能够接受台湾人？

（1）□ 一般可以接受　　　（2）□ 需要时间，得慢慢来

（3）□ 不太容易接受台湾人

Q28. 当您遇到难以决断的事情或困难通常与谁商量或寻求帮助？

	日常生活中的问题	工作或经营管理中的问题
1. 家人	□	□
2. 台湾朋友	□	□
3. 大陆朋友	□	□
4. 同事、上级、生意伙伴	□	□
5. 台资企业协会或其他社会团体	□	□
6. 当地政府部门	□	□
7. 其他（请注明）		

Q29. 您觉得自己的观念与想法，是否已经与大陆本地的人相差不多？

（1）□ 不，还是差非常远　　（2）□ 有部分类似，有部分还有差距

（3）□ 是，已经没有太大的差别了

Q30. 您是否同意下列观点？

	非常同意	比较同意	一般	不太同意	不同意	说不清
我更愿意参加台湾人在大陆的社团组织和活动	□	□	□	□	□	□
我更愿与在大陆的台湾人讲闽南语	□	□	□	□	□	□
与当地社会有着相同的文化根源对我的事业发展有很大帮助	□	□	□	□	□	□
尽管来福建有一段时间了，可是人家一看就知道我是台湾人	□	□	□	□	□	□
大体上，在福建的台湾人是一个整体	□	□	□	□	□	□

Q31. 您觉得福建与台湾，哪边才像您的家？

    （1）□ 福建这边比较像家   （2）□ 台湾那边比较像家

    （3）□ 两边都像家

Q32. 大体而言，您对在福建的生活

    （1）□ 非常适应   （2）□ 比较适应   （3）□ 一般

    （4）□ 不太适应   （5）□ 不适应

Q33. 您心目中最理想的长期工作地点是

    （1）□ 台湾   （2）□ 福州   （3）□ 厦门

    （4）□ 上海、杭州、苏州等地

    （5）□ 国内其他省市或地区   （6）□ 国外

Q34. 您心目中最理想的长期生活的地方是

    （1）□ 台湾   （2）□ 福州   （3）□ 厦门

    （4）□ 上海、杭州、苏州等地

    （5）□ 国内其他省市或地区   （6）□ 国外

Q35. 在日常生活中，对自己是"台湾人"的意识

    （1）□ 常被提醒自己是台湾人

    （2）□ 偶尔意识到

    （3）□ 常常忽略掉

Q36. 若有机会，您是否愿意参加当地社会的下列活动或工作？

	非常愿意	比较愿意	一般	不太愿意	不愿意	无所谓
大陆朋友的婚丧嫁娶活动	□	□	□	□	□	□
各种慈善募捐活动	□	□	□	□	□	□
参与台商投资管理工作	□	□	□	□	□	□
参加大陆行政机关、企事业单位工作	□	□	□	□	□	□

最后，再请教您一些个人资料：

Q37. 请问，您是哪年出生的？公元_____

Q38. 您的性别是

    （1）□ 男   （2）□ 女

Q39. 您的教育程度为

（1）□ 初中或以下　　（2）□ 高中、高职

（3）□ 专科　　　　　（4）□ 本科

（5）□ 研究生及以上

Q40. 您的省籍是

（1）□ 本省客家　　　（2）□ 本省闽南

（3）□ 大陆各省　　　（4）□ 福建其他地区

Q41. 您配偶的籍贯是

（1）□ 台湾　　　　　（2）□ 福州　　　　　（3）□ 闽南地区

（4）□ 福建其他地区　（5）□ 大陆其他省市

（6）□ 国外　　　　　（7）□ 未婚

Q42. 您在观念上比较倾向于

（1）□ 佛教　　　　　（2）□ 道教　　　　　（3）□ 基督教

（4）□ 妈祖、关公、保生大帝等民间信仰

（5）□ 祖先祭祀　　　（6）□ 其他（请注明）＿＿＿＿＿＿＿

附录四 半结构式访谈提纲

本采访提纲仅做学术研究之用，且不针对您个人，您的经历、感受和意见对我的研究非常重要！同时，我也十分尊重您个人的自由和意愿，请您放心交谈。

1. 流动经历

为什么要流动？家人对您流动决定的反应？您对流动后的生活有着怎样的准备和预期？

初次来到福建，您内心的感受是怎样的？您的居住、吃饭、工作（或谋生问题）是怎么安排的？

从初次来到福建到现在已经过去了很长时间了，您的工作内容发生了什么变化？您对移居地福建和故乡台湾的认识和情感发生了怎样的变化？

流动经历中，对您观念、行为的改变有着重要影响的事件和感受是什么？

您对将来有什么打算和计划？

2. 现在的生活状况

大致上，您是怎样安排您一天和一周的日常活动的？

请您对流动前后的生活状况及生活感受做一个比较。

您在流动后的工作和生活中碰到的主要困难和问题有哪些？您自己是如何应对的？还有哪些在流动中令您困惑的问题？

离开了家乡，也就离开了亲朋好友的社会支援网络，您是如何在新的环境中重新建立自己的社会交往和社会支援网络的？

3. 社会生活

您加入台协会了吗？您是怎么看待台协会的作用的？

您还参加了哪些正式的和私人的活动团体？

您觉得加入这样一些团体有助于您在这里更好地工作、生活吗？

附录五　部分田野调查笔记与
访谈录音文字稿

【PXJ 夫妇的访谈记录】

田野调查笔记，2008 – 12 – 07，初识 PXJ 夫妇

与 PXJ 夫妇的结识

2008 年 12 月 5 日，在台商 YMG 经营的 MLD 幼儿园召开的台协会常务理事会及晋安片区餐叙联谊会上，结识了 PXJ 的太太 HXH。那一次会议的主要内容是有关 12 月底台协会周年庆的事情，P 先生作为预定的周年庆主持人之一参加会议，P 太太随同 P 先生来参加会后的餐叙联谊会。自从 10 月底在东南汽车城的台派干部联谊餐会上知道 P 先生是餐会的主要组织者和主持人以后，就萌生了结识 P 先生的想法。P 太太坐在会场的一个角落里，我走过去轻声地跟 P 太太打招呼，做了自我介绍。P 太太告诉我她在经营一家咖啡店，欢迎我去品尝。她要我去之前先给她打一个电话，她会过去跟我聊天，因为从我的住所到 P 太太经营的咖啡店还有一段距离。两天之后我才找出空当如约给 P 太太打电话，约好下午 2 点钟以后到她经营的咖啡店聊天。

在等候 P 太太到来的时候，我跟店里的服务员小妹妹先聊上了。在咖啡店里做服务员的男孩、女孩都很年轻。为我端水的这个女孩叫 WXX，

1990 年生，老家在福建某市乡下，17 岁就到店里来工作了，在这里已经工作了 3 年，中间曾离开了一段时间，之所以又回来，不是因为工资的原因，而是感觉这里好。目前，店里有 7 个服务员，其中厨房里 4 个，外面做招待的 3 个。他们的工资都是 1000 多元，住不用花钱，老板帮忙租房，吃饭是自己的，但是老板经常会把自己做的饭菜带过来给他们吃。

3 点钟左右 P 太太过来了，WXX 很自然地叫了声"P 姨"就走开了。

P 先生夫妇的流动经过

P 太太告诉我，他们夫妇俩是中学同学，老家在屏东农村，来大陆之前在桃园县工作。1999 年 11 月，台湾的公司要派 P 先生到福州的分公司工作。P 先生考虑到一双儿女还小，不太想来，P 太太支持先生先过来。2003 年，儿子上了大学，女儿也上了中学，P 太太把女儿托付给小姑照顾，也追随 P 先生到了福州。如今 P 先生已经在大陆生活了 9 年，在东南汽车城的"台干"中能连续干 9 年的屈指可数。

P 太太的创业经历

在桃园的时候，P 太太就开过花店，卖过家庭工厂的辣椒酱。来福州生活了 2 年后，因为无聊，便萌生了创业的念头。一个偶然的机会，P 太太结识了一位教咖啡工艺的 L 老师，一起学习的同学也成了朋友。这个咖啡店原来是 4 个人合股的，因为陆续有人离开福州退股。到 2005 年 11 月这家店重新开业的时候，只剩下 2 个股东，其中一位是福州本地人，Y 先生，30 多岁，他占 2 股；另一位股东就是 P 太太，她也只占 2 股。P 太太说，Y 先生没什么心机，为人也很爽快，所以两个人的合作就很顺利。在分工上，采购由 Y 先生负责，而店里的装修、家具布置、物品更换之类的则由两个人一起商量着做。2007 年下半年，因为咖啡店所在的社区修路，周围又新开了 6 家咖啡店，经营上一下子就变得很困难，勉强维持到年底，都有了盘出去的打算。转眼到了 2008 年，终于有了盈余。对比两岸的创业感受，P 太太说在台湾开咖啡店，老板很辛苦，像这样有 7 个人的店，台湾只会雇用 3 个人，老板亲自当店员，因为台湾做生意，租金高、人工贵。

P太太的福州生活感受

P太太认为，大陆的工资水平比台湾低，消费却比台湾高，所以感觉大陆老百姓的生活压力很大。比如在台湾一个小学老师的最低月薪就有2万新台币。相比而言，大陆的猪排、鱼类都比台湾贵。

P太太说，在福州生活了5年，最喜欢的是福州的春天，特别是五一广场一带有很多樟树，樟树开花的时候，满街都散发着香气。最不习惯的是看到福州有很多外地人、乡下人，像四川人、安徽人，随地吐痰。学校里的老师教育孩子也很成问题，教得好和教得不好的教师都在教。生活久了，习惯了福州的生活，回去反而觉得不习惯了。但是刚来的时候，也碰到很多不习惯的事。比如做饭用的调料、食品等，就不知道到哪里去买。生活久了，也认识了很多朋友，有省妇联、市妇联的，她们的素质都很高，"三八"节的时候也受邀参加她们组织的活动。台商太太之间也组织一些活动，有几回是到她家来学做吃的。台湾慈济会最近在福州的活动，她也会去参加。她在福州还学会了打麻将，不过是打台湾麻将，最近打得少了，因为大家都很忙。

P太太说，在福州的台湾人有两种，一种是东南汽车城、华映光电的"台干"，他们比较单纯；一种是台协会的人，这些人就比较复杂。

P太太的儿子1985年出生，喜欢跳街舞；女儿1988年出生。两个孩子现在都在上大学。平时常打电话回去给他们，P太太说大陆打电话回去会比较便宜。两个孩子来过大陆两次，带他们去过大陆的东北、云南、四川等地。在台湾的时候，全家人暑假的时候会到国外去玩，东南亚一带都去过了。儿子、女儿将来会留在台湾工作，不想来大陆，因为他们的同学、朋友都在台湾。

访谈手记：关于台商迁移行为的几点想法

经过一段时间的田野调查和深入访谈，我对台商的迁移行为产生如下认识。

第一，关于台商流动行为的影响因素。家庭是影响台商流动的主要因

素，而配偶的态度则对台商尤其是"台干"的迁移决定起到关键作用，PXJ
和CBJ作出到大陆来工作的决定都得到了各自太太的支持，孩子和太太是否
也随同前往则成为每一个要到大陆工作的"台干"家庭不得不考虑的问题。
在家庭生活的安排上，往往是根据各自家庭的实际情况作出合适的决策，围
绕孩子就学问题，孩子是否具有独立生活能力、"台干"家庭对两岸教育质
量的基本判断是"台干"作出家庭生活安排决策的主要考量因素。孩子已经
上大学或已经成年的"台干"在作出流动决定时，更少后顾之忧，更多流动
的自由。除了孩子的就学问题，男性"台干"配偶在台湾是否有稳定的工作
也影响到"台干"是否举家迁移到大陆。不少"台太"到大陆的初期都存在
心理适应的问题，创业也成为"台太"适应与融入大陆生活的选择之一，
"台太"因此在大陆找到了更广阔的自我和家庭发展空间。

第二，台商迁移大陆的溢出效应。首先，不少"台太"在大陆找到了
新的发展空间，利用台湾和大陆在商品、服务和理念方面的互补优势，自
行创业，为"台干"家庭拓展了更大的发展空间。其次，正在创业或已经
创业成功的"台干"、台商家庭，为子女到大陆来就业和创业创造了条件。
P先生的儿女本来都没有到大陆工作的想法，由于P太太的咖啡店准备开
第二家分店，女儿利用所学专业为母亲的店进行广告设计，女儿和父母都
萌生了到大陆来发展的想法。最后，大陆为台商家庭提供了一种新的生活
方式。台商家庭成员逐渐渗透到大陆日常生活中，他们接触到了比台湾广
阔得多的风土人情，两岸在创业、日常生活等方面都存在着差异，这些经
历丰富了他们的人生体验。

第三，大陆的台湾人群体内部存在着分化。东南汽车城和华映光电等
大型台企的台干就自动将其与台商区别开来。而到大陆来投资、创业、发
展的台商群体也存在着分化，中、大型企业的台商不屑于与台商个体户或
小型企业的台商建立密切关系，而小型企业的台商也抱怨台商中的大老板
瞧不起小台商。

田野调查笔记，2008-12-13，P先生的大陆生活感受

上一周去P太太的咖啡店访谈后，感觉她的小店是个很不错的休闲去

处。这周六下午 3 点多钟，我信步走到了 P 太太的咖啡店。一走进小店，发现 P 先生夫妇正好都在店里，与 4 个年轻人在那里聊天。P 先生说，这是他公司的几个员工，有 2 个要离开公司回去结婚了，今天请她们过来坐坐。4 个年轻人离开后，本没有准备好访谈题目的我，跟 P 先生夫妇闲聊起来。晚上 6 点钟左右，P 先生夫妇说他们俩要参加一个台湾人的聚餐活动，就这样结束了访谈。我留在咖啡馆里休息，结账的时候咖啡馆里的小姑娘告诉我老板已经为我结账了，还送了我一张贵宾卡，有这张卡可以免费续杯。

以下是部分访谈录音文字整理稿。

PXJ，2008 - 12 - 13

在机遇与知足之间

在大陆生活 9 年我最大的感受是知足常乐。在大陆（公司）自己是主要负责人，大大小小的事情都要自己做主，不像在台湾，时时需要请示汇报，几年做下来自我提升得很快。社会接触面也更广了，比如常常出外讲课、培训，曾经去过柳机（指柳州机械厂——笔者注），给几万人讲课；东南汽车城的很多厂我也去讲过课，在东南汽车城提到我的名字，很多人都知道。在台湾的时候，我就经常组织同乡会等联谊活动，到这里来了之后，我组织了很多的餐叙联谊活动。就在这些社会交往中，我与不同的人打交道，还包括政府各个部门的，由此积累了丰富的人脉资源。有一家上海的猎头公司还找过我，至今我的手机里还存有它的电话，但我没有去。如果留在台湾，会很舒服，比如来自老板的、亲朋好友的。在这里，我会面临很多的机会和诱惑，包括自己干，但最后我选择了知足常乐。

日常生活状况

汽车城现在大概有 170 多家厂，每家一般有"台干" 2～3 人，加上家属，汽车城的台湾人大概有 400 多人。每家厂的员工平均在 100～300 人。我自己最得力的干将有 30 多人，每个月都要召集他们开会。来福州最难的是头 3 年，在这 3 年里，要熟悉情况、适应环境、建章立制。那个时候太太不在这里，很辛苦，下班回来很累。有一次回家后买好菜做好饭，人却躺在床上睡着了。太太来了之后，情况就好多了，每天都盼着回家。时间长了，业余生活也逐渐丰富起来，比如登山、打高尔夫球，还有厂内经常组织的郊游烤肉活动。平时在家的时候，就写毛笔字、画画，太太插花。

访谈手记：适应首先是个时间问题

在与 PXJ 夫妇的交流过程中，我体会到：适应是一个过程，随着时间的推移，旧的问题不存在了，又会出现新的情况和新的问题。单身到大陆的台商最初几年面临的主要问题是工作上与新环境的磨合、调整，生活上的单调、孤寂。随着家人团聚、朋友圈子的建立，生活渐渐丰富，发展机会也多起来。这个时候就会面临机会的取舍问题和人生意义系统的调适甚至重建。

田野调查笔记，2009 - 01 - 14，做客 P 太太家

跨过 2008 年后，P 太太约我去她家吃饭，时间约在 2009 年 1 月 14 日中午，我带了一位正在做两岸婚姻研究的女同事同去。P 先生中午在公司上班，不能回家，得知我们去他家吃饭，特意打电话回来问候。P 太太的家位于市中心的一幢大厦里，12 点到她家，P 太太已经准备好了午饭，就等我们来，三个人边吃边聊。

P 太太多次提到她和 P 先生出身贫寒，小时候生活条件很艰苦，全都是靠两人两双手辛苦打拼。现在 P 先生到大陆以后，收入要多一些了，月薪 3 万元。P 太太开的咖啡店只要稍微有些盈余就心满意足了。自 2003 年来大陆以后，每年暑假都会跟团自费到各地旅游。在台湾的时候去东南亚旅游很多，退休以后想去欧美转转。P 太太谈起当年他们夫妇相识、相爱、结婚、生子、养家糊口的经历。P 先生在学校里一直都是班长，很多女孩子追他。P 先生选她的原因是觉得她很会做饭，会顾家。而 P 太太看中 P 先生的原因是他家庭和睦，9 个兄弟姐妹关系都非常好，尽管 P 先生的母亲很早就去世了。

P 先生一年有 7 次公费来往两岸的机会，因此平均每 3 个月就回一次家，每次来大陆，都把台湾好吃的东西带过来。

现在住的这栋房子是 2007 年上半年买的，二手房，花了 47 万元，现在这栋房子的市值已经涨了 1 倍多。在台湾也买了自己的房子，是一个五层的联排别墅，花了 600 多万新台币。在大陆置产既是为了自己住着方便，也是一种投资。P 太太也买了基金，10 万多元，亏了一半，放在股市里等涨起来。P 太太说大陆开店很不容易，一是要收很高的店铺转让费，在台湾根本就没有。二是部分政府官员常常要钱。很多小店都是开了一两年就关门大吉了。

感觉大陆的很多小孩很会花钱，店里的几个小孩就曾向她借过钱。乡下来的孩子就要好一些，花钱会比较省。她常常看见那些孩子吃饭没有荤的，就带菜给他们吃。

家里没有装小耳朵（是一种能接收台湾电视节目的装置——笔者注），看台湾新闻就看新闻台早上 8 点的那档台湾节目。

平时跟"台干"太太多有往来，常常相互邀请一起吃饭。有个台湾太太要想请她帮忙在她盘下来的店里做台湾小吃。

访谈手记：适应的个人因素

1. P 太太夫妇两人在福州的生活可以用安居乐业来形容。按部就班的工作、平静的家居生活、较高的收入水平使得日常生活安排也很丰富多彩。P 太太除了与一些"台干"太太一起聚会活动，还参加慈济会的活动，也时常去照顾自己的小店，总之，生活多有寄托。

2. P 太太和 P 先生开朗和善的个性也是他们能在福州安居乐业的一个重要原因。

田野调查笔记，2009 - 02 - 23，参观 PXJ 的公司

P 先生主动提出让我去他就职的 HS 公司参观，时间约定在 2 月 23 日。因为与 P 先生夫妇有过多次交往，遂改口称 P 先生为 P 大哥。2 月 23 日上

午，我赶到 HS 大厦 P 大哥的住处，乘公司员工通勤车去位于福州郊区青口的公司参观。P 大哥安排了一位"陆干"和一位"台干"陪同我参观了车间，车间里边到处都是宣传牌，将各种管理制度、流程、责任人都清清楚楚地标示出来。车间里的机器设备非常庞大，但是员工工作井然有序，工作环境干净整洁。P 大哥是公司的副总，总经理也是从台湾过来的。P 大哥的办公室面积不大，桌子上摆满了奖杯，有"突出贡献奖""进步奖"等等。墙上悬挂了 4 张认证证书和公司活动的照片，正对办公桌的墙上是一面白板，用于写工作计划。7 点 50 分，工厂里 100 多名员工都出来做体操。

P 大哥花了很多时间跟我讲大陆社会保障的问题，以及大陆卫生习惯的问题，还谈到对员工的培训及人性化管理，我认为这与他接触的对象多为农村到城市来打工的青年有关。

谈到与当地社会互动的问题，P 大哥认为台企跟当地老百姓的互动比较没有隔阂。他告诉我，青口汽车城的台企成立一个爱心社，已经有 12 年了，在当地开展助学之类的公益活动，受到爱心社资助的学生有的读大学、有的就业了。在与政府沟通方面，他谈到从台湾来，强调台湾意识，但是也要入境随俗。他说，有一些当地政府观念，与台湾的观念格格不入。东南汽车城 1988～1989 年开始建设，但是直到 5 年之后，双方才慢慢开始了解了。他说可能有些政府官员去台湾参加农业考察团、工业考察团之类的，对台湾的情况有些了解之后，现在就能很快沟通了。P 大哥提到，HS 公司经常接待省内外企业的参观团。大陆这边的习惯是大、气派；台湾这边是小而美，投资不一定会赚钱，赚钱不一定会长大。经过交流互动后，大家都能有所受益。现在汽车城每 3 个月或半年召集一次台商企业联合会议，来自省市乡镇各级的政府官员都有参加，听取企业代表的意见。

在参观完厂区之后，我将试调查的大陆台商社会适应问卷给 P 大哥填，他一边看问卷，一边同我聊天。

以下是部分访谈录音文字整理稿。

PXJ，2009 - 02 - 23

台企在大陆发展中遇到的问题

与政府的沟通互动是最难的。举个例子，包括大陆企业在内都对新

《劳动合同法》有些意见，他们（指大陆政府——笔者注）根本都没搞清楚（情况）就发布下去了。上面的官员说上面要发他就发（布法律）。我们询问官员："我不知道嘛，中央下来的（法律）？"然后要增加税收的时候，应该是地方为主，与上面（指中央）无关，如果说要接受惩罚，又说这是上面规定的，与我无关。哎呀，企业老板很受伤。反映到台协会，他们也没办法。

在当地也出现了很多问题，第一个是耍赖，抗争，围厂。这样的一个问题，站在政府机关的立场，应该居中协调，不要影响工厂正常运作，但是政府知道这件事情后，没有遏制它，甚至导致恶化。人家找他的时候，他说是上面的问题。上面压下来（要处理）的时候，才说你好好跟我讲啦，上面跟他说了，他才知道事态严重了。为什么？这边很多企业，那个DY企业是日本控股比较多（DY企业的两位大陆员工发生争执，一名青口当地的大陆员工在发生争执后不久死亡，在死亡原因与责任尚未确认的情况下，死者家属组织当地百姓围厂，要求赔偿80万元。——笔者注），他们说要撤厂，这一说，市里和省里马上派人跑下来了，镇政府知道企业要搬走了才紧张。很多东西是可以协调的，大家要积极，不能耍无赖啦。

我们有个员工负伤，这个很正常，政府很少赔偿，企业要赔偿很大一部分。在台湾就不一样了，政府要赔大部分，依照规定来，赔多少就是多少。在《劳动合同法》制定之前，就应该知道政府要承担一些责任，一下子都让企业承担，企业吃不消的。以前是政府要承担的，现在要企业来承担。像这个福利的话，台湾已经做得很棒了。我们叫"劳基法"，政府官员叫"公保"，农民叫"农保"，劳工叫"劳保"。社会保险里头有医疗保险什么东西，那公司每个月会扣，比如我做了25年，中间有受伤的事情发生，因为企业（把社会福利）交给政府了呀，政府就是一个劳保单位，它负责医疗，那公司又在保险公司为员工投保，那风险就分担了，政府、公司、社会百姓共摊风险。大陆的百姓说自己掏钱，这5年大陆社保也慢慢在变，我们公司也主动给员工办理保险。在台湾很规范，在大陆是经过中央审批过的，跑不了的，我们真正是以员工的利益来经营。我们做了很多年以后，很多员工才知道，这个才是人待的地方呀，因为一进来，工厂像花园一样。

我们很多员工都做了很多年，来了就不走了。我刚来的时候，当地的很多朋友跟我聊天，请问一下，台湾跟大陆的差别有多少年？那个时候根本没有考虑说有 30 年。5 年之后，这边有人过去，在谈这个问题的时候，我讲去过了之后，不是讲硬件的问题，而是要从文化、观念、素养很多方面来认识。我大约 26 岁第一次带全家出去玩的时候，啊，人家说是台湾出来的，为什么？我那个时候听了很不是滋味。别人改变不了，就先改变自己，先教小孩。10 年之后再过去，不一样了，都很好了，慢慢会变了，会有修养了。（我问：大陆和台湾人的区别是怎么看出来的？陪同的"台干"说，看穿的衣服，40 岁以上的台湾人大多穿牛仔裤。台湾人礼拜天去肯德基、麦当劳，餐盘一定自己收，大陆这边吃完了就走了。"陆干"则说，通过他的礼貌、他的行为方式。）

两岸差异

福州的台湾人有两种，一种是东南汽车城、华映光电的台派干部，他们比较单纯；一种是台协会的人，这些人就比较复杂。像台协会啊、个体户（素质）参差不齐，素质很差。你要在东南汽车城这一块，公司的纪律有约束。我们公司不管什么地方，办公室、车间，所有的地方都有纪律需遵守。

日常的礼仪你注意看就知道，绝对不会把东西丢在路上，在台湾就是这样的，台湾会罚款，但是主要是养成习惯了。吐痰、乱扔东西，这些都是不文明的。你要吐痰，放一个垃圾桶吐进去。台湾一定是吐在纸里扔进垃圾桶，一定不出声音。点点滴滴，你把日常工作能够落实去做，就是很好的文化水平了。我有跟我们的同仁、干部聊天，我们这些管男生女生的（大陆）干部说，他们的家人说他们讲话的口气都很像台湾人（笑）。我们的干部耳濡目染，最重要的是改变了一些随地吐痰、乱扔垃圾的习惯，他们家人就觉得不错。如果我被人认出是台湾人我很开心啦，比如说我住在 HS 大厦快 10 年了，那边农贸市场买菜的，还有保安看到我都打招呼说，"P 先生，你好"。闽南漳州那一带还不错，到北京、上海那些大都会，根本没有人理你。还有一次我去厦门，看见带路给钱，给我的感觉太功利了，没有所谓的人情味。在台湾看不到这个，他一定会非常热情地告诉你。（陪同的"台干"补充说：我刚来的时候很多事情都接受不了，在路上问一下路，很多人不理你呀。在台湾问路，哇，多亲切呀，人们会很认真地告诉你有几个红绿灯。在乡下甚至会带你去。如果是外地来的，会骑摩托车带你去。）

再就是说，台湾有个习惯，就是自主性比较强。你去台湾路边摊吃饭，不管是卫生、菜色，还是老板的亲切度，哇，真的是很感动。我每次回去喔，我很多朋友要请我吃饭，我说就去路边摊吃，真的很棒。不骗你，钱多少不打紧，分量还很多。（陪同的"陆干"说：我举一个例子，我认识的有个人到台湾受训，刚好碰到施明德的"红衫军"搞抗议活动。我就到现场去看，当时那个现场有 100 万人，全部穿着红衣服，全部在那里抗议陈水扁，但是这边就是警察在管理维持秩序，抗议归抗议，但是散了之后地上都没垃圾。）台湾有个"集会游行法"，规定原来是这个样子，你活动完了之后还是要恢复原来的样子，如果损害公物的话，主办单位都要赔偿，是要负法律责任的。因此主办单位要是不负责任的话，不要说 50 万人，一两万人都要失控啦。抗议的人临走时，看见垃圾要捡走。我那小孩课本上都有。台湾有个叫于志伟（音）的人讲台湾跟世界接轨的问题，他说跟世界接轨一个是硬件的问题，一个是软件的问题。这个硬件比较好接轨。

领导人要管理这 13 亿人口，国家这么大，人又这么多，一下子改变比较难。唯一比较麻烦的是农村和城市的差距太大了，关键是教育的差距也很大。现在城市里都是 1 个孩子，农村里还有 2 个的，一胎的比较多嘛，每一个都是小皇帝、小皇后，8 个大人围着 1 个小孩，以后 1 个人要养 8 个，这是很大的社会问题啊。夫妻俩不仅要养小孩子，还要负责两边的父母，你说那个压力多大！（陪同的"陆干"说：台湾那边工人也好，公务员也好，农民也好，都有社会保险，那保险都是很平衡的。上次有个小市的市委书记，借用老百姓的顺口溜说，生不起，病不起，一病就完蛋。我们有个员工，他妈生病，就好几万，住院住不起。我们有个公务员的社会保险，还有城镇职工的、事业单位的、农村的社会保险，结果有个资料说，日本从首相开始到农民保险基数是一样的，不存在把人分多少个等级。）这边的人一生病，那个负担就很重喔。我们有保险哦，每个月台币 600 多元。我们挂号费 100 多台币，拿药不要钱。我们的保险从马英九到老百姓都是一样的，唯一的差别是，住的病房从一般到高等，你要包间的话，要自己额外掏腰包。我们有所谓的理财，就是平时会去买保险，日后有什么麻烦不会去麻烦你的子女，包括去借贷。我讲一个现实问题喔，在北京一个月工资 2500 元，在这边算是天文数字，在这边还有 700 多元、800 多元的。但是相对的，我们有很多在这边上班的，去那边（北京）一个月就回来了。为什么？第一个要住房嘛，要吃嘛，花很多钱还吃不好。那边要举债度日，这边还可以省钱（存钱）。为什么？物价跟薪资不一样，物价太高，要勒紧裤带度日。台湾不是这样，薪资高过物价。我刚来的时候我的员工跟我说，副总，你不知道，我们能够平安过日子就已经对自己负责、对家人负责了，父母亲就已经很感谢了。（陪同的陆干说：台湾当局没有钱，钱都花在百姓身上了。你看我们的 P 副总，他交所得税，你有没有小孩要养活？有没有老人要养活？你有老人、小孩，税退给你，是这样子的。）综合所得税里有这样一项，像我老婆没有工作，我有两个小孩要养，那一年所得多少，要补助多少，有一个公式，那我每个月要预缴，年底申报所得税政府还退税给我啊。为什么？因为政府不知道你的能力嘛，加上政府有很多优惠嘛，事实上这个让百姓没有后顾之忧。这就是互惠互利。这边都没有这样做。

两边要统一制度，借鉴台湾好的经验，资本主义跟社会主义有个对比。昨天你有没有看凤凰卫视播朝鲜？社会气氛很紧张。这边 50 年前就像朝鲜那个样子。你有机会要更深入了解所谓的大方向。比如说，国务院办记者发布会，那还是有筛选的；在台湾开记者会，出其不意问题就给你了，然后你要很实在地做回答，不能说不合时宜、不能问。这些东西不管好跟坏，好的不说，坏的就是看，政府要有胸襟和雅量去改革它，这叫做实事。

公司也是一样，要永续经营，就要看缺点，因为你有缺点，你才有对策，防范它。这个公司不要说创新，就是维持，不要退步你就比人家好嘛，是不是？文化在公司怎样形成？你经常会看到车子上会写不争一秒钟，可他那个车子啊飞快闯红灯，那你不争一秒钟啊，不要闯红灯啊。广告很多，生命很宝贵，什么都可以重来，生命不可以重来。公司跟他讲，受伤了要给他医疗费，赔偿啊。我跟他讲，公司开宗明义就说要注意安全，你为什么受伤？在台湾根本不理你，对不对？自己活该啊。在工厂做工你不按操作来，受伤我罚你。现在这边改变了喔，这边农村富了，大家有钱了，去投保了嘛。自己知道自己生命可贵，身价不一样了嘛，有家产了嘛，价值观慢慢在变嘛。我来的时候我跟员工聊天，我们谈的是现实问题，对人有好处的，不谈政治问题。利人利己的赶快做，利人不利己的不要做，不利人不利己的更不要做。有些东西我不愿意谈，你们自己去走一趟，比我讲的感受会更深入。那现在说，原先（旅游）去看风景，看高楼大厦。现在要去看在（台湾）乡下的民俗，去享受那个文化，那才是人待的地方。（陪同"陆干"说：我有个员工去福州解放军总院，他说这种服务在台湾会被人砸掉，根本没人会去看病。）

（我问：平时怎么看病?）自求多福。平时带一些治疗感冒发烧肚子痛的药。这边的医药并不是不好，是用药太重。比如感冒药吃下去，一整天都在睡。

这边还有一个顺口溜，你有关系就没关系，你没有关系就有关系。

我年轻的时候很喜欢跟老婆带着小孩子到世界各地去玩，看过之后比你读过很多书还要好。我女儿来过很多次，她会照相，回去做家庭作业，要做旅游暑假感想的作业，她写了两次，一次是上海、苏州、南京，一次是东北三省，写的都是这些地方的风土人情。老师看了如获至宝，60多岁的人没来过大陆，他说：哇，是这样子哦，那我教你的不是骗我的吗？那是我女儿读高中的时候，现在她已经读大二了。男孩子没有当过兵，女孩子不嫁。当过兵之后身体变化很大，第一个能吃苦，第二个观念上能为别人着想，不要那么自我。没有当过兵，像这边的，大家都会怕。

再来讲闽南语对事业发展的影响。闽南语早期是（台湾）官话，事实上跟台湾当地俚语差别很大。跟台商沟通的话，讲闽南语比较亲切，轻声细语。台湾人到了公共场合，两个人讲话都是以听到为原则，不会喧哗，我有时候回台湾被小孩子纠正。我吃饭，叫我舅公的一个小孩子，读四年级，我当时筷子要去夹东西，那个小孩子就咳嗽。我们那边是公筷取食。小孩子说，你这样下去，我们怎么吃？家庭教育、社会教育、学校教育要结合，缺一不可。台湾现在人情味比较浓是因为台湾面积很小，四面环海，不能轻易去破坏它。这是古人一点一滴打造出来的，我们讲社会成本，不能轻易破坏它。

我们公司一直在做环保，我们是第一家在汽车零部件行业通过环境保护3S认证的企业。我刚去做这个的时候，很多人笑我是神经病，有钱没地方花，现在都说我的眼光很远。上次国家发改委的一个专家来跟我谈话谈了好久，问我为什么要做这个，我们是全国第一家（做环保汽车零部件的）。

田野调查笔记，2009 – 09 – 23，"台干"PXJ夫妇

半年多没联系P大哥，一打通P大哥的电话，就听到他爽朗的笑声，我还没开口，P先生就说了我想说的话。很快敲定了见面的时间地点，9月23日晚上7点在P太太与人合伙经营的咖啡店里见面吃晚饭。这篇笔记除了记录这次交流获得的新信息外，还把前面的访谈内容加进去，作为一篇总结性的人物访谈记录。

PXJ夫妇近况

PXJ夫妇在台湾时就是高中同学，1999年P先生被台湾的母公司派到东南汽车城配套厂的分公司做高层管理，4年后P太太也来到大陆。来到福州后，公司统一安排他们租住在位于市中心黄金地段的HS大厦。3年前他们买下了同样位于HS大厦的一所三居室房子，但他们用的是人民币，有台湾"居民身份证"就可以买房了，房子以后可以到市场上流通。P先生说他感觉大陆还是鼓励台湾人来大陆买房定居的。P先生介绍说HS大厦早年是福州的地标式建筑，28层高，住户多为港商、外商和台商，早期购买HS的房子还要用港币，当时一套房子要70万港币。现在HS一带的房价仍在不断上涨中。在HS住了10年，小区不少人都认识了P先生夫妇，包括HS的保安和HS周边的小店主都认识他们夫妇俩。2006年在福州赋闲2年的P太太跟在福州认识的一位本地朋友合伙盘下了一家咖啡店。PXJ夫妇育有一儿一女，如今儿女均已大学毕业，准备找工作。P先生告诉我今天是儿子服完兵役的第三天。儿子执意不肯在家休息，不要老爸的资金和人脉关系支持，自己出去找工作。女儿则在福州待了1个月，帮正在筹备中的第二家分店做广告策划，刚刚返回台湾。

P太太的生意

距离上次见到PXJ夫妇已经大半年过去了，一见面P大哥就问我看到店门口的条幅广告了没有。原来，P太太与人合伙经营的第二家分店10月

中下旬即将在湖东路开业。面积 170 平方米，比现在这个店的面积还大，经营的种类也很多，有花艺、DIY 咖啡饮料以及各种特色西餐、面点、饮料等。P 大哥说起 P 太太跟她的合伙人的生意经、管理经，神采飞扬、意气风发。他还计划分店开到第三家的时候成立公司，连锁经营。全球还在金融风暴的阴影中，PXJ 夫妇的生意却越做越好，这是什么原因呢？在同 PXJ 夫妇及咖啡店另一位股东的闲聊中，我似乎找到了一点原因。盘下咖啡店的最初两年，业绩一直不好，只是保本经营，P 太太也只把咖啡店当做一个消磨时间的手段而已。咖啡店虽然位于市中心，但在住宅小区里面，不在街面。P 太太坚持台湾咖啡原汁原味，在同顾客的交流中，P 太太渐渐懂得台湾人喜欢的口味不一定福州人喜欢，一定要适应当地人的消费口味。比如在台湾，大部分人崇尚原味的咖啡，越纯咖啡越贵。但是在福州，他们的消费群是年轻人，其中较多的是小白领阶层，他们喜欢混合口味的咖啡。因此不论是在平时的日常生活中，还是在大陆各地旅游，以及回台湾探亲，P 太太开始用心留意和琢磨，不断开发适合本地消费习惯的产品。P 太太曾经在台湾正式学过花艺 8 年，有花艺师资格证，到福州以后找不到用武之地。在即将开业的第二家分店，P 太太将所掌握的花艺技能整合到咖啡店经营中，成为其中一个经营种类。管理也是 P 太太及其合伙人成功的另一个重要原因。P 大哥本人一直从事汽车配件制造行业的高层管理工作，但是他的管理思想却被成功地运用到 P 太太的咖啡店经营中。P 大哥 29 岁时曾到日本专门学习过日本丰田式管理，非常重视团队合作与规范流程。P 大哥认为开咖啡店最好是两个人或者多人合伙经营，这样就会有头脑的碰撞，避免作出臆断的经营决策。而合伙经营的前提是寻找合适的合伙人，P 大哥认为最好是在熟人中寻找合伙人。P 太太盘下这家咖啡店之前，就跟现在这个合伙人认识，他们同在一个老师那里学习咖啡的品尝与调制，有过一定的交往，对对方的个性、品性有所了解。合伙人的选择最重要的是宽容、大度，如斤斤计较，合作就不会成功。P 太太和她的另一位合伙人 4 年来一直保持着很好的合作关系。P 大哥还补充说，合伙人双方在管理方面最忌讳家属参与经营和决策。福州的合伙人是一位小伙子，30 多岁，他则说在经营咖啡店的同时，他还在做外贸，但是去年外贸行情一直不好，他就全身心投入咖啡店的经营上，他说大陆市场的扩大也是他们经营能够扩大的原因。

随着咖啡店生意越做越顺，P太太也越来越忙。但是每次见到P太太，她圆润的脸上永远泛着光，带着微笑，忙得有精神，忙而不累。P大哥也对自己的太太赞不绝口，说太太人缘非常好，认识的人比他还多，不仅把家庭照顾得很好，还把自己的生意越做越红火。他现在对太太只有支持，没有反对。P太太与P大哥一样，性格开朗、热心助人。P太太常随P大哥参加公司和各种生意伙伴的宴会、聚会，以及台协会的活动，久而久之，在P大哥不在的时候，P太太就代替先生同对方沟通。

P大哥的工作

P大哥是做制造行业管理的，从台湾到福州，并没有经历多少管理上的磨合，因为两岸语言相通、文化相近，不存在文化的隔阂。至于两岸员工素质方面的差异，他是通过降低身段来解决，一步步培养员工解决问题的能力，使其成长为管理者的左膀右臂。虽然台企管理方式与日企相似，但日企到大陆后没有台企那样强大的适应能力，除了语言与文化的隔阂造成沟通的障碍这个原因以外，也跟台企强大的模仿学习和适应能力有关。P大哥认为台企在管理上甚至超过了日企。至于跟美企等外企相比，台企的特点在于情理法的管理方式，而美企则是法理情的管理方式。P大哥说：很多人愿意到台企工作就是因为台企充满了人情味，而且台企也不随便裁员。P大哥所在公司员工流动率在1%～5%。当然台企流动率也跟各个企业的管理质量有关，管理不好的企业流动率甚至达到30%。P大哥在东南汽车城有着极高的知名度，据说在汽车城至少有1000人接受过P大哥的管理培训。P大哥所在公司的管理模式在整个东南汽车城得到复制。我问他：你不怕大陆员工汲取你的管理经验超过你吗？P大哥笑道：我欢迎大家都来学我。我把我的管理方式教给他，我自己也在不断学习创新，再过三五年我还是领先的。对于台企采取本地化策略后，是否依然存在"天花板效应"，P大哥介绍说，在正规企业里，不会按照地域来决定职位高低，有的台企里面，大陆人最高可以做到副总。大陆方面的经理人也非常多。如果台企抱着永续经营的态度，就会以开放的态度来经营。

面对自己的事业和太太生意上的良好发展势头，P大哥充满感染力地说道：只要我还能动，我就会一直做下去。

P大哥提到了汽车城配套厂的两个新动向。今年以来，由于汽车下乡拉动内需，汽车城配套厂发展形势一片大好，P大哥所在公司销售额有望达到建厂以来历史最高水平。周末也要加班，随着订单的增多，缺工问题逐渐出现。P大哥还说汽车城与福州市多所大专院校合作，台企成为学生的实习点。他的公司就接收了十几个学生来实习。如果实习结束，毕业以后实习生愿意来他的公司工作，公司也会接收。

PXJ夫妇的业余生活和养老安排

P大哥是新东阳高尔夫球协会的会员，手上有3张高尔夫球会员证。持有会员证不仅打球可以打折，而且会员证还是一种投资。几乎每个周末P大哥都要去打球，打球不仅锻炼身体，而且在打球的过程中还能结识新朋友、联络老朋友，交流信息。P大哥说打球会上瘾，高尔夫球是台商中比较普遍的体育运动，且打高尔夫球的消费相对他们收入来说并不算高，因此打高尔夫球更多的是体现教养，身份的象征意义倒在其次。P大哥说越成功的人球打得越好，打高尔夫球需要耐心和气度，球不进洞一笑了之，打多少杆是多少杆没人监督，报杆数靠的是诚实。P大哥讲了一个有意思的故事。两个人要同时跟一个人做生意，在球场上，一个人不停地谈生意的细节，另一个人专心打球，而最后谈成生意的是第二个人。P大哥是一个业余的主持人，经常被邀请当司仪，主持协会活动、婚礼等，在朋友圈中名气越来越大，但P大哥乐在其中，从不收费。除了打球，P大哥还信奉读万卷书不如行万里路，还在台湾工作的时候，他就带着太太和全家去东南亚旅游。他很自豪地说：就是大陆人也没有我到过的大陆的地方多。大陆凡是有名一点的旅游景点他都去过。他如数家珍地说：东北我去过3次，湖南的张家界、贵州的黄果树、四川的九寨沟，以及现代城市上海、苏州、杭州、南京、深圳、北京我都去过了……在旅游中我通过回归大自然得到灵感，还运用到我的书法、绘画和盆景栽培中。P大哥说老年人的幸福生活有三老：老婆、老酒和老朋友。他的计划是带着老婆到各地游历，老了以后就回台湾乡下，盖一个小平房，买几亩地，种菜养花，再找几个老朋友喝酒聊天。P大哥追忆说：我永远记得中学毕业时，我的老师在我的毕业纪念册上写的一句话：以有限的时间过丰富多彩的人生！

P太太则把大部分时间投到了咖啡店的经营中。美食跟插花是P太太的两大专长，也是两大爱好。跟P大哥一样，P太太热心公益活动，参加了福州台协会"牵手之家"以及台湾慈济功德会福州联络处在福州闽侯县及福州市区一些社区组织的冬令发放、岁末祝福、社区慰问、访贫助学等活动，一谈到慈济，P太太就抑制不住地绽开了笑容。

两岸间的生活

一般的"台干"每年有6次回台湾探亲的机会，每次10天。P大哥说他每年回4次台湾。这样一年有320天在大陆，还有40天在台湾。回台湾有很多事要做，其中最重要的一件事情是向总公司汇报大陆分公司的业绩和经营管理情况及未来规划。PXJ夫妇的孩子、亲友都在台湾，尤其是P太太的父母健在，更是跟在台湾的父母联络不断。P大哥说：刚来的头4年，我经常问自己我来大陆是来对了还是来错了，是进步了还是退步了。现在已经10年，我可以肯定地说我进步了，现在我的老板充分信任我，台湾是一个资源和地域都有限的地方，在大陆我得到了更广阔的发展空间。P先生还说：可以预见，我以后将在两岸间穿梭流动生活。两岸现在越来越开放，从台湾到大陆交通很方便，也不贵。现在他的生活重心在大陆，但将来可能还是要回台湾养老，因为台湾有保健，还有劳保、养老保障，除此之外，他们还在台湾买了20多年的商业保险。如果在大陆医院看病，没有地方可以报销。谈到这个问题的时候，P大哥联想到两岸婚姻中的一个隐忧：两岸婚姻中一方为台湾居民，享受台湾的福利，一方为大陆居民，必然出现在哪里定居的问题。女孩子嫁人以后，越是嫁得久了，越是想念娘家人。两岸的制度和福利不一样，到大陆的台湾人大多数不会放弃台湾的身份。

这次P大哥的女儿来福州住了1个月。女儿在大学念的是广告设计专业，分店的很多广告女儿都参与了设计，得到了大家的赞同，女儿很高兴。P大哥说，将来如果成立公司，有意让女儿过来管理。至于儿子，则是尊重他自己的选择，不管是事业还是婚姻，都由他自己做主。

台商的个性

与PXJ夫妇的交往过程中，我对他们身上体现出来的两个台商个性有了比较深刻的印象。

一是积极乐观。P太太说他们积极融入当地的生活。怎样才算融入呢？

P大哥说：首先我们在穿衣上都很随便、普通，买车也不会买特别豪华的。我们两人都不是在意生活享受的人，所以我们都不会去买别墅住，我们喜欢简单的生活，返璞归真。在台湾，有很多高人，他们平时看上去都非常普通。你看稻穗是空的时候，就喜欢飘飘然，稻穗满了以后就会低下头来。在台湾还有一个风气很盛行，绝大多数台湾人都信奉道教、佛教，我老婆也在修行。说到这里，P大哥又一次对P太太赞不绝口，他说：我对我老婆最佩服的一点是——天塌下来关我屁事。P大哥跟我提到一个人，他说东南汽车城的LH机械有一个台湾朋友，他太太在加拿大定居，到福州来探亲，走的时候送她3幅字画，其中有一幅是书法，两个大大的字：快乐。足有饭桌那么大。他太太回加拿大后就裱糊起来挂在客厅墙上，一推开门就可以看到。快乐是成功的秘诀。P大哥说：我比较喜欢讲笑话，我也常常讲笑话给我老婆听，逗得她哈哈大笑。我跟我老婆说，每天早上你要做一个功课，就是对着镜子笑，让气经过身体笑出声来，这也有利于身体健康。

二是低调。P大哥说：以前福州的东南卫视、海峡卫视、福州电视台采访我，我都让在幕后说，不让他们放出头像来。在福州，露出来的台商占很少一部分。因为在电视上露面多了，就会被注意到。

访谈手记：大陆台商社会适应的若干思考

第一，工作和生产经营活动是台商移居生活的重要组成部分，构成其社会适应的基础和核心。虽然工作和生产经营活动作为经济活动，是一种经济层面的适应，但这个层面的适应也包含了台商主体在日常人际关系中的调适能力。

第二，两岸间跨界流动在台商中是一种普遍现象。主要出于经营活动的需要，台商在两岸间往返，视需要决定在两岸停留的时间。大体上，大部分"台干"在大陆停留的时间在300天左右，在台湾停留的时间每次在1周至半个月左右。台商跨界流动的方式可以分为两个阶段。第一阶段，大陆为生活重心，往返两岸间。大陆是台商长期的居留地，但长期居留并不等于定居。绝大多数台商并未放弃台湾地区居民身份，享受台湾健全的福利制度是主要原因。第二阶段，台湾为生活重心，往返两岸间。未来台商结束在大陆的工作后，是否返回台湾定居也未可知。由于在大陆工作、生活期间与大陆人民建立的事业和人际关系网络仍在，因此台商仍会不定期地返回大陆访友或从事其他活动，如 ZLQ 夫妇就计划回马祖老家养老。

第三，个人性格与生活适应有着密切联系。PXJ 夫妇的性格均比较外向、热心。他们会较为主动地与台湾人以外的人群接触。这样的性格帮助他们逐渐建立起新的人际关系网络，朋友圈子不断扩大。

第四，低调是大陆台商一种普遍的处世态度，也是一种适应策略。从衣食住行的消费到对媒体宣传的态度，无不透出低调的处世风格。

低调是我接触到的很多访谈对象共同的心态，是福建台商群体的一种共性。低调的处世风格是群体文化所致，还是另有其他原因呢？在同 CQY 的一次访谈中，我无意中听到他说："以前的台湾人到大陆来以后，喜欢炫富，结果被人谋杀，这种事情在早期来大陆的台商中听得比较多。那以后再来大陆的台商就低调了很多。"对于低调的风格，我想也跟大陆近几年来社会经济文化发展水平的提高有关。台商在亲身体会到了大陆这片热土所蕴藏的巨大发展潜力的同时，也失去了两岸间因日益缩小的经济差距而产生的优越感。

台湾学者林平在其《中国大陆台商学校学生的身份认同》一文中指出，与东莞地区台商相比，上海地区的台湾人比较低调，比较亲近当地社会，但仍与当地社会保持一种距离。这其实反映了台湾人对当地社会复杂的感受，而这种复杂性，主要是受到上海贫富差距快速变化的影响。台湾人与上海当地人的互动关系是一个表面和睦，但是"油归油，水归水"的情景。

第五，以丰富人生的目的融入大陆生活，而不是仅仅把大陆作为寻求个人经济发展的跳板或平台。

第六，家庭的和睦是移民社会融入的助推器。

第七，与当地人建立婚姻关系是移民融入当地社会最深入的方式和表现。而与当地人建立良好的合作伙伴关系，不仅有利于更好地在经济上适应当地社会，也有利于在社会生活等领域加强与当地社会的了解、沟通。

注：

9 月 27 日我把反复修改过的这篇田野调查笔记通过电子邮件发给 P 大

哥看。电邮内容如下：

> 以上文字是我根据事后的回忆写成的。写这样的"回忆录"的原因是为我的博士论文研究寻找论点和论据，这些材料的部分内容会在我的博士论文中出现。（博士论文仅在高校学术研究领域公开刊出）
>
> 为了避免对您正常的生活造成不便，我对一些信息做了处理。材料最后的"访谈手记"是我对这则材料所反映的学术层面的问题所做的一点粗浅的思考和归纳。把这些材料发给您看的目的是：
>
> 第一，尊重当事人的意见，取得同意使用当事人的事迹和言论。
>
> 第二，请您核对文中出现的记忆错误、理解错误等。
>
> 第三，这些材料带给我的思考，是否符合实际情况，请 P 大哥多多指教，希望能共同探讨。

第二天 10 点多 P 大哥打来电话告诉我，访谈内容编写很好，没问题，可以在论文上发表。在电话里，P 大哥还跟我探讨了台商来大陆的三个阶段，以及如何安排访谈及写作的流程控制，他说这些东西跟我的管理是相通的。甚至他还对如何把调查变成论文提出了一个思路，就是先从个体收集信息，再发展到整体，信息收集完了以后再对信息进行整合，提出一个对策，然后交给有关部门参考实行。

田野调查笔记，2009－12－23，参加 PXJ 组织的圣诞节员工聚会

12 月 23 日，P 大哥邀请我去参加他们厂的员工今晚在 P 太太的 MST 咖啡湖东路分店的活动。来参加的都是 P 大哥厂里的年轻人，大概有 20 人，年纪跟 P 大哥的儿子、女儿差不多大，甚至有的还比他们小。上次陪同参观厂区的"台干"L 先生也来了。P 大哥说，今年订单特别多，有时候周六、周日都要加班，非常累，所以有空就带他们出来放松一下。这些员工在厂里都是"焖烧锅"，玩的时候会很疯。P 大哥是这次活动的组织者和策划者，他在台湾的时候就有过很多组织集体活动的经验，这些经验在这里全部派上了用场，现场的活动安排简单而又热闹，大家都在简单的

游戏中快乐地消磨时光。

正是在这个场合，我才观察到平时言语不多的 L 先生跟厂里的年轻人关系都很亲密。有个员工是年轻的妈妈，这次活动把孩子也带来了。P 大哥告诉我，孩子从一出生 L 先生就开始抱她，孩子跟他很亲，现在都叫爷爷了。而年轻人也乐意开 L 先生的玩笑，L 先生轮流坐在几个桌子中，跟这些年轻人说说笑笑。

P 大哥告诉我今年省里在福州招待中华汽车的台派干部，坐了满满 68 桌。现在汽车城有配套厂 170 家，台派干部一般都有 3 个阶层，每个厂平均有 3 个"台干"，加上家属，规模是越来越大了。有些"台干"甚至把父母都接过来一起住，因为照顾父母不便，接到这里来了以后，请保姆也很方便。不少人都在福州买了房子，即便现在房价涨得很厉害，台湾人还是可以接受。因为两边学制的原因，他身边的"台干"把孩子接到这边读书的不多。来这边的"台干"也以 40 岁以上的人居多，这些人有比较丰富的管理经验，孩子大多大学毕业，家庭负担不重。青口的"台干"女的少，单身的"台干"也少。大部分都住在青口，住在市区的很少。

【LXW 的访谈记录】

田野调查笔记，2009 – 01 – 01，LXW 的农夫生涯

在台协会实习的时候，越来越多地听到 LXW 这个名字，当我知道她一个人撑起了一个台风来一次淹一次的农场的时候，我就有了认识她的强烈愿望。一本杂志上是这么介绍她的：LXW，原台湾宜兰复兴工商专科学校主任，1993 年随丈夫来到福州，3 年后，在福州永泰兴办福州市首家台式休闲农场——千江月观光农业开发公司。她花费多年心血，凭借自己的恒心和毅力，一次又一次地使陷入困境的农场重现生机。[1] CXR 也对我说

---

[1] 杨家铸：《牵手之家，情牵两岸》，《两岸关系》2008 年第 136 期，第 43 页。

过应该去见见她，还建议我在她开车来福州市区的时候坐她的顺道车去她位于离福州 1 个多小时车程的农场，然后在农场里住一晚上体验一下农场的生活。见到 LXW 本人是在去年 12 月底台协会周年庆大会上，LXW 很爽快地接受了我的拜访请求。

2008 年底的一个早晨，我打电话约访 LXW，在电话里她爽朗地笑道，"你放马过来吧！"几分钟以后，她却又打电话过来问："你要跟我聊什么啊？不要把我考倒了哦。"我约访的每一个人，几乎都会在接受我的约访前后问到这个问题："你要跟我聊什么啊？"这是台湾人特有的戒备心态，还是对一个陌生人突然造访的正常反应呢？至今已经访谈了 18 位来自台湾的商人、企业高管和家庭主妇，每一个人都给我留下了彬彬有礼的印象，但也不是拒人以千里之外的礼貌。即使是一个陌生人唐突的造访，他们给我的感觉也是认真对待，像 CYT、ZJP，他们会认真地对着我的访谈提纲，像回答老师提问一样认真作答。WHY 在非常忙碌的情况下，为我安排好时间去访谈。像 CXR、JZL、CPJ，他们对我的工作给予充分的理解，给我介绍更多的研究对象，这些都让我深受感动。CQY 把他的日记给我翻阅，对 LYX 每次造访，都花去了他 5 个小时的时间。对 WJZ 访问时，他还把一些小玩意送给我们。

去访谈的时候，正是 2009 年的第一天。从见到 LXW 的那个时候起，她的手机就响个不停。农场里大大小小的事情都需要她打理，琐碎到采购食品、端盘子之类。她并不太愿意接受我的采访，说 2009 年第一天就要讲不高兴的事情，不好啊。我说明了此行的来意之后，她问我："Why me？"也许接受了太多类似的访谈，她不太想多说什么了。尽管如此，她还是很和善地请我们坐下来喝杯茶。在泡茶的时候，她却跟我说，她不是最典型的女台湾老板，她介绍我去访谈 QJ，或者请 CXR 介绍其他的人给我。在问清楚我访谈的最终目的是写博士论文之后，她批评我的访谈提纲过于一般化，她说每个记者都会问我这样的问题。

她说："1993 年的时候，整个台湾的经济形势非常不好。我先生那个时候因为工作关系被派到大陆，他是做钢结构的，那个时候我也在观望，拿不定主意要不要来。因为那个时候，台南是'深绿'阵营，国民党和共产党势不两立，民进党上台以后党派意识才渐渐淡了一些。我周围的很多人，从来没有想过要来大陆。我来的时候 35 岁。你要研究台商，就要想想台商来大陆的真正目标是什么，那就是寻找人生的第二春！"

从早上 8 点 30 分随 LXW 的车去永泰，一直到吃过晚饭才随车回来。这一整天我看到了 LXW 的忙碌和辛苦。我们的谈话不时被电话和员工的请示打断。

上午到农场后，农场的员工小林带着我参观了农场的设施和景点。农场里有一些用于企业拓展训练的设施，还有很多自己种的植物、花草。但是农场深处并没有维护，小林说这是因为农场地势很低，一遇到刮台风，这里就被淹，损失很大，久了就不再维护了，所以这里的景点基本上就处于自然生长状态。中饭是在农场的大厨房吃的，饭桌上的 LXW 谈笑风生，跟我们讲了一些她读书时代和父母创业的往事。我们的正式访谈是在吃过中饭以后开始的。在访谈的过程中，不断听到鸡鸣的声音，我们的访谈也不断地被电话打断，大多是来联系业务的。小林介绍说，从 3 月到 11 月，都是农场的旺季，有很多公司和企业的员工到这里来搞拓展训练，或者开展集体活动。

在正式访谈前，我们聊了一些私事，我希望自己的坦白和真诚能让我进入她的视野，也许这个目的也达到了。她给我讲了自己的成长经历。在填完一份"台商社会适应的调查问卷"后，我们的访谈围绕着我给她的一份访谈提纲开始了。

以下是部分访谈录音的文字整理稿。

LXW，2009 - 01 - 01

成长经历

良好的家教

我们家很有钱，家里开玩具工厂，不缺钱。我爸爸小时候是甲级贫民，我祖父患病去世，还欠了很多钱。我爸爸有 7 个兄弟，从我爸爸开始下面的弟弟就没有办法念书，因为家里有很多人来要债。所以我爸爸读到小学五年级就不念了。小时候，爸爸做过很多事情，卖棒冰，还有一些台湾小吃。反正我爸爸从小学五年级一直到十几岁，都在卖这个、卖那个，但是都赚不到钱。我妈妈家里就很有钱，外公家是个很庞大的家族，在日据时代，我妈妈能够念书就对了。我妈妈念的是日本人赞助的一所教会学校。我妈妈后来是跟我爸爸私奔的，外公要断绝父女关系。结婚以后，我姐姐没得吃，妈妈很辛苦，就跟我爸爸说自己做个小生意。我觉得我爸爸是蛮聪明的，就拼一些小玩具来卖。我妈妈就跟外公发飙，从外公那里借了一本支票，就从一个小工厂开始，非常勤奋，后来工厂的规模开到我现在这个农场的 10 倍大。我念初中的时候，爸爸就得了癌症，瞒着我们偷偷开刀，但没开清楚，到我念高二的时候，癌症发作。我后来托人住到荣总医院，那个时候是 1979 年，医疗条件也不怎么好，我们拜托了医生，医生治疗完后，爸爸头发掉光，医生也说爸爸只能活两三年。我觉得我爸爸的性格很强，一直给我一种很正面的感觉，我觉得我的性格就像他，很有活力，在家里闲不住。我爸爸很聪明，刚开始做玩具的时候，他就赞助球队去日本，在大街小巷，找一些有开发潜力的样品做模型。我爸爸开发一个什么玩具，后面的工厂就全部跟着上。我爸爸一直跟我说："LXW，你能读书就更好，弥补我跟你妈妈的遗憾。"我妈妈家里很有钱，但是不爱读书。我爸爸是想读，家里没钱。爸爸说，你们三个，愿意读多少，我们就是再累也供你们读，你们不工作也没关系，爸爸养你们，妈妈养你们。我姐姐读到了博士，在美国。我在台湾毕业以后，通过一个学长介绍在宜兰一所大学当老师。我弟弟就很烂，不好好读书。我读大学的时候，我就骑摩托车上学，很拉风。我那时候工读，纯粹是好玩。可能白天赚的钱，还不够我晚上吃一顿牛排。

上进勤奋

（在念研究生一年级的时候 LXW 去台湾一家报社应聘记者，对招聘主管说）我们关于建筑方面的报道很不深入，我们记者不光要新闻系，还应该要其他很多系，每个人从他自己专业看问题，新闻就可以写得很深入。我有建筑师证，我可以去跑建筑类的新闻。我写稿可能不是很专业，我可以自修啊！后来老总还是没有录取。我真的是很想去当一名记者，我就是很喜欢这个行业，我觉得这个行业可以让我做很多事情。我的确很想去当记者，主编对我说你回去听通知吧，我也的确期待。可是过了好久，他们没有给我通知，我就知道自己已经 Game Over 了（大笑）。我从大二开始，就在外面打工。台湾的小孩都这样啊，特别是像我们建筑、土木这类实用性的专业，学生都会到外面去的。我是从绘图开始的，在事务所工读，那个时候什么都不会，被人家小妹叫来叫去……我每次工读 2 个月下来，都能交到很多朋友。我不会固定在一个事务所做，我会根据每一学年的课程去事务所工读。

婚姻生活与家庭变故

我现在的生活跟以前的生活反差很大。没结婚之前是很爽的，结完婚就很不爽。我第一次到我婆婆家，不敢睡觉。看到蟑螂跑来跑去，在我家根本看不到蟑螂，更不要说老鼠了，我去他们家连衣服都不敢脱。我以前不敢打蟑螂，现在敢了，所以我觉得女生的适应能力是很强的。我们家里慢慢就不行了，我爸爸从医院回来后，又活了 4 年，就慢慢不做事了，工厂卖给人家了。我爸爸说我们家钱花不完，光利息就吃不完。后来就玩股票。我爸爸后来得了老年痴呆症，我们家 3 个孩子，我爸爸就听我的，我妈妈就让我爸爸到大陆来。我爸爸是在福州去世的，我姐姐、我和弟弟都相差 5 岁，我们 3 个孩子很少在一起，因为爸爸去世，大家很难得长时间在一起住了。

流动经历

初到福州

我刚来的时候，这里的人叫我"那个台湾婆"。我第一次来大陆的时候，是我老公先来，那个时候我还在学校教书。他告诉我说，想来中国大陆试试看，因为中国大陆是一块很大的市场，说得比较简单一点就是说到中国大陆来是寻找机会。就我来说，就像你说的，属于被动流动，因为一家人不要分开，当男主人要走的时候，女主人选择跟先生一起走。那我们双方家里人是觉得，有必要这样吗？在台湾还不至于混不下去吧？为什么要离开呢？早期有些人的确是混不下去，作奸犯科，跑到大陆，有些人则是在他那个领域发展，觉得必须转换跑道，寻求机会。转换跑道是什么呢？像我原来在台湾做建筑，现在在大陆做农业。寻求机会就像我老公，在台湾利润比较小，机会相对比较少，到大陆来是想寻求一个比较大的赚钱机会。反正家里人是很惊讶啦，又不是混不下去。他们是觉得离乡背井，去外面做事是很苦的，要慎重。姐姐（指 LXW 的大女儿——笔者注）

那个时候还小，在幼稚园中班，她就跟着爸爸妈妈了。

刚来福州的时候，东西比较稀少，很少用到电视，一台电视要20000块。轿车也很稀少，单价非常高，洗衣机、电话也很贵。早期的大陆，商品是很缺乏的，对我来说，这些都是生活必需品。2003年的时候，县委书记到台湾去，回来的时候跟我说，L小姐，你们台湾真的是很了不起呀！农村的人轿车、摩托车都有好几辆，一个房间一台电视。可是我觉得这有什么了不起的呢，轿车、摩托车都是拿来赚钱的工具。这就是观念的不同。他觉得一家只要一台电视就好了。他还跟我强调说，是农村咧。我说，这个很容易呀，这是一个必需品。因为老年人喜欢看歌仔戏，年轻人喜欢看连续剧，小朋友喜欢看卡通剧，都在一个时间段，那不是要吵架吗？在台湾因为电视够便宜，一台电视才400多块，就可以满足大家的需求。在台湾，这种工业制造品是非常便宜的。1993年我来的时候，台湾已经达到（电视、摩托车等工业品成为）这种生活必需品的程度了，但是在大陆这些东西就很贵。那个时候我要买一台电视机要20000块，我老公骂我说，你神经病啊，在台湾一台液晶电视才几百块啊。早期刚来的时候我会觉得很不方便，在大陆一个洗衣机好贵哦，在台湾洗衣机都是生活必需品。在台湾也不会停电，不会没有水。在这边隔三岔五停电没水。我那时候是超郁闷，慢慢习惯以后就会很奇怪，咦，最近一段时间怎么不停电了呀？（大笑）以前都是无预警地停电。我刚来的时候帮我老公画图，一停电画的东西全没了。不停电、不断水对我来说成了一件很奇怪的事情。慢慢地福州的变化让我觉得很大。在生活上你会觉得很舒适了，不知道是自己已经适应了这样的环境还是怎么样的。我想，它（福州）的进步也很大吧。

我在福州住的房子，我来之前我老公已经把它打扫得很干净了，可是我看到后觉得很凄凉。我会觉得像是向下沉沦啊。干吗越过越回去啊？我老公是来创业的，苦一点没关系。我又不是，我是来过生活的呀。我老公还买了一套家具，可是会摇。什么东西都感觉不堪一击，不可靠，超不能接受。到处都是脏兮兮的，社区里到处都是水沟，从生活上到工作上，到处都觉得不方便。

我们来到的是一个完全陌生的环境。平时在工厂里跟员工一起吃，周末就跟老公一起开车出来找东西吃。那个时候福州真的是很荒凉，我们就每次去大饭店吃，像外贸中心酒店，其实换算成台币也不贵。那时候，一到7点钟全黑，五四路以下全都是稻田。后来慢慢就买一些锅碗瓢盆自己做。我老公一开始就打算常住了。我们那时候心态非常复杂，不是觉得商机无限，也不是觉得前途渺茫。我们那个时候做的事情就是帮外商，包括替台商盖工厂，那时候没有想过替大陆人盖工厂，但是不知道怎么跟来大陆的外商搭上了关系。我们来投资办厂，工商、税务部门很快就能找到我们，但是我们去找那些来投资办厂的人，就很困难了。那时大陆政府也没有提供相关的信息服务，事实上，中国大陆这几年发展得很快，尤其是服务方面，大陆政府把很多人讲的话听进去了。比如当初我们也在呼吁应该有一个这样的服务（指提供来大陆投资的外商信息），把这些外商的电话、地址适当地公布出来。现在都有这样的服务，可以去外经局问，而当初什么都没有。应该说，当初来中国大陆的外商不多，他们（指政府）也不知道外商需要什么，他们能为外商服务什么，但是他们知道他们需要外资（大笑）。

所有经商的人都会面临这样的问题，早期互联网不通，各方面资讯都很闭塞。现在资讯的获得比以前要简便很多。所以早期都是通过口耳相传，比如说，你的朋友中有台商吗，我是做什么的，你是做什么的，然后互相留名片。

转换跑道

从家庭主妇到农场主

我老公一定要我做这个农场，买这块地的时候，我原来是很反对的，因为他们家和我们家都没有人做过农业，没有人跟农业有关系。我跟老公说，你一个钢构厂就够你忙的啦，你还要做农业，开玩笑。他就一定要这块地，背着我就把钱给人家了，既成事实后才跟我说已经买了地。1995年买了地，1996年请人经营，不到1年的时间，那个人不断来跟我拿钱。最初一两万，后来到20多万。我问他做什么，他说买树苗。我就过来看，不知道树苗的进价要多少，看了账目也没感觉。后来我爸爸来找我，一路走过来，看见一堆工人在树荫底下聊天，就去找工头问这边地不是在开发吗？工头说，对呀，是个台湾佬在开发。我爸爸后来跟他们说他是老板的岳父。那个人当天晚上就来找我们说，那天是工人在休息。我就觉得很不舒服，我就跟我老公讲。我老公说，你一直这么能干，一直讲别人不好，你自己做啊。然后，我就自己来做。那个时候还没有路，要包船进来，中午不能回去，跟他们讲好下午 3 点开船来接。中饭也没有吃，因为吃饭要自己煮，工人会请我吃，我不是不好意思，是怕不干净。因为他们那个（做饭的）卫生条件，我看了就觉得可怕，根本不敢乱吃。做了之后，我就发现很困难，你要规划。所以你觉得他（老公）是支持吗，我觉得他是害我。他找了一个什么东西，然后让我来做。

家庭与事业的冲突

我可以不用过得这么辛苦呀。那时候我小孩很小，她会说我跟别人不一样。（在对待小孩教育这件事的态度上）我老公说小孩会念书的话就会自己念，不会念教也没用。他基本上觉得，我能教育，我又能轻声细语就很好。因为我每天回去要做饭呀，督促他们读书后，要洗碗呀、洗衣服熨衣服呀，然后第二天一大早又要送他们去上学，所以我一天睡 4 个多小时。我希望小孩子很乖，各就各位，不然就大声骂他们。我老公看了就让我小声点，我就说你不但不帮我做家务，还要我小声点。因为拼音幼稚园就教了，我女儿就一直跟不上，对小孩子的自信心影响很大，她有很大的挫折感，对语言没兴趣。我开始做农业的时候，时间排得很满，开始读园林函授学校，我晚上要看那些病理学呀、昆虫学呀之类的书，因为要交作业。刚开始我根本看不懂，植物什么科、什么目、什么属，还有昆虫，好困难，然后开始找人家问。那个时候体力好，年轻嘛，三十七八岁，我小孩子我也一直在教她，她成绩一直在中上，语文就跟不上。儿子就不行啦，因为没有人看管他，他会跟我抱怨说，人家的妈会带孩子上学，人家的妈会怎样怎样，我有时候被讲烦了，就问他，人家的妈有农场吗？（大笑）他功课不好，就会把责任归到别人身上。那我自己也很自责。我老公基本上是不管孩子的教育的。

我儿子早期是我们这里的小导游。后来功课多了，我就经常跟他说："书读了没有？功课写了没有？"我儿子就说，你除了这两句话，没有别的话说（大笑）。我有时候也会觉得这很好笑。我问这句话是自然而然的，我跟他说，如果做妈妈的不问你，就不是妈妈了。谈到这个问题，我会伤心。突然一个转念转到小孩的时候，就会觉得花了太多的时间在农场里而对不起他。很多女生很娇柔，当她做了母亲之后，就变得非常强，会为孩子做很多事情，这叫为母者强。（农场）不是我的选择，它是我在很无奈的情况下接受的。

理想与现实

我做农业以后，就自学，订了《中国环境报》，还专门去请教老师。要知道怎么赚钱，就要去了解那些植物，知道养护。我从对植物一窍不通，到可以认出来，可以侃侃而谈。做了这个农场之后，从蔬菜到水果都要自己去弄，里里外外都是我在忙。心情好的时候，它（农场）就像我的一个儿子，但是心情不好的时候，我觉得它就像一根鸡肋，食之无味，弃之可惜。它也成了我的一个责任。抛不开是因为你自己，不舍的原因有很多啦，比如说，既然开发了这里，再来接手的人会怎么样做呢？对这个农场，我有一个想法，就是做成一个教育农场。我也有把它卖掉的想法，但是没有真正实施。我觉得我还没到走投无路，必须要卖掉的地步。那个时候想卖掉，大部分是为小孩子着想。小孩一个读高中，一个读小学，为了这个农场，搞得七零八落的，也会想这不是一个很完满的结果。我老公随便我（做还是不做），但我真的不想做的时候，他就会跟我说，你为什么不做呢？做农场是有一个方向的，以我现在的能力，可能不明显，甚至看不出来，最终的那个（教育的）理想还在我心里边。就是说你进来不光是玩，早期我找不到导游的时候，我自己来讲，我会给游客介绍，这是什么植物，它的习性之类的，我会让游客觉得，他们到农场来不只是看看而已，来了之后会知道萤火虫原来有三盏灯，第一天灭一盏，第二天灭一盏，到第三天灯灭了，它也就死了。我希望他们听了这些小信息、这些解说，会喜欢大自然的很多东西，进而去关心大自然。要找一个好的解说员，在台湾就有教授去当。我们那边楼下原来有个燕子窝，那燕子有三种，现在我忘了，我们这里的燕子他们都叫家燕。我看见燕子飞进飞出，我就去看它，我看到了小燕子张开嘴巴吃燕妈妈喂的虫子，燕妈妈非常公平，第一次喂这只，第二次喂另一只，每次燕妈妈飞过来，所有的小燕子都张开嘴巴，我就一直在那里看。小燕子拉屎的时候，所有的小燕子屁股都朝外，它不会拉在燕窝里面。后来燕子慢慢长大，就飞走了。只要你愿意细心去观察，农场里会有很多东西让你去看。我这里有很多题目，来自自己的观察，来自客人的要求。比如说，客人问可不可以钓虾，我说可以呀。然后就问他们怎么钓。我觉得如果你保持一颗有活力的心，你学不完啊。你把你学到的东西跟客人分享的时候，你发现他们也很享受。周边有很多东西，他们经常视而不见，当你把它放大，他们就会觉得原来还这么有趣呀！然后他们回去就会自己观察。

我来大陆之前去找过我的导师，还有校长，他们跟我说，L主任，你在大陆待不了两年，因为我在学校表现得很强悍。那我现在已经待了16年。其实不管是在大陆还是在台湾，我都会很努力，但是努力要有方向。我不是因为大自然而做农场，可是当我做农场之后，我才喜欢大自然，我发现大自然很有趣。我之所以能做这么长时间，是有一个动力，大自然给我很多惊喜。比如说兔子跑出来了，我会很高兴；花开了，我会看好久。我会发现原来刺桐花是由好多个花瓣组成的一朵花。另一方面我又会觉得看了这么多年的刺桐花，现在才发现刺桐花是怎么组成的。你每次用心的方式、方向不同，所看到的东西也不同。当我跟客人分享这些发现的时候，我发现他们听得津津有味。

我整天都是马不停蹄的，手上总是有好几件事情在等着我做。我是一年365天，一天24小时都在工作。

两岸心情

（对于未来的态度是）努力哦，努力再努力！我在福州会感觉更舒适一些，但台湾还有一个牵挂，因为我还有一个妈妈在那里，我的弟弟还在那里。那个地方是我的一个牵挂，但是那个地方已经不是我生活的地方了。我在这边已经十几年了，我是在35岁离开台湾的，我有记忆的时候当然是在我高中的时候啦，从高中到大学到研究生，我想（我在台湾生活的）时间也跟我在这边差不多嘛。但是，我觉得人生的精华，从我打拼的那一刻开始，从30多岁开始，一直到现在，是我一个相对成熟的年龄，在这边我努力过，很努力地在这里做，我在台湾也很努力，但是在这边我要比台湾更努力。因为在台湾我可以喘一口气，在这边我有时候会觉得很孤独，会感觉力不从心，会觉得很无力、无奈，但我在台湾不会有这种感觉。在台湾你很熟悉，你有亲戚、有朋友，在这边你也有朋友，但这种朋友是君子之交的朋友，而在台湾的朋友呢，跟你是同学，也有的是同事，但在这里的朋友感觉就不一样了。比如说，在早期，是我小朋友家长的朋友，还有的是我在做事的过程中碰到的朋友，因为我办农场，在这个过程中，我认识了一些朋友，这个感觉就不一样，而且不同的年龄阶段所交的朋友，那个感觉也是不一样的。比如，我在 30 岁交的朋友，跟我在 35 岁交的朋友，那个感觉也不同咧。我说不清这种感觉。就像现在我也认识很多姐姐，我们没有什么利益关系，平时打个电话，我们平时也会互相打个电话问候一下，我会告诉她，最近我经济上有困难，但我不会告诉她我困难在哪里，因为我知道她也帮不了我什么。但是我在 20 多岁时候的朋友，他们会跟我一起分享分担一些什么，我 35 岁以后到中国大陆以后所交的朋友，我找不到可以跟我分享分担的。大部分时候还是需要你自己去承担。

我在这里生活，这里是我的重心，台湾是我的牵挂。我回台湾，回去 10 天我都会待在家里，我也不会跑去逛街呀什么的，我感觉那个地方已经跟我没什么关系了，有关系只是因为我妈妈在那里。那边有你熟悉的事物，你才会关心那里政局的变化，但也只是关心而已，更关心的还是我生活的地方。比方说，汶川大地震，我听到后会好难受，因为我知道台湾地震时候的惨状。你在这边住久了之后，你会有一种认同，有感同身受的那种感觉。

融入草根社会

从"那个台湾婆"到"林小姐"

早期的时候，当地人称我为"台湾婆"，口气是很不屑的，我会感到很愤怒，感觉他们对我不友善，他们会讲这个台湾婆最多待两年就走了，没想到这个台湾婆这么难缠，待了十几年。现在，他们在没有利益冲突的时候还挺佩服我的，他们觉得经过了这么多次台风，损失这么大，我应该很快就走了的，他们会觉得这个女人还是蛮有毅力的，也会觉得我很辛苦。认不认同我这个人，我不知道，但我知道这里的人了解了我这个人，就是这个台湾婆很坚持，因为他们知道我是个知识分子（有高学历的人），我这个人很固执，只要是有理跟我讲，我都会接受；没有理的话，任何人来讲，不要就是不要。他们会觉得我很有原则。这里的村民，包括乡长和乡政府的人，提起林小姐，都会说"读书人嘛"。

你说的这些，我晚上回去也要好好琢磨琢磨。村民怎么看待你？你想啊，我在这边已经十几年了。当我准备赶（大樟溪的）采沙船的时候，村民就会找好几个人一起来找我说，林小姐，我们可不可以一起写信给省政府、市政府、县政府，联名告这只采沙船？因为采沙船都是一些地方的恶霸经营。我就会对他们说，不会吧，你们怎么会找我呢？他们就会说，林小姐，你们在我们这里都是正义的化身。那我这时候就知道了，哦，原来我在村民心目中还是维持正义的，是人民的喉舌。因为这样，哈，我觉得是对的事情，我会一直讲。有些时候，他们就会来找我，帮他们做这样的事情。

最开始，对面走过，他们理都不理我。我跟他们说，你好，我嘴巴笑着，你会发现他们没有表情，到现在，他们会回应说说，哎，林小姐，你好。那我觉得挺不错。有一次，我劝一个村民不要在我这里打水，他说"我是村民啊"，你知道我脱口而出，说什么吗？我说我也是村民哎，那他就无语了。他会说"我是村民啊"的时候，他就把我当外地人了或台湾人了，但是事实上，你知道吗？我也研究过这里的村民，这里的村民大部分也都是从大洋（附近一个地名）下来的，从前的塘前乡是一个很繁荣的地方，因为是好多的货物集散的地方，真正住在这里的是渔民，后来慢慢地其他人也跟我一样落户在这里。所以，这里哪有什么当地人？其实真正的当地人是渔民，但是这些渔民又很可怜，他们又没有分配到土地。为这个我还到县政府为他们讲话，但是因为他们是渔民，不是农民，渔民没办法分配土地。当我自己脱口而出我也是村民的时候，我也吓一跳，我怎么会说自己是村民呢？其实内心深处我已经认同塘前乡了。

"我受到村民的影响，也影响村民"

说实话，我来这么久了，我不能说我为塘前乡做了什么。早期是有两句话哦，一句是独善其身，一句是兼济天下。在台湾读书的时候，老师就问我们独善其身与兼济天下要选哪一种。那我就说要独善其身，独善其身，才能兼济天下啊。如果你自己都不好，你怎么兼济啊？先把自己的事情做好，才能影响别人。我来这边，受到村民的影响，我也影响村民。我经常跟他们讲，诚信，诚信！开始他们会说，要诚信吗？到现在他们也开始觉得诚信很重要，我播了一颗种子在这里。至少他们不敢再胡说八道了，你可以胡思，但不能乱说。还有早期在中国大陆，在福州，是没有排队的习惯的。你不能否认的一个情况是，麦当劳来了以后，现在的福州人知道怎么排队了。以前是完全不知道排队哦，现在是不会主动排队，但他们知道在某些场合要排队。在这边，我经常跟村民打交道，跟乡公所（指乡政府——笔者注）打交道，这13年来，我觉得我在言谈举止中教育了不少人。所以他们觉得我很麻烦。而且我讲的时候，不是用教育的方式，是用开玩笑的方式。做人中学习，学习中知道不足。证严法师说："做中学，学中觉。"比如说这里采沙的事情，我一直跟政府说太吵（指采沙船噪声扰民——笔者注），政府官员说，好好好，要处理，要处理，然后他就走了。我就跟他说要给我一个时间表啊。他就说以前的领导说要等到2009年合同到期，那你等到2009年吧。从2004年开始，每一年政府就过来跟我说，明年就好了，要我再等一年，我就等。现在书记又跟我说，这个可能要延两年。我就说，书记，其实我对你好大的信任。我也没说他错，我就说，书记，经济建设很重要，但是，诚信也很重要，诚信是无价的。可以说它不值钱，也可以说它值钱，价更高。我们从2007年开始，我们也没有讲，就一直在忍受，忍受采沙船带给我们的噪音，带给我们的不方便。因为我们对他一直抱有很大的希望，我们就是相信他，所以这两年来都没有再去反映。那他自己就觉得不好意思，就说，L小姐，其实我们继续延两年也不是他们说了算，我们还有其他方面的压力。至少我觉得我让他不好意思，对不对？至少他会告诉我希望我能理解跟了解。我没有说他不对，我就告诉他我对他很信任，我们相信他对我的承诺，相信他可以做得到。假使没办法达到，我也相信他尽了力。这是对官员的部分。

对村民的部分。比如说围地的事情，村民来找我闹事。我跟他们说，我不可能把土地款交给你们，我是跟政府买地，我当然把钱交给政府。那他们就说政府不给他们钱。我就跟他们说，钱不给你们，我可以帮你们忙，但是你们不能来找我麻烦。来了好几次以后，他们就跟我说，L小姐，我们也不是对你个人有意见，但是我不找你，你就不会找到（政府），他们（指政府）就不会来解决这个问题。政府收了我的钱，钱不给农民，农民找不到他们，就只好来找我麻烦。我就只好去找官员解决这个问题。我就跟他们说，你们不可以来找我麻烦啊，你们可以请我来帮你们忙，我还是可以帮你们的啊！但是你们来就妨碍了我工人做事啊，这样我怎么来帮你们，你们还是继续会拿不到钱。我会跟他们讲道理，做事情是要有方法的，不要蛮干啊。

还有像村民（到农场）偷砍树的事情，（跟政府反映）他们说你去抓啊，我说我怎么抓，我又没有行政权。我抓人我还犯法咧。他们就说，好，你看到人的话，你就找派出所的人来。我说等你们来人都跑了。他们蒙不了我。那怎么办？我就说，好，我拍照把他们拍下来，巡山的时候，我就叫人带上数码相机。拍下来以后，我就给警察说，那你处理吧。他们就说，砍两根木头烧一下，有什么关系？我就说，这一片山，曾经有一个记者到我这里拍航空图，发现我这一片的森林植被真是好。我来这里买这块地的时候，这里还没有这么多树，都是乱七八糟的杂木。我来这里还种了不少树，我是为塘前乡做贡献（语气加重），我现在种的树也是为塘前乡种的，我又带不走，种树是为了我的旅游景观，但是我也是种了树啊。今天村民都砍到我路边的树了，这行为很可恶咧！你不是告诉我他们是砍两棵木头回去烧吗？如果每个村民，这里有几千个村民，每个人都来砍两棵树，那我里边就光了，可以这样吗？首先我要告诉你，种树是为了谁啊？为了我自己没错，但也是为了你们塘前乡啊。国家说不能砍树，又不是我千江月说不能砍，你怎么可以支持村民这样的行为呢？所以我要先说服塘前乡的这个政府官员，要他认同我以后，他们才可以去跟村民讲。（笔者插问：你自己跟村民讲道理不行吗？）我去跟他们讲，一个他们讲福州话，另一个他们讲是砍两棵树回去烧火。问题是他们不是拿去烧火，是拿去卖钱。一米树是 200 块。说拿去烧火我也不同意。反正我无法跟他们沟通，我跟他们说，你们砍树不是砍这么大的树拿去烧火，根本就是砍了拿去卖。那他们就跟我说，我没有钱吃饭啊。我说你们可以打工啊，可以到我这边来啊。他们说，到你这边打工，一天才五六十块，我卖一根可以卖几百块。我说，对嘛，你怎么可以砍我的树拿去卖几百块呢？其实这也是个别几个村民，跑过来偷东西呀、砍树呀，大部分村民还是很善良的。我跟政府讲清楚道理后，还找了县长，请他支持，他们就派人过来巡逻几次，这种现象就少一点了。

LXW 的问题

孩子教育问题

小孩子到这边念幼稚园中班，拼音就出问题了。因为我们一开始教的拼音就跟这边不一样，我小孩子搞不清楚，为了要教她，我这个做妈的就要会。我就去买了录音机和录音带，她每次考试就考很差。小孩子在幼稚园就学了汉语拼音，我小孩到小学的时候就跟不上，有一次还被老师叫到学校批评：你到底有没有文化，你就不会教你小孩吗？考这么差，怎么当妈的。

有一次，我牵着两个小孩在街上走，路上有个人用闽南语小声问我，你是从台湾来的吗？我说是啊，你怎么知道。他说只有台湾人有两个小孩啊。我恍然大悟，原来有两个小孩也是台湾人的标志啊。

经营管理中的问题

困难可以分为内外两部分。对内部分是经营和管理。怎么让农场随时做好接待的准备？对外部分主要是投资环境的问题，比如跟政府官员的关系，对你工作的支持等方面的。冷暖自知，困难多多、问题多多，说也说不完。

身为台湾人的感受

我认为理念相同的人才可以成为朋友。理念本身也很广，只要在某一点上可以谈得来，就可以做朋友。最起码，不要害我，不要把我当一个台湾人来对待，不要老想着来占我便宜。台湾不是我的原罪。很多人会问我说，你们台湾人不是有很多优惠条件吗？我说，是吗？但是我享受不到台湾人的好处啊。我倒是享受到对台湾人的不好，比如，别人要3000块，我是台湾人就要3万块。他们会觉得台湾人很有钱。我一直在讲，台湾人很勤奋，台湾人的摩托车后永远放一件雨衣，一到下雨的时候，停下摩托车，套上雨衣，继续走。但是我们这里的下雨天，每个人躲在屋檐下开始聊天。我看到的大多数台湾人都是很勤奋的。他们还对台湾人有一些负面印象，比如台湾人来这边就是吃喝玩乐，来这边消费呀、挥霍呀，这样子。所以他们看到我做工就会很惊讶。其实我们大部分台湾人都很勤奋，包括像我们Z会长（指福州市台协会会长——笔者注），他也要去做啊，那一个人坐在办公室什么事不干，那他的企业也长不了。

LXW眼里的台协会

我觉得，不要说台协会能帮你做什么，有这么一个台协会，你至少知道，还有这么多台商在福州，在福建在做事情，这就够了。你会觉得有道不孤，这个道是经营之道。还有很多人跟你一样在这里拼搏，在努力，你并不孤独。甚至还有人比你更累啊，只是你不知道而已。我觉得这个作用很大。

至于台协会能做什么，我觉得这里的政策很死，投资环境并不好。我觉得这里讲话没有信用，没有诚信，这就是不好。我经常跟他们讲很信任他们，其实我跟他们讲这个话的时候根本是不信任。我经常发短信说："我跟农场都很相信你。"诚信是无价的。小孩子读书没问题，工作没问题，是这样吗？我们还是要为小孩子奔波，我们一分钱都没有少交。我儿子读福州一中，要 6 万块，合台币 30 万，好贵哦！但我们对这里的教育不信任，有时候看到这里重点小学、重点中学的某些老师，真的觉得他们不能成为老师，师德不行。你不放心那个学校的校风，那个学校的校长、老师。我们这里靠关系的太多了，很多老师是不行的，也把他拿来当老师，上课根本是乱七八糟的，你敢把小孩放在这里读书吗？不要说我们不敢，这里小孩的家长，有能力的，就把小孩往福州送，往重点中学送。他们会说台湾人多好，这里实验小学都愿意收台湾人，我很无语，那你知道我要拿多少钱？6 万块呀，当初我女儿是 3 万块，我小儿子是 3 万块，现在是 6 万块，你说这政策哪里好？

我本身对台协会没有多大的要求，每年我还要交 1 万块钱。我觉得说有这样一个会在这边成立，有时候会开会，有时候会给你一些信息，也经常会发传真过来，说最近有什么讲座什么的，台湾发生了什么事情，有些台湾人发生了什么事情。虽然不用精力，但是你知道了，有这些我就满足了。我觉得解决一个问题不是那么容易的，我奋战了多少年，又解决了多少问题。我土地证花了很长时间才拿到，挖沙的问题，我讲了很多年，而且越讲越多，你说我能解决什么问题？台协会能解决什么问题？无非说回去研究研究，然后开完会大家就忘记了这件事情。问题还是问题，台协会没有行政权。我去跟台协会秘书长讲问题，他也没办法，理解你的苦、你的难，他转给别人听，别人又能理解多少？作为一个会员，我不想去苛责他。我相信碰到问题，先自己去解决，协会又如何呢？你也是在整个投资环境里边吧，这个环境就是没法信任的，你就是一个样板，比如说我们会长，他就是一个样板，他也有无奈的时候，他都这样，你还有什么可说的呢？

对台协会，说实话，我没有期待。我觉得不应该要求台协会做这么多事情。给大家一个安慰、鼓励就可以了。它就像一个咨询窗口，比如说我想买水泥，哪里有台湾人做水泥，我又跟他不熟，我就会打电话给LJ（福州市台协会秘书长——笔者注）说，你可以不可以帮我介绍做水泥的人认识？那LJ就会把他们负责人的电话、地址告诉我。我再打电话给做水泥的人，他们就会很热情，他们告诉我开会的时候见过我，我就会很高兴。我觉得（台协会）就是一个窗口，咨询的窗口，你想要寻求帮助的时候，它就在那边等着。我不敢对它有太大的期待。它的能力有限，不是它不行，而是不能。

刚开始的时候，有很多人想加入协会，因为想通过协会认识更多台商，加入以后呢，他发现到了一个新的环境，他不懂，企业碰到很多问题，他就依赖协会希望能够提供帮助，然后他又会发现这个团体帮不了忙，他就会由爱生恨（大笑）。我一开始就对协会没有太大的期待。我通过很多台商，知道台协会没有什么用，然后他们知道我是监事，他们就会说我怎么那么笨，有钱不会花。我就说我赞助这个会，它有它存在的理由。因为不断有台湾人来，不断会有人加入协会，所以协会换血换得很快，那几家老的，他们对协会很亲，他们也知道协会帮不了他们什么。如果你觉得你是台湾人，你要得到什么样的服务，那你就会失望。台商来这边，好像就我的小孩最大，现在都读大二了。一般我都会和LJ分享我的经验，让他讲给其他人。他不知道你的问题在那里，他没有办法感同身受，没有那种急迫感，你不能苛责他。

补：错过录音的一些话语片段记录如下：

在回来的路上，我听到了LXW说了这样一句话，大陆变化很大，以前在台湾的时候，听到台湾人说，"嗯，隔壁的那个福州佬"，现在就听到我妈说，"我女儿去大陆讨生活"。

"大陆的女人真傻，怎么想到会嫁给台湾男人。"这句话的意思是说，台湾男人普遍比较懒，不会做家务。

"像我女儿这样的，在台湾非常吃香。"

【CYT 的访谈记录】

田野调查笔记，2009 - 03 - 26，二代台商 CYT

CYT，1971 年 12 月生，其父是福州市最早的台资企业之一 FH 纺织印染有限公司的董事长 CJN。我在台协会理事会、周年庆、汽车城台干餐叙等许多公开场合见过 CYT，作为台商二代的突出代表，他给我的印象是认真、踏实、积极。周一电话约访 CYT 的时候，他说他很忙，到周四、周五再看。周四上午给他打电话前，还担心此次访谈无法完成，没想到他很爽快地问我周四晚上可否。跟我约访别的台商不同的是，他让我来定具体时间、地点，这让我反倒有些措手不及。最后约在晚上 8 点离他和我的住处都不远的一家咖啡厅见面。我提前 15 分钟到咖啡厅，给他发了短信。他很快回短信说"马上到"，我们在咖啡厅碰头的时间离约定的 8 点钟提前了 10 分钟。

网上与他们父子俩有关的新闻采访不少。我用了一天的时间重新整理这些相关新闻采访资料，最后定下了 4 个问题作为访谈大纲。访谈前我给 CYT 简要介绍了我的来意和这项研究的内容、方法。同时告诉他，访谈的 4 个问题，他可以有选择地回答，也可以自由作答。他却很认真地一个问题一个问题地来回答。这 4 个问题是：

1. 请谈谈您第一次到福州的感受。

2. 作为最早来福州投资并稳步成长的企业之一，FH 公司的创业及经营管理心得是什么？此次金融危机，FH 有怎样的应对措施？

3. 您有许多社会兼职，如台协会副会长、青委会（福州市台协会青年委员会简称——笔者注）主委，您是怎样处理您所肩负的社会责任与企业经营责任之间的关系的？

4. 请简单回忆一下青委会成立的经过。青委会成立后做了哪些工作，社会效益如何？青委会目前的运作状况如何？

以下是访谈录音文字整理稿。

CYT，2009 - 03 - 26

流动与工作经历

我 22 岁大学毕业后当了两年兵，当完兵之后，我父亲说过来这边看看。我是 1997 年的 7 月 2 日来的，7 月 1 日是香港回归，那时我从香港经过。福州的长乐机场也是刚开始启用。到了机场，我就感觉这个机场空空荡荡，什么都没有。后来坐上车子之后，从长乐到福州市内还有一段距离，一路上都是稻田，就感觉福州怎么这么偏僻，是农村啊，很恐怖的样子。因为我是在台北长大的，台北很繁华。坐车坐到市区了，才看到好像有点灯光了（笑），那个时候福州还是比较落后一点。市区比较小，像我们公司附近还有很多稻田，路也比较窄。那时候大部分时间是待在公司，从最基层的开始学，纺织的流程、工序。出来也是公司的一些人带着我出来，比较少到市区。所以说，那时候比较多的时间在工厂，住在宿舍。感觉在福州生活上很不方便，以前福州基本上没什么大卖场，比较多的是华榕超市，再就是买个面包来吃，也买不到，或者买到了也很难吃，感觉没有生活在台北那么好。我们公司规定，3 个月才可以回台湾一趟。我比较好一点，我以学生身份去当兵，当兵的人中各式各样的人都有，有小学没毕业的，还有二流子。当兵的时候跟这些牛蛇杂处，可以让你吃苦耐劳，锻炼意志，所以当兵之后来这边就比较适应。在工厂里，我跟普通工人一样，跟他们一起学。我还有比较好的一点就是，在大学念企业管理，我从基层去了解每一道工序，然后提一些改善的建议，让我可以学以致用。那时候，我刚来，父亲虽然在台协会，但没有参加外面的任何活动。

我们公司是一个股份公司，所以我来的时候要像一个普通员工那样。有一段时间，我们厂新增了一些设备，我就帮忙看、操作，那一段时间是比较辛苦，因为那个时候正好是夏天，比较热。因为刚当完兵，也就不觉得非常辛苦了。因为这个公司有我父亲的股份在里面，所以我们是把它当作我们自己的事业在做。基本上在那个时候，我们就知道机会大于困难，发展还是要在大陆，也不会想说再回台湾去，我本人没有这个想法（指回台湾——笔者注）。

我们台干只有 4 个，我和父亲，还有 2 个股东。我现在只是协理，还有一个总经理，他也是股东，下面还有一个副总，再下面就是我。他们都是比我早来，年纪都比我大。大部分都是大陆的干部在管理。我是负责管理部跟染整部。管理部就是负责财务、采购、资讯、报关等。染整部就是负责给织好了的布染色并整理。

讲到二代台商，他们的父亲在公司有很大的股份。股东是有投票权的，他们不一定支持小孩来当董事长，这要看他的能力和工作的敬业情况。二代台商，我在青委会认识很多，他们都蛮实在的，90% 以上都是认真在工作。

企业管理与发展理念

稳健经营，稳步发展

大陆的企业靠贷款、借款，扩张速度比较快，台资企业融资没这么方便。我们公司跟大部分台商一样，步步为营。台资企业发展比较慢，今年赚多少，投资多少，然后慢慢长大。另一方面，在经营方面也比较保守。那个时候经常会有一些问题，不稳定，怕怕的，不敢太过放开去投资，两岸一有什么问题……这些方面制约了台资企业，台商是有赚头，但赚了之后会存起来，不会想到拿这些钱再来投资大陆。他们将企业做到一定规模，就有钱赚，就开始回收（成本），不会想到去扩张，因为扩太大，会有风险。

台商做房地产的有，好像是在 1990 年代末到 2000 年左右，都不好，福州那个时候房地产市场不好，价格涨不上去，另外他们盖的东西也不符合这个市场。福州市场比较需要的是住宅，那台商却把台北的思维模式用在这里。台北就是盖办公大楼比较好，很多住宅也是大厦，不是小区；福州这边喜欢小区，有个小花园，楼层比较低。台商在这边做房地产，赚钱的比较少。2000 年以前，大陆台商刚刚发展起来，大家都想把钱拿去增产扩资。

我们公司 1991 年刚设厂的时候，生产这种面料在大陆比较少，我们厂主要是做大陆市场，大家都拿着一大袋钱到我们厂去等货，甚至有的客户为了抢货打架。我来的时候，大陆有很多企业都做起来了。我们公司是正规经营，一定要开发票，有些个体户可以不开发票，可以少 17%（营业税），那这样我们的内销市场就慢慢没有了。那我们就开始转型做外销。在整个内销没有之前，我们在 1995 年已经开始想做外销，我们在台北设立了一个外销的业务部，接洽一些台湾的贸易商，因为台湾的贸易商本身有国外的客户，我们从贸易商开始做，那就等于下单给贸易商，贸易商先赚一些，再把单子下给我们生产。然后慢慢培训这些业务，慢慢开始去国外参加展会，可以直接接触到国外的客户，再慢慢接洽，自己也可以做一些直接的业务。

节能降耗，应对危机

我们大概有 70% 是外销，这一次金融危机中业绩掉了 30%。金融危机中其实损失最严重的是那些有钱人。这些人去投资房地产，一下子缩水，就变得没有价值了。受金融危机影响最大的是那些中产阶级以上的人。那我们公司生产的面料是面料里面比较中低价位的，我们大概从 2008 年的10 月感受到订单有影响，那个时候是金融危机最严重的时候，AIG、雷曼兄弟等纷纷破产倒闭。很多客户就不敢下单，那个时候业绩掉了 30%。我们公司没有怎么裁员，就是节能降耗。营业额少了 30%，产能也就少了30%。我们没有主动去裁员，有一些自动离职的，我们就没有去补，每个人的工作量慢慢加大一些，大家也知道外面不怎么景气，员工也能够体谅。然后就是说公司内部想办法资源回收。我们染整需要蒸汽，还有水，怎么回收利用蒸汽，还有水？我们老板对环保也很重视，我们以前要花很多钱处理污水，效果又不是很好。我们后来引进了一个新的设备，水会处理得更好，药量减少了，成本也下降了。我们公司哦，一直没有贷款，而且还有一些钱存在银行做理财，只要不亏本，还能够继续经营下去。我们不像有些企业，贷款很多，还要还利息，就会经营不下去。所以说，我们公司的经营体制是相当健全的，很稳健。如果外在环境是蓬勃发展的，我们公司的这种经营方式就有些过于保守了。如果外在环境较差的时候，就不能扩张太大，不但利润低，还要付利息，就没有钱赚了。我们公司一直是稳健的经营方式，所以外在环境不好的时候，受影响就比较小。

我们公司的面料是偏低价位的，在世界经济不景气的时候，我们这个面料的需求反而会大一点。从去年 10 月开始受到影响较大，到今年头 3 个月，业绩越来越好，现在已经恢复过来。客人要买东西，从下订单到到货，将近 60 天，包括生产、运输的过程。金融风暴中，有些公司可能面临倒闭。在这个时候客户不敢随便换供应商，而且需要一个稳健的供应商，恰恰我们公司就是这样的一个供应商。所以我们的量一直在稳步提升。虽然有影响，但是感觉有慢慢变好的趋势。我们公司的价位比别的公司要稍微高一些，可是我们努力让客户感觉到，虽然贵一点，可是用起来会比别的公司的产品更好。

人性化管理

企业管理方面的心得是人性化的管理。人性都是好逸恶劳。第一个，要他们感觉到环境是很公平的，做十分的努力，可以拿到十分的报酬。我刚来的时候，老一代的观念，用情感的方式，再就是亲力亲为，盯着看，怕他们不会做、做不好。在早的时候，我们的生产还是一种秘密，那个时候也比较怕把他们教会。那个时代的方式有好处，但是比较累。不告诉他，又要他们做，就会做坏掉。现在这个时代，生产同类的厂太多了，因此我们赚的就不是生产的钱，而是管理的钱。我们要让员工感到公平，不会因为跟主管是亲戚关系，就会拿到更多的报酬，也不用送礼给主管，就是凭自己的努力，做多少就拿多少。第二个，就是建立比较好的制度，在主管不在的时候，自动自发地把事情做好，这个很重要。因为有些公司制度不够聪明，而员工都很聪明，想到用最好逸恶劳的方式去完成他的任务。这样做很轻松，看起来产量也一样，但故障发生率很高。我们那样做很累，但质量有保证。那主管当然要你做得累一点，质量才会好。对员工来讲，怎么做看上去质量都是一样的。

我们就想怎么样让员工心甘情愿地很快乐地去完成他的工作，又能够保证质量，这就靠激励跟制度。做得好的一定要奖励，做得不好的就要给一些处罚。把每个人的心培养好。我们不能跟他们讲要为国家做奉献、为企业做奉献，这只是一个远大的理想。每个人要养家糊口，这是他们的需求，我们要满足他们这个需求。企业管理就是一个合理化的过程。我们不能明明看见这个东西，又去否定它，我们要去了解为什么那样做。管理要用制度去管理，而不是用人去管理。用制度去吸引人，做了对我有好处。设计这个制度真的很重要。有的人设计制度没有根据基层的现实去设计制度，没有真正地了解员工，要了解原因。制度制定后要执行，去观察执行的效果。自我的管理更重要。

台湾以前被日本统治过，老一辈人，像我父亲小时候都有日本的老师上过课。日本人做事情非常认真，长幼有序，不能造次，不重男轻女，他们对工作是毕恭毕敬，很认真地去做每一件事情。有一些管理的哲学，像丰田式管理也都是从日本传到台湾地区的。台商的管理有很大部分是受到日本人的影响。我刚才讲到的这些并不代表我们每个台商都是这么做。我刚来的时候，我们大陆的人跟台湾人有一点不一样的地方，就是台湾人有很大一部分信宗教，大陆人信宗教比较少。台湾人信宗教，小时候就被教育说你不能做坏事情，做坏事情要下地狱啊；你要做好事情，做好事会有福报啊什么的。比较起来，台湾人基本上看到人是相信的，而且会主动地帮你，你有什么需要他会热心地跟你讲。但是在那个时候，大陆的人就不一样，他会觉得你有什么问题，甚至问路明明是在这一边，他会跟你讲在另外一边。大家互相之间不太敢相信。这边也不信宗教，做好事跟做坏事也没有太大的影响。从员工这方面来说，大家倾向于自扫门前雪。这种情况对公司来讲，整体的效率是大大降低了，这等于是大家都不互相帮忙，1＋1＞2嘛，这边出问题，那边当没看到。这样只要有机会，开会、上课的时候，我就慢慢灌输这种观念，要他们知道，今天去帮助别人会有什么好处，因为人都是有好处才会去做，没有好处的事情，基本上他不会做啊。所谓好处，就是说，就算你拿钱捐献给穷人，也得到了好处，就是（证明）我有一颗慈善的心，我有这个能力去帮助别人，这也是一种好处啊，并不是某某人要回报他什么，不是的。所以说，每个人都会根据他需要的那个好处去做事情，人是经济性的动物。我们会教育员工，你去帮助别人会有什么好处。你帮助别人，下次你有需要，别人就会帮你。那他现在有需要，你不帮他，他下次就不帮你。公司里需要的就是互助合作。我们要选干部，我们一定要选具备什么样条件的人，把这个条件跟他们讲，让他们明白（当干部）道德是很重要的。因为你是一个有道德的人，你就是一个值得相信的人。我们企业文化就是比较注重道德，在知识水平和道德之间选择，我们会选择道德优先。一个人能不能交给他重要的事情，很重要的一面就是是否值得信赖。

我个人认为，我现在感觉比较轻松。我的方式是把他们教会，把每个人变得很厉害，让每个人的能力都发挥到淋漓尽致，当每个人都做得很好的时候，那这家公司自然而然就做得很好了。企业生产就像走迷宫一样，我们每一道工序你都要走对，到最后才会有一个很好的东西出来。当他们工作的时候，你不可能 24 小时每个工序都盯着看，所以我们需要的是把他们教会，然后教他们判断怎么处理意外情况。当把他们教会之后，就会处于自我运行之中。我们有很多外面的事情要做，不可能天天待在公司里面。

守法经营

台商来这边，最重要的是企业要经营好。在还有余力的情况下，做社会的服务。台商在这边，经营一定要合法、守法，否则企业就会随时遇到灾难。一个合法、守法的企业，才能得到社会比较正面的评判。如果一个企业胡作非为，老是喜欢找关系处理一些法律边缘的事情，这个企业就非常危险了。大陆的环境也一直在改良，以前是主管（领导）说了算，现在就不行，必须守法。我们企业的经营就是在守法的条件下，争取比较好的权益，这是可以的。如果是非法的，又想去找关系，到后来是没有办法达到你的目的的。所以，企业第一个是经营得很好，第二个是守法，让领导觉得你是一个很正直的、很守法的商人，在社会服务上才会有一个比较正面的评价。有一句话叫得道多助，在合法的情况下，让人家帮帮你都是可以的。有些部门的领导也不能太过越权，不然人家会以为你跟他有什么特殊关系，这代表我们大陆的环境一直在改良、一直在改善，慢慢把人际关系尽量减少，把法律层面的东西提高，那这样整个行政效率就提高了嘛。

企业内社团组织助力发展

很多台商可能是在台湾的时候，听国民党讲共产党这里不好、那里不好，对共产党有一种莫名的恐惧。来到大陆后，据所听到的、看到的，感到共产党没有这么恐惧，它只是一个政党嘛，一个最大的执政党，里面有很多精英、很多人才，而且改革开放到现在取得很大成就，说明它是一个非常成功的政党，对不对？你看整个经济、整个发展，在全世界可以说是举足轻重，数一数二的，没有那么恐怖。成立一个党支部（作为一家台资企业的 FH 公司，成立了共产党支部——笔者注），这个只是让员工能够参与到正面的社团里边。我们入乡随俗，设一个党支部，就不代表某某人入了这个党。身为一个商人，我们对政治都不了解，设立党支部其实对我们企业的员工是有帮助的。有一些困难的员工，会来寻求帮助啦，有一些活动让他们参与，这是正面的，我们没有把它看得很严重。我们公司有员工

550 人，那时候有人来我们公司问要不要成立党支部，我们讨论了一下，员工觉得可以，主管也觉得这也没什么，应该是一个好的事情。我们公司一直坚守一种合法经营的理念。像我们很早就成立了工会，很多台商会觉得公司成立工会，他们要对着干，其实不会。这也是一个教育的过程，你要让他们知道，没有公司哪里来工会，对不对？一个公司没有员工也不像是一个公司嘛。很多东西是靠沟通、协调。我们公司有员工生病或者受伤，工会就会去慰问啦，哪个员工家里有变故，工会也去慰问、帮助他，发起一些公司内部的捐款，办一些郊游、野餐以及棋牌比赛之类的趣味活动，每年都会办几次活动。其实我们都互相融合在一起，并没有说谁是大陆人，谁是台湾人，我们跟我们的员工、干部们，大家像朋友一样。晚上聚餐、喝酒，大家都没有什么隔阂，不会说你是主管，你就很尊贵一样。私底下，我们像普通朋友一样，我们可以聊聊天，大家互相开玩笑，这个都没有什么问题。

社团活动

我目前感觉，青委会举办一些聚餐，青委会里面有几个热心的人，大家分批通知，后来有了飞信，就用手机飞信通知，在电脑上群发就好了。

青委会每月可能会有一次聚餐，有时候元宵节、春节，市政府或者台办，也需要青委来参加，那我也会通知他们来。二代的台商，我在青委会认识很多，他们都蛮实在的，90% 以上都是很认真在工作。青委现在名单上有 170 多人，每次聚餐有 40 多个人，有些人名单上有，可能他们一次都没来参加，但是我们都认识他们。

青委会可能也属于先行先试。好像是省台办的主任看到别的省有成立青委会，就提出来。我父亲做会长的时候，我一次台协会都没去过，都是我父亲去。后来台办就说协会需要一些年轻人来参与，就找 ZJP，找我进入，一进去就当副会长，本来什么都不是，一下子就当副会长，也是蛮奇怪的（笑）。然后开始认识协会是什么。青委会是 2007 年底成立的，由省台办主任弄了一个开幕仪式，请了记者来，蛮隆重的，协会给我的台商年轻人名单也才四五十人，然后我办活动慢慢认识，有些人是把他们的朋友带来，邀请他们加入，现在名单有 170 多人。本来是要写什么章程，到后来也没有什么章程。其实青委会不像协会那么正式，它就是一个联谊的组织，它是在台协会架构之下的小的分支机构，就像"牵手之家"一样。大家在这个组织里互通有无。成立以后，办一些聚餐呀、滑草呀、烤肉呀、到寿山乡看寿山石啦。刚好政府机构办一些咨询会邀请青委来开会，有一次开会问台商生活上有什么问题，有小孩子就学、就医的问题，有结婚的问题，也就是两岸婚姻的问题，我也是娶大陆的太太。

日常生活与感受

我们家的孩子教育有冲突的时候就沟通，谁有道理就听谁的。春节的时候会带孩子回台湾，大部分是在台湾过春节。

现在福州的人也越来越进步，整个经济发展起来之后，大家的素质也慢慢提高了。以前大家没那么有钱，生活上会斤斤计较。当每个人都过得还不错的时候，就不会计较小问题，会礼让、帮助别人，现在市民的文明素质一直在提高，现在是越来越好。以前福州是个战区（福建在新中国成立初两岸相互隔绝时期为对台前沿——笔者注），建设比别的地方都慢。另一方面，福州又不是一个工业化的城市，就是一个省会，人的思维模式跟沿海一些城市比不一样。福州话的语气会比较重一点，听起来像是在吵架，其实他们是在聊天。我太太是宁德古田人，古田话跟福州话差不多。我太太的父母思想观念也比较传统，他们本身也信佛教、道教，观念上蛮接近的。

下了班有时候跟朋友聚聚，有客人来就陪客人，其他时间就在家里了，陪家人的时间也蛮多了。我工作在这边，家也在这边。我的问题是怎么让公司做得更好。我个性比较开朗一点，虽然有压力，但遇到什么问题，尽所有能力把它处理得最好。快乐并不在于你有多少钱，对于那些有钱的人，或者像我们这样一般的人，钱的意义真的不大，只是一些数字而已，也花不到那些。有些人号称有几百万甚至上亿身家，他能花掉的也就那么多，他能吃的也只有那么多，只要你每天都过得下去，你的快乐不会输给他。他有那么多钱，他可能烦恼比你还多。只要生活能够过得去，欲望不要那么大，每个人都会有他的快乐，也有他的痛苦。佛教讲贪、嗔、痴，你有这些，就会不快乐。

田野调查笔记，2009-11-25，一次不像访谈的访谈

一个月前在台协会组织的活动中又碰到 CYT，相约找个时间一起吃个饭、聊聊天。联络了好几次，不巧都碰上 CYT 有工作，晚上 5 点，收到 CYT 的短信，约晚上吃饭，对 CYT 的第二次访谈才如约进行。CYT 的家就在我单位附近，他开车来接我到附近一家西餐厅吃饭，我们的聊天就在车上开始了。可是这一次访谈却很不像一次访谈，CYT 了解我的兴趣比我了解他的兴趣更大。我认为与访谈对象之间建立信任关系对我与访谈对象之间的正常沟通很重要，因此对 CYT 的问题尽量正面回答。CYT 的问题从我的工作、学历、专业，最后聊到我的个性、个人生活。尽管我有意识地引导他多谈自己，但他仍然固执地把话题聚焦在我身上。我感觉这是我做过的访谈中最不像访谈的一次访谈，更像不太熟悉的朋友之间相互了解的过程。

以下是跟 CYT 的谈话录音节选：

今年十一我去北京开会，我是"中华海外联谊会"的理事，整个福建省"海联会"的代表就两个，另一个是莆田的一个台商。"海联会"是 DQL 搞的，去年要增加台商代表，省里问我是否愿意参加。没想到我的材料报上去以后被选上了，大概是因为我是台湾人吧。在北京学习了 4 天，就住在北京天安门旁边的北京饭店，我们还以为会去参加国庆阅兵呢。还去了人民大会堂参加晚宴，贾庆林接见了我们，这是我第一次在人民大会堂吃饭，整个大厅没有一根柱子，一次可容纳 4000 人吃饭，真壮观啊。这个会规格很高，我们出去都是警车开道，你想在北京，交通多拥挤啊。

我经常联系的朋友都是在台青会的。两个多月就回一次台湾探亲、休假，在台湾经常联系的也有五六个人。台湾每个男生都要当兵，在部队里会遇到三教九流的人，在这里我学会了跟很多不同的人打交道，我跟他们打交道的方法就是成为跟他们一样的人。

我们能在福州生存下来，一是靠那种严谨勤劳的工作态度，二是靠守法经营。我父亲那一代人很多都是受的日本式教育，而且我们台湾人都多多少少有点宗教信仰，所以老一辈的台湾人大多比较善良。

　　台湾现在很不景气，发展空间小，年轻人生活压力都很大。大陆这边机会很多，很多台湾人愿到大陆这边来。你知道吗？台湾现在一个大学毕业生一个月收入 2 万元新台币，租房子要 1 万元，吃饭加交通每天要支出 150 到 200 元，每个月能剩下的就不多了。我上次还碰到一个来大陆这边做管理的年轻人，以他那个资历，也能在台湾找到月薪 3 万新台币的工作，可他还是愿意背井离乡到这里来工作，没办法啊。

【青口汽车城田野笔记一则】

田野调查笔记，2008 – 10 – 25，网络的运作：
台派干部联谊餐会

　　注：从 2008 年 10 月起一直到 2009 年 5 月，每个月第三周的周五我都去闽侯青口参加东南汽车城配套厂商台派干部的联谊餐会。截至 2010 年 4 月，我仍坚持断断续续去参加餐会。这是 2008 年 10 月 25 日我第一次随台协会参加联谊餐会的见闻感受。

餐会由来及过程

　　2008 年 10 月下旬的一个周五下午 5 点钟，我随台协会副秘书长 LJ 和两个工作人员从台协会所在的位于市中心的新都会花园广场出发，开车 1 个小时到达福州郊区青口镇青城大酒店，参加东南汽车城配套厂商台派干部 10 月份的联谊餐会，这个月的餐叙是由 HX、SQ、AS 3 家汽车城配套厂商联办。这样的餐会由汽车城的配套厂商自愿自行组织，每月一次，以吃饭的形式聚会，每次由自愿报名参加东南汽车城配套厂商台派干部联谊餐会的 50 多家配套厂中的 3 家轮流做东。餐会的安排在年头就安排好，传真到各个会员单位，台协会也会收到餐会安排传真，并作为特邀嘉宾列席餐会。台协会的副秘书长 LJ 几乎每月必到，并在餐会前夕邀请若干有意愿的台协会会员参加餐会，邀请谁去参加餐叙并没有什么特别的规定，LJ 根据大家的意愿和时间安排，随机电话通知，有愿意去结识台湾乡亲的会员也可以自己提出前往（根据以后的观察，那些以台资企业和台商为潜在客户的台商参加餐会的积极性就比较高——笔者注）。部分汽车城配套厂是台协会的会员单位。在这样的餐会上，青口投资区管委会等类似政府部门并未受邀参加。

我们一行算到得比较早，宽敞的一楼宴会大厅里没几个人，16 张圆形的餐桌上碗筷已经放好，宴会大厅前方还设有一个小舞台，布置了一套卡拉 OK 设备。15 分钟后，人陆陆续续都来了，坐了满满 14 桌，有不少客人还身着工作服。客人多是中老年人，男性居多。同来的台协会的工作人员 HY 告诉我那个穿蓝色工作服的人是餐会的常任主持人 PXJ（在 1 个月后的一次台协会常务理事会上，他把他的太太也带来了，此后逐渐跟这对夫妇熟悉，我在汽车城的田野调查得到了 P 大哥的热心支持和帮助。P 大哥告诉我，由于他在台湾有过组织同乡会的经历，被大家推举出来组织和主持每月一次的联谊餐会，这个联谊餐会已经连续举行 8 年了。而 P 大哥因其出色的主持才能被台协会邀请来做台协会 14 周年庆的主持人——笔者注）。25 分钟后客人也基本到齐，在等待上菜就餐的时候，主持人在主席台前简单地介绍了餐会的目的，以及本届、下届餐会主办单位负责人和应邀到会的其中一位台协会副会长及其他几位台协会的会员。专门为台协会及其受邀会员准备的席位作为贵宾席靠近主席台。1 个多小时的就餐时间里，就有 7 个人来敬酒，分别是主持人在主席台上介绍过的那几位台干、台商。其他餐桌前更是觥筹交错，热闹非凡。

DY 事件

台协会副秘书长 LJ 忙得顾不上吃一口饭，因为一到会场，他就被几个"台干"拉住说话，后来我才知道会员企业、汽车城的一个配套厂 DY 公司刚刚发生了劳资事故。事情原委是这样的：DY 公司一个青口籍的员工与一个莆田籍的员工周—打架，周五（即今日——笔者注）青口籍的员工被发现死在宿舍，犯罪嫌疑人逃跑。死者的家属围攻 DY 公司，扬言要打台籍老板，并索赔 80 万，造成该公司大门紧闭，无法正常生产。（两天后的周一我去台协会上班，LJ 告诉我说上周六与围攻的村民一直谈到 12 点，派了 4 辆车送村民回去。家属的赔偿要求从 80 万降到 50 万，但是 DY 公司只能同意按照工伤赔偿 22 万。现在村民又冲到厂里日籍干部办公室。其他台资厂都在看着 DY 事件的处理，对 DY 事件的处理结果将成为以后处理类似事件的参照标准，其他厂都认为 22 万的赔偿过高。LJ 打电话给现场处理此事的管委会副主任 LW，让他劝村民去管委会谈，不要围攻公司影响生产。——笔者注）

席间副秘书长 LJ 多次被叫出去讲话，餐叙结束后，仍和几个人在商议这件事情。到会的不少客人也三三两两、三五成群地交谈议论。一直到 9 点钟，我们才返程。在车上 LJ 告诉我晚上要在协会加班，DY 公司写一份书面材料说明事件的前因后果。LJ 以台协会的名义会同台办主管台企工作的副主任将此事上报市委。市委将下文给青口镇管委会，责成其重视办理，妥善解决此案。

调查手记：联谊餐会的网络作用

东南汽车城配套厂商台派干部的联谊餐会是台商在大陆社会生活中的一个非常重要的非正式制度，而青城大酒店则是福建台商在大陆社会生活中的一个重要场所。根据我的观察，这个餐会发挥了如下作用。

1. 联谊餐会是一个以汽车城"台干"为主体的"台干"族群网络世界运作的载体。这个世界由各种各样的"人际关系纽带"结成，是一个随着台商流动而在社会和空间上不断扩展的世界。青城大酒店作为一个常规性的聚会场所，在"台干"族群网络世界里作为关系编织和信息交流的据点而发挥作用。正是这里潜在的关系和信息的力量，将来到汽车城和福州工作、投资的"台干"、台商吸引来参加，聚集到这里的每一个台商随机编织个人关系网络，从而形成了一个无形的汽车城"台干"族群网络。在这个网络中的人，有着相同的生活方式，聚餐成为他们建立和支撑其自身生活方式的重要途径。吸引到这个地点的，还有一些是能认同或肯定他们生活方式的人，也就是他们日常生活中的"互动者"。"他们及其'互动者'，以自身的异质性为前提，在一连串支撑其'生活方式'的'共同性'中逐渐创造出了一个属于自己的社会。"

2. 非正式的组织与正式组织的连接与互动。通过一次常规性的非正式组织活动，一则重要的信息传递到正式组织中，由此带动正式组织的及时运作。

3. 组织间的互动与个人间的互动。联谊会的会员以轮流做东的形式保持着与汽车城内兄弟厂商的联系与沟通，这些厂商的负责人之间在这种长期的人际交往中建立了相对较为信任的关系。而每个月受邀来餐会的台商也以乡音乡情为基础，在一来二往中扩大着自己在大陆的人脉关系网络。

4. 每个人只要肯留在这个网络世界中，就有机会获得意外的收获，比如对 P 大哥做主持人的兴趣的肯定；比如 DY 公司的劳资纠纷作为一起案例对其他厂商的参考作用；就是作为局外人的我，也在这个网络世界中获得了好处，那就是我找到了 P 大哥夫妇，拓展了田野调查的对象。

致　谢

这本书能在今年顺利出版，也许是冥冥之中给我一个机会感谢我的父亲和家人吧。今年恰逢爸爸 70 岁寿辰，我想将这本书作为寿礼首先献给父亲。父亲对我的教育和影响超出了我曾经的体会和想象。多年来远离故乡在外工作、求学，又投入到一项关于迁移流动人群的研究中，这样的经历给了我更多的反省机会。书稿完成之后的某一天，我才恍然大悟：原来我和父亲在性格上是那么神似！我想对父亲说：对我来说，在未来的岁月里倾听和书写你的故事的意义与这本书同样重要。

接下来要感谢的是我的导师邓伟志先生和师母张耀新女士。博士毕业后，我依然有幸得到导师的教导，甚至比以前有更多的机会跟导师、师母接触。常常想起导师在他的书里和生活中给我讲过的故事，导师 1000 万字的全集和我与导师、师母在日常生活里的接触、交流感受，是我最可宝贵的学习资源。

感谢我所在单位和部门领导，尤其是陈雄常务副校长、刘大可副校长。我在上海大学攻读博士学位期间，中共福建省委党校的领导和同事们给了我诸多宽容、鼓励和支持；在我博士毕业后进入复旦大学做博士后研究期间，党校依然给我多方面的关心和支持；而本书最后出版也得到了中共福建省委党校《海西求是文库》的资助。

感谢我在上海大学求学期间的诸位师长、同学。沈关宝老师、张文宏老师、张江华老师、张佩国老师等诸位老师都曾给我莫大教益。刘玉照老师更是无私地将他从台湾翻印回来的一大批资料提供给我，缓解了当时相关研究资料难求的燃眉之急。

感谢我目前所在的博士后工作站——复旦大学公共管理与公共政策国

家哲学社会科学创新基地。进站两年来，有幸得到彭希哲老师和王菊芬老师的教育引导，我在复旦的科研、学习、生活真是一种精神的享受；与基地诸位老师、同事们相处的时光飞逝，这段岁月已经成为生命里的珍贵记忆。

感谢田野调查和研究期间曾经帮助过我的人和机构，分别是：翁文光秘书长、林坚副秘书长、廖进益会长和林菁小姐、潘贤俊和洪秀惠夫妇、庄能爱和孟昭旭夫妇、陈秀容女士、黄嘉琦女士、陈谦一先生、蔡永合副会长、陈彦良会长，等等。你们对我的理解和信任，对我无意中冒犯的耐心和宽容，对我的研究的热心帮助最终引领我完成实地调查，完成本书写作。"体谅会化解伤害，关怀会化解疑猜，最动人的爱是信赖"，在当前两岸关系和平发展的新形势下，建立互信成为两岸社会的共识，我相信证严法师所倡导的大爱精神会在两岸社会展枝发芽，护卫两岸关系走向和谐美好的明天！

感谢五位匿名结项评审专家和福建省台办林江玲女士的修改意见。你们用锐利的眼光，指出了已完成研究中还存在的诸多不足，既让我再次深切感受到学无止境，又为我未来的学术道路指明了方向。

感谢在我的研究中曾给我诸多启发帮助、相识和不相识的两岸同行、前辈们。

感谢本书的责任编辑单远举老师。我从您那里真实感受到了什么是高水平的专业编辑工作。

感谢国家社会科学基金给我的资助。

最后，但不是最不重要的，我要感谢未来将与我有缘相识、相知的人们。如果你们翻看到我的这本书，希望你们原谅我研究中的肤浅、无知，也希望你们为我曾经付出的真诚、努力而感到自豪。

严志兰于上海

2014 年 5 月

图书在版编目（CIP）数据

大陆台商社会适应与社会认同研究：基于福建的
田野调查／严志兰著. -- 北京：社会科学文献出版
社，2014.6（2019.6 重印）
（海西求是文库）
ISBN 978 - 7 - 5097 - 6001 - 7

Ⅰ.①大… Ⅱ.①严… Ⅲ.①企业家 -研究 -
台湾省 -现代 Ⅳ.①F279.275.8

中国版本图书馆 CIP 数据核字（2014）第 090769 号

·海西求是文库·

大陆台商社会适应与社会认同研究：基于福建的田野调查

著　　者／严志兰

出 版 人／谢寿光
项目统筹／王　绯
责任编辑／单远举　关晶焱

出　　版／社会科学文献出版社·社会政法分社（010）59367156
　　　　　地址：北京市北三环中路甲 29 号院华龙大厦　邮编：100029
　　　　　网址：www. ssap. com. cn
发　　行／市场营销中心（010）59367081　59367083
印　　装／三河市龙林印务有限公司

规　　格／开本：787mm × 1092mm　1/16
　　　　　印张：22.75　字数：370 千字
版　　次／2014 年 6 月第 1 版　2019 年 6 月第 3 次印刷
书　　号／ISBN 978 - 7 - 5097 - 6001 - 7
定　　价／79.00 元

本书如有印装质量问题，请与读者服务中心（010 - 59367028）联系